V&R Academic

Die DDR im Blick der Stasi

Die geheimen Berichte an die SED-Führung

Herausgegeben von Daniela Münkel im Auftrag
des Bundesbeauftragten für die Unterlagen des Staatssicherheitsdienstes
der ehemaligen Deutschen Demokratischen Republik (BStU)

Die DDR im Blick der Stasi 1964

Die geheimen Berichte an die SED-Führung

Bearbeitet von Bernd Florath

Vandenhoeck & Ruprecht

Mit 5 Abbildungen

Hinweis:
Der gesamte Berichtsjahrgang 1964 ist unter http://www.ddr-im-blick-1964.de in Form einer elektronischen Datenbank abrufbar, die komfortable Recherchemöglichkeiten bietet.

Umschlagabbildung: Mitarbeiter der Deutschen Post passieren mit ihrem Arbeitsmaterial den Übergang Sonnenallee über die Sektorengrenze zwischen Treptow und Neukölln und begeben sich auf den Weg zu den Passierscheinstellen in Westberlin, 1. Oktober 1964
Quelle: © BStU, MfS, GH 4/68, Bd. 24, Bl. 19

Informationen zum BStU und zur Edition:
www.bstu.de und www.ddr-im-blick.de

Bibliografische Information der Deutschen Nationalbibliothek

Die Deutsche Nationalbibliothek verzeichnet diese Publikation in der Deutschen Nationalbibliografie; detaillierte bibliografische Daten sind im Internet über http://dnb.d-nb.de abrufbar.

ISBN 978-3-525-37508-2

Diese Publikation und die Online-Datenbank wurden mit EB.Suite realisiert.
© Ovidius GmbH, Berlin, 2017

Gesamtherstellung: ⊕ Hubert & Co GmbH & Co. KG,
Robert-Bosch-Breite 6, 37079 Göttingen, www.hubertundco.de

Gedruckt auf alterungsbeständigem Papier.

Inhalt

Vorwort

Daniela Münkel

Die DDR im Blick der Stasi
Die geheimen Berichte an die SED-Führung 1953 bis 1989

Im Jahr 1964 fertigte die »Zentrale Informationsgruppe« (ZIG) des Ministeriums für Staatssicherheit, Vorläufer der »Zentralen Auswertungs- und Informationsgruppe« (ZAIG), 380 Berichte für die engere Partei- und Staatsführung der DDR. Diese nehmen die zentralen Ereignisse des Jahres in den Blick und zeichnen ein Stimmungs- und Lagebild der DDR-Gesellschaft in diesem Jahr des halbherzigen Aufbruches, der 1965 sein jähes Ende finden sollte.

Die Berichte, die 36 Jahre lang in unterschiedlichen Formen und Frequenzen angefertigt wurden, sind eine zeitgeschichtliche Quelle von hohem historischem Wert. Sie offenbaren den spezifischen Blick der Stasi auf und in die DDR: Hinweise auf vermeintliches oder wirkliches oppositionelles Verhalten sind dort ebenso zu finden wie die Beschreibung von Problemlagen in Wirtschaft und Versorgung, die Wiedergabe von Stimmungen in der Bevölkerung sowie Statistiken zu Devisenumtausch, Ausreise- und Fluchtfällen. Scheinbar Triviales steht hier neben den größeren und kleineren »Schwierigkeiten«, die sich bei der Etablierung und Aufrechterhaltung der SED-Herrschaft und dem Aufbau des »real existierenden Sozialismus« ergaben. Es entfaltet sich ein breit gefächertes Spektrum, eine Art Tiefenbohrung in die DDR-Gesellschaft, geprägt von der geheimpolizeilichen Sicht, die vor allem darauf bedacht war, politisch abweichendes Verhalten und sicherheitsrelevante Probleme aufzudecken und zu neutralisieren. Darüber hinaus mussten die MfS-Verantwortlichen aber auch ihre besondere »Parteiergebenheit« und politisch-ideologische Festigkeit unter Beweis stellen, was ihren Blick trüben konnte und sie zeitweise daran hinderte, über politische Stimmungen und Missstände völlig ungeschminkt zu informieren. Dabei ist jedoch zeitlich zu differenzieren: In der Frühzeit waren die Berichte viel weniger ideologisch überformt und damit authentischer als in den 1970er Jahren. Manche Berichte sind auch als Zeugnisse einer politisch-ideologischen Selbstvergewisserung zu verstehen. Der Wert der hier edierten Quelle ist ambivalent: In den unterschiedlichen Schwerpunkten, die die Staatssicherheit in ihrer Berichterstattung über die Jahrzehnte hinweg setzte, spiegeln sich in komprimierter Form objektive Problemlagen von Gesellschaft, Politik und Ökonomie. Gleichzeitig offenbaren sich der spezifische Tunnelblick und die ideologisch bedingten Wahrnehmungsverzerrungen der Staatssicherheit. All dies schmälert nicht den Wert der Berichte, muss aber bei ihrer Interpretation berücksichtigt werden.[1]

1 Zum Quellenwert von MfS-Unterlagen allgemein vgl. Engelmann, Roger: Zum Quellenwert der Unterlagen des Ministeriums für Staatssicherheit. In: Henke, Klaus-Dietmar; Engel-

Bei den geheimen Berichten des MfS an die SED-Führung handelt es sich, mit Ausnahme der ersten Jahre, nicht in erster Linie um allgemeine Stimmungs- und Lageberichte – diese sind zwar zu finden, aber selten in dichter Abfolge. Bei dem Gros der Texte handelt es sich um Meldungen von Einzelvorkommnissen und deren »Analyse«. Ein direkter Vergleich mit den vom Sicherheitsdienst der SS seit 1938 verfassten »Meldungen aus dem Reich« ist demzufolge nur bedingt möglich.[2]

Das Berichtswesen der DDR-Staatssicherheit an die SED-Führung unterlag zwischen 1953 und 1989 mannigfaltigen Veränderungen. Dies gilt für den Aufbau und den Charakter der Berichte genauso wie für den organisatorischen Rahmen ihrer Entstehung.[3] Auch hier lässt sich wie insgesamt für das Ministerium für Staatssicherheit ein Ausbau- und Professionalisierungsprozess konstatieren.

Am Beginn der regelmäßigen Berichtsserie an die SED-Führung standen der Aufstand vom 17. Juni 1953 und die daraus resultierenden Reaktionen der Partei- und Staatsführung. Um für nachfolgende Zeiten zu gewährleisten, dass die Parteiführung rechtzeitig über »sicherheitsrelevante« Entwicklungen informiert wird, installierte der neue Chef der Staatssicherheit, Ernst Wollweber, im August 1953 ein hierarchisch von unten nach oben organisiertes Informationssystem: vom Kreis über den Bezirk bis hin zur Zentrale in Berlin. In der MfS-Zentrale und in den Bezirksverwaltungen wurden Informationsgruppen gebildet, die aus einer Vielzahl von Einzelinformationen die zur »Lagebeurteilung« relevanten Sachverhalte auswählen sollten. So entstand ein »Informationsdienst zur Beurteilung der Situation« mit einem festen Gliederungsschema, der bis Ende 1954 täglich, phasenweise auch mehrmals täglich, produziert wurde. Danach wurde die Berichtsfrequenz auf zweimal wöchentlich festgelegt und im November 1955 auf einmal alle zwei Wochen reduziert. Außerdem gab es in der Anfangszeit die Serie »Sonderinformationen«, die in der Edition als Vorläufer der Hauptserie »Informationen« behandelt wird, und eine »Analysen« genannte Serie von 14-täglichen Überblicksberichten bzw. ausführlichen, zeitlich übergreifenden Berichten zu Einzelthemen.

Im Jahr 1957 geriet die Informationstätigkeit der Stasi in den Strudel der Auseinandersetzungen zwischen Ernst Wollweber und Walter Ulbricht.[4]

mann, Roger (Hg.): Aktenlage. Die Bedeutung der Unterlagen des Staatssicherheitsdienstes für die Zeitgeschichtsforschung. Berlin 1995, S. 23–55; zu den ZAIG-Berichten vgl. u. a. Münkel, Daniela: Die DDR im Blick der Stasi 1989. In: APuZ 21–22/2009, S. 26–32.

2 Vgl. Boberach, Heinz (Hg.): Meldungen aus dem Reich. Die geheimen Lageberichte des Sicherheitsdienstes der SS. 17 Bde., Herrsching 1984.

3 Zu Veränderungen von Aufbau und Struktur der »Zentralen Auswertungs- und Informationsgruppe« (ZAIG) im MfS sowie zur Entwicklung des Berichtswesens vgl. ausführlich Engelmann, Roger; Joestel, Frank: Die Zentrale Auswertungs- und Informationsgruppe. Berlin 2009 (MfS-Handbuch).

4 Vgl. Engelmann, Roger; Schumann, Silke: Der Ausbau des Überwachungsstaates. Der Konflikt Ulbricht – Wollweber und die Neuausrichtung des Staatssicherheitsdienstes der DDR 1957. In: Vierteljahrshefte für Zeitgeschichte 43(1995)2, S. 341–378.

Letzterer war insbesondere über die Stimmungsberichte erbost,[5] die er als »Schädigung der Partei« und Instrument, welches die »Hetze des Feindes legal« verbreite, bezeichnete.[6] Der »Informationsdienst« wurde zum Ende des Jahres 1957 eingestellt, das Stimmungs- und Lageberichtswesen der Staatssicherheit stark eingeschränkt. Die Schwerpunkte der Berichterstattung wurden nunmehr auf die sogenannte »Feindtätigkeit« und Mängel in der Produktion gelegt.

Zu einer Neuordnung und Systematisierung des MfS-Berichtswesens kam es dann in den Jahren 1959/60: Die »Zentrale Informationsgruppe« (ZIG) war nun die zuständige Instanz für das gesamte Informationswesen der Staatssicherheit inklusive der HV A (Hauptverwaltung A – Aufklärung). Im Dezember 1960 erließ Erich Mielke, der seit November 1957 an der Spitze des Ministeriums für Staatssicherheit stand, den Befehl 584/60, mit dem die Informationstätigkeit des Ministeriums auf eine neue Grundlage gestellt wurde. Die »Informationsarbeit« wurde wieder als eine Kernaufgabe des MfS festgeschrieben. Hieraus resultierte auch eine personelle Expansion der ZIG. Die Berichte, die jetzt wieder Bevölkerungsstimmungen enthalten sollten, befassten sich darüber hinaus vor allem mit den Themen »Feindtätigkeit«, »Republikflucht« sowie Missständen aller Art in der DDR-Ökonomie. Im Unterschied zur Anfangszeit des Berichtswesens der Staatssicherheit kam der Analyse jetzt ein stärkeres Gewicht im Rahmen der »Informationstätigkeit« zu.[7] Mit dieser Umstrukturierung ging eine besonders strenge Handhabung des Geheimschutzes der Berichterstattung einher, das heißt, die Berichte durften nur an namentlich genannte Adressaten oder deren engste Mitarbeiter ausgehändigt und mussten nach Kenntnisnahme zurückgegeben werden. Außerhalb der Führungshierarchie des MfS bekamen in der Regel Mitglieder des Politbüros, des Sekretariats des ZK der SED sowie des Ministerrates die Informationen zugestellt. Ein analoges Informationswesen bestand in den Bezirken und Kreisen.

Die nächste wichtige Veränderung folgte im Jahr 1965: Mit der Einrichtung eines einheitlichen Auswertungs- und Informationssystems im MfS wurde die ZIG in die »Zentrale Auswertungs- und Informationsgruppe« (ZAIG) umgebildet, was für die Diensteinheit einen bedeutenden Kompetenzzuwachs und längerfristig auch einen Expansionsschub zur Folge hatte. Neu war nun vor allem, dass Bewertung und Zuordnung von Informationen

5 Zu den Stimmungsberichten vgl. ausführlich: Münkel, Daniela; Bispinck, Henrik (Hg.): Dem Volk auf der Spur. Staatliche Berichterstattung über Bevölkerungsstimmungen im 20. Jahrhundert. Deutschland, Osteuropa, China. Göttingen 2018.

6 Sitzung des Kollegiums des Ministeriums für Staatssicherheit vom 7. Februar 1957, dokumentiert in: Vierteljahrshefte für Zeitgeschichte 43(1995)2, S. 357.

7 Insgesamt wurden nun fünf Berichtsformen festgelegt: »Sofortmeldung«, »Ergänzungsmeldung«, »Einzelinformation«, »Bericht«, »Militärische Sonderinformation«. Alle diese Formen sind der Hauptserie der Berichterstattung, den »Informationen«, zuzuordnen.

einen zentralen Stellenwert erhielten und die Informationsflüsse innerhalb des MfS-Apparates präzise geregelt wurden. Einen weiteren Einschnitt bildete die Zeit von 1969 bis 1974: Die ZAIG expandierte erneut und wurde nun endgültig zu einem »Funktionalorgan des Ministers« ausgebaut. Der Einsatz der EDV professionalisierte das Informations- und Auswertungswesen des MfS in den folgenden Jahren weiter. Im Jahr 1972 wurde das Aufgabenprofil der ZAIG dann nochmals neu konturiert: Zentral blieben die permanente Analyse der »politisch-operativen Lage« sowie die Informationstätigkeit für die Partei- und Staatsführung. Diese Aufgaben wurden im Bereich 1 der ZAIG thematisch spezialisierten Arbeitsgruppen zugeordnet, zu denen im Jahr 1981 noch eine weitere hinzukam, die sich überwiegend um die Themen Kirche, Kultur und politische Dissidenz kümmerte.[8] Nun hatte sich für das Informations- und Auswertungswesen der Staatssicherheit eine Struktur herausgebildet, die bis zu ihrer Auflösung Ende 1989 Bestand haben sollte.

Was die Form der Berichte betrifft, so unterlagen auch diese deutlichen Veränderungen. Ab Juni 1956 bildeten die Einzelinformationen eine durchnummerierte Reihe mit lückenlos überlieferten Verteilern, die erkennen lassen, dass der überwiegende Teil dieser Berichte neben den internen Empfängern auch an Vertreter der politischen Führung ging. Aus dieser Berichtsreihe entwickelten sich dann Ende der 1960er und Anfang der 1970er Jahre drei nicht scharf voneinander abzugrenzende Serien: die Serie »Informationen«, die für die politische Führung bestimmt war, sowie die Serien »K« (Verschiedenes, ab 1969) und »O« (Reaktionen der Bevölkerung, ab 1972), in die hochrangige Berichte aufgenommen wurden. Die Reihen erschienen in unregelmäßigen Abständen mit einem Gesamtumfang von ca. 350 Berichten pro Jahr.

Die »Informationen« waren die zentrale Berichtsreihe des MfS, mit der vor allem die Mitglieder des SED-Politbüros über einzelne sicherheitspolitische Ereignisse und Vorgänge in Kenntnis gesetzt wurden. Die O-Reihe entstand möglicherweise deshalb, weil die Berichterstattung über die Bevölkerungsstimmung auch unter Erich Honecker eine heikle Angelegenheit blieb. Das MfS fertigte primär zur Information der eigenen Leitungsebene Berichte mit einem internen Verteiler über die Reaktionen der DDR-Bevölkerung auf bestimmte Ereignisse an. Dennoch gingen einige dieser Dokumente auch an Erich Honecker und andere hochrangige Vertreter der politischen Führung. Die Berichte, die nach der Prüfung durch die Verantwortlichen des MfS nicht als »Information« klassifiziert und ausgefertigt wurden, wurden in der ZAIG-Mappe K zur Ablage gebracht. Die übrigen Adressaten waren im Re-

8 Die Zuständigkeitsbereiche der Arbeitsgruppen waren daneben u. a. folgende: internationale Themen, Spionage- und Terrorabwehr, Volkswirtschaft und Verkehr, Flucht, Ausreise, grenzüberschreitender Verkehr sowie Militärabwehr.

gelfall die Stellvertreter des Ministers für Staatssicherheit sowie andere hochrangige Leiter von MfS-Diensteinheiten.

Die Berichtsreihen, die sich auf das DDR-Inland beziehen, werden vollständig ediert. Nicht erfasst werden die Berichte, die sich mit dem Ausland, in der Regel dem westlichen Ausland – mit einem Schwerpunkt auf der Bundesrepublik – befassen und von der HV A erstellt wurden.[9]

Dazu wird die Edition in zwei unterschiedlichen Publikationsformen zugänglich gemacht: einer Buchversion im Umfang von 320 Seiten, die eine ausführliche Einleitung und im Dokumententeil eine Auswahl des jeweiligen Gesamtjahrganges präsentiert, und einer Datenbank (www.ddr-im-blick-1964.de), auf der der komplette Jahrgang hinterlegt ist und die komfortable Recherchemöglichkeiten bietet. Ein Jahr nach Erscheinen eines Bandes wird der jeweilige Jahrgang auch im Internet unter www.ddr-im-blick.de zugänglich sein. Damit werden auch jahrgangsübergreifende Recherchen möglich.

Die Erstellung jedes einzelnen Jahrganges ist immer aufs Neue eine große Herausforderung, die nur mit einem funktionierenden Team zu leisten ist und jedem Einzelnen viel abfordert. Dafür sei allen gedankt. Mein ganz besonderer Dank geht an den Bearbeiter dieses Jahrgangs, Bernd Florath. Des Weiteren gilt es, meinen Mitarbeiterinnen und Mitarbeitern Henrik Bispinck, Heike Thiel, Ronny Kietzmann, Jörg Hallepape, Petra Hein, Kristina Steinmetz und Ina Herrmanowski für ihr großes Engagement zu danken. Gleiches gilt für die Mitarbeiterinnen und Mitarbeiter des Publikationssachgebiets, vor allem Christiane Neumicke und Ralf Trinks, sowie für die Kolleginnen und Kollegen der Bibliothek des BStU, die nahezu jedes noch so abseitig erscheinende Buch beschafften. Nicht zuletzt sei Andreas Petter, Sabrina Amling und Ralf Sehl in der Archivabteilung gedankt für ihre Zusammenarbeit.

9 Die Listen der sogenannten Westberichte, die sehr große Überlieferungslücken von knapp 50 % aufweisen, sind mit Titel und Signatur auf der BStU-Homepage recherchierbar (www.bstu.bund.de).

Einleitung 1964

Bernd Florath

1. Zeitgeschichtlicher Hintergrund

Drei Jahre nach dem Bau der Mauer überlagerten sich deutschlandpolitische Vorgänge verschiedener Epochen und deuteten eine Phase des Umbruchs an: Zu Pfingsten 1964 ließ die SED ihre Jugendorganisation FDJ Jugendliche aus Ost- und Westdeutschland zu ihrem letzten gesamtdeutschen Treffen versammeln. Das »Deutschlandtreffen der Jugend« stand nicht nur formal in der Tradition seiner Vorgänger aus den 1950er Jahren. Es war auch durchaus noch so gemeint, obwohl die Mauer längst gebaut war und Märsche gesamtdeutscher Blauhemden wie 1950 nach Westberlin durch die selbsterbaute Grenze unmöglich waren. »Wer diese Tage mit offenen Augen und wachem Verstand miterlebt hat«, so resümierte FDJ-Chef Horst Schumann das Treffen vor der internationalen Presse, »fand eine Antwort auf die Frage, wie Deutschland in der Zukunft aussehen wird [...] Hier nahmen Sie einen Ausblick auf das Morgen. Unser Deutschlandtreffen der Jugend – das ist ein Treffen der Hausherren des künftigen einheitlichen Deutschlands.«[1] Nicht nur Schumanns Metaphern überschnitten sich. Das als Großereignis die Schlagzeilen der DDR-Presse dominierende Jugendtreffen war zugleich das letzte den gesamtdeutschen Anspruch der SED zelebrierende Hochfest der DDR. Ihm folgte, erst schleichend, dann galoppierend, eine Politik der Abgrenzung vom Westen Deutschlands, die in die Erfindung einer eigenen ostdeutschen Nation münden sollte.[2] Andrerseits versammelte das als militanter Aufmarsch aus den Hochzeiten des Kalten Krieges überlieferte Jugendfestival nicht mehr die demobilisierte Wehrmachts- und HJ-Generation, sondern die erste Blüte einer Nachkriegsgeneration. Sie war von Krieg und Nationalsozialismus persönlich unberührt aufgewachsen. Der kapitalistische Westen war ihr weniger ein Erfahrungswert denn das Produkt medialer Reproduktionen – in der ganzen Spannung zwischen propagandistischer Verteufelung und werbetechnischer Glorifizierung. Sie war die im Jugendkommuniqué des SED-Politbüros von 1963 als »Hausherren von morgen« bestellte Generation.

Die tatsächlichen Hausherren des Jahres 1964 waren in der DDR wie in den »Bruderstaaten« freilich noch immer die alten Männer. Als bewährte Ka-

1 Das deutsche Gespräch geht weiter. Internationale Pressekonferenz des Festkomitees. In: ND v. 19.5.1964, http://zefys.staatsbibliothek-berlin.de/ddr-presse/ergebnisanzeige/?purl=SNP2532889X-19640519-0-2-22-0.

2 Es verwundert daher kaum, dass das Kürzel des als Festivalwelle gegründeten Rundfunkstudios »DT 64«, seinen Gründungsanlass überlebend, für Jugendliche in den 1970er und 1980er Jahren nicht mehr als »Deutschlandtreffen 1964« auflösbar war.

der des Stalinismus hatten sie dessen Säuberungen – wenn auch nicht durchweg unbeschadet – ebenso überlebt wie die Erschütterungen des XX. Parteitages der KPdSU im Februar 1956. Einige dieser Apparatschiks setzten im Ostblock neue Akzente: mitunter chaotisch und spontan wie der schlaue Bauernsohn Nikita Chruschtschow (Jg. 1894) oder zynisch berechnend und preußisch durchorganisiert wie der Parteibürokrat Walter Ulbricht (Jg. 1893). Für Reformen der Wirtschaftsorganisation stützten sie sich zum Teil auf jüngere Fachleute: Ulbricht in der DDR auf Erich Apel (Jg. 1917), Günter Mittag (Jg. 1926), Wolfgang Berger (Jg. 1921), der traurige Verwalter der Konterrevolution des 4. November 1956 János Kádár (Jg. 1912) in Ungarn auf den ehemaligen Sozialdemokraten Rezső Nyers (Jg. 1923) oder der stalinistische Reaktionär Antonín Novotný (Jg. 1904) in der ČSSR halbherzig und gezwungenermaßen auf Ota Šik (Jg. 1919), den er zum Leiter der Kommission für Wirtschaftsreform ernannte, ihm jedoch zugleich die Flügel stutzte.[3] Dennoch wurde der Prager Frühling 1964 zur Metapher der Liberalisierung im Ostblock – nicht erst 1968, als man ihn unter Panzerketten begrub.

1964 waren es gleichermaßen alte Genossen wie nachgeborene, die sich daran machten, dem sklerotischen Kommunismus[4] neue Beweglichkeit beizubringen. Ein freundschaftlich verbundenes Gespann wie der Chemiker und Widerstandskämpfer Robert Havemann (Jg. 1910) und der junge Liedermacher Wolf Biermann (Jg. 1936) ließe sich in vielen Bereichen wiederfinden: DEFA-Regisseur Kurt Maetzig (Jg. 1911) arbeitete ebenso an provokant realistischen Filmen über die DDR wie sein junger Kollege Frank Beyer (Jg. 1932), der aus dem sowjetischen Exil als Rotarmist in die Heimat seines Vaters zurückgekehrte Konrad Wolf ebenso wie Egon Günther, der als Jugendlicher noch in der Wehrmacht gegen die Rote Armee Wolfs kämpfen musste. Der Ökonom Fritz Behrens (Jg. 1909) blieb ungenannter Vordenker einer Wirtschaftsreform, die von jüngeren Parteiökonomen wie Apel, Berger, ja selbst Mittag geplant wurde. Der hoffnungsvolle Jungromancier Werner Bräunig, Mitinitiator des »Bitterfelder Weges«,[5] folgte mit

3 Vgl. Thalheim, Karl C.; Höhmann, Hans-Hermann (Hg.): Wirtschaftsreformen in Osteuropa. Köln 1968.

4 Von der »Sklerose« das Marxismus sprachen zu dieser Zeit Jean-Paul Sartre und, das Diktum aufgreifend, Robert Havemann in einem Interview mit dem britischen Journalisten Werner G. J. Knop Ende 1964, das das für Havemann so ereignisreiche Jahr bilanzierte: »Der Marxismus leidet an Sklerose«. DDR-Professor Havemann über Deutschland und Kommunismus. In: Der Spiegel v. 16.12.1964, S. 37–49.

5 Werner Bräunig (Jg. 1934) hatte 1959 gemeinsam mit Jan Koplowitz den Aufruf »Greif zur Feder, Kumpel!« verfasst, der Arbeiter zum Schreiben aufforderte wie Autoren zur Arbeit in den Betrieben. Der Aufruf diente der 1. Bitterfelder Konferenz, die aus der Idee wechselseitiger Inspiration rasch das Dogma produktionsverbundener Literatur verformte.

seinem Roman »Rummelplatz«[6] wie sein Kollege Erik Neutsch der »Spur der Steine«[7], scheiterte aber 1965 wie der erfahrene Stefan Heym an der Zensur.[8] Selbst Walter Ulbricht griff auf den Enthusiasmus junger Parteikader wie Kurt Turba[9] zurück, die noch nicht durch die Ochsentour der Funktionärskarriere abgeschliffen waren, um sich im September 1963 ein neues »Jugendkommuniqué« schreiben zu lassen.

Die Formen schienen meist altbacken: Ein Jugendkommuniqué gab es auch schon 1961, unmittelbar nach dem Mauerbau. Damals wurde nach Disziplin und Unterordnung gerufen, nun interessierte den greisen Staatsratsvorsitzenden Eigeninitiative und Elan.[10] So füllte sich mitunter junger Wein in alte Schläuche, blieben neue Ansätze unter traditionellem Gehabe nicht immer erkennbar, während (zu) offensichtlich neue Ansätze noch erstickt wurden:

6 Auszüge aus Bräunigs Roman erschienen in der Zeitschrift des Schriftstellerverbandes »Neue Deutsche Literatur« 1965, entsetzten die SED-Führung ob ihrer lebensnahen und kraftvollen, aber ganz unheroischen Schilderungen des betrieblichen Alltags. Nach dem 11. Plenum im Dezember 1965 blieb das Manuskript unvollendet und erschien erst 2007, gut 30 Jahre nach dem tragischen Tod des Autors.

7 Der Roman »Spur der Steine« löste 1964 kontroverse Debatten aus, schien aber im Kern die Forderungen des Bitterfelder Weges zu erfüllen. Seine Verfilmung durch Frank Beyer indes wurde durch bestellte Claqueure skandalisiert und nach der Premiere abgesetzt. Aus dem Panzerschrank der DEFA fand er erst 1990 wieder den Weg in die Kinos.

8 Stefan Heyms Roman über den 17. Juni 1953, unter dem Arbeitstitel »Der Tag X« Mitte der 1960er Jahre kontrovers diskutiert, durfte nicht erscheinen. Heym veröffentlichte ihn nach Überarbeitungen 1974 unter dem Titel »Fünf Tage im Juni« in der Bundesrepublik. In der DDR erschien er erst 1989.

9 Der Journalist Kurt Turba (Jg. 1929), Chefredakteur der Studentenzeitung der FDJ »Forum«, wurde von Ulbricht im Sommer 1963 zum Leiter der Jugendkommission des Politbüros ernannt und mit der Abfassung des »Jugendkommuniqués« von 1963 beauftragt, mit dem Ulbricht die Nachkriegsgeneration für den von ihm intendierten Reformschub motivieren wollte. Er wurde nach dem 11. Plenum des ZK im Januar 1966 entlassen, da er »aufgrund seines ganzen Verhaltens für die weitere Arbeit im Apparat des ZK nicht tragbar ist«, wie Honecker im Protokoll der Sitzung des Sekretariats des ZK festhielt. BArch DY 30 J IV 2/3 A 1261, zit. nach: Florath, Bernd: Das philosophische Argument als Skandal. Die Herausforderung der SED durch Robert Havemann. In: Sabrow, Martin (Hg.): Skandal und Diktatur. Formen öffentlicher Empörung im NS-Staat und in der DDR. Göttingen 2004, S. 190; vgl. zur Biographie Turbas: Schuster, Ulrike: »Seine Intelligenz führte zu einer für ihn ungesunden Entwicklung«. Bemerkungen anhand einer DDR-Biographie. In: Gottschlich, Helga (Hg.): »Links und links und Schritt gehalten …« Die FDJ: Konzepte – Abläufe – Grenzen. Berlin 1994, S. 242–250.

10 Vgl. Sachse, Christian: Die Jugendpolitik der SED Anfang der sechziger Jahre. Zur historischen Einordnung der Jugendkommuniqués. In: Zeitschrift des Forschungsverbundes SED-Staat (2006)19, S. 27–40.

Nach diesem langen Winter
Hat sich die Sonne aufgetan
    Das Licht fällt in die Häuser
    Die Nebel steigen an

Wir kriechen aus dem Winter
Wie aus dem letzten Krieg
    Die ersten warmen Tage
    Sind noch kein Sieg

Die ersten warmen Tage
Die haben Nächte noch
Die sind so kalt und dunkel
    Da sterben noch und noch
    Die allzu frühen Blumen (Wolf Biermann: Vorfrühling)[11]

Auf der internationalen Bühne war einige Bewegung entstanden, nachdem durch Mauerbau und Kubakrise gleichermaßen die Grenzen des Machbaren ausgeschritten worden und für alle Seiten die Dimensionen des Spielraumes abgesteckt waren. Wenn der Gartenzaun nicht mehr umstritten ist, scheint es leichter, mit dem Nachbarn ins Gespräch zu kommen und zu (ver-)handeln. Der Rücktritt Adenauers im Oktober 1963 und die anschließende Wahl des Wirtschaftsministers Ludwig Erhard zum Bundeskanzler, der in den Augen Moskaus ein erfahrener Ost-West-Händler war, hatte bei Chruschtschow die Hoffnung keimen lassen, zur Bundesrepublik ein besseres Verhältnis herstellen zu können, auch um sie näher an sich zu ziehen und so dem großen Kontrahenten auf der andern Seite des Atlantiks zu entfremden. Chruschtschow spiegelte in gewisser Weise eine Politik, die in analoger Weise auch die USA den osteuropäischen Satelliten Moskaus gegenüber verfolgte. Sein Versuch war von ähnlich geringem Erfolg gekrönt wie der Washingtons. Doch immerhin gab er einen Impuls, den in Berlin Willy Brandt aufgriff, um mit Ostberliner Behörden eine pragmatische Regelung für ein Passierscheinabkommen auszuhandeln. Dieses erlaubte den durch die Mauer zerrissenen Familien der Stadt, sich über die Weihnachtsfeiertage 1963 das erste Mal seit 1961 wieder zu treffen. Die rasch getroffene Vereinbarung, die alles ausklammerte, worüber sich die Behörden in Ost und West nicht einigen konnten – und das waren für diplomatische Übereinkünfte viele und essenzielle Fragen – tauchte den Jahresbeginn 1964 in ein ungewohnt harmonisches Licht. Obwohl sich die Weihnachtstage noch ziemlich frostig gezeigt hatten, blieb den Berlinerinnen und Berlinern die sibirische Kälte des vorjährigen Winters im meteorologischen wie im politischen Sinne erspart.

11 Biermann, Wolf: Alle Lieder. Köln ^{2}1992, S. 106.

Dennoch zogen sich die Verhandlungen über ein neues Abkommen bis in den September 1964. Noch im Januar hatten beide Seiten versucht, die Vereinbarung vom Dezember 1963 zu überdehnen. Der Senat forderte dieselben Reisemöglichkeiten für Ostberliner in westliche Richtung, die uneingeschränkte Erweiterung der Besuchsmöglichkeiten, die Aufhebung des Schießbefehls und die Fortführung der Gespräche durch die Treuhandstelle für den Interzonenhandel.[12] Die DDR reagierte kontradiktorisch: Verhandlungen über den Schießbefehl seien Gegenstand von Verhandlungen über den Abschluss eines Friedensvertrages, die Fortführung der Gespräche durch die Treuhandstelle der Versuch, ein innerstädtisches Problem Berlins Behörden der Bundesrepublik zu überantworten, hingegen sollten die Gespräche nunmehr offiziell zwischen der Regierung der DDR und dem Senat von Westberlin fortgeführt werden.[13] Letztlich bedurfte die erfolgreiche Unterzeichnung eines 2. Passierscheinabkommens im September 1964 erst der erneuten Absicherung des SED-Regimes durch den Abschluss eines besonderen Freundschaftsvertrages mit der UdSSR und der Ankündigung von direkten Gesprächen zwischen Moskau und Bonn im Sommer. Das zweite Abkommen fixierte in einigen Punkten protokollarisches Entgegenkommen der DDR, die zum Beispiel das Betreiben der Passierscheinstellen in Westberlin durch Ost- *und* Westberliner Postbeamte hinnahm.

Im Sommer 1964 erlaubte die SED überdies Rentnerinnen und Rentnern aus der DDR, Verwandte im Westen zu besuchen. Dieser als Verordnung des Ministerrates daherkommende Abbau der Mauer für den nicht mehr arbeitspflichtigen Teil der Bevölkerung unterstrich die tatsächliche Motivlage für die Abschottung des 13. August 1961 unmissverständlich: Geschützt wurde mit dem Betonwall das SED-Regime vor dem Verlust seiner Arbeitskräfte. Wer nicht mehr im Arbeitsprozess stand, war für die Herrschenden uninteressant und durfte das Land verlassen. Mehr noch: Eine Übersiedlung aus dem System der DDR-Rentenkasse in das der Bundesrepublik wurde ohne Groll bereits seit dem Sommer 1962 gestattet.[14]

Die Öffnung der Grenzen für Rentnerinnen und Rentner auch für Besuchsreisen war ein einseitiger Schritt der SED, der sowohl innenpolitischen Druck abbauen sollte als auch als Test fungierte für die Entspannungschancen ertastenden politischen Manöver Chruschtschows. Die Reisen stellten

12 Vorschläge vom 3. und 10.1.1964, vgl. Archiv der Gegenwart 1964, 11067 D/1; Weber, Werner; Jahn, Werner (Hg.): Synopse zur Deutschlandpolitik 1941 bis 1973. Göttingen 1973 (Schriften des Königsteiner Kreises), S. 559 f.

13 Vgl. Erklärung der DDR-Regierung v. 17.1.1964. In: ebenda, S. 563.

14 Am 17.7.1962 verabschiedete das Politbüro einen Beschluss, der die Übersiedlung von Rentnern in die Bundesrepublik ermöglichte. 41 493 Rentner übersiedelten bereits 1963, 15 660 im ersten Halbjahr 1964, vgl. Hoffmann, Dierk: Sicherung bei Alter, Invalidität und für Hinterbliebene, Sonderversorgungssysteme. In: Kleßmann, Christoph (Hg.): 1961–1971. Deutsche Demokratische Republik. Politische Stabilisierung und wirtschaftliche Mobilisierung. Baden-Baden 2006 (Geschichte der Sozialpolitik in Deutschland seit 1945; 9), S. 342.

andrerseits die westdeutschen Behörden und die Gesellschaft der Bundesrepublik vor unerwartete Herausforderungen: Zum einen galt es, die Logistik für den Empfang und Transport Tausender, z. T. gebrechlicher Menschen zu organisieren. Zum andern mussten Vorkehrungen getroffen werden, damit die in aller Regel mittellosen Reisenden erforderliche Dienstleistungen in Anspruch nehmen konnten. Über Möglichkeiten, sich legal mit genügend Westgeld auszustatten, verfügten nur wenige von ihnen. Abhilfe galt es überdies für die Fälle zu schaffen, in denen die Familien im Westen die Reisenden nicht empfangen wollten oder konnten bzw. schlicht nicht existierten, weil die Rentner fiktive Verwandte angegeben hatten. In einigen Fällen waren die »Brüder und Schwestern aus der Zone« bei ihren Verwandten durchaus nicht so willkommen, wie es die westliche Propaganda gern suggerierte. Hier der SED-Propaganda keine willkommenen Argumente zu liefern, waren Behörden und karitative Organisationen gefordert.

Auf Landes- und Bundesebene wurde beschlossen, jedem Einreisenden ein Begrüßungsgeld auszuhändigen, das in Ländern und Kommunen verschiedentlich noch erhöht wurde. Das Begrüßungsgeld von 30,00 DM ersetzte Bargeldbeihilfen von 15,00 DM, die zuvor an Besucher aus dem Osten ausgegeben wurden.[15] Unklar blieb den Verantwortlichen, wie ein Missbrauch dieser Regelung zu verhindern war, wenn in die DDR-Reisedokumente kein entsprechender Vermerk eingetragen werden konnte. Ein solcher Vermerk wäre von der DDR-Seite möglicherweise zum Nachteil der Reisenden ausgelegt worden, in jedem Falle wäre es aber die hoheitliche Anerkennung der Reisepässe eines anderen Staates gewesen. Beides galt es zu vermeiden.

Und ein weiterer Gesichtspunkt warf nicht nur bis dahin gehegte Erwartungen über den Haufen, er zwang auch lang aufgebaute und ständig reproduzierte Propagandamuster zu revidieren: Die überwiegende Mehrzahl der in den Westen reisenden Rentner wollte dort keineswegs bleiben. Sie wollten zurück in die Gegend, in der sie verwurzelt waren, zurück in die »Zone«:

> »Senatspressechef *Bahr* äußerte dazu, dass der Rentnerbesuch dazu beitragen werde, festgefügte Vorstellungen über die Bevölkerung der ›Zone‹ zu zerstören. Man müsse sehen, was es in Deutschland und im Ausland psychologisch für Folgen haben werde, wenn die erdrückende Mehrheit

15 Auf der 139. Sitzung des Bundeskabinetts wurde am 14.10.1964 »eine Erhöhung der Bargeldhilfe für Besuchsreisen aus der SBZ und aus Ostberlin von 15,00 auf 30,00 DM« beschlossen. Zusätzlich übernahm die Bundesrepublik die Kosten für die Rückreise und für die Krankenversorgung. Die kommunalen Spitzenverbände, Städte und Gemeinden wurden aufgerufen, diese Beihilfen durch kommunale Ergänzungen zu verstärken. Hieraus ergeben sich unterschiedliche Zuwendungen an die aus der DDR Einreisenden in Form von Bargeldunterstützungen, kostenfreien Angeboten des öffentlichen Nahverkehrs, der Nutzung kultureller Einrichtungen usw. Vgl. Die Kabinettsprotokolle der Bundesregierung. Bd. 17: 1964. Hg. für das Bundesarchiv v. Hartmut Weber. Bearb. v. Uta Rössel und Josef Henke. München 2007.

der Rentner freiwillig in den ›Machtbereich Ulbrichts‹ zurückkehren werde. Jeder Rentner, der im Westen bleibe, sei zwar ein Gewinn für den Westen, aber die Millionenzahl, die zurückkehre, werde die westlichen Positionen schwächen. Der Westen müsse sich rechtzeitig in seiner Argumentation auf diese Frage einstellen.«[16]

Die gewonnenen Erfahrungen über die Wirkungen einer Politik menschlicher Erleichterungen erheischten eine Revision der bisherigen Ostpolitik der Bundesregierung. Bis dahin galt, dass Entspannung nur als Resultat der Lösung der deutschen Frage akzeptabel sei. Doch während sich die UdSSR auf der einen Seite weigerte, über den Kopf der SED hinweg das Schicksal der DDR mit der Bundesregierung und/oder den Westalliierten zu verhandeln, gingen andrerseits die Strategien des Westens in der ersten Hälfte der 1960er Jahre weit auseinander. Frankreichs Staatspräsident de Gaulle favorisierte eine Lösung der Konflikte durch die Schaffung eines Kontinents gleichberechtigter Nationen unter Einschluss der Kontinentalmacht Russland. Diesem Konzept stand das atlantische Konzept der USA entgegen, das den Block eines sich gegen Russland abgrenzenden West- und Mitteleuropa unter US-amerikanischem Schirm präferierte. Zwischen diesen beiden Polen westlicher außenpolitischer Strategien tummelten sich diverse Nuancierungen mit je unterschiedlichen Perspektiven etwa für die Lösung der deutsch-polnischen Grenzfrage – einer Frage, von der die DDR-Seite nicht ohne eine gewisse praktische Berechtigung betonte, dass sie mit dem Görlitzer Grenzvertrag von 1950 längst beantwortet sei – oder verschiedene Ansatzpunkte für die Gestaltung der Beziehungen zu den osteuropäischen Staaten unter sowjetischem Einfluss.

Den Informationen des MfS zufolge zog Willy Brandt aus dem Erfolg von Passierscheinabkommen und dem Verhalten der reisenden DDR-Rentner folgende Konsequenz, die er sehr klar als nicht parteipolitisch umsetzbare, sondern nur als parteiübergreifend realisierbare künftige Deutschlandpolitik der Bundesregierung beschrieb:

»Da die Welt sehr schnell erkennen würde, dass ein KZ eben nicht mehr ein KZ ist,[17] wenn Bürger freiwillig wieder dorthin zurückkehren, müssten in allernächster Zeit neue Formeln gefunden werden. Dabei wäre es

16 So zitiert zumindest die Stasi Bahr in Information 914/64. Ganz ähnlich äußerte sich seinerzeit Willy Brandt in einem der »Times« gegebenen Interview: »›It will be a surprise for people in the Federal Republic‹, Herr Brandt went on, ›that the greater number of these pensioners will want to return to east Germany afterwards.‹« – Importance of East German Ruling on Visits to West. In: The Times v. 12.10.1964.

17 Noch 1966 reproduzierte der spätere Westberliner Innensenator und Bürgermeister Heinrich Lummer (CDU) in einer Polemik gegen die Passierscheinabkommen die Gleichsetzung der DDR mit einem KZ: Lummer, Heinrich: Die Passierscheinvereinbarungen. Kleine Schritte auf schiefer Ebene. Berlin 1966, S. 9.

notwendig, eine gemeinsame Linie aller Parteien, wie *Brandt* es vorgeschlagen habe, zu entwickeln. Es könnte nicht Sache einer Partei sein, hier den Vorreiter zu spielen. Wandel durch Annäherung[18] dürfe nicht ausschließlich Politik der SPD sein. Eine Partei allein – das wäre bei der Passierscheinfrage ersichtlich – würde sich dabei sehr schnell das Genick brechen.«[19]

Ohne hier auf den Fortgang der westlichen Kontroversen eingehen zu können, sei darauf verwiesen, dass die SED-Führung sich in Kenntnis[20] dieser Überlegungen nicht der strategischen Überlegung stellte, wie sie eine solche Wende der Deutschlandpolitik bestärken und gegebenenfalls im eigenen Sinne forcieren könne. Im Gegenteil: Sie warf unter dem Motto »Wir sind der Ansicht, Genosse Brandt, Sie kämpfen in der falschen Richtung« der SPD vor, nicht im Sinne der SED zu handeln. In den 13-seitigen »Darlegungen für den Vorsitzenden der SPD Willy Brandt«[21] beschwerte sich das Politbüro über den Tod des DDR-Grenzers Egon Schultz. Den tragischen Zwischenfall hatte der Westberliner Senat öffentlich bedauert und zum Anlass genommen, nicht nur dessen entscheidende Ursache – nämlich das DDR-Grenzregime – zu verurteilen, sondern auch der vorhandenen Gewaltbereitschaft einiger Fluchthelfer entgegenzusteuern.[22] Dagegen nutzte die SED den Zwischenfall als Hebel, um die Passierscheinverhandlungen abzubrechen. Das Politbüro-Papier forderte die SPD faktisch auf, vor der SED zu kapitulieren, nachdem »der Plan der SPD-Führung, die Arbeiter-und-Bauern-Macht der DDR zu beseitigen, gescheitert ist«, und »ihre Politik gegenüber der SED und der DDR sachlich und ohne Vorurteile zu überprüfen. Dabei sollte sie weniger nach gegensätzlichen Meinungen suchen, als in erster Linie *nach Möglichkeiten einer Übereinstimmung Ausschau halten.*«[23]

Offenbar missverstand das Politbüro die Rückkehrbereitschaft der Mehrheit der Rentner als Zustimmung zur Politik der SED, während Willy Brandt diesen neuen Akzent der Abstimmung mit den Füßen durchaus als essenzielle

18 Am 15.7.1963 hielt Egon Bahr im Beisein Willy Brandts vor der Evangelischen Akademie in Tutzing einen Vortrag, der überschrieben war mit »Wandel durch Annäherung«, in dem er ein neues Konzept der Ostpolitik entwarf und ihm zugleich einen Namen gab. Vgl. Wandel durch Annäherung. Egon Bahr in Tutzing 1963 und 1973. In: Deutschland Archiv 6(1973)8, S. 862–865.

19 Information 998/64.

20 Ulbricht, Honecker, Stoph und Winzer waren Empfänger – wenn nicht aller, so doch der entscheidenden dieser ZIG-Informationen.

21 Darlegungen für den Vorsitzenden der SPD Willy Brandt, 19.11.1964. In: Protokoll Nr. 48/64 der Politbürositzung v. 17.11.1964; BArch DY 30/J IV 2/2/963, Bl. 28.

22 Vgl. die Informationen 847a/64, 847b/64 und 1157/64, sowie Detjen, Marion: Ein Loch in der Mauer. Die Geschichte der Fluchthilfe im geteilten Deutschland 1961–1989. Berlin 2005, S. 246 f.

23 Darlegungen für den Vorsitzender der SPD Willy Brandt, 19.11.1964. In: Protokoll Nr. 48/64 der Politbürositzung v. 17.11.1964; BArch DY 30/J IV 2/2/963, Bl. 28, 25 u. 27.

Verschiebung, jedoch in ganz anderem Sinne als Ulbricht begriff, wenn er festhielt, »dass sich bei den Menschen in der ›Zone‹ eine Änderung im Denken vollziehe. Die würden sich nicht mit dem Staat identifizieren, jedoch anfangen, von ihrem Staat zu sprechen.«[24]

Die Tatsache, dass die DDR der Staat war, mit dem die reisenden Rentner umzugehen hatten, dessen Regeln sie zu befolgen hatten, war nicht durch Verbalakrobatik politischer oder juristischer Art beizukommen. Dieser Tatsache beugten sich die Rentner ebenso wie die Westberlinerinnen und Westberliner, die zum Besuch nach Ostberlin fuhren. Die dem Agieren des Staates DDR innewohnende normative Kraft des Faktischen war nicht wegzudefinieren oder zu mildern, indem man ihn als ein mysteriöses »Phänomen« jenseits der Mauer bezeichnete oder pietätvoll in Gänsefüßchen setzte. Die Erfahrungen der DDR-Insassen besagten eher das Gegenteil. Auch jene, die diesen Staat als den ihren ablehnten, nicht Bürger einer undemokratischen Republik sein wollten, die sie hinter die Mauer sperrte, mussten mit deren Regeln umzugehen lernen, wenn sie nicht Insassen ihrer Haftanstalten werden wollten. So wurde ihr Arrangement auch zur Methode, sich irgendwie einzurichten in einem Staat, der vielleicht nicht der ihre war, aber doch der, in dem sie lebten. Der Entmündigung durch diesen Staat eine weitere Fremdbestimmung hinzuzufügen, die ihnen auftrug, seine Macht – obwohl sie tagtäglich vor der Wohnungstür lauerte – zu ignorieren, erwies sich als wenig hilfreich. Willy Brandt jedenfalls unterstrich aufgrund der neuen Erfahrungen die Notwendigkeit des deutschlandpolitischen Kurswechsels der Bundesregierung:

> »Obwohl man es heute in der Öffentlichkeit noch nicht aussprechen könnte, ohne nicht gleich als Verräter beschimpft zu werden, sei es Tatsache, dass der Westen in der deutschen Frage mit der bisher betriebenen Politik nicht weiterkomme. Veränderungen wären nur zu erreichen, wenn der Westen immer wieder versuche, sich den Wandlungen in der Welt und auch den Wandlungen im Ostblock anzupassen. Was Walter Ulbricht heute tue, käme nicht von ungefähr. Der Westen müsse sich darauf einstellen. Mit der Politik ›niemals‹ würde nichts erreicht.«[25]

Ulbrichts Verhandlungsbereitschaft kam 1964 mitnichten »von ungefähr«. Auch er musste sich dem Druck der Tatsachen beugen. Dem wirtschaftlichen Desaster der Zentralplanungswirtschaft, das nach dem Mauerbau nicht nur offenkundig geworden, sondern auch nicht mehr aus dem ökonomischen Kalten Krieg erklärbar war, begegnete er als erstaunlich flexibler und selbst zentrale kommunistische Dogmen infrage stellender Staatslenker. Seine Versuche, aus der erfolgreichen Arrondierung des Staatsgebietes durch die

24 So wurden Brandts Worte wiedergegeben in Information 998/64.
25 Information 998/64.

Mauer und der Zurückhaltung des Westens angesichts der betonierten Abgrenzung außenpolitisch weiteres Kapital zu schlagen, wurden von Chruschtschow bestimmt, aber feinsinnig realpolitisch eingehegt. Ulbricht wollte sich im Frühsommer 1964 bei Chruschtschow gegen die Hoffnung westlicher Politiker absichern, die DDR in Moskau kaufen zu können, indem er sich vertraglich die uneingeschränkte Souveränität zusichern ließ: »Mit diesem Schritt wollen wir allen Spekulationen darüber entgegentreten, dass die DDR verkauft werden könnte. Wir wollen damit zugleich die Idee bekräftigen, dass die DDR und die BRD gleichberechtigte Staaten sind.«[26]

Der SED-Entwurf des Vertrages sah faktisch die Beendigung der Übergangsverantwortungen der Nachkriegszeit, d.h. auch der noch bestehenden Gesamtverantwortung der Alliierten für Deutschland vor. Damit wären natürlich die Möglichkeiten von direkten Verhandlungen der Westalliierten mit Moskau über den Kopf Ostberlins hinweg entfallen. Dem aber stimmte Chruschtschow nicht zu. Pädagogisch einfühlsam erklärte er dem kleinen Bruder Ulbricht:

> »Wir stimmen den Vorstellungen zu, die Sie dargelegt haben. [...] Doch haben wir einige Wünsche, die unserer Ansicht nach geeignet sind, den von Ihnen unterbreiteten Entwurf zu verbessern oder zu präzisieren. Ihr Entwurf ist so formuliert, dass das Potsdamer Abkommen völlig wegfällt. Auf diese Weise werden England, Frankreich und die Vereinigten Staaten von den Verpflichtungen befreit, die ihnen Potsdam auferlegt hat.«[27]

Elegant vermied er, den entscheidenden Moskauer Grund dafür zu benennen, das Potsdamer Abkommen in Geltung zu lassen. Ohne den Bezug auf die alliierten Vereinbarungen der Kriegs- und Nachkriegszeit wäre auch der sowjetischen Vormundschaft über die DDR die Grundlage entzogen. Die deutsche Frage, die Ulbricht als nur von den Deutschen zu lösen an sich ziehen wollte, blieb Angelegenheit der Alliierten, die darüber befinden konnten, ob und inwieweit sie die problematischen Deutschen an deren Lösung beteiligen mochten oder auch nicht. Hierüber war – so signalisierte der Besuch des

26 Gespräch Chruschtschows mit dem Ersten Sekretär der SED, Walter Ulbricht, am 30. Mai 1964. In: Wettig, Gerhard (Hg.): Chruschtschows Westpolitik 1955 bis 1964. Gespräche, Aufzeichnungen und Stellungnahmen. Bd. 4: Außenpolitik nach der Kuba-Krise (Dezember 1962 bis Oktober 1964). Berlin, Boston 2016 (Quellen und Darstellungen zur Zeitgeschichte; 88/4), S. 271. Dem deutschen Protokoll des Gesprächs fehlt an dieser Stelle der ironische Nebenton: vgl. Kosthorst, Daniel: »Sie sind ein Opfer unserer Propaganda«. Die letzten Gespräche Ulbrichts mit Chruschtschow 1964 in Moskau – eine Dokumentation. In: Deutschland Archiv 29(1996)6, S. 878.

27 Gespräch Chruschtschows mit dem Ersten Sekretär der SED, Walter Ulbricht, am 30. Mai 1964. In: Wettig, Gerhard (Hg.): Chruschtschows Westpolitik 1955 bis 1964. Gespräche, Aufzeichnungen und Stellungnahmen. Bd. 4: Außenpolitik nach der Kuba-Krise (Dezember 1962 bis Oktober 1964). Berlin, Boston 2016 (Quellen und Darstellungen zur Zeitgeschichte; 88/4), S. 272.

»Iswestija«-Chefredakteurs und persönlichen Botschafters von Chruschtschow, Adshubej, in Bonn – eventuell auch direkt zwischen Moskau und Bonn zu reden. Dass ein Chruschtschow-Besuch in Bonn so kurz nach der Limitierung des Souveränitätsanspruches von Ulbricht wahrscheinlich erschien, mag irritierend gewesen sein. Dennoch stand er in der Logik der Moskauer Entspannungsbemühungen, die sich – ins Ostdeutsche übersetzt – nicht zuletzt in der Unterzeichnung des 2. Passierscheinabkommens am 24. September 1964 niederschlugen, dessen Kompromissvereinbarung über die Besetzung der Passierscheinbüros in Westberlin durch Ost- *und* Westberliner Postbeamte so gar nicht den Intentionen der SED entsprach.

Am 14. Oktober 1964 glückte ein seit Monaten vorbereiteter Staatsstreich in Moskau mit der für Beobachter außerhalb des Führungszirkels der KPdSU überraschenden Absetzung Chruschtschows. Der schoflige Ton der TASS-Erklärung vom 15. Oktober, der zufolge das ZK der KPdSU der Bitte Chruschtschows um Entbindung von seinen Aufgaben aus gesundheitlichen Gründen entsprochen habe, in der ihm aber für seine elfjährige Tätigkeit als Erster Sekretär der Partei nicht mit einem einzigen Wort gedankt wurde, rief in der DDR Irritationen hervor. Das MfS berichtet über diese Verunsicherung auch unter Kadern der SED mit ungewohnter Breite und Offenheit. Ungewohnt war der Tenor der beiden noch am 16. Oktober 1964 verfassten ZIG-Berichte: In ihnen wurde über explizit geäußerte Zweifel an der Legitimität einer essenziellen Entscheidung der führenden Bruderpartei sachlich Auskunft gegeben, ohne in die Tonlage empörter Entlarvung feindlicher Handlungen oder antisowjetischer Provokationen zu verfallen. Ungewöhnlich war auch die unkommentierte, d. h. nicht vorsorglich als Feindmeinung etikettierte Wiedergabe der elementaren Skepsis gegenüber dem Wahrheitsgehalt und der Vertrauenswürdigkeit östlicher Pressemeldungen.[28]

Das am 17. Oktober 1964 verabschiedete Kommuniqué des Politbüros der SED zur Ablösung Chruschtschows ist wahrscheinlich die gröbste Unbotmäßigkeit, derer sich die Ostberliner Filiale der Weltpartei des Proletariats ihrer Führung im Kreml gegenüber auf so zentraler Ebene und in aller Öffentlichkeit erdreistet hatte: Dem von seinen Genossen ohne Gruß und Dank in die Rente geschickten Chruschtschow bescheinigte das SED-Politbüro – wieweit diese Behauptung auch immer zu Recht bestanden haben mag, sei dahingestellt – große Popularität in der DDR. Und es dankte ihm ausdrücklich für eine Arbeit, die auf dem KPdSU-Plenum nicht als seine, sondern die des ZK-Apparats bezeichnet wurde.[29] Eine gewisse Verzögerung

28 Vgl. Information 916/64: »Mehrfach wird kritisiert, dass eine solche ›glaubwürdige‹ Veröffentlichung nicht sofort erfolgt sei. Die knappen Informationen unserer Publikationsorgane würden lediglich bewirken, dass sich die Bevölkerung der DDR – da sie an weiteren Einzelheiten interessiert sei – auf westlichen Wellenlängen informieren würde, in dem Glauben, dort schneller unterrichtet zu werden.«

29 Vgl. die Rede Michail Suslows zur Begründung der Absetzung Chruschtschows, er bezichtigte Chruschtschow des Personenkults, der Verletzung der Kollektivität der Führung, des

dieser Erklärung des SED-Politbüros erscheint auffällig: Während Ulbricht und Stoph bereits am Tage der Kenntnisnahme der Ablösung Chruschtschows dessen jeweiligen Amtsnachfolgern Breshnew und Kosygin gratulierten,[30] ihren protokollarischen Pflichten mithin umgehend nachkamen, wurde der Moskauer Coup in der Bevölkerung rege diskutiert. Über diese Unruhe, vor allem aber über die Verunsicherung unter den eigenen Mitgliedern wurde die SED-Führung auf verschiedenen Wegen umgehend in Kenntnis gesetzt. Am Samstag, dem 17. Oktober 1964 brachte auch Mielke die ersten beiden diesbezüglichen Berichte persönlich zu Ulbricht und zu Honecker[31] auf Ulbrichts Landsitz in Dölln, wo sich am selben Tage das Politbüro zu einer außerordentlichen Sitzung versammelte und jenes Kommuniqué verabschiedete, das in der Sonntagsausgabe des »Neuen Deutschlands« veröffentlicht werden sollte.[32] Vor der Sitzung hatte Ulbricht den sowjetischen Botschafter Petr Abrasimow empfangen – wo und wann geht weder aus dem Protokoll der Politbürositzung noch aus dem Kommuniqué hervor.[33] Doch scheint die Annahme naheliegend, dass er sich über die politischen Folgen der Ablösung des sowjetischen Parteichefs informieren ließ: War hier ein Kurswechsel zu erwarten?[34] Im Kommuniqué schlägt sich die Frage insofern nieder, als die Kontinuität des Kurses des XX. und XXII. Parteitages hervorgehoben wird (ohne – im Unterschied zum am Vortag im »Neuen Deutschland« abgedruckten Leitartikel der »Prawda« – den XXI. Parteitag zu erwähnen). Zugleich dementiert das Kommuniqué mit einer feinsinnigen Formulierung die Behauptung, Chruschtschow sei auf eigenen Wunsch aus gesundheitlichen Gründen zurückgetreten, vielmehr habe das Plenum des ZK der KPdSU »diese Beschlüsse [über Chruschtschows Bitte, von seinen Verpflichtungen entbunden zu werden – B. F.] offensichtlich deshalb gefasst, weil sich Genosse

Subjektivismus und der groben Zerstörung der Leninschen Normen der Parteiführung. Vgl. Protokol N° 17 sasedanija plenuma Zentral'nogo Komiteta Kommunistitscheskoj Partii Sowetskogo Sojusa ot 14 oktjabrja 1964 goda. In: Artisow, Andrej; Naumow, Wladimir u. a. (Hg.): Nikita Chruschtschow 1964. Stenogrammy plenuma ZK KPSS i drugie dokumenty. Moskwa 2007 (Rossija XX wek. Dokumenty), S. 241.

30 Vgl. Glückwünsche der DDR für die Repräsentanten der Sowjetunion. In: ND v. 17.10.1964, http://zefys.staatsbibliothek-berlin.de/ddr-presse/ergebnisanzeige/?purl=SNP2532889X-19641017-0-1-6-0.

31 Vgl. ZAIG-Postausgangsbuch; BStU, MfS, ZAIG 6085b, Bl. 482 f.

32 Vgl. Kommuniqué des Politbüros des Zentralkomitees der Sozialistischen Einheitspartei Deutschlands. In: ND v. 18.10.1964, http://zefys.staatsbibliothek-berlin.de/ddr-presse/ergebnisanzeige/?purl=SNP2532889X-19641018-0-1-18-0.

33 Vgl. Protokoll Nr. 41/64 der außerordentlichen Politbürositzung v. 17.10.1964; BArch DY 30/J IV 2/2/956.

34 In einer Dienstkonferenz mit den Chefs der operativen Linien des MfS am 16.10.1964 argumentierte Mielke, dass sich an der politischen Linie der KPdSU durch den Wechsel des Ersten Sekretärs nichts ändern würde. Offenbar bestanden auch in seinem Ministerium derartige Verunsicherungen. Vgl. Besprechung Minister mit seinen Linien, 16.10.1964, 10.00 Uhr; BStU, MfS, SdM 10947, Bl. 117, sowie ZAIG 4912.

N. S. Chruschtschow seinen Aufgaben nicht mehr gewachsen *gezeigt* hatte«,[35] nicht aber sich ihnen nicht mehr gewachsen *gesehen* habe, wie es die am 16. Oktober abgedruckte Mitteilung von TASS unterstellte.[36]

Die Befürchtung, dass mit dem Sturz Chruschtschows auch die Entstalinisierung beendet würde, war vordergründig ausgeräumt. Dass unter Breshnew realiter ein restaurativer Kurs gefahren wurde, der zwar nicht Restalinisierung, wohl aber Relegitimierung des Stalinismus, Unterbindung der kritischen Auseinandersetzung mit dem Stalinschen Erbe[37] sowie den Rückgriff auf repressive, allerdings weniger tödliche Methoden des Umgangs mit Andersdenkenden bedeutete, sollte erst im Verlaufe der folgenden Monate deutlich werden.

Auch verbreitete Spekulationen darüber, dass Chruschtschows Sturz der Preis Moskaus für eine Beendigung des Zwistes mit Beijing gewesen sei, erwiesen sich als falsch. Obwohl das Maß der Zuspitzung dieses Konflikts ohne die Persönlichkeit der jeweiligen Parteichefs nicht erklärt werden kann, blieb die Machtkonkurrenz beider kommunistischen Parteien bestehen, sodass die Linie, die Chruschtschow gegenüber der KP Chinas verfolgte, keine wesentliche Änderung erfuhr.[38] Das Politbüro-Kommuniqué betonte die Fortführung der Bemühungen um ein neues internationales Treffen kommunistischer Parteien. Dieses Treffen wurde 1964 jedoch von Beijing dezidiert abgelehnt, weil es der Stärkung der Moskauer Fraktion des Weltkommunismus dienen sollte.[39] Allerdings, und hier sollte Moskau dem Drängen insbesondere der stärksten westeuropäischen kommunistischen Partei, der Kommunistischen Partei Italiens, nachgeben, wurde die öffentliche Polemik gegen Beijing in den Medien eingestellt.

35 Vgl. Kommuniqué des Politbüros des Zentralkomitees der Sozialistischen Einheitspartei Deutschlands. In: ND v. 18.10.1964, http://zefys.staatsbibliothek-berlin.de/ddr-presse/ergebnisanzeige/?purl=SNP2532889X-19641018-0-1-18-0. (Hervorhebung: B. F.).

36 Vgl. Beschlüsse des Plenums des ZK der KPdSU und des Präsidiums des Obersten Sowjets. In: ND v. 16.10.1964, http://zefys.staatsbibliothek-berlin.de/ddr-presse/ergebnisanzeige/?purl=SNP2532889X-19641016-0-1-5-0.

37 Vgl. Protest alter Bolschewiki. Eine Diskussion im Marx-Engels-Institut, Moskau. In: Neues Forum 14(1967)166, S. 719–725.

38 Dies wurde der chinesischen KP-Führung spätestens klar, als ihrer von Zhou Enlai geleiteten Delegation, die zum 7.11.1964 nach Moskau gereist war, bedeutet wurde, mit Mao ebenso zu verfahren, wie es die Clique um Breshnew mit Chruschtschow getan hatte. Möglicherweise sah Breshnew in Liu Shoaqi einen potenziellen Verbündeten. Letztlich weckte dieses unsittliche Angebot Maos Misstrauen gegen den Vorsitzenden der Volksrepublik, was zu dessen Entmachtung und Verhaftung 1967 führte. Vgl. Dikötter, Frank: The Cultural Revolution. A People's History, 1962–1976. New York u. a. 2016, S. 63.

39 Vgl. u. a. die Bemerkungen Chruschtschows zum Instruktionsentwurf für das Gespräch mit der Delegation der Kommunistischen Partei Italiens, notiert am 2. Mai 1964. In: Wettig, Gerhard (Hg.): Chruschtschows Westpolitik 1955 bis 1964. Bd. 4, S. 264–268; Gespräch Chruschtschows mit dem Ersten Sekretär der SED, Walter Ulbricht, am 11. Juni 1964; ebenda, S. 328 f.

Wie verbreitet Befürchtungen über eine Restalinisierung waren, macht auch die spontane Rede deutlich, in der der ungarische Parteichef János Kádár am 18. Oktober 1964 nach seiner Ankunft von einer Reise nach Polen auf dem Budapester Nyugati-Bahnhof den gestürzten Chruschtschow würdigte: Chruschtschow habe, so Kádár, »very great merits in the fight against Stalin's personality cult and in the maintenance of the policy of peace«.[40]

Ulbrichts Reaktion auf den Sturz Chruschtschows war weniger existenziell als die Kádárs, da er eben nicht wie dieser oder der Erste Sekretär der polnischen Partei, Władisław Gomułka, Herrscher wurde im Ergebnis einer antistalinschen Umwälzung. Daher waren seine Reformen in der DDR – so rationalistisch sie auch angefangen wurden – schwächer. Im Grunde verachtete Ulbricht an Chruschtschow genau das, was diesem Stalinzögling Größe verlieh: seinen öffentlichen Bruch mit einem System, das er – wie Ulbricht selbst – nur als Lakai, mehr listig als geschickt, zu überleben verstanden hatte. Ulbrichts Politik blieb ambivalent auch auf dem Höhepunkt ihrer Reformen. Unbeweglichen Funktionären drohte er mitunter drastisch mit dem Verlust ihres Einflusses,[41] doch bediente er sich ihrer auch weiterhin als stalinistischer Knüppelgarde, wenn ein eigenständiger Geist den Rahmen des Reformwerks überschritt und zu weit ging. Robert Havemann, der, wie Ulbricht seinem Bezirkschef Paul Verner vorhielt, an dessen Stelle das »geistig-kulturelle Leben« in der Hauptstadt belebte, dufte kurz darauf unter Verners Regie kaltgestellt werden.

In der Tat sahen sich in der DDR Gegner der Chruschtschowschen Entstalinisierung ermuntert, spekulierten auf eine Wiederannäherung mit der KP Chinas auf maoistischer Linie: »Mao wird Chruschtschow das Genick brechen!«[42] Letztlich werden sie sich auch durchsetzen, zwar nicht unter der Fahne des Großen Vorsitzenden aus Beijing, wohl aber mit der stillschweigenden Erdrosselung der Reformen und schließlich der Kaltstellung Ulbrichts, um dem Breshnewschen Modell bürokratischen Stillstands zu folgen.

40 »The Hungarian press agency reported Mr. Kadar made that statement after returning to Budapest from a visit to Poland.« Kadar Praises Khrushchev. In: The New York Times v. 19.10.1964.

41 Vgl. Ulbricht Rede auf der Tagung der SED-Bezirksleitung Berlin am 18.11.1963, auf der er nicht nur Paul Verner der Unfähigkeit zieh, die neue ökonomische Politik und das geistig-kulturelle Leben zu organisieren (LArch Berlin, C Rep. 9–02, J IV2/2 J-1091), sondern den Text dieser Abrechnung mit provinzieller Engstirnigkeit als Lehrbrief an alle Parteiprovinzen versenden ließ. Vgl. Protokoll 43/63 der Sitzung des Politbüros v. 3.12.1963; BArch DY 30/J IV 2/2/908, Bl. 3. Während Verner im Januar/Februar die Attacke gegen Havemann anführen durfte, wurde Verners Zweiter Sekretär (und bis 1958 Vorgänger als Bezirkschef) Hans Kiefert auf einen bedeutungsarmen Verwaltungsposten abgeschoben. Kiefert sollte 1958 der SED bei den Abgeordnetenhauswahlen in Westberlin zum Durchbruch verhelfen, trat mit Havemann als Spitzenkandidaten an und halbierte nahezu den Stimmenanteil.

42 Gossweiler, Kurt: Die Taubenfuß-Chronik oder die Chruschtschowiade 1953 bis 1964. Bd. II, München 2005, S. 411.

2. Zentrale Themen der Berichterstattung

2.1 Passierscheinabkommen

Mit den Berichten zum Ablauf des Passierscheinabkommens schälte sich eine kontinuierliche Berichtsstrecke heraus, die mehr und mehr formalisiert, sowohl die quantitativen Aspekte als auch eine Reihe standardisierter politischer Schwerpunkte zusammenfasste: Zahl der Antragsteller, Zahl der Reisenden, Verstöße gegen den Rahmen des Abkommens (hierbei insbesondere Reisen über die Berliner Stadtgrenzen hinaus oder Überschreitungen der Aufenthaltsdauer). Bis zur Einführung des obligatorischen Zwangsumtausches enthielten die Berichte zur Durchführung des Abkommens auch Angaben über den Geldumtausch, die später eine eigene Berichtskategorie füllten. Nach Abschluss des 2. Passierscheinabkommens im September 1964 wird der Verlauf der Antragstellung in Westberlin in einer gesonderten Serie beschrieben, in der die Kohabitation von Ost- und Westberliner Postbeamten in den Passierscheinstellen besondere Aufmerksamkeit findet, nicht zuletzt, um den Nachweis zu führen, dass die Westberliner Beamten bei Annahme und Bearbeitung der Anträge überflüssig, wenn nicht gar hinderlich seien. Die Westberliner Beamten waren ihren östlichen Kollegen an die Seite gestellt worden, um dem Anschein entgegenzuwirken, die DDR führe auf Westberliner Territorium hoheitliche Akte durch. Faktisch waren sie überflüssig für den Betrieb der Passierscheinstellen, durften allenfalls Auskünfte erteilen und Hinweisblätter verteilen. Wie die Informationen der ZIG herausstreichen, langweilten sich die Westpostler, versuchten Einblick in die sorgsam gehüteten geheimen Unterlagen der Ostpostler zu erhaschen oder sprachen dem Alkohol zu. Es scheint, als sollte das MfS Argumentationsmaterial sammeln, um das östliche Zugeständnis möglichst wieder rückgängig machen zu können.

Zwischen dem Auslaufen des ersten Abkommens und dem Abschluss des zweiten liegt eine immer wieder durch »Denkpausen« unterbrochene Verhandlungszeit, die sich in den Informationen der ZIG durch die eine Reihe bemerkenswerter Konfidentenberichte niederschlägt. Besonders die die Verhandlungen über das 2. Passierscheinabkommen tangierenden Informationen dienten unmittelbar dem Zweck der Arbeit der Zentralen Informationsgruppe, wie ihn Mielke 1960 im Befehl 548/60 definiert hatte: »den Minister, die führenden Funktionäre der Partei, des Staates und der Regierung der DDR qualifiziert und objektiv über die Lage in der DDR und insbesondere über die Absichten und Pläne der Feinde des Friedens und des Sozialismus gegen die DDR zu unterrichten«.[43] Dazu diente nicht zuletzt auch das Geflecht der sogenannten geheimen Kanäle: vom MfS teils initiierter, teils genutzter per-

43 Befehl 548/06 v. 7.12.1960: Verbesserung der Informationsarbeit des Ministeriums für Staatssicherheit. In: Engelmann, Roger; Joestel, Frank (Hg.): Grundsatzdokumente des MfS. Berlin 2004 (MfS-Handbuch), S. 132.

sönlicher Verbindungen etablierter Funktionäre der SED zu westdeutschen Politikern, Journalisten oder Beamten.[44] Am bekanntesten ist wohl der Kanal Hermann von Bergs – damals Abteilungsleiter für internationale Verbindungen im DDR-Presseamt – zu Dietrich Spangenberg in der Westberliner Senatskanzlei und zum Journalisten Hans-Jacob Stehle (»Frankfurter Allgemeine«, »Die Zeit«). Über diese Verbindung wurden taktische Intentionen, Verhandlungstabus, inoffizielle Interpretationen offizieller Verlautbarungen der jeweils anderen Seite zur Kenntnis gebracht, die im anhaltenden Waffenlärm des Kalten Krieges dazu führten, dass nicht jede öffentlich vorgebrachte Polemik auf die Goldwaage gelegt wurde und die Verhandlungen wieder konterkarierte. Während aber die über von Berg hereinkommenden Informationen offenbar auf dem kürzeren Wege direkt in den Ministerrat gelangten, der federführend die Verhandlungen mit dem Senat umsetzte, speisten sich die Einzelinformationen der ZIG aus anderen Kanälen. Einer davon lief ebenfalls über Hans-Jacob Stehle zu Hans-Joachim Seidowsky,[45] einem Mitarbeiter am Lehrstuhl Eduard Winters[46] an der Humboldt-Universität, ein weiterer von Senatsrat Harald Ingensand über Martin Zöller, der ebenfalls am Lehrstuhl Winters als Dozent für die Geschichte Südosteuropas beschäftigt war.[47] Während indes die Spuren der durch Zöller und von Berg beschafften Informationen sich in den ZIG-Texten allenfalls in ihrer Substanz niederschlagen, sind die Berichte von Seidowsky mitunter nahezu wörtlich eingearbeitet worden – selbstverständlich ohne dass umstandslos auf die Quelle zurückzuschließen gewesen wäre.

Die den Verhandlungsführern der DDR-Seite auf diesen Wegen übermittelten Hintergrundkenntnisse bildeten jedoch keinen irgendwie einseitig gewonnenen Spionagevorteil,[48] es handelte sich bei diesen Kontakten um das für beide Seiten nachvollziehbare und gewollte, aber vertrauliche Abtasten im Rahmen von Verhandlungen jenseits bestehender zwischenstaatlicher Beziehungen, die den bis dahin gezogenen Rahmen wechselseitiger Vorführungen und Entblößungen in den Propagandaschlachten des Kalten Krieges aufbrachen: »Im Großen und Ganzen ist *Albertz* mit dem bisherigen Verlauf der

44 Vgl. Münkel, Daniela: Kampagnen, Spione, geheime Kanäle. Die Stasi und Willy Brandt. Berlin ²2015 (BF informiert; 32), S. 26 f. u. 37 f.; Kunze, Gerhard: Grenzerfahrungen. Kontakte und Verhandlungen zwischen dem Land Berlin und der DDR 1949–1989. Berlin 1999 (Studien des Forschungsverbundes SED-Staat an der Freien Universität Berlin), S. 84–91 u. 128.

45 Vgl. MfS-GI »Gerhard« Hans-Joachim Seidowsky; BStU, MfS, AIM 3654/71.

46 Zur bewegten Biographie des Osteuropa- und Vatikan-Historikers Eduard Winter vgl. Luft, Ines: Eduard Winter zwischen Gott, Kirche und Karriere. Vom böhmischen katholischen Jugendbundführer zum DDR-Historiker. Leipzig 2016.

47 Vgl. MfS-GI »Martin« Martin Zöller; BStU, MfS, AIM 15392/89.

48 Es ist daher unsinnig davon zu sprechen, dass die »Grenze zwischen vertraulichen Ost-Kontakten und politischer Spionage« überschritten gewesen wäre. Vgl. Knabe, Hubertus: Der diskrete Charme der DDR. Stasi und Westmedien. Berlin 2001, S. 115.

Dinge zufrieden. Er ist daran interessiert, dass dies unter irgendwelchen Möglichkeiten und Bedingungen weitergeführt wird«, wusste Martin Zöller den für Bürgermeister Albertz arbeitenden Senatsrat Ingensand zu zitieren.[49] Beiden Seiten war vollkommen bewusst, dass der Inhalt der vertraulichen Gespräche inoffizieller Partner den politisch Verantwortlichen übermittelt würde. Darüber wurde unter vier Augen auch zwischen den offiziellen Verhandlungsführern Korber und Wendt offen gesprochen: »Im Folgenden ist mit der Bitte um Übermittlung an Herrn Brandt darzulegen, dass die Regierung der DDR die durch Herrn Korber *und auf anderem Wege übermittelten* Ansichten des Senats sorgfältig erwogen hat.«[50] Die Ernsthaftigkeit, mit der der Senat unter Willy Brandt und Heinrich Albertz den mühseligen Weg der kleinen Schritte im Interesse der Berlinerinnen und Berliner zu gehen bereit war, traf im gegebenen Augenblick auf die Bereitschaft der SED-Führung in der letzten Phase der Regentschaft Chruschtschows eine Politik der Entspannung ebenso ernsthaft zu betreiben und nicht als bloß neue Manöver zur politischen Entlarvung des ewig gleichen Feindes. Gemäß der Direktive zur Passierscheinverhandlungsrunde am 17. Januar 1964 sollte Wendt mitteilen, dass die DDR-Seite angesichts aus Bonn vorgetragener Maximalforderungen zwar ebenfalls Maximalforderungen aufgestellt habe, jedoch vielmehr daran interessiert sei, unter Wahrung oder zumindest vorläufiger Ausklammerung der jeweiligen grundsätzlich gegenteiligen Ansichten in Statusfragen, zu pragmatischen Lösungen zu kommen. Um diese zu erreichen, war Ostberlin indes bereit, seinerseits weitergehende Forderungen zurückzustellen: »Wir bedauern dies, denn die Erörterung und Klärung der umfassenderen Probleme wäre ein noch wertvollerer Beitrag zur Entspannung als die Erörterung und Klärung noch so wichtiger Einzelfragen.«[51]

Zweifellos findet sich in den Berichten und Instruktionen der vom MfS gelenkten inoffiziellen Gesprächspartner westlicher Journalisten oder Beamter jede Menge geheimdienstlicher Obsessionen und Camouflagen. Einige von ihnen sind derart verwirrend, dass nicht mehr klar ersichtlich ist, ob eine Verhaltensdirektive dem GI eine bestimmte Vorgehensweise vorschreibt oder dessen eigensinnige Position legitimiert. So wird Zöller, der an der Universität noch in den 1970er Jahren zu den politisch eher moderaten Professoren zählte,

> »mit folgender Konzeption ausgerüstet:
> ›In der DDR bilden sich Kräfte heraus, die zu Konzessionen in Verhandlungen auf gegenseitigen Vorteil bereit sind. Zu diesen Leuten zählt sich auch der GI. Er wäre für eine ›variablere und beweglichere Politik‹ in der

49 HA V/4: Information, 23.12.1963; BStU, MfS, AIM 15392/89, Teil A, Bd. 1, Bl. 24.
50 Entwurf einer Verhandlungsdirektive für Genossen Wendt für die Verhandlungen am 17.1.1964, 14.1.1964; BStU, MfS, GH 4/68, Bd. 1, Bl. 148.
51 Ebenda, Bl. 145.

DDR. Bestimmte Anzeichen für eine Kursänderung wären da, der Entwicklungsprozess würde aber noch zu langsam vonstattengehen. Bestimmte Kräfte in Westberlin müssten sie mehr stützen.‹«[52]

Sein Gesprächspartner bezweifelte Existenz und vor allem die Relevanz dieser Kräfte im folgenden Gespräch: »Sie haben doch keinen Einfluss. Sie sind untere Organe, mit denen manövriert wird, wie es Ulbricht will.« Deshalb erhärtet Zöller seine Beschreibung mit dem Beispiel des Parteisekretärs der Humboldt-Universität, Werner Tzschoppe, der am Vortag des Gesprächs in einem Gewaltakt der Bezirksleitung von seinem Posten entfernt worden war: Dieser würde »ebenfalls zu den ›Modernen, Liberalen‹ gehören«,[53] unter denen er vor allem Robert Havemann namhaft macht und auf dessen Einfluss gerade an der Universität er verweist.[54]

Im folgenden Treffen Martin Zöllers mit seinem Führungsoffizier Hartmut Kullik wird er instruiert, sein Dilemma zu beschreiben, in dem er sich als »Liberaler« befinde: »Ich bin für Verhandlungen und Verständigung. Ich setze mich auch dafür ein, dass in unseren Regierungskreisen eine Wandlung vollzogen wird. Neue Kräfte werden sich herausbilden und eines Tages auf den Plan treten. Aber solange sich nicht auch bei Euch eine Wandlung vollzieht, wird kaum eine Annäherung möglich sein.«[55] Aber er müsse umsichtig sein, weil »seine Konzeption ihn die eigene Existenz und wissenschaftliche Tätigkeit kosten könne [...,] schließlich habe er ja noch eine Familie zu versorgen«.[56] In die zu diesem Zeitpunkt ihren ersten Höhepunkt erreichenden Auseinandersetzungen um Robert Havemann wird Zöller wohl deshalb auch nicht eingreifen.

2.2 Die Ausgrenzung des demokratischen Flügels der Reformanhänger aus der SED

Robert Havemann

Fast scheint es nach den Einsatzkonzepten des MfS, als seien Bestrebungen nach Liberalisierung innerhalb der DDR und der SED nur ein Manöver gewesen, um eigene Interessen leichter gegen die westliche Seite durchsetzen zu

52 HA V/4 Treffbericht, 27.1.1964; BStU, MfS, AIM 15392/89, Teil A, Bd. 1, Bl. 30.

53 HA V/4 Treffbericht, 3.2.1964; ebenda, Bl. 32.

54 HA V/4/IV: Treffbericht, 13.2.1964; ebenda, Bl. 59 f.: »Die Auseinandersetzungen mit Prof. Havemann wird der GI als Ausdruck starker Differenzen zwischen der Linie der ›Liberalen‹ und der politischen Linie im ZK und im Politbüro hinstellen. Der GI wird Prof. Havemann als zu seinen Leuten gehörig hinstellen und die Ansichten von Ingensand, dass diese Leute ›keinen Einfluss‹ haben, am ›Beispiel‹ von Prof. Havemann widerlegen. Dass an der Universität über die Auffassungen von Prof. Havemann gesprochen wird, berichtete der GI ›Martin‹. Er kann dazu auch Quellen angeben.«

55 Oltn. Hartmut Kullik: Gesprächskonzept für das Gespräch [Zöllers] mit Senatsrat Ingensand, 29.1.1964; ebenda, Bl. 40.

56 HA V/4/IV: Treffbericht, 13.2.1964; ebenda, Bl. 59.

können. Doch die »breite Entfaltung des geistig-kulturellen Lebens, die allseitige Förderung der schöpferischen Initiative der gesamten Bevölkerung« steht gleich nach der »Verwirklichung der ökonomischen Politik der Partei« an der Spitze des Arbeitsplanes des ZK der SED für das erste Halbjahr 1964.[57] Die Entfaltung des geistig-kulturellen Lebens war mitnichten ein Manöver, das dem Westen eine Art Liberalisierung vorgaukeln sollte. Unbeweglichkeit auf diesem Gebiet konnte durchaus den Unwillen Walter Ulbrichts hervorrufen.

Die Unsicherheiten in der Beurteilung schlagen sich auch im Tenor der entsprechenden Informationen der ZIG nieder. Unmittelbar nach Beendigung der Vorlesungen, die Robert Havemann im Herbstsemester 1963/64 über »Naturwissenschaftliche Aspekte philosophischer Probleme« an der Humboldt-Universität hielt, stellte die Zentrale Informationsgruppe des MfS einen zusammenfassenden Bericht für die Parteiführung her. Er sollte dem 1. Sekretär des ZK, Walter Ulbricht, und dem Sekretär des ZK für Sicherheitsfragen, Erich Honecker, ausgehändigt werden, sowie innerhalb des MfS an die Hauptabteilung XVIII gehen, deren Abteilung 6 für Kernenergie und Forschung zuständig war.[58] Deren Exemplar sowie das Ablageexemplar der Zentralen Informationsgruppe[59] des MfS sind überliefert.[60] Der Bericht wurde letztlich nicht an Ulbricht und Honecker geschickt. Die Gründe hierfür sind dem Dokument selbst nicht zu entnehmen.

Dennoch fällt auf, dass sich dieser zusammenfassende Bericht im Vergleich zu wenig später hergestellten in der Bewertung der Person und der Vorlesungen Havemanns zurückhält. Noch war Havemann Mitglied der SED, noch fand lediglich eine öffentliche kontroverse Diskussion statt, in der sich Havemann beachtlicher Unterstützung erfreute. Überdies war die Führung der SED durch ihre eigenen Informationskanäle umfangreich und inhaltlich genauer über den Inhalt der Vorlesungen informiert worden.[61] Die

57 Arbeitsplan des Zentralkomitees für das 1. Halbjahr 1964 (Beschluss des Politbüros v. 14.1.1964). Protokoll 2/64 der Sitzung des Politbüros v. 14.1.1964; BArch DY 30/J IV 2/2/917, Bl. 6.

58 Das spezielle Referat war in dieser Zeit rasch aufeinanderfolgenden Umstrukturierungen unterworfen: bis 19.2.1962 selbstständige Abteilung VI, danach als Abteilung 6 in die HA III eingegliedert. Mit deren Umbildung Anfang 1964 zur HA XVIII dort nach einiger Zeit als Abteilung 5 fortgeführt. Vgl. Haendcke-Hoppe-Arndt, Maria: Die Hauptabteilung XVIII: Volkswirtschaft. Berlin 1997 (MfS-Handbuch); Buthmann, Reinhard: Abteilung VI. In: Engelmann, Roger u. a. (Hg.): MfS-Lexikon. 3., aktual. Aufl., Berlin 2016, S. 24.

59 Vgl. Engelmann, Roger; Joestel, Frank: Die Zentrale Auswertungs- und Informationsgruppe. Berlin 2008 (MfS-Handbuch).

60 3. Exemplar für HA XVIII: BStU, MfS, AOP 5469, Bd. 4, Bl. 77–96. 5. Exemplar: Ablage der ZIG: BStU, MfS, ZAIG 848, Bl. 1–15. Das für die HA XVIII bestimmte Exemplar 3 wurde auf dem für diese Berichte vorgesehenen Kopfbogen geschrieben. Das Exemplar für die ZIG-Ablage auf einem formlosen Blatt. Es enthält aber den Verteiler des Berichtes. Andere Abweichungen beider Vorlagen bestehen nicht.

61 So z. B.: Kurze Einschätzung der Rede Havemanns in Leipzig 1962 und seiner Vorlesungen an der Humboldt-Universität Berlin 1963/64, anonymes Papier aus dem Apparat der Abtei-

im vorliegenden Dokument enthaltenen Daten über die Rahmenbedingungen, Teilnehmerzahlen usw. schienen für die Entscheidungsfindung insofern nicht von entscheidender Bedeutung zu sein. Sie waren allenfalls ein Symptom dafür, welches Echo Havemanns Vorlesungen gefunden hatten, welchen Grad an Gefährlichkeit für die SED sie damit aufwiesen und inwiefern sie einer kritischen Stimmung in der DDR der frühen 1960er Jahre Ausdruck verliehen.

Auf dem 5. Plenum des Zentralkomitees der SED, das vom 3. bis 7. Februar 1964 in Berlin tagte, war bereits die Forderung gestellt worden, in Havemann den Kopf einer revisionistischen Abweichung zu sehen und zu bekämpfen.[62] Auf einer Tagung des SED-Parteiaktivs der Humboldt-Universität am 17. Februar sollte diese vorerst nur verbale Sanktion auch im Wirkungskreis Havemanns verankert werden. Sie stieß noch auf die Gegenstimmen nicht nur von Genossen aus Havemanns Institut,[63] sondern auch in anderen Teilen der Universität. Wenige Tage vor der Versammlung stellte die ZK-Abteilung ein Stimmungsbild zusammen. Es war alarmierend:

»Die Mehrheit der Studenten sieht in der Linie der Havemann-Vorlesungen einen konsequenten und kompromisslosen Kampf gegen Enge und Dogmatismus. Diese Haltung verbindet sich – provoziert durch die Havemann-Thesen gegen Grundlagen unserer Politik und Weltanschauung – mit einem wachsenden Zweifel daran, ob der Kampf der Partei- und Staatsführung ebenso unerbittlich gegen den Dogmatismus gerichtet ist.

lung Wissenschaften des ZK der SED, erstmals veröffentlicht in: Havemann, Robert: Dialektik ohne Dogma? Aufsätze, Dokumente und die vollständige Vorlesungsreihe zu naturwissenschaftlichen Aspekten philosophischer Probleme. Hg. v. Dieter Hoffmann. Berlin 1990, S. 230–242. Die internen Einschätzungen in diesem Gremium gingen in ihrer Schärfe bereits im Januar 1964 weiter. Vgl. Beratung zu Problemen der Grundorganisation Chemie am 23. Januar 1964 beim Genossen Hager; LArch Berlin C Rep. 902, alte Sign. BPA IV A2/4/704; vgl. Florath, Bernd: Vom Zweifel zum Dissens. In: Ders.; Müller, Silvia: Die Entlassung. Robert Havemann und die Akademie der Wissenschaften 1965/66. Berlin 1996 (Schriftenreihe des Robert-Havemann-Archivs; 1), S. 29.

62 Vgl. Sindermann, Horst: Aus dem Bericht des Politbüros an das 5. Plenum des ZK. In: ND v. 13.2.1964, S. 4; indirekt und ohne Robert Havemann oder Werner Tzschoppe beim Namen zu nennen: Schumann, Horst: Lehre und Praxis müssen einander näherkommen. In: ebenda v. 9.2.1964, S. 5, sowie die seinerzeit nicht im »Neuen Deutschland« veröffentlichten Diskussionsbeiträge von Kurt Hager und Hanna Wolf; BArch DY 30/IV 2/1/304–309; vgl. Havemann. Frühling auf dem Eis. In: Der Spiegel Nr. 13, 1964, S. 48.

63 Die SED-Grundorganisation der Chemiker an der Humboldt-Universität stand schon seit Jahren als Unruheherd im Fokus besonderer Aufmerksamkeit des ZK. Die Grundorganisation der SED dort war keineswegs klein: Ihr gehörten im Sommer 1963 89 Kandidaten und Mitglieder an, das waren 13 % der Mitarbeiterinnen und Mitarbeiter der Institute. Von den 108 Lehrkräften (Professoren, Oberassistenten, Assistenten und anderen wissenschaftlichen Mitarbeitern) waren 37 Mitglied der SED. Vgl. Guschl, Franz: Bericht über den Stand der ideologischen Arbeit der Grundorganisation Chemie der Humboldt-Universität Berlin, 4.7.1963; BArch DY 30/IV 2/9.04/99.

Auf diese Weise wird das Vertrauen in die politisch-ideologische Führung der Partei untergraben. Die Auswirkungen sind an den einzelnen Fakultäten unterschiedlich. Besonders stark an der Math[ematisch]-Nat[urwissenschaftlichen] Fakultät.«[64]

Als besonders in Mitleidenschaft gezogen erwies sich das »gesellschaftswissenschaftliche Grundstudium«. Die Indoktrinierung stieß an ihre Grenzen, wo sie sich an Studenten richtete, die zunehmend selbstbewusster wurden und die ihnen vorgesetzten geistigen Armseligkeiten hinterfragten.[65] Sie entzogen sich diesen Unterrichtungen und verweigerten immer öfter selbst die Kenntnisnahme der obligatorischen Texte. Es zeigte sich ein »Anwachsen des Oppositionsgeistes und der Skepsis gegenüber Grundfragen unserer Politik und Weltanschauung«, es wurde verstärkt die »Forderung nach objektiver Darlegung bürgerlicher Philosophien, um sich ein eigenes Urteil bilden zu können«, erhoben. Zweieinhalb Jahre nach dem Mauerbau wurde die geistige Abschottung der DDR nicht mehr als durch die offene Grenze begründbar akzeptiert:

»Insbesondere zur Informationsfreiheit gab es in vielen Bereichen der Universität folgende in verschiedenen Varianten auftretende Fragestellungen: a) Warum darf man sich nicht westliche naturwissenschaftliche Lehrbücher schicken lassen? b) Warum dürfen nur mit Sondergenehmigungen bestimmte bürgerliche philosophische Werke gelesen werden. (Rotkreis- und Blaukreuzliteratur)[66] c) Sind unsere Presseinformationen wirklich allseitig und objektiv? d) Warum wird über bestimmte Fragen nur zögernd und lückenhaft informiert? (z. B. Indien und China)?«[67]

64 Zu einigen Auswirkungen der Havemann-Vorlesungen unter den Studenten, 13.2.1964; BArch DY 30 IV A2/9.04/102.

65 Vgl. das von Rainer Schottlaender und Freunden einige Jahre später verbreitete Flugblatt über die Zumutungen der »gesellschaftswissenschaftlichen Grundkurse«: »Es besteht eine tiefe diskrepanz zwischen der exakten denkweise unserer studienfächer und der pseudowissenschaftlichen lehre, die man uns jeden donnerstag predigt.« Schottlaender, Rainer: Das teuerste Flugblatt der Welt. Dokumentation einer Großfahndung des Staatssicherheitsdienstes an der Berliner Humboldt-Universität. Berlin 1993, S. 12.

66 Zu den verschiedenen Kategorien sekretierter Literatur an wissenschaftlichen Bibliotheken vgl. Waligora, Raimond: Der Giftschrank der Deutschen Staatsbibliothek. In: Lokatis, Siegfried (Hg.): Heimliche Leser in der DDR. Kontrolle und Verbreitung unerlaubter Literatur. Berlin 2008, S. 191–200.

67 Zu einigen Auswirkungen der Havemann-Vorlesungen, 13.2.1964; BArch DY 30 IV A2/9.04/102. Die offizielle Presse der DDR vermied es, über den Grenzkrieg zwischen China und Indien im Oktober/November 1962 hinreichend zu informieren. Allein die Tatsache, dass das – zu diesem Zeitpunkt noch verbündete – kommunistische China seine territorialen Interessen aggressiv mit kriegerischen Mitteln durchsetzte, bereitete Schwierigkeiten in der ideologisch korrekten Vermittlung. Vgl. Vertzberger, Yaacov: India's Border Conflict with China: A Perceptual Analysis. In: Journal of Contemporary History 17(1982)4, S. 607–631. Havemann hatte bereits in seiner Vorlesung über naturwissenschaftliche Aspekte philosophischer Probleme im Herbstsemester 1962 die informationsarme Berichterstattung der

Sorge bereitete den Berichterstattern, dass nicht nur viele Studenten der Naturwissenschaften, sondern auch angehende Mediziner (darunter ca. ein Drittel des ersten Studienjahres), ja selbst Studenten sozial- und geisteswissenschaftlicher Fächer in die Vorlesungen des Physikochemikers strömten. Die Berichte zusammenfassend wurde festgestellt: »Nur ganz wenigen Studenten (ja, selbst Gen[ossen] Studenten) ist klar, dass Havemann die Grundlagen unserer Politik und Weltanschauung angreift. Havemann vertritt in den Augen der Mehrheit der Studenten eine schöpferische und konstruktive Linie der Weiterentwicklung des Sozialismus.«[68]

Die Aktivtagung der SED-Universitätsorganisation am 17. Februar 1964 endete mit einem Beschluss, der Havemanns Auftreten zwar als »gegen die Politik der Partei und die Weltanschauung der Arbeiterklasse« gerichtet bezeichnete, ihn aber lediglich aufforderte, Aktivitäten wie die Vorlesungen »zu unterlassen, in denen er von den Beschlüssen der Partei abweichende Auffassungen vertreten hat«.[69] Anders als bislang in vergleichbaren Fällen üblich, war über Havemann keine Parteistrafe verhängt, ja nicht einmal ein Parteiverfahren eröffnet worden. Der Einfluss Havemanns, der auf dem um sich greifenden Wunsch beruhte, die in jeglicher Hinsicht bestehende Enge der DDR aufzubrechen, und dem Havemann in dieser Zeit Stimme und Impuls gab, war stark gewachsen. Er musste schrittweise zurückgedrängt werden, wollte man die bestehenden Verhältnisse aufrechterhalten. So wurde zuerst der organisatorische Rückhalt Havemanns in der SED-Parteiorganisation der Humboldt-Universität zerstört, indem man ihn im August 1963 aus der Universitätsparteileitung entfernte und – dies war entscheidend – die Havemann mehrheitlich unterstützende Parteileitung unter Kontrolle brachte, indem man deren 1. Sekretär, Werner Tzschoppe, in einem statutenwidrigen Verfahren ablöste und von der Universität verbannte. Dieses am Vorabend des 5. Plenums gesetzte Signal war in mehrfacher Hinsicht von Bedeutung: Erstens gelang es dem Berliner SED-Chef Paul Verner damit, eine Gliederung der SED, die sich die bis in demokratische Konsequenzen vorschreitende Umsetzung wirtschaftlicher und politischer Reformen zu eigen gemacht hatte, deutlich sichtbar zu kujonieren – gegen den Widerstand von zu begrenzten Reformen bereiten Kreisen innerhalb der SED-Führung, zu denen

DDR-Presse über den chinesisch-indischen Grenzkonflikt problematisiert: »Unsere Presse kann über die Dinge nicht konkret berichten, da wir eine offizielle Presse und keine freie Presse haben.« So jedenfalls kolportiert Leutnant Schwabe (Verwaltung Groß-Berlin, Abt. V/4) einen Konfidentenbericht aus zuverlässigen »Quellen«: Information, 11.11.1962; BStU, MfS, AOP 5469/89, Bd. 1, Bl. 141.

68 Ebenda.

69 Beschluss des Parteiaktivs der Humboldt-Universität v. 17.2.1964; LArch Berlin, C Rep. 903, alte Sign. PA IV A2/4/704. Vgl. Florath, Bernd: Das philosophische Argument als politischer Skandal. Die Herausforderung der SED durch Robert Havemann. In: Sabrow, Martin (Hg.): Skandal und Diktatur. Formen öffentlicher Empörung im NS-Staat und in der DDR. Göttingen 2004, S. 181.

zumindest zeitweise selbst Ulbricht und SED-Ideologiesekretär Hager gezählt hatten. Zweitens demonstrierte er allen weniger entschlossenen Unterstützern dieser Politik an der Humboldt-Universität, welche persönlichen Konsequenzen sie im Kampf gegen ihn und die alte Funktionärsclique zu erwarten hatten: Tzschoppe, der als Alternative zum Chef der Abteilung Wissenschaften des ZK gehandelt worden war, verlor seine Stellung, musste die Universität verlassen und wurde als wissenschaftlicher Mitarbeiter zur Zeitungsauswertung an das strengster Kontrolle durch die SED und das MfS unterstehende Deutsche Institut für Zeitgeschichte verbannt. Eine Stelle, die er freilich, nachdem er sich im Januar 1965 nach dem 11. Plenum vom Dezember des Vorjahres erneut zu Havemann bekannt hatte, ebenfalls verlor. Für aufstrebende jüngere Funktionäre wurden die Instrumente sichtbar, die bei Unbotmäßigkeit in Gebrauch waren, für erfahrene wurde deutlich, dass sie auch nach dem XXII. Parteitag der KPdSU nicht außer Betrieb gesetzt worden waren. Die Absetzung Tzschoppes unter demonstrativem Druck der übergeordneten Berliner Bezirksleitung führte selbst die nominellen innerparteilichen demokratischen Spielregeln ad absurdum.[70] Das Vorgehen der übergeordneten Gremien erinnerte die Parteimitglieder nachdrücklich an die reale Akzentuierung des organisatorischen Grundprinzips kommunistischer Parteien: »demokratischer *Zentralismus*«. An Tzschoppes Stelle wurde ein universitätsfremder Funktionär aus dem Partei- und Staatsapparat gesetzt.

In Abwesenheit Tzschoppes erklärten Instrukteure des ZK und der Bezirksleitung im Verein mit dem kommissarisch eingesetzten neuen Parteisekretär Herbert Eißrig und jenen, denen die Diskussionen der vergangenen Monate ohnehin nicht gepasst hatten, allen widerstrebenden und oder zögerlichen SED-Mitgliedern, dass Tzschoppe ein Parteischädling sei. Das war durch seine Absetzung offenbar hinreichend bewiesen worden. Havemann aber sei ein Revisionist – was auf dem 5. Plenum (3.–7. Februar 1964) durch die Reden von Sindermann,[71] Hanna Wolf[72] und die Kurt Hagers auf der Parteiaktivtagung am 17. Februar 1964 ebenfalls bewiesen worden sei.[73] Dieser geballten Macht höherer Wahrheit der Partei, verbunden mit deren veranschaulichter und antizipierter, den Lebensweg jedes Widerstrebenden be-

70 Vgl. Information 124/64, wo auch das MfS darauf hinwies, dass »in der Frage der Ablösung des Genossen Tzschoppe auch oft noch Unverständnis unter vielen Genossen und Parteilosen vorhanden ist und offen zum Ausdruck gebracht wird«.

71 Vgl. Sindermann, Horst: Aus dem Bericht des Politbüros an das 5. Plenum des ZK-Berichterstatter. In: ND v. 13.2.1964, http://zefys.staatsbibliothek-berlin.de/ddr-presse/ergebnisanzeige/?purl=SNP2532889X-19640213-0-3-33-0.

72 Vgl. Hanna Wolf: Diskussionsrede, 5. Plenum des ZK der SED, 3.–7.2.1964; BArch, TonY1_1361–2; vgl. die bereinigte Protokollfassung: Protokoll der 5. Tagung des Zentralkomitees der Sozialistischen Einheitspartei Deutschlands vom 3. bis 7. Februar 1964. Hg. v. Büro des Politbüros, II. Berlin 1964, S. 29.

73 Vgl. Tagung des Parteiaktivs der Humboldt-Universität v. 17.2.1964; LArch Berlin, C Rep. 903–01-12/704.

drohenden Wirkung, verbreitete Angst unter den Universitätsgenossen. Kombiniert wurde der ideologische Druck mit weiteren personellen Umbesetzungen. Die Fachgruppe Philosophie des gesellschaftswissenschaftlichen Grundstudiums an der Mathematisch-Naturwissenschaftlichen Fakultät, zu deren Lehrprogramm Havemanns Themen zählten, hatte nicht zuletzt durch den Diskussionsbeitrag von Bodo Wenzlaff in der Universitätszeitung den einzigen öffentlichen Versuch einer inhaltlichen Debatte mit Havemann eröffnet. Zwei der SED-Dozenten wurden strafversetzt und durch ein halbes Dutzend Parteisoldaten ersetzt.[74] So wundert es nicht, dass viele, die Havemann noch wenige Tage zuvor unterstützt hatten, nunmehr das Verwerfliche seiner Vorlesungen zu entdecken glaubten und sich zu retten versuchten, indem sie ihn attackierten. Der Druck wurde zielstrebig erhöht, bis zu erwarten war, dass bedeutsame Gegenwehr gegen den Angriff auf Havemann selbst nicht mehr zu erwarten war. Für die Umsetzung des insgeheim bereits formulierten Zieles, der Verbannung Havemanns von seinem Lehrstuhl und aus der universitären Öffentlichkeit,[75] bedurfte es eines Anlasses, der tragfähig oder nicht, alle zuvor vorgebrachten Unterstellungen, Havemann würde das Geschäft des Feindes im Westen betreiben, zu bestätigen schien.

Es ist die bizarre Ironie der Partei-Logik des Kommunismus, dass ausgerechnet Havemanns Dementi westlicher Pressemeldungen, seine Vorlesungen seien verboten worden, diesen Vorwand lieferte. Die Dinge *schienen* noch in der Schwebe zu bleiben, bis Kurt Hager in dem Bericht des Journalisten Karl-Heinz Neß im »Hamburger Echo am Abend« über ein Gespräch mit Havemann, das dieser als Interview erscheinen ließ,[76] den Anlass für Parteiausschluss und Entlassung Havemanns als Ordinarius gefunden hatte. Wie dürftig dieser Anlass war, so gravierende Schritte einzuleiten, verdeutlichte der Philosophieprofessor Wolfgang Heise in der Begründung seiner Ablehnung des Parteiausschlusses Havemanns:

> »Ich habe Angst, dass wir auf eine Provokation der Westdeutschen hereinfallen. [...] Man sollte vom Genossen Havemann eine öffentliche Stellungnahme verlangen, wo er ganz klar Stellung nimmt. Eine Parteistrafe halte ich für nötig, aber Ausschluss, Genossen, Ausschluss ist der politische Tod. Die Logik ist mir klar, wenn er so weitermacht, dann ist das mit

74 Vgl. Zur politisch-ideologischen und philosophischen Auseinandersetzung mit Havemann. Konzeption, 22.2.1964; BArch DY 30 A2/9.04/102.

75 Vgl. Florath, Bernd: Lehrverbot und Parteiausschluss für Robert Havemann – »Provokation der Westdeutschen« oder von der SED geplanter »politischer Tod«? In: Heidemeyer, Helge (Hg.): »Akten-Einsichten«. Beiträge zum historischen Ort der Staatssicherheit. Berlin 2016 (BF informiert; 36), S. 38–51.

76 Wir Deutschen machen alles besonders gründlich. In: Hamburger Echo am Abend, 11.3.1964, neu abgedruckt in: Havemann, Robert: Texte eines Unbequemen. Hg. v. Dieter Hoffmann u. Hubert Laitko. Berlin 1990, S. 189–191.

der Partei nicht mehr zu vereinbaren. Bis jetzt stand nicht die Frage der organisatorischen Maßnahme. Jetzt machen wir es aufgrund des Interviews.«[77]

Das MfS sah seine Aufgabe offenkundig eher darin, in seiner Berichterstattung die gesammelten Erkenntnisse in einer Form darzubieten, die den zu vermutenden Entscheidungstenor der Parteiführung verstärkte. Wo der noch uneindeutig schien, blieb auch ihr Bericht gezügelt. Intern hatte das Ministerium Havemann bereits von der Liste der »zuverlässigen und vertrauenswürdigen« Parteigänger gestrichen. Der noch Ende November 1963 vorhandene Zweifel darüber, ob Havemanns »objektiv auf politisch-ideologische Diversion« hinauslaufende Tätigkeit auch subjektiv den Straftatbestand nach § 9 StEG erfülle,[78] wurde als Argument dafür, ihn weiterhin als Geheimen Informator zu führen, zurückgewiesen. Der Vorgesetzte der Führungsoffiziere des GI »Leitz« lehnte deren pragmatischen Vorschlag, Havemann weiterhin als GI zu führen, um ihn auszuhorchen,[79] rundweg ab: »[...] nochmal durchdenken! Standpunkt – Grundforderung an IM!! (H. praktiziert jedoch ideol[ogische] Diversion! Op[erative] Bearbeitung deshalb Hauptproblem.)«[80] Der Maßnahmeplan gegen Robert Havemann wurde am 7. Dezember 1963 mit diesen Bemerkungen abgezeichnet, die GI-Akte »Leitz« bereits drei Tage zuvor abgeschlossen:

»Im Ergebnis der sich bei GI ›Leitz‹ abzeichnenden polit[isch]-ideologischen Entwicklung wurde entschieden, die bisherige Linie, trotz op[erativer] Bearbeitung den Kontakt noch zeitweilig aufrechtzuerhalten, endgültig abzubrechen.
Es wurde festgelegt, dass mit GI ›Leitz‹ keine Gespräche mehr geführt werden und der Schwerpunkt auf die op[erative] Bearbeitung zu legen ist. Die Bearbeitung des Vorganges wurde dem Gen. Major Dr. Hofmann übertragen.«[81]

Am 27. Januar 1964 wurde der Eröffnungsbericht für den Operativen Vorgang »Leitz« verfasst, der sich seit dem 12. März 1964 mit allen geheimpoli-

77 SED-Parteileitung Humboldt-Universität. Protokoll Leitungssitzung am 12.3.1964; BArch DY 30 IV A2/9.04/103, Bl. 13. Heise, der gerade erst zum Prorektor für Gesellschaftswissenschaften der Universität ernannt worden war, kostete seine mutige Intervention für Tzschoppe und Havemann den gerade erworbenen Posten. Rückwirkend wurde er als Prorektor wieder abgesetzt.

78 § 19 StEG (Staatsgefährdende Propaganda und Hetze) war mit einer Strafandrohung von mindestens drei Monaten Gefängnis versehen.

79 Es war das » Ziel, Havemann sich weiter in Sicherheit wähnen zu lassen und zugleich bestimmte Informationen von ihm selbst zu erhalten, wodurch uns Arbeit und Zeit erspart bleibt«. Hofmann (MfS, HA III/6/S): Maßnahmeplan, 29.11.1963; BStU, MfS, AOP 5469/89, Bd. 1, Bl. 401.

80 Ebenda: Abzeichnung des Maßnahmeplans durch »R.«.

81 Hauptmann Maye (MfS, HA III/6): Aktenvermerk, 4.12.1963; ebenda, Bd. 2, Bl. 317.

zeilichen Mitteln gegen den durch seinen Ausschluss aus der SED zum Parteifeind definierten Kritiker richtete und erst sieben Jahre nach seinem Tode archiviert werden sollte.

Heinz Brandt

Heinz Brandt, KPD-Mitglied seit 1931, 1934 von den Nazis verhaftet und nach sechsjähriger Zuchthaushaft in die Konzentrationslager Sachsenhausen, Auschwitz und Buchenwald deportiert, war bis 1953 Sekretär der SED-Bezirksleitung Berlin. Von den Streikenden des 17. Juni beeindruckt, gewann er kritische Distanz zur Partei und wurde von seiner Funktion abgelöst. 1958 konnte er sich einer Festnahme durch das MfS noch rechtzeitig entziehen und floh nach Westberlin. Dort arbeitete er erst für das Ostbüro der SPD, später als Redakteur der Zeitung der IG Metall in Frankfurt am Main. Wenige Wochen vor dem 13. August 1961 wurde er vom MfS in Westberlin entführt und gemeinsam mit dem ehemaligen Generalsekretär der VVN Karl Raddatz wegen angeblicher »Spionage im schweren Fall« zu 13 Jahren Zuchthaus verurteilt. Die Freilassung Heinz Brandts Ende Mai 1964,[82] die zugleich auch einer der ersten Erfolge von Amnesty International war,[83] stand am Anfang des Austauschs von politischen Häftlingen gegen Warenlieferungen aus der Bundesrepublik, der von Organisationen der evangelischen Kirchen vermittelt wurde. Ulbricht nannte sie »neue Methoden der Politik der friedlichen Koexistenz«.[84]

Die Abschiebung von politischen Häftlingen hatte Chruschtschow Ulbricht schon 1961 empfohlen.[85] Damals hatte Ulbricht das abgelehnt, »weil wir die Aufgabe haben zu überzeugen«.[86] Diese spezielle Form der Überzeu-

82 Vgl. Stern, Carola: Der Fall Heinz Brandt. In: SBZ-Archiv 15(1964)11, S. 162 f.

83 Vgl. Mihr, Anja: Die internationalen Bemühungen von Amnesty international im Fall Heinz Brandt. In: IWK 37(2001)4, S. 449–464.

84 Gespräch Chruschtschows mit dem Ersten Sekretär der SED, Walter Ulbricht, am 30. Mai 1964. In: Wettig, Gerhard (Hg.): Chruschtschows Westpolitik 1955–1964. Gespräche, Aufzeichnungen und Stellungnahmen. Bd. 4: Außenpolitik nach der Kuba-Krise (Dezember 1962 bis Oktober 1964). Berlin, Boston 2016 (Quellen und Darstellungen zur Zeitgeschichte; 88/4), S. 278 f. In dem Gespräch bemerkte Anastas Mikojan an dieser Stelle süffisant, Ulbricht habe von Castro gelernt, womit er sich offenbar darauf bezog, dass Castro eine große Zahl der 1961 an der Playa Girón gefangen genommenen 1 113 CIA-Söldner gegen die Lieferung von Medikamenten 1962 nach Florida zurückschickte. Zur Rolle des kubanischen Modells für die Etablierung des Freikaufs politischer Gefangener vgl. Wölbern, Jan Philipp: Der Häftlingsfreikauf aus der DDR 1962/63–1989. Zwischen Menschenhandel und humanitären Aktionen. Göttingen 2014 (Analysen und Dokumente; 38), S. 58 f.

85 Vgl. ebenda. S. 52 f.

86 Gespräch Chruschtschows mit dem Ersten Sekretär der SED, Walter Ulbricht, am 1. August 1961. In: Wettig, Gerhard (Hg.): Chruschtschows Westpolitik 1955–1964. Gespräche, Aufzeichnungen und Stellungnahmen. Bd. 3: Kulmination der Berlin-Krise (Herbst 1960 bis Herbst 1962). München 2011, S. 300.

gungsarbeit einzuleiten, hatte Ulbricht »den Justizminister beauftragt [...] Natürlich haben wir kein Sibirien, man muss diese Leute in Arbeitslager schicken.«[87]

Im Jahr 1964 waren einerseits die ersten Entlassungen politischer Häftlinge gegen Geld oder Warenlieferungen aus dem Westen bereits erfolgreich abgeschlossen, andrerseits war mit dem Rechtspflegeerlass des Staatsrats eine mildere Akzentuierung auch der politischen Justiz angewiesen worden. Dennoch saßen die Opfer der harschen politischen Verfolgung der Zeit nach dem Mauerbau weiterhin ein. Ein retrospektive Überprüfung überhöhter Strafen oder gar eine Revision politischer Verfahren war weder vorgesehen noch wurden sie auch nur ansatzweise diskutiert, was sich öffentlich durchaus niederschlug.[88]

Gegen die fortdauernde Haft des am Vorabend der Feierlichkeiten zum 17. Juni 1961 vom MfS aus Westberlin entführten Heinz Brandt war kontinuierlich protestiert worden. Die Proteste gingen nicht nur von offiziellen westlichen Stellen aus, der SPD oder der IG Metall, für die Brandt gearbeitet hatte, sie wurden auch aufgegriffen von Leuten, auf deren Kooperation die SED Wert legte: Veteranen des Widerstandskampfes, die die Tatsache, dass ein ehemaliger Auschwitzhäftling in den Kerkern des MfS festgehalten wurde, als unerträglich empfinden mussten. Selbst der gerade von der SED als Friedenskämpfer mit der Ossietzky-Medaille geehrte Nobelpreisträger Bertrand Russell schickte im Januar 1964 diese Auszeichnung zurück, nachdem die DDR-Behörden auf seine mehrfachen Forderungen nach Amnestierung Brandts zuerst dilatorisch und dann abweisend reagiert hatten. Er hatte diesen öffentlichen Affront angekündigt, doch offenbar ging die SED-Führung nicht davon aus, dass der greise Philosoph und politische Aktivist diese Drohung wahr machen würde. Unmittelbar nach diesem Skandal wurde Brandt im Zuchthaus Bautzen befragt. Das MfS wollte offenbar herausfinden, ob seine Erziehungsmaßnahmen im Ulbrichtschen Sinne erfolgreich waren und wie sich Brandt im Falle einer Entlassung verhalten würde. Brandt versicherte geschickt Loyalität insofern, als er keinesfalls die konservative Politik der Bundesregierung gegenüber der DDR unterstützen würde, sondern sich für deren Anerkennung und für die Verbesserung der Beziehungen einsetzen würde. Er vermied eine offene Konfrontation mit seinen Kidnappern, eingedenk des Schicksals seines Bruders, dessen Spuren sich im Stalinschen Gulag

87 Ebenda, S. 299. Für die Einweisung missliebiger Personen in Arbeitslager auf administrativem Wege wurde gut eine Woche nach dem Mauerbau am 24.8.1961 eigens die Verordnung über Aufenthaltsbeschränkung (GBl. der DDR, Teil II, 1961, S. 343) erlassen, die noch 1976 dazu dienen sollte, Havemanns Hausarrest juristisch zu camouflieren.

88 Vgl. Klein, Fritz: Festigung der Gesetzlichkeit oder »Großzügigkeit«? In: Sonntag v. 28.10.1956. Klein hinterfragte nicht nur die rechtlichen Grundlagen der politischen Urteile, sondern auch die der 1956 erfolgten Entlassung politischer Häftlinge, die zwar das Unrecht der Haft, nicht aber die Fragwürdigkeit der rechtlichen Bedingungen beendete.

verloren hatten. Der Zumutung des MfS, sich als Bürger der DDR zu definieren, verweigerte sich Brandt ebenso, wie er ihre offene Zurückweisung unterlief. Seine Zustimmung wäre zugleich eine Voraussetzung dafür gewesen wäre, ihn allenfalls *in* die DDR zu entlassen und hätte zugleich als Argument dienen können, die Illegalität seine Entführung als einen Akt DDR-interner Strafverfolgung erscheinen zu lassen: »Ich betrachte mich«, schrieb er, »an die Friedenpflichten eines Bürgers der DDR gebunden, alles zu tun, was dem Atomfrieden, der friedlichen Koexistenz, der Entspannung, der Annäherung, der atomaren (und sonstigen) Abrüstung [...] dient und alles zu unterlassen, was diesem primären Gebot zur Erhaltung und Rettung der physischen Existenz der deutschen Nation abträglich sein könnte.« Dieser Position konnte er sich freilich auch als Bundesbürger verpflichtet sehen, wenn auch nicht in den Augen der SED. Zugleich betonte er, seine kritischen Auffassungen nicht aufzugeben, was ihn zu der Schlussfolgerung führte, in der DDR zwangsläufig im Gefängnis bleiben zu müssen, da »falls ich auf dem Boden der DDR wirke, bei meinen existenziellen Grundlagen, als Feind der DDR – zumindest als unbrauchbarer, wenn nicht schädlicher Fremdkörper – empfunden werden muss«. Er könne, so fuhr er fort, »höchstens hoffen, dass die Bedingungen meiner Isolierung gemildert, nicht aber, dass meine Haft aufgehoben wird. Da ich meine Haft nicht als Strafe, sondern [...] als unvermeidlich, notwendig empfinde.«[89]

Brandts Statements vom Januar verdeutlichten der SED, dass seine Entlassung in die DDR als Reaktion auf die Forderung Russells weder den internationalen Druck beenden würde noch Brandt als politischen Kritiker neutralisieren würde. Die Übermittlung des Tenors der Brandtschen Haltung erfolgte nicht über den Informationsstrang der ZIG, sondern direkt an die beteiligten Stellen. Brandts Entlassung wurde im Januar 1964 nicht angeordnet.

Doch am 7. April 1964 erhielt der FDGB-Vorsitzende Herbert Warnke überraschend einen Brief seines Amtskollegen im DGB, Ludwig Rosenberg. Es war die Antwort auf Vorschläge Warnkes vom 6. März, zwischen den beiden so ungleichen Gewerkschaftsdachverbänden reguläre Beziehungen aufzunehmen und in den jeweiligen Zeitungen Artikel der andern zu veröffentlichen. Rosenberg referierte knapp die wesentlichen Schranken eines solchen Dialogs: 1. war die ostdeutsche Gewerkschaft keine unabhängige Interessenvertretung der Arbeiter, sondern eine von der SED abhängige Organisation; 2. habe der FDGB am 17. Juni 1953 verdeutlicht, dass er nicht auf der Seite der Arbeiter stünde; 3. verurteilte Rosenberg den Bau der Mauer, aber 4. könne eine Normalisierung der Beziehungen vielleicht erleichtert werden, wenn »Heinz Brandt und andere unschuldige Gefangene aus ihren Kerkern in der Sowjetzone entlassen würden, wenn an der Mauer wenigstens nicht mehr

89 Heinz Brandt: Erklärung. An die Generalstaatsanwaltschaft der DDR, 19.1.1964; BStU, MfS, HA XX 1615, Bl. 136–138.

geschossen und das diffamierende Reise- und Passgesetz aufgehoben würde«.[90] Da die SED diese Reaktion auf ihren Brief nicht ignorieren wollte, sondern begierig den Ansatz der Kommunikation aufgreifen wollte, musste sie den Fall Brandt erneut abwägen. Am 19. Mai 1964 beriet das Politbüro den »Entwurf eines Antwortbriefes des Vorsitzenden des Bundesvorstandes des FDGB an den Vorsitzenden des DGB Rosenberg«. Unterpunkt 1 des Tagesordnungspunktes lautete:

> »Das Politbüro hält es aus politischen Gründen für zweckmäßig, den seinerzeit verurteilten Agenten Heinz Brand[t] aus dem Zuchthaus als Bürger der DDR in die Hauptstadt der DDR zu entlassen. Die Entlassung soll am Sonnabend früh erfolgen. Wenn Brand[t] den Wunsch hat, seine Familie in Westdeutschland zu besuchen, wird er seine entsprechenden Papiere vom Rat des zuständigen Stadtbezirkes, Abteilung Inneres, erhalten.«[91]

Noch am selben Tage reichte Mielke, gewissermaßen als Vollstreckungsbeamter, ein entsprechendes Gesuch an Ulbrichts Sekretär Otto Gotsche weiter.[92] Am 22. Mai 1964 suchte Oberstleutnant Fritz Schröder Brandt im Zuchthaus Bautzen II auf, um ihm diese Entscheidung und die Verfahrensweise mitzuteilen. »*Brandt* war sehr erregt und sichtbar schockiert von der Mitteilung.«[93] Nachdrücklich wurde er unter Druck gesetzt, damit er nach seiner Entlassung Wohlverhalten an den Tag lege, darauf verwiesen, dass »jeder DDR-Bürger, der die Gesetze der Deutschen Demokratischen Republik verletzt, ganz gleich wo er sich befindet, seiner gerechten Strafe zugeführt wird.« Derart eingeschüchtert erklärte Brandt, für die DDR arbeiten zu wollen, weigerte sich aber dezidiert, »eine konspirative Tätigkeit für das Ministerium für Staatssicherheit« durchzuführen.[94] Es sind diese letzten Gespräche, die das MfS mit Heinz Brandt führte, über die die Informationen der ZIG Auskunft geben, ohne freilich die Atmosphäre der Einschüchterung und der Bedrohung Brandts im Entferntesten auch nur anzudeuten.[95] Aus den Informationen spricht das Bestreben des MfS nachzuweisen, dass es nichts unversucht gelassen habe, um Brandts Wohlverhalten auch außerhalb der Gefängnismauer zu garantieren. Folgerichtig berichten die beiden nach Brandts Entlassung verfassten Berichte detailliert über dessen Empfang und seine ers-

90 Zit. nach: Hildebrandt. Jens: Gewerkschaften im geteilten Deutschland. Die Beziehungen zwischen DGB und FDGB vom Kalten Krieg zur Neuen Ostpolitik 1955 bis 1969. St. Ingbert 2010 (Mannheimer Historische Forschungen; 31), S. 503.

91 Protokoll Nr. 16/64 der Sitzung des Politbüros v. 19.5.1964; BArch DY 30/J IV 2/2/931, Bl. 4.

92 BStU, MfS, HA XX 1615, Bl. 13.

93 Schröder, Fritz/HA IX: Bericht, 25.5.1964; BStU, MfS, HA XX 1615, Bl. 31.

94 Ebenda, Bl. 31 f.

95 Vgl. Informationen 424/64 und 436/64.

ten Stellungnahmen in Frankfurt am Main, die sie zumindest partiell als Erfolg auffassen.[96]

Unsicherheit zeigte sich beim MfS insbesondere darüber, ob Brandt seine Entführung aus Westberlin zur Anklage gegen die kriminellen Methoden des Staatssicherheitsdienstes nutzen würde. Er hatte im Vorfeld versichert, dies nicht tun zu wollen und der Hoffnung Ausdruck verliehen, »dass das MfS die Personen aus Westdeutschland zurückgezogen habe, die seine Festnahme vorbereiten halfen. Er habe keinerlei Interesse, dass diese Personen in Westdeutschland in Haft genommen werden.«[97] Auf diesen Hinweis antwortete Schröder ebenso barsch wie kontrafaktisch, »dass wir ihn in Potsdam festgenommen haben, wie er dahin gekommen ist, das ist seine Sache«. Intern sorgte das MfS freilich sehr wohl für den Abzug seiner Agenten und Menschenräuber aus dem Westen:

> »Im Zusammenhang mit der Festnahme von Brandt waren diese Quellen unmittelbar beteiligt.
> Die Quelle ›Wein‹ veranlasste, durch uns beauftragt, dass B. mit dienstlichem Auftrag zum Gewerkschaftstag der Gewerkschaft HBV nach Westberlin reiste, wo anschließend seine Verhaftung erfolgte. Die Quelle ›Wein‹ nahm ebenfalls an diesem Gewerkschaftstag teil.
> Die Quelle ›Straußberg‹ hat in unserem Auftrag Brandt in die von der HA V festgelegte Bar eingeführt und dort an den GM der HA V herangeschleust.
> Es ist damit zu rechnen, dass Brandt im Zuge der Vernehmungen und seiner eigenen Überlegungen über die Zusammenhänge der Festnahme auf die unmittelbare Beteiligung unserer Quellen gestoßen ist.
> Bei einer Haftentlassung des Brandt steht die Entscheidung über Abzug der genannten Quellen.«[98]

Nicht allein der Abzug der an Brandts Entführung beteiligten Stasiagenten stellte das MfS vor ein logistisches Problem. Auch die Mitverurteilten Brandts sollten hierüber im Unklaren gelassen werden. Brandts Mitangeklagtem und -verurteiltem Karl Raddatz – so sah die entsprechende Anweisung der Abteilung XIV vor – sollte das Radio aus der Zelle genommen werden und der Bezug von Tageszeitungen gesperrt werden. Da Brandt schon am darauffolgenden Tag entlassen wurde und die Anweisung noch nicht ausgeführt war, erfuhr Raddatz durch den Rundfunk von Brandts Entlassung.[99]

96 Vgl. Informationen 448/64 und 459/64.

97 HA IX: Aussprache mit Staatsanwalt Windisch von der Obersten Staatsanwaltschaft über ein Gespräch zwischen Rechtsanwalt Fritz Wolf und Heinz Brandt, 27.5.1964; BStU, MfS, HA IX 20702, Bl. 16.

98 HV A/II: Betr. Brandt, 4.1.1964; BStU, MfS, SdM 1446, Bl. 139.

99 Vgl. Hauptmann Herzog: Aktenvermerk, 4.6.1964; BStU, MfS, HA IX 20702, Bl. 66. Karl Raddatz, der zu siebeneinhalb Jahren Zuchthaus verurteilt worden war, kam im Rahmen der Amnestie zum 15. Jahrestag der Gründung der DDR am 18.12.1964 frei.

Am 28. Mai 1964 schließlich reiste Heinz Brandt in Begleitung seines westdeutschen Anwalts, des späteren Bundespräsidenten Gustav Heinemann, nach Westberlin aus, von wo er zu seiner Familie nach Frankfurt am Main flog. Seine ersten Statements waren unter dem Eindruck der massiven Drohungen des MfS z. T. noch zurückhaltend. Sein Eintreten für eine Politik der Entspannung war indes nicht deren Resultat – auch wenn das MfS diesen Eindruck zu erwecken versuchte – es entsprach seinen politischen Überzeugungen. Wesentlich war, auch wenn die Staatssicherheit diese Bewertung energisch zurückwies,[100] der internationale Druck, der das Ende der skandalösen Geiselhaft Brandts erzwang; er traf die SED und das MfS empfindlich.

2.3 Sportler

In mehreren Berichten fasst das MfS sein Wissen über die Entwicklung des Sports im Jahr der Olympiade zusammen. Der geheimpolizeiliche Blick berührt dabei eine ganze Reihe zentraler Fragen des DDR-Sports, wobei neuralgische Punkte mitunter dicht an dicht mit sehr persönlichen Eindrücken einzelner Athleten gemischt werden. Es lassen sich zwei wesentliche Fragestellungen verfolgen, die das Sicherheitsministerium umtrieben: Zum einen interessierte sie die Effizienz sportpolitischer Bemühungen, zum anderen die außenpolitische Einbettung sportlicher Wettkämpfe als Aushängeschild des deutschen Pariastaates. Zur zweiten Frage zählte die Unwägbarkeit des Verhaltens von jungen Sportlern bei ihrem Aufenthalt im Ausland, insbesondere im westlichen Ausland. Drei Jahre nach dem Mauerbau stellten Reisen dorthin ein extremes Privileg dar, das, gerade weil es so engherzig nur an die herausragenden Leistungsträger vergeben wurde, zugleich leistungsstimulierend wirkte. Die Kehrseite war freilich, dass dieselben Umstände auch die Angst schürten, jede Reise könne unwiderruflich die letzte sein und so die Neigung hervorrief und verstärkte, eventuell doch nicht zurückzukehren. Daher wurden sorgsam alle Bindungen der Athleten an die DDR auf ihre Stabilität geprüft, bestehende oder unterwegs entstehende Kontakte im Ausland behindert und die DDR-Sportler einem engmaschigen Kontrollsystem unterworfen. Kompliziert wurde die Lage überdies dadurch, dass zu den olympischen Wettbewerben west- und ostdeutsche Sportler auch 1964 wieder in einem gemeinsamen Team antreten sollten: Der westdeutsche Eiskunstläufer Manfred Schnelldorfer schildert die Atmosphäre sehr plastisch:

> »Innerhalb der gesamtdeutschen olympischen Mannschaft in Innsbruck hatten die DDR-Teilnehmer Redeverbot mit uns Sportlern der BRD. Da

100 In den Informationen wird jede Erwähnung des internationalen Druck auf die SED lediglich als Form der Propaganda zurückgewiesen: »Sie konzentrierten die Hetze auf Versuche, die Begnadigung und Freilassung Brandts als einen ›Erfolg‹ der Protestbewegung darzustellen.« – Information 448/64.

mein jugendliches Leben nur aus Schule und Sport bestand, hatte ich keinerlei politisches Verständnis. Ich interessierte mich nur wenig für Politik. Sicher habe ich mich über die Verbote der DDR-Sportführung hinweggesetzt, zumal ich mich auf der täglichen Busfahrt vom Eisstadion zum olympischen Dorf mit dem DDR-Teamchef Herrn Grünwald und der DDR-Startrainerin Frau Jutta Müller gut unterhalten habe. Da war es für mich kein Vergehen außer dem geduldeten ›Guten Morgen‹ bei Gelegenheit mit den sympathischen Sportlern ein paar Worte mehr zusprechen. Nachträglich bin ich mir ganz sicher keinerlei politischen Einfluss genommen oder gar zur Republikflucht geraten zu haben. Tragisch, dass der Sport auch heute noch von der Politik missbraucht wird.«[101]

Diese Schilderung sei hier stellvertretend zitiert, da sie sinnfällig den Kontrast zwischen der erlebten Wirklichkeit dieser Wettkämpfe und deren politisch verzerrter Wiedergabe in den ZIG-Informationen aufscheinen lässt. Den vielen, einzelnen Sportlern in den Mund gelegten Äußerungen wohnt etwas Willkürliches inne, wie Zuschriften und Gespräche von und mit in den Berichten erwähnten Personen zeigen. Die in den ZIG-Berichten aufgereihten Äußerungen verschiedener Sportler sind in der Regel weder verifizierbar noch jenen zuzuordnen, denen sie vom MfS in den Mund gelegt wurden. Hier scheinen diverse, zumeist wenig valide Quellen zugrunde gelegt worden sein. Unklar ist auch, ob es sich bei diesen Quellen um offizielle oder konfidentielle Informationen über öffentlich gemachte Statements oder privatim geäußerte Bemerkungen handelte. In einigen Fällen kolportierte die Stasi wohl auch im offiziellen Raum vorgebrachte Schutzbehauptungen von Sportlern, die realiter unerwünschtes Verhalten verschleiern sollten – wie den sportlich fairen und freundschaftlichen Umgang mit westdeutschen Kollegen. Schließlich ging es der ZIG in den Berichten offenbar auch weniger darum, individuelle Positionen zu signalisieren als verbreitete Stimmungen und Probleme zu illustrieren, wozu sie sich scheinbar individueller Aussagen bediente. Die präzise Wiedergabe von Einzeläußerungen in den Einzelinformationen der ZIG hätte überdies auch den sonst strikt berücksichtigten Quellenschutz infrage gestellt. Es sei an dieser Stelle daher ausdrücklich darauf hingewiesen, dass die individuelle Zurechnung der einen oder anderen Aussage, die das MfS hier vornahm, mit größter Skepsis zu betrachten ist. Der alpine Skifahrer Eberhard Riedel, dem das MfS militant klassenkämpferisch klingende Äußerungen in den Mund legte, verwahrt sich gegen diese Darstellung, dafür erinnert er sich auch gut daran, wie politische Entscheidungen – etwa die Verweigerung von Einreisegenehmigungen durch das Allied Travel Office zu Wettbewerben in NATO-Staaten – Sportler aus der DDR benachteiligten.[102] Er wie auch der Turner Peter Weber weisen die Behauptung

101 Mail Manfred Schnelldorfers an den Bearbeiter v. 18.4.2017.
102 Telefongespräch Eberhard Riedels mit dem Bearbeiter am 25.4.2017.

zurück, dass es zwischen den Sportlern Unstimmigkeiten oder Spannungen gegeben habe: »Es waren sportliche Rivalitäten.«[103]

Dennoch blieben die Ergebnisse der DDR bei den Spielen der XVIII. Olympiade in Tokio hinter den Erwartungen zurück. Die DDR-Athleten hatten in den deutsch-deutschen Ausscheidungskämpfen zwar mehr Plätze (194:182) in der gesamtdeutschen Mannschaft gesichert als die Bundesrepublik, sodass eine »sozialistische Persönlichkeit« die schwarz-rot-goldene Fahne mit den olympischen Ringen ins Tokioter Olympiastadion trug, doch am Ende war die Medaillenausbeute der westdeutschen Mannschaftshälfte (14:31) erheblich größer. Für beide Mannschaftsteile erwiesen sich die kräftezehrenden deutsch-deutschen Ausscheidungskämpfe als kontraproduktiv. Sie ließen eine Fokussierung der sportlichen Vorbereitung auf den einen Höhepunkt des Jahres nicht zu und verzettelten die Kräfte. Insofern standen die politischen Interessen an der Aufrechterhaltung des gesamtdeutschen Scheins denen der Sportler im Wege. Und die DDR verlor gerade zu diesem Zeitpunkt auch das politische Interesse an einer gesamtdeutschen Mannschaft. So konnten – zumindest für einen gewissen Zeitraum – die DDR-Sportfunktionäre mit ihrem Begehren nach einer eigenen Olympiamannschaft sich durchaus der Zustimmung auch westdeutscher Sportlerinnen und Sportler und eines Teils ihrer Funktionäre erfreuen, während die Bundesregierung das Antreten zweier unabhängiger deutscher Teams, wie es vom IOC 1965 für Mexiko beschlossen wurde, als der Hallstein-Doktrin widersprechend ablehnte.

Daneben bewies Tokio aber auch, dass die wissenschaftsgestützte Entwicklung sportlicher Leistungsfähigkeit weit über das Niveau und die Methodik bisheriger Sportförderung hinauswies. Hatte DTSB-Präsident Ewald schon 1961 ein Prämiensystem vorgeschlagen, so wurde in Analogie zum Neuen Ökonomischen System (NÖS) nunmehr die wissenschaftlich fundierte Förderung des Spitzensports vorangetrieben, die in ein System der materiellen Absicherung und Prämierung, d. h. der faktischen Professionalisierung eingebettet wurde. Die geschilderten Irritationen über gewährte oder nicht gewährte, wohl aber versprochene Bonifikationen sind Ausdruck einer im Flusse befindlichen Reorganisation des Spitzensports der DDR, die im Jahr der Olympiade aber noch nicht greifen konnte. Die Perspektivplanung im Leistungssport wurde im Sommer 1964 in Angriff genommen, ein Grundsatzpapier des DTSB im November 1964 vorgelegt, doch zogen sich die Debatten darüber noch bis ins folgende Jahr hin.[104] Die Berichte der ZIG, die

103 Telefongespräch Peter Webers mit Heike Thiel am 18.4.2017; ähnlich Eberhard Riedel a. a. O.

104 Vgl. Balbier, Uta Andrea: Kalter Krieg auf der Aschenbahn. Der deutsch-deutsche Sport 1950–1972. Eine politische Geschichte. Paderborn u. a. 2007, S. 102–108. Die »Direktive zur Ausarbeitung der Perspektivpläne für die Entwicklung der sozialistischen Körperkultur« wurde am 3.8.1965 vom Politbüro beraten (Protokoll Nr. 28/65 der Sitzung des Politbüros, TOP 2; BArch DY 20/J IV 2/2/996). Vgl. hierzu auch die entsprechenden ZAIG-Berichte im Vorfeld dieser Politbürositzung Information 261/65, 415/65 und 629/65.

Informationen über Vorbereitung und Resultate vor allem der olympischen Wettkämpfe zusammenfassen, scheinen über die jeweiligen Adressaten in diesen Diskussionsprozess eingeflossen zu sein. In jedem Falle waren Vorbereitung und Resultate olympischer Wettbewerbe mehrfach Gegenstand von Beratungen des Politbüros bzw. des Sekretariats der SED.[105] Inwiefern es der Inhalt einzelner MfS-Berichte war, der bei dieser Gelegenheit die Aufmerksamkeit der Parteiführung auf noch bestehende »ideologische Unklarheiten über Grundfragen der nationalen Politik unseres Arbeiter-und-Bauern-Staates und über den Charakter der gemeinsamen deutschen Olympiamannschaft« lenkte, ließe sich nur im Vergleich der hier publizierten Berichte mit denen anderer Provenienz eruieren, die über dieselben Begebenheiten (z.T. durch dieselben Autoren) berichteten und am Ende des Informationsstranges die Schlussfolgerung generierten, dass das »Verhalten« einiger Kader »gegenüber westdeutschen Sportlern, Republikflüchtigen und Abwerbern [...] nicht klassenmäßig« war.[106]

2.4 Gesundheitswesen

Die Berichte über die Situation im Gesundheitswesen spiegeln überwiegend die Differenz zwischen propagandistischem und gesetzlichem Auftrag und der weitaus bescheideneren Realität. Der ungewöhnliche Bericht (Einzelinformation 69/64) über die Situation im Bereich des Arbeitsschutzes und der Arbeitshygiene, der von einer kurzen Einführung abgesehen faktisch unverändert eine Analyse wiedergibt, die ein als IM verpflichteter Arzt hierzu angefertigt hatte, überrascht durch ihre Deutlichkeit. Dies gilt auch für die Verfahrensweise, einen derartigen Bericht ungefiltert durchzureichen und im Begleitschreiben als Begründung darauf hinzuweisen, dass der Bericht »uns nur zur allgemeinen Information dient, der Abteilung Gesundheitspolitik im ZK aber m.E. einige Anregungen geben würde«. Faktisch räumte das MfS ein, nicht hinreichend kompetent zu sein, die Substanz des Berichtes einschätzen zu können.

Der Zustand des Gesundheitswesens hatte bis zum Bau der Mauer spürbar unter der Abwanderung des qualifizierten Personals gelitten. Nahezu 7500 Ärzte verließen die DDR bis 1961.[107] Das war – über gut zehn Jahre

105 Vgl. Teichler, Hans Joachim: Die Sportbeschlüsse des Politbüros. Eine Studie zum Verhältnis von SED und Sport mit einem Gesamtverzeichnis und einer Dokumentation ausgewählter Beschlüsse. Köln 2002 (Wissenschaftliche Berichte und Materialien des Bundesinstituts für Sportwissenschaft; 2002/2).

106 Protokoll Nr. 19/64 der Sitzung des Politbüros, TOP 4 »Vorbereitung der Olympischen Winterspiele 1968«. In: ebenda, S. 458.

107 Vgl. Wasem, Jürgen; Mill, Doris; Wilhelm, Jürgen: Gesundheitswesen und Sicherung bei Krankheit und im Pflegefall. In: Kleßmann, Christoph (Hg.): 1961–1971. Deutsche Demokratische Republik. Politische Stabilisierung und wirtschaftliche Mobilisierung. Baden-Baden 2006 (Geschichte der Sozialpolitik in Deutschland seit 1945; 9), S. 385.

verteilt – ungefähr die Hälfte aller 1960 zugelassenen 14 555 Ärzte.[108] Faktisch war durch diesen Abfluss die Gesamtzahl der Ärzte in der DDR trotz medizinischer Ausbildung an den Universitäten konstant geblieben, während die Zahl der ärztlichen Konsultationen ständig wuchs, obwohl nur ein Arzt pro 1 170 Einwohner vorhanden war.[109] In Berlin kam unmittelbar nach dem Mauerbau der Wegfall einer großen Zahl von Westberliner Ärzten hinzu, die in Ostberliner Krankenhäusern gearbeitet hatten und nun nicht mehr bereit waren, täglich die Sektorengrenze zu überschreiten. Der Ärztemangel war derart gravierend, dass mehr als 350 Ärzte aus Bulgarien, Ungarn, der ČSSR und Polen in der DDR angestellt wurden, um die medizinische Versorgung zu sichern.[110]

Mangel an wichtigen medizinischen Präparaten, die im Zusammenhang mit der »Störfreimachung« der DDR-Wirtschaft nicht mehr im Westen gekauft werden durften, die Abschnürung von der wissenschaftlichen Kommunikation durch das Verbot von Dienstreisen dorthin und den Import von Fachliteratur trugen ihr Übriges bei, die Situation selbst dann nicht zu verbessern, als den Ärzten in der DDR keine Alternative blieb, als sich mit den Verhältnissen zu arrangieren. Die Vielzahl dieser Eingriffe in die Selbstbestimmungsmöglichkeiten eines sehr selbstbewussten und schlecht austauschbaren Berufsstandes erleichterte dessen politische Durchdringung durch die SED nicht und führte zu dessen »relativer politischer Verschlossenheit«. Von Oktober 1963 an wurde die Verwaltung des Gesundheitswesens neu strukturiert: Den Kreiskrankenhäusern wurde die territoriale Leitung der Vereinigten Gesundheitseinrichtungen (VGE) in den Kreisen zugerechnet, ihr ärztlicher Direktor sollte zugleich Mitglied des Rates des Kreises sein. Diese Umbrüche, die zugleich Anpassung abforderten und Aufstiegschancen eröffneten, verstärkten unter der Bedingung der Abwesenheit demokratischer Selbstverwaltung den Trend zur hierarchischen Autokratie innerhalb der Zunft mit all ihren Gefährdungen durch Korruptheit,[111] Leisetreterei und Amtsmissbrauch, die die Gesellschaft der DDR ohnehin kennzeichneten.

Der Versuch, die ständische Geschlossenheit der Mediziner aufzubrechen, indem administrativ Teile anders organisiert oder verwaltet wurden,

108 Statistisches Jahrbuch der DDR 1964. Berlin 1965, S. 476.

109 Vgl. Wasem, Jürgen; Mill, Doris; Wilhelm, Jürgen: Gesundheitswesen und Sicherung bei Krankheit und im Pflegefall. In: Kleßmann, Christoph (Hg.): 1961–1971. Deutsche Demokratische Republik. Politische Stabilisierung und wirtschaftliche Mobilisierung. Baden-Baden 2006 (Geschichte der Sozialpolitik in Deutschland seit 1945; 9), S. 385. Dagegen hatte ein Arzt in der Bundesrepublik am 31.12.1961 statistisch nur 696 Einwohner zu versorgen.

110 Vgl. ebenda.

111 Vgl. Schoenemann, Julius, unter Mitarb. von Angelika Seifert: Der große Schritt. Die dritte Hochschulreform in der DDR und ihre Folgen, dargestellt an einem Beispiel aus der Medizinischen Fakultät der Universität Rostock 1969–1972. Rostock 1998, wo auf S. 6 und passim die Zustände an der in Einzelinformation 221/64 beschriebenen Rostocker Universitätsklinik für die späten 1960er Jahre beschrieben werden.

stieß zugleich auf entschiedenen Widerspruch, wie die Einzelinformation 132/64 über den Widerstand von Tierärzten gegen ihre tarifliche Zuordnung aus der Gewerkschaft Gesundheitswesen in die Gewerkschaft Land- und Forstwirtschaft illustriert.

2.5 Jugendwerkhöfe

Ein einzelner Bericht,[112] der gewissermaßen den Beitrag des MfS zur Ausgestaltung des »einheitlichen sozialistischen Bildungssystems« darstellt, widmete sich dem Zustand der Jugendwerkhöfe. Auch dieser Bericht fügte sich ein in eine bereits 1963 begonnene Revision dieses Instrumentariums kommunistischer Bildungspolitik,[113] in deren Folge im Mai 1964 mit der Einrichtung des geschlossenen Jugendwerkhofs in Torgau einem System die Krone aufgesetzt wurde, das in diesem Bericht mit verblüffender Schonungslosigkeit beschrieben wird. Die Information wurde mit erheblicher Verspätung – es ist zu vermuten auf Aufforderung aus dem Büro Ulbrichts – an den Sekretär des Staatsrats Otto Gotsche ausgeliefert, während die ursprünglich vorgesehenen Adressaten, darunter der zuständige ZK-Sekretär Erich Honecker und die ebenfalls zuständige Volksbildungsministerin Margot Honecker sie nicht erhielten. Die Deutlichkeit, mit der der fürchterliche Zustand der Jugendwerkhöfe beschrieben wurde, kann durchaus als Indiz dafür angesehen werden, dass die ZIG sich im Rahmen der Verwissenschaftlichung von Informationsflüssen um ein unverzerrtes Bild der Zustände bemühte. Die Information berichtet über »Erscheinungen des herzlosen Verhaltens und der Anwendung falscher, teilweise recht selbstherrlicher Erziehungsmethoden durch die Erzieher, um grobe, die Autorität untergrabende Verstöße einer Anzahl Erzieher und Leiter gegen die sozialistische Moral und Ethik sowie um ernsthafte Erscheinungen der Veruntreuung und Unterschlagung gesellschaftlichen Eigentums und finanzieller Mittel durch Angehörige des Heimpersonals«. Sie hält fest, dass unter den Erziehern alte Nazis mit ihren Vorstellungen von Erziehung ebenso zu finden waren wie vorbestrafte Sittlichkeitsverbrecher, ja dass wegen krimineller Delikte angefallene Pädagogen aus dem Schuldienst in Jugendwerkhöfe strafversetzt worden waren. Selbstherrlichkeit und Willkür prägten dem Bericht zufolge das Regiment der dort Verantwortlichen. Die Information hält fest, dass ein Heimleiter »als ›Pascha‹ bezeichnet« wird. Prügelstrafen waren »an der Tagesordnung«. Die Erzieher in den Jugendwerkhöfen handelten nach der Devise: »Den Jugendlichen sei der Hang zum Vergehen angeboren; die Jugendlichen würden eine Besserung von vornherein ablehnen, deshalb seien alle Versuche nutzlos.«

112 Information 85/64.
113 Vgl. Sachse, Christian: Ziel Umerziehung. Spezialheime der DDR-Jugendhilfe 1945–1989 in Sachsen. Leipzig 2013.

Es ist bemerkenswert, wie deutlich sich das MfS hier von einer Haltung abgrenzt, die für ein Wegsperren verhaltensauffälliger Jugendlicher plädierte: »Im Zusammenhang damit wird wiederholt für die Einführung einer sogenannten Jugendhaft plädiert, weil angeblich die zur Verfügung stehenden Mittel und Methoden der Erziehung, besonders bei wiederholt straffällig gewordenen Jugendlichen, nicht ausreichend seien.« Diese Einschätzung stand freilich in diametralem Gegensatz zur praktischen Konsequenz des Ministeriums für Volksbildung, das auf die verzweifelte Antwort der Jugendlichen auf ihre bedrängten Lage, nämlich die Flucht aus den Anstalten, nur eine Reaktion kannte: Die Einrichtung genau jener Jugendhaft im geschlossenen Jugendwerkhof Torgau.

Ob allerdings die Minister Mielke vorgelegte Information wegen dieses Gegensatzes vorerst »nicht rausgegangen« war, kann auf der Basis der Überlieferung nicht schlüssig festgestellt werden.

2.6 Mängel im Bauwesen

Offenbar bis ins Frühjahr 1964 untersuchte eine Inspektionsgruppe des Obersten Gerichts der DDR, »wie die Berliner Gerichte [...] die Ursachen und begünstigenden Bedingungen krimineller Handlungen im Bauwesen aufdecken«.[114] Das keineswegs auf Berlin beschränkte Phänomen des Verschwindens signifikanter Mengen von Material von Baustellen, mit spitzem Bleistift manipulierter Leistungsabrechnungen, von Unterschlagungen, Diebstählen und des Missmanagements auf Baustellen des Sozialismus stellte eine nicht unerhebliche Gefährdung der wirtschaftlichen Entwicklung dar, insbesondere beim Übergang zum Neuen Ökonomischen System, das auf betriebswirtschaftliche Eigenverantwortlichkeit setzte. Die unübersichtlichen Planungs- und Verwaltungsabläufe begünstigten das vorherrschende System kollektiver Verantwortungs- und offenbar auch Straflosigkeit, das sich bis in die gerichtlichen Urteilssprüche in Schadensfällen bedeutsamer Größenordnung niederschlug. Das Oberste Gericht beklagte, »dass der ursächliche Zusammenhang zwischen einer Pflichtverletzung und deren Folgen nicht deshalb verneint werden kann, weil außer den festgestellten Pflichtverletzungen möglicherweise weitere Ursachen in Betracht gezogen werden müssen«.[115]

114 Berndt, Karl-Heinz; Schreiter, Johannes: Die gesellschaftliche Wirksamkeit der Kriminalitätsbekämpfung im Bauwesen erhöhen! In: Neue Justiz 18(1964)5, S. 137. Vgl. auch Etzold, Fritz; Wittenbeck, Siegfried: Die Leitungstätigkeit der Senate des Obersten Gerichts auf dem Gebiet des Strafrechts. Zugleich Bemerkungen zu einem Strafverfahren im Bereich Bauwesen. In: Neue Justiz 18(1964)6, S. 162–166; Plenum des Obersten Gerichts über die Bekämpfung der Kriminalität im Bauwesen. In: Neue Justiz 18(1964)11, S. 324–331; Zur Verbesserung der Leitungstätigkeit der Gerichte im Kampf gegen die Kriminalität und andere Rechtsverletzungen im Bereich des Bauwesens. Beschluß des Plenums des Obersten Gerichts vom 6. Mai 1964. In ebenda, S. 342 f.

115 Holtzbecher, Ilse; Pompoes, Herbert: Ursachen und begünstigende Bedingungen der Kriminalität im Bauwesen. In: Neue Justiz 18(1964)5, S. 135.

In diesem Kontext muss die ZIG-Information 207/64 »über umfangreiche Mängel und Missstände im Berliner Bauwesen auf dem Gebiet der Materiallagerung und -wartung und des Materialverbrauchs sowie über einige begünstigende Umstände für Diebstähle und Vergeudung von Baumaterialien« vom 12. März 1964 gelesen werden. Sie ist ein Beitrag zu der Diskussion, die am Obersten Gericht und in der Generalstaatsanwaltschaft zu dem Thema schon seit Jahresbeginn öffentlich geführt wurde. Dem ZIG-Bericht ist nicht unmittelbar zu entnehmen, inwiefern er Resultat der Beteiligung des MfS an diesen Untersuchungen war und welchen Stellenwert er im Rahmen der aus dem Justizwesen der DDR an die SED-Führung gegebenen anderen Informationen einnimmt.[116] Es kann an dieser Stelle nur explizit darauf verwiesen werden, dass er rechts- und wirtschaftshistorische Zusammenhänge sichtbar macht, die noch einer gründlicheren Untersuchung harren.

2.7 Schlägereien mit ausländischen Arbeitern

Trotz des Mauerbaus und des so eingedämmten Abflusses von Arbeitskräften in die Bundesrepublik wuchs der Arbeitskräftebedarf in der DDR stetig. Die Wirtschaftsreformen, die nach dem Scheitern des Siebenjahrplanes die ökonomische Entwicklung wieder mobilisierten, forcierten den Personalmangel. Zugleich erweiterten die eingeräumten größeren Entscheidungsspielräume der Einzelbetriebe deren Möglichkeiten, Personal anzuwerben. Diesem Trend musste rasch wieder Einhalt geboten werden, um nicht unter der Hand durch die Steigerung der ohnehin hohen Fluktuation der Arbeitskräfte die Arbeitseinkommen über volkswirtschaftlich verträgliche Grenzen wachsen zu lassen. Dazu wurde den Betrieben auch gestattet, auf Vertragsarbeiter aus dem Ausland zurückzugreifen (vor allem aus Polen, wo nach wie vor Arbeitslosigkeit bestand). Ohne zwischenstaatliche Abkommen blieben grundlegende arbeitsrechtliche Fragen für die ausländischen Beschäftigten ungeregelt: Fragen der Kranken- und Rentenversicherung, aber auch des Aufenthaltsrechtes, die sich insonderheit dort stellten, wo polnische Beschäftigte nicht aus dem grenznahen Raum pendeln konnten. Das MfS protokollierte vor allem Probleme, die sich aus der faktischen Kasernierung überwiegend junger Arbeiter in Männerwohnheimen ergaben und die sich immer wieder gewaltsam entluden. Mangelnde Freizeitangebote, erhöhter Alkoholkonsum, deformierte soziale Beziehungen und kulturelle Spannungen zur fremden

116 In einem Schreiben vom 3.4.1964 geht Bruno Leuschner auf mehrere der MfS-Informationen ein, darunter auch Information 207/64. Er teilt Mielke mit, die Arbeiter- und Bauerninspektion beauftragt zu haben, einen »genauen Bericht mit entsprechenden Maßnahmen und Schlussfolgerungen vorzulegen (Termin: Ende Mai). In diesem Zusammenhang bitte ich, dem Vorsitzenden des Komitees der Arbeiter- und Bauern-Inspektion die in Ihrer Dienststelle vorhandenen weiteren Materialien zur Verfügung zu stellen.« BStU, MfS, SdM 1009, Bl. 120.

Umgebung befeuerten den nie ausgeräumten Chauvinismus deutscher Arbeiter ebenso wie die ambivalente Reaktion von Polen, die sich erneut deutschen Herren ausgeliefert sahen. Da weder Chauvinismus noch Rassismus als Ursachen der Konflikte benannt werden durften, changieren die Berichte des MfS in diesen Fällen zwischen Hilflosigkeit und detailversessener Verweigerung der Ursachenanalyse. Immerhin vermerken sie das staatliche Regulierungsdefizit für die betrieblichen Einstellungen, dessen sich im Laufe der Zeit auch angenommen werden sollte.[117]

2.8 Wiederholt auftauchende Berichtsgegenstände

Die sich beständig wiederholenden kleinen Katastrophen und Havarien, Unglücke im Verkehrswesen, vor allem der Reichsbahn, aber auch die Auswirkungen des alltäglichen Kalten (Klein-)Krieges mit Flugblättern, Ballons, dem lautsprecherbestückten »Studio am Stacheldraht« liefern kontinuierlichen Stoff für die Einzelinformationen des MfS. Gerade bei diesen Mitteilungen ist nicht immer ihre Wertigkeit im System der internen Informationen des SED-Machtapparates ersichtlich, ohne jeweils die hier nicht abgebildeten parallelen Berichtsstränge der Partei, des FDGB, anderer Massenorganisationen und der verschiedenen staatlichen Ebenen einzubeziehen. Die Edition dieses Berichtsstranges kann der Forschung daher den Gang zu den alternativen Überlieferungen nicht ersparen, um Bedeutung und Gehalt der jeweils gesendeten Signale entschlüsseln zu können. Das spezifische Bild der DDR aus der Perspektive der Staatssicherheit kann je nach Gegenstand Frosch- oder Satellitenbild sein, kann im Detail durchaus genauer sein und zugleich alle Empirie bereits vorab fabrizierten Sprachregelungen und Denkschemata unterwerfen und diese entsprechend deformieren. Regelmäßig wurde über die Ereignisse berichtet, die als ureigene Obliegenheit des Überwachungsministeriums galt: Grenzzwischenfälle, Schleusungen, gelungene oder vereitelte Fluchten. Besonders schweren Zwischenfällen, wie dem Feuergefecht zwischen ostdeutschen Grenzern und US-Militärs an der Sebastianstraße widmeten sich gleich mehrere Berichte (Einzelinformationen 771a/64 und 771b/64), deren jeweilige Differenz zu den tatsächlichen Vorgängen sie auch in Abhängigkeit vom jeweiligen Adressaten vor allem als Informationen über die Behandlung der Vorgänge in der Öffentlichkeit und weniger als interne Information über den Sachverhalt kennzeichnen. Möglicherweise ist hier davon auszugehen bzw. ist das MfS davon ausgegangen, dass die Übermittlung der ungefärbten Informationen durch die Meldungen der Grenztruppen bereits erfolgt war.

117 Vgl. Roesler, Jörg: Beschäftigung, soziale Sicherung und soziale Integration von Ausländern. In: Kleßmann, Christoph (Hg.): 1961–1971. Deutsche Demokratische Republik. Politische Stabilisierung und wirtschaftliche Mobilisierung. Baden-Baden 2006 (Geschichte der Sozialpolitik in Deutschland seit 1945; 9), S. 643–645 u. 647–650.

Empfindlich reagierte das MfS, wenn ihm misstraut oder gar entgegengewirkt wurde. Diesen »Mangel ans Staatsdisziplin«, so er gar bei Funktionären auftauchte, musste sie angesichts der selbst zugemessenen Bedeutung stets als sicherheitsrelevant, klassenbewusstseinsvergessen oder gar – tendenziell – feindlich einschätzen.[118]

2.9 Deutschlandtreffen

Wie die Subserie zum Passierscheinabkommen, doch ohne Kontinuität über den einzelnen Anlass hinaus, stellt sich die Reihe der Informationen zu Vorbereitung und Durchführung des Deutschlandtreffens der Jugend Pfingsten 1964 in Ostberlin dar. Partiell orientiert sie sich sogar am Schema der Berichte zum Besucherverkehr im Rahmen des Passierscheinabkommens: Auch hier werden Statistiken und ideologische Erfolge gefeiert, Problembereiche markiert, aber nicht wirklich analysiert. Eine Wiederholung dieser Art öffentlichen Politfestivals war nach dem Mai 1964 ohnehin nicht abzusehen. Erst nach den internationalen Weltfestspielen im Juli/August 1973 entschloss sich die SED offenbar, diese Form von Jugendfestival, die den von eingemauerter Langeweile gemarterten Heranwachsenden einen außerordentlichen Feiertag bot, den sie zugleich mit einer gehörigen ideologischen Kopfwäsche verband, kontinuierlicher durchzuführen – allerdings ohne die ohnehin schwer berechenbare Beteiligung von Teilnehmern aus dem westlichen Ausland oder der Bundesrepublik.

3. Struktur und Entwicklung der ZIG 1964

In der 1959 gebildeten Zentralen Informationsgruppe waren seit 1961 ca. 13 Mitarbeiter und Mitarbeiterinnen tätig. Sie hatten die Aufgabe, nach den Weisungen Mielkes Informationen anzufertigen, wozu sie die von den Linien des MfS eingehenden Informationen zu überarbeiten hatte, bzw. aufgrund der eingehenden Informationen der Diensteinheiten des MfS selbstständig solche Informationen zu erarbeiten und dem Minister vorzulegen. Über die ausgehenden Informationen hatte die ZIG genauestens Buch zu führen und deren Rücklauf zu kontrollieren und zu gewährleisten. Zugleich hatte sie die Informationsgruppen der Hauptabteilungen und Bezirksverwaltungen sowie der Abteilung VII der HV A anzuleiten und auch die von diesen an SED- und Regierungsstellen ausgehenden Informationen zu registrieren und deren Rücklauf zu kontrollieren.[119]

118 Vgl. z. B. die Informationen 514/64 und 517/64.

119 Vgl. Befehl 584/60 v. 7.12.1960: Verbesserung der Informationsarbeit des Ministeriums für Staatssicherheit. In: Engelmann, Roger; Joestel, Frank (Hg.): Grundsatzdokumente des MfS. Berlin 2004 (MfS-Handbuch), S. 133–135.

Geleitet wurde die ZIG seit ihrer Gründung durch Robert Korb – einen sudetendeutschen kommunistischen Funktionär und Journalisten – der bis zur Unterstellung der Informationstätigkeit der HV A unter die des Gesamtministeriums im Jahr 1959 stellvertretender Leiter der HV A war. Ihm zur Seite stand als Stellvertreter der bisherige Leiter der Informationsgruppe des MfS, Werner Irmler.[120]

Dem knappen Personalstamm und dem Mangel vor allem an qualifizierten Analytikern bei der ZIG standen die ständig wachsenden Herausforderungen sowohl der Quantität wie der Qualität der zu bewertenden und zu analysierenden Informationen gegenüber. Besonders Irmler arbeitete daher an der strategischen Erweiterung der ZIG und entwickelte Konzepte zur Steigerung einer auf Prinzipien der Kybernetik beruhenden organisatorischen Effektivität der Abteilung bei der Informationsverwaltung und -analyse, die sich auch zunehmend Mittel der elektronischen Datenverarbeitung zunutze machte.[121]

4. Berichtsarten, Rezeption und Überlieferung

Von den verschiedenen Berichtsarten, die 1960 konzipiert worden waren,[122] wurden 1964 formell nur Einzelinformationen erstellt. Diese unterschieden sich substantiell jedoch auch weiterhin. Sie reichten von knappen Ereignismeldungen bis zu ausführlichen analytischen Berichten, ohne dass sie durch die ZIG noch in dieser Hinsicht unterschieden wurden.

Zur Rezeption der Informationen lassen sich für das Jahr 1964 mangels Überlieferung relevanter Zeugnisse kaum valide Feststellungen treffen. Selbst die in der vorliegenden Edition dokumentierten Lesespuren geben keine verlässliche Auskunft auf deren Ursprung. Mithin kann aus ihnen nur gefolgert werden, dass die Berichte zur Kenntnis genommen, ja mitunter intensiv durchgearbeitet wurden.

Einige Informationen konnten im Archiv des BStU nicht aufgefunden werden. Sie sind weder in den einschlägigen Ablagen der Zentralen Auswertungs- und Informationsgruppe noch des Sekretariats des Ministers (SdM) vorhanden.

120 Vgl. Engelmann, Roger; Joestel, Frank: Die Zentrale Auswertungs- und Informationsgruppe. Berlin 2009 (MfS-Handbuch), S. 24–26.

121 Vgl. ebenda, S. 32; Irmler, Werner; Großer, Karl: Die Analyse des Informationsflusses im einheitlichen System der politisch-operativen Auswertungs- und Informationstätigkeit des MfS, Potsdam-Eiche, September 1965; BStU, MfS, ZAIG 14475.

122 Vgl. Engelmann, Roger; Joestel, Frank: Die Zentrale Auswertungs- und Informationsgruppe. Berlin 2009 (MfS-Handbuch), S. 29: 1960 wurden folgenden Berichtsformen definiert: 1. Sofortmeldung, 2. Ergänzungsmeldung, 3. Einzelinformation, 4. Bericht, 5. Militärische Sonderinformation.

Es handelt dabei sich um folgende Einzelinformationen:

23/64: »Botschaft von Papst Paul VI. an den Vorsitzenden des Staatsrates der DDR« (versandt am 9.1.1964) – Papst Paul VI. hatte auf dem Rückflug von seiner Pilgerreise an die Heiligen Stätten in Palästina Ulbricht in einem Telegramm am 9. Januar 1964 versichert, ihn in sein »Gebet zum Herrn für Wohlergehen und Frieden aller Völker in Gerechtigkeit und brüderlicher Liebe« eingeschlossen zu haben. Darüber hinaus dankte Kardinal Cicogniani im Namen Pauls VI. für Ulbrichts Neujahrswünsche an den Papst.[123] Der protokollarische Botschaftsaustausch zwischen Ulbricht und Paul VI. wurde ebenso wie die Enzyklika »Pacem in terris« zum Anlass genommen, die Politik der SED gegenüber der katholischen Kirche und den Katholiken in der DDR einer Neujustierung zu unterziehen. Bereits im Sommer 1963 veröffentlichte die theoretische Zeitschrift der SED einen Artikel, die »Pacem in terris« einer weitaus differenzierteren Analyse unterzog, als das bis dahin von kommunistischer Seite mit päpstlichen Enzykliken der Fall war,[124] am 14. Januar 1964 verabschiedete das Politbüro darüber hinaus einen Beschluss über die »politisch-taktische Konzeption für unsere weitere Tätigkeit gegenüber der Katholischen Kirche«, der sich explizit auf die Enzyklika »Pacem in terris« wie auf die »Grußbotschaft von Bethlehem« bezog.[125]

344/64 »Haltung führender Kreise des Parteivorstandes der SPD zu den Passierscheinverhandlungen mit der DDR« (versandt am 24.4.1964) – (Empfänger: Ulbricht, Honecker, Stoph)

997/64 »Festnahme von zwei Westberliner Terroristen am 8.11.« (versandt am 10.11.1964) – (Empfänger: Honecker)

1064/64 »Verhinderter Grenzdurchbruch mit tödlichem Ausgang für den Grenzverletzer in Berlin-Baumschulenweg (Abschnitt Britzer Zweigkanal) am 26.11.« (versandt am 28.11.1964) – (Empfänger: Honecker)[126]

123 Papst Paul VI. an Walter Ulbricht. Dank für Neujahrsgrüße/Wunsch nach Frieden für alle Völker. In: ND v. 10.1.1964, http://zefys.staatsbibliothek-berlin.de/ddr-presse/ergebnisanzeige/?purl=SNP2532889X-19640110-0-1-11-0.

124 Vgl. Bellmann, Rudi: Die päpstliche Enzyklika »Pacem in terris« und der Frieden. In: Einheit 18(1963)7, S. 96–106.

125 Vgl. Protokoll Nr. 2/64 der Sitzung des Politbüros v. 14.1.1964; BArch DY 30/J IV 2/2/917, Bl. 110–123.

126 Vgl. Dollmann, Lydia: Hans-Joachim Wolf, geboren am 8. August 1947, erschossen am 26. November 1964 im Britzer-Zweigkanal an der Sektorengrenze zwischen Berlin-Treptow und Berlin-Neukölln. In: Hertle, Hans-Hermann; Nooke, Maria (Hg.): Die Todesopfer an der Berliner Mauer 1961–1989. Ein biographisches Handbuch. Berlin 2009, S. 171–173. In der über den »tödlichen Ausgang« routinemäßig angelegten Akte des MfS (BStU, MfS, HA IX, 18287) ist die ZIG-Information ebenfalls nicht abgelegt worden.

1065/64 »Konferenz der evangelischen Bischöfe der DDR« (intern versandt am 28.11.1964, extern am 30.11.1964) – (Empfänger: Ulbricht, Honecker, Stoph, Verner; intern: Schröder)

1067/64 »Festnahme von zwei Schweizer Staatsbürgern wegen Benutzung verfälschter Grenzübergangsdokumente und Beihilfe zur Schleusung eines DDR-Bürgers nach Westberlin« (versandt am 30.11.1964) – (Empfänger: Honecker, Winzer)

5. Druckauswahl und Formalia

Sämtliche 380 ZAIG-Berichte des Jahrgangs 1964 umfassen ca. 1360 Seiten. Vollständig stehen sie auf der Website www.ddr-im-blick-1964.de in Form einer Datenbank zur Verfügung, die eine komfortable Volltextrecherche ermöglicht. Die Auswahl im Buch versucht einerseits, das Spektrum an Typen der Berichte und Informationen abzubilden. Andrerseits wurden inhaltlich bedeutsame Dokumente aufgenommen, die für das Jahr 1964, aber auch darüber hinaus von historischem Gewicht sind.

Die Wiedergabe der Dokumente folgt grundsätzlich dem Original. Die Rechtschreibung ist den heute gültigen Normen angeglichen. Offensichtliche Schreibfehler wurden stillschweigend korrigiert, wobei der Lautstand beibehalten wurde. Auffällige Fehlschreibungen wurden im Text korrigiert, in der Fußnote die Schreibweise des Originals aber dokumentiert.

Zum Schutz von Persönlichkeitsrechten der Personen, über die das MfS berichtete, wurden ihre Namen, wo kein Einverständnis zur öffentlichen Nennung vorlag, anonymisiert. Um die Lesbarkeit des Dokumentes dennoch zu gewährleisten, wurden die Anonymisierungen derselben Personen mit eindeutigen Nummern innerhalb eines Dokumentes versehen. Gegebenenfalls wurde diese eindeutige Nummerierung über mehrere inhaltlich zusammenhängende Dokumente aufrechterhalten, worauf im Dokumentenapparat hingewiesen wird. In Einzelfällen wurden Sachverhalte getilgt, um die Persönlichkeitsrechte davon betroffener Personen zu schützen. Diese Tilgungen sind im edierten Text mit [Passage mit schutzwürdigen Interessen nicht wiedergegeben] gekennzeichnet.

Gemäß § 32a des Stasi-Unterlagengesetzes (StUG) wurden Personen der Zeitgeschichte und Funktionsträger öffentlicher Institutionen vor der Veröffentlichung von Dokumenten, die Informationen über sie enthalten und die über ihre Funktionstätigkeit hinausgehen, benachrichtigt. Einige Betroffene, die nicht zu diesen Personenkreisen gehören, wurden darüber hinaus um eine Einwilligung zur Publikation der in den Berichten zu ihrer Person enthaltenen Daten gebeten. In den betreffenden Antworten wurden teilweise wichtige und interessante inhaltliche Anmerkungen zu den in den Quellen thematisierten Sachverhalten gemacht, die ganz oder auszugsweise in den Fußnoten dokumentiert sind.

6. *Schlussbetrachtungen*

Die Ereignisse des Jahres 1964 sind voller Unwägbarkeiten. Einiges schien einen hoffnungsvollen Aufbruch anzudeuten, der an die Befreiungsversuche des Jahres 1956 anknüpfte und Räume ökonomischer und geistiger Erneuerung versprach. Ohne jeden Zweifel standen diesen Entwicklungen Kräfte gegenüber, die nicht bereit waren, ihre unkontrollierte Macht zur Disposition zu stellen. Auch waren wesentliche Träger von Reformen in ihren Handlungen ambivalent: Selbst Teil des Machtapparates, drängte sie die ökonomische Rationalität, das System zu reformieren. All dies schlägt sich in den ostdeutschen Entwicklungen des Jahres 1964 nieder: Flexibilität und Umbruch verkrusteter Verhältnisse, ja mitunter rigides Vorgehen gegen unfähige und unwillige Altkader ebenso wie das permanente Misstrauen gegen Kritiker. Realismus war erwünscht, »Realismus ohne Ufer«,[127] wie ihn Roger Garaudy – in dieser Zeit einer der konzeptiven Denker kommunistischer Reformer in der französischen KP – forderte, ließ die Herren zugemauerter Ufer nach der Gewalt der zuständigen Organe rufen.[128] Der Wille und das Streben nach Modernisierung waren groß, auch innerhalb der SED. Doch die Grenze zwischen Erlaubtem und Feindlichem war nicht immer klar erkennbar. Auch nicht für die Staatssicherheit. So finden sich in ihren Berichten mitunter sehr kritische Bestandsaufnahmen realsozialistischer Zustände und zugleich die Denunziation derselben als Resultat feindlicher Tätigkeit. Im Zweifelsfalle berichtete das MfS solange zurückhaltend, bis die SED ein ideologisches Urteil gefällt hatte. Dann änderte sich die Tonlage.

127 Vgl. Garaudy, Roger: Kafka, die moderne Kunst und wir. In: Kafka aus Prager Sicht. Prag 1965, S. 203; Ders.: O sozialisme i jego beregach. In: Inostrannaja literatura, 1965, 4, S. 202–210.

128 Vgl. den Bericht über Fritz Cremer (Information 296/64), nachdem dieser die Reglementierungen der Künstler durch die SED auf der Versammlung des Verbandes Bildender Künstler angegriffen hatte.

7. Anhang: Adressaten der Berichte 1964

Tabelle 1: Adressaten der Berichte 1964 außerhalb des MfS

Name, Vorname, Funktion	Information Nr.	Anzahl
Abusch, Alexander (1902) Stellvertretender Vorsitzender des Ministerrats der DDR, ZK-Mitglied	1, 4, 10, 15, 834, 842, 845, 849, 858, 868, 876, 949, 963, 971, 975, 987, 992, 994, 1012, 1144	20
Apel, Erich (Jg. 1917) SED-Politbüro (Kandidat), Stellvertreter des Vorsitzenden des Ministerrates und Vorsitzender der Staatlichen Plankommission	82, 635, 695, 730, 1025, 1079, 1151,	7
Appelfeller, Martin (Jg. 1921) politischer Mitarbeiter des Sektors MfS der Abt. Sicherheit des ZK der SED	399	1
Axen, Hermann (Jg. 1916) SED-Politbüro (Kandidat), Chefredakteur »Neues Deutschland«	562, 1066	2
Balkow, Julius (Jg. 1909) ZK-Mitglied, Minister für Außenhandel und innerdeutschen Handel	126, 161, 259, 283, 316, 1066	6
Barth, Willi (Jg. 1899) Leiter der ZK-Arbeitsgruppe Kirchenfragen	564, 1062, 1071	3
Dickel, Friedrich (Jg. 1913) Generalleutnant, Minister des Innern und Chef der Volkspolizei, Mitglied des NVR	525, 1003	2
Ewald, Manfred (Jg. 1926) ZK-Mitglied, Präsident des DTSB	112, 437, 558, 635, 668, 692, 699, 788, 895, 944, 950, 1011,1037, 1137, 1138	15
Florin, Peter (Jg. 1921) ZK-Mitglied, Leiter der ZK-Ab-	313, 562, 1066	3

Name, Vorname, Funktion	Information Nr.	Anzahl
teilung internationale Verbindungen		
Glückauf, Erich (Jg. 1903) 1961–68 Mitglied des Politbüros des ZK der KPD	313, 424, 805	3
Gotsche, Otto (Jg. 1904) ZK-Kandidat, Sekretär des Staatsrats der DDR	85, 107, 296 (als »über Gotsche«)	2 (3)
Grüneberg, Gerhard (Jg. 1921) SED-Politbüro (Kandidat), ZK-Sekretär für Landwirtschaft	112, 132, 201, 366, 437, 558, 895	7
Hager, Kurt (Jg. 1912) SED-Politbüro, ZK-Sekretär für Kultur, Wissenschaft	69, 127, 201, 221, 225, 233, 264, 277, 296, 315, 317, 349, 458, 680, 730, 763, 801, 1028, 1139	19
Hegen, Josef (Jg. 1907) 2. Stellvertretender Minister für Auswärtige Angelegenheiten	312, 336, 364, 718, 726	5
Hellmann, Rudolf (Jg. 1926) Leiter der ZK-Abteilung für Körperkultur und Sport des ZK	32, 343, 699, 1037, 1138	5
Hering, Werner (Jg. 1930) Leiter der ZK-Abteilung Gesundheitspolitik	127, 221	2
Hoffmann, Heinz (Jg. 1910) ZK-Mitglied, Armeegeneral, Minister für Nationale Verteidigung, Mitglied des NVR	309, 311, 324, 356, 405, 538, 570, 593, 609, 693, 698, 720	12
Honecker, Erich (Jg. 1912) SED-Politbüro, ZK-Sekretär für Sicherheit, Mitglied des NVR	1, 4, 8, 10, 15, 16, 19, 26, 49, 53, 54, 55, 58, 60, 63, 64, 68, 97, 126, 142, 145, 167, 201, 217, 220, 229, 225, 233, 234, 238, 259, 260, 264, 266, 270, 271, 272, 273, 276, 277, 278, 279, 281, 286, 290, 296, 298, 301, 302, 304, 309, 311, 312, 315, 317, 318, 319, 321, 322, 324, 326, 335, 337, 345, 349, 352, 356, 360, 362, 365, 370, 371, 376, 378, 379, 383, 384, 390, 392, 395, 399, 400, 404, 405, 424, 427, 436, 437, 448, 450, 457, 458,	244

Name, Vorname, Funktion	Information Nr.	Anzahl
	477, 487, 488, 493, 497, 501, 502, 503, 511, 519, 522, 523, 525, 538, 544, 560, 588, 593, 602, 604, 608, 609, 611, 613, 620, 626, 631, 632, 635, 636, 663, 667, 668, 680, 683, 684, 692, 693, 695, 698, 710, 714, 715, 718, 723, 726, 730, 751, 754, 759, 762, 771, 781, 784, 787, 788, 791, 799, 803, 805, 814, 821, 829, 834, 842, 845, 847a, 849, 851, 855, 858, 859, 862, 863, 868, 872, 876, 877, 881, 882, 886, 887, 888, 889, 890, 891, 895, 898, 903, 911, 912, 916, 917, 919, 924, 930, 933, 934, 942, 943, 944, 948, 949, 950, 958, 963, 964, 971, 974, 975, 976, 980, 987, 992, 994, 998, 1003, 1004, 1006, 1011, 1012, 1017, 1019, 1024, 1025, 1027, 1028, 1034, 1042, 1062, 1063, 1071, 1072, 1078, 1079, 1081, 1090, 1091, 1093, 1098, 1100, 1102, 1107, 1123, 1130, 1137, 1139, 1144, 1146, 1151, 1157, 1160	
Honecker, Margot (Jg. 1927) ZK-Mitglied, Ministerin für Volksbildung	497, 522, 683, 855	4
Jarowinsky, Werner (Jg. 1927) SED-Politbüro (Kandidat), Sekretär des ZK für Handel und Versorgung	1, 4, 10, 15	4
KGB (Komitee für Staatssicherheit der Sowjetunion, Berlin-Karlshorst)	27, 30, 60, 126, 143, 145, 190, 196, 220, 239, 259, 266, 283, 316, 347, 352, 360, 371, 379, 383, 496, 518, 563, 570, 585, 692, 702, 718, 787, 916, 914, 919, 933, 960, 998, 1066, 1124, 1137, 1142	39
Kohl, Michael (Jg. 1929) Staatssekretär beim Ministerrat der DDR, Leiter der Grundsatzabteilung	888, 898, 903, 911, 917, 924, 934, 942, 949, 963, 971, 975, 987, 992, 994, 1012	16
Kramer, Erwin (Jg. 1902) ZK-Mitglied, Minister für Verkehrswesen, Generaldirektor der Deutschen Reichsbahn	1079	1

Name, Vorname, Funktion	Information Nr.	Anzahl
Lange, Ernst (Jg. 1905) ZK-Kandidat, Leiter der Abteilung Handel und Versorgung des ZK der SED	259	1
Leuschner, Bruno (Jg. 1910) SED-Politbüro, ständiger Vertreter der DDR beim RGW	127, 188, 212, 242, 283, 286, 302, 316, 318, 321, 325, 554a, 558, 560, 585, 950, 976, 1066	18
Matern, Hermann (Jg. 1893) Vorsitzender der Zentralen Parteikontrollkommission	805	1
Mittag, Günter (Jg. 1926) SED-Politbüro (Kandidat), ZK-Sekretär für Wirtschaft	8, 16, 26, 54, 55, 63, 64, 68, 75, 82, 217, 229, 238, 242, 304, 336, 376, 487, 530, 545, 588, 602, 613, 620, 635, 636, 663, 695, 698, 710, 714, 715, 726, 730, 751, 784, 809, 821, 829, 859, 863, 872, 886, 891, 912, 948, 958, 964, 974, 976, 1011, 1017, 1024, 1025, 1063, 1072, 1078, 1079, 1123	59
Neumann, Alfred (Jg. 1909) SED-Politbüro, Vorsitzender des Volkswirtschaftsrates	63, 64, 68, 75, 82, 217, 238, 318, 334, 336, 345, 376, 588, 613, 635,663, 695, 714, 715, 730, 784, 809, 829, 859, 863, 872, 886, 891, 912, 948, 958, 964, 1017, 1025, 1072, 1078, 1123	37
Neumann, Alfred Bruno (Jg. 1927) Vorsitzender des Staatlichen Komitees für Körperkultur und Sport	32, 343, 668, 692, 699, 788, 1037, 1137, 1138	9
Norden, Albert (Jg. 1904) SED-Politbüro, ZK-Sekretär für Agitation	1, 4, 10, 15, 404, 424, 450, 496, 503, 544, 554a, 560, 566, 568, 570, 579, 585, 587, 631, 791, 803, 834, 842, 845, 849, 858, 868, 876, 881, 888, 890, 898, 903, 911, 917, 919, 924, 933, 934, 942, 949, 963, 971, 975, 987, 992, 994, 1006, 1012, 1062, 1130, 1144, 1146, 1157, 1160	55
Schumann, Horst (Jg. 1924) ZK-Mitglied, 1. Sekretär des Zentralrats der FDJ, Mitglied des Staatsrats der DDR	371, 379, 383, 390, 395, 399, 404, 855, 1004	9

Name, Vorname, Funktion	Information Nr.	Anzahl
Singer, Rudi (Jg. 1915) Leiter der ZK-Abteilung Agitation	390	1
Stoph, Willi (Jg. 1914) SED-Politbüro, 1. Stellv. (amtierender) Vorsitzender, ab Oktober 1964 Vorsitzender des Ministerrates der DDR	1, 4, 8, 10, 15, 16, 17, 26, 30, 42, 43, 49, 54, 55, 60, 63, 64, 68, 69, 74, 75, 82, 102, 103, 123, 126, 143, 161, 187, 188, 190, 191, 276, 336, 360, 362, 370, 376, 378, 392, 399, 404, 424, 427, 488, 502, 504, 518, 519, 522, 523, 530, 545, 564, 593, 602, 613, 620, 631, 636, 667, 680, 692, 694, 695, 698, 700, 702, 709, 710, 718, 723, 726, 730, 751, 754, 762, 771, 781, 784, 787, 788, 799, 803, 821, 834, 842, 845, 847a, 849, 851, 858, 859, 862, 863, 868, 876, 881, 886, 887, 888, 889, 890, 895, 898, 903, 911, 917, 924, 934, 942, 943, 980, 992, 998, 1011, 1025, 1034, 1042, 1062, 1063, 1066, 1071, 1079, 1093, 1130, 1146, 1157, 1160	129
Ulbricht, Walter (Jg. 1893) Erster Sekretär des ZK, SED-Politbüro, Vorsitzender des Staatsrats, Vorsitzender des NVR	1, 4, 10, 15, 19, 27, 30, 31, 42, 43, 49, 53, 60, 64, 68, 74, 82, 84, 102, 112, 123, 126, 132, 142, 143, 161, 187, 188, 190, 196, 212, 220, 225, 233, 234, 239, 240, 259, 266, 273, 276, 277, 278, 281, 283, 286, 296, 298, 302, 312, 315, 316, 317, 321, 360, 362, 370, 378, 392, 397, 399, 404, 424, 436, 437, 458, 461, 488, 496, 502, 504, 511, 518, 519, 522, 523, 538, 544, 545, 562, 564, 585, 587, 602, 613, 620, 631, 632, 635, 636, 661, 680, 692, 694, 695, 700, 701, 702, 709, 718, 723, 730, 799, 805, 834, 842, 845, 847a, 849, 851, 858, 868, 872, 876, 881, 887, 888, 890, 898, 903, 911, 916, 917, 919, 924, 933, 934, 942, 943, 949, 950, 958, 963, 971, 975, 976, 980, 987, 992, 994, 998, 1012, 1017, 1025, 1062, 1063, 1066, 1071, 1093, 1130, 1144, 1146, 1157, 1160	154
Verner, Paul (Jg. 1911) SED-Politbüro, 1. Sekretär BL Berlin	1, 4, 10, 15, 142, 143, 190, 220, 264, 266, 271, 281, 301, 302, 371, 379, 383, 390, 395, 399, 400, 404, 450, 488, 502,	52

Name, Vorname, Funktion	Information Nr.	Anzahl
	504, 564, 694, 700, 709, 718, 723, 754, 771, 855, 963, 971, 975, 987, 992, 994, 998, 1012, 1034, 1062, 1071, 1081, 1093, 1130, 1144, 1146, 1160	
Warnke, Herbert (Jg. 1902) SED-Politbüro, 1. Vorsitzender des Bundesvorstandes des FDGB	132, 345, 424, 805, 882, 1079	6
Wendt, Erich (Jg. 1902) Staatssekretär und 1. Stellvertretender Minister für Kultur, DDR-Beauftragter für die Passierscheinverhandlungen	881, 888, 898, 903, 911, 917, 924	7
Winzer, Otto (Jg. 1902) ZK-Mitglied, Minister für Auswärtige Angelegenheiten	58, 117, 187, 188, 212, 217, 234, 259, 278, 286, 293, 298, 302, 376, 378, 412, 427, 488, 496, 502, 504, 544, 554a, 562, 566, 568, 579, 587, 667, 692, 694, 702, 718, 799, 882, 887, 887a, 964, 1027, 1027a, 1028, 1066, 1091, 1130, 1144, 1146, 1151, 1157, 1160	49

Tabelle 2: Name und Funktion der Adressaten innerhalb des MfS 1964

Name, Vorname	Funktion
Beater, Bruno	1. Stellv. des Ministers, Kandidat des ZK
Berger, Helmut	Leiter der Abt. HA III/2 (ab III/1964: HA XVIII/7)
Damm, Willi	Leiter der Abt. X
Fruck, Hans	Stellv. Leiter der HV A
Griebner, Helmut	Stellv. Leiter der HA XIII (ab April: HA XIX)
Hofmann, Dr.	Operativer MA der HA XX, mit dem Vorgang »Leitz« befasst
Hüttner, Willy	Offizier z.b.V. beim 1. Stellv. des Ministers
Irmler, Werner	Stellv. Leiter der ZIG
Kienberg, Paul	Leiter der HA V (ab April: HA XX)

Name, Vorname	Funktion
Maye, Johannes	Operativer MA der HA XVIII/5, mit dem Vorgang »Leitz« befasst
Mielke, Erich	Minister für Staatssicherheit
Mittig, Rudi	Leiter der HA III (ab April HA XVIII)
Müller	Operativer MA im Einsatzstab zur Absicherung des Deutschlandtreffens (Aktion »Freundschaft«)
Müller	Operativer MA der HA XX/6
Scholz, Alfred	Leiter der AGM
Schröder, Fritz	Leiter der HA V (ab April 1964: HA XX), ab Oktober 1964 stellv. Minister
Switala, Eduard	Leiter der HA XIII (ab April: HA XIX)
Wichert, Erich	Leiter der Verwaltung Groß-Berlin
Wolf, Markus	Stellv. Minister, Leiter der HV A
Wurm	Operativer MA der HA XVIII
Zukunft, Karl	Leiter der Abt. N

Editionsgrundsätze

Daniela Münkel

Die geheimen Stasi-Berichte an die SED-Führung über die DDR werden vollständig ediert. Nicht aufgenommen werden die vorwiegend von der Hauptverwaltung A stammenden Berichte über die Bundesrepublik und das Ausland. Eine weitergehende Auswahl findet nicht statt. Die Dokumente sind in der Edition unabhängig von ihrer Zugehörigkeit zu einer Berichtsserie (»Informationsdienst«, »Analysen«, »Informationen«, »O-Reihe« und »K-Reihe«) chronologisch sortiert.[1] Dabei sind Nummerierung und Datum nicht immer kongruent. Sortierkriterium ist das Datum.

Um den Anforderungen einer zeitgemäßen Edition gerecht zu werden und insbesondere eine digitale Volltextrecherche zu ermöglichen, werden – neben der 320-seitigen Auswahledition in Buchform – das gesamte Textkorpus, die Einleitungstexte, die Faksimiles, die Fußnoten, die Dokumentenköpfe und -apparate sowie das Abkürzungs- und Dokumentenverzeichnis in Form einer Datenbank und ein Jahr nach Erscheinen des jeweiligen Jahrgangs im Internet publiziert (www.ddr-im-blick.de). Da die gesamte Edition in elektronischer Form vorliegt und durch die Datenbank mit komfortabler Volltextrecherche erschlossen werden kann, wurde auf die Erstellung von Registern verzichtet.

Kommentierung

Die Kommentierung wird möglichst knapp gehalten. Sie soll den historischen Kontext verständlich machen und eine Orientierungshilfe für die Nutzerinnen und Nutzer sein. Der Kommentar erläutert kurz Begriffe, Ereignisse und Sachverhalte, die aus dem Bericht nicht verständlich werden und ergänzt diese u. U. durch Hinweise auf einschlägige Forschungsliteratur. Darüber hinaus werden textkritische Hinweise gegeben sowie erwähntes veröffentlichtes Schriftgut bzw. audio-visuelle Medienprodukte nachgewiesen. Personennamen werden generell erläutert, wobei die Kommentierung sich auf die Angabe des Jahrgangs sowie diejenigen Ämter und Funktionen beschränkt, die die betreffende Person zum jeweiligen Zeitpunkt innehatte. Weitere Angaben erfolgen nur, wenn sie für den historischen Kontext des jeweiligen Dokumentes von Belang sind. Ausgenommen von der Erläuterung sind lediglich Personen von absoluter historischer Bedeutung, wie beispielsweise Stalin oder Hitler sowie für diesen Jahrgang Walter Ulbricht. Fehlende biographische

1 Zur Erläuterung der diversen Berichtsserien vgl. das Vorwort zu dieser Edition.

Angaben bei anderen Personen sind darauf zurückzuführen, dass sie sich nicht mit vertretbarem Aufwand ermitteln ließen. Um jedes Dokument für sich verständlich zu machen und eine Häufung von Querverweisen zu vermeiden, wird jedes Dokument eigenständig kommentiert. Deshalb tauchen manche Fußnoten gleichen Inhalts in mehreren Dokumenten auf. Die Fußnotenzählung beginnt für jedes Dokument neu. Verweise auf die zentrale Presse der DDR (Neues Deutschland, Berliner Zeitung, Neue Zeit) werden durch die Verlinkung auf die ZEFYS-Portal der Deutschen Staatsbibliothek Berlin ergänzt. Für die Nutzung dieser Daten ist die Anmeldung auf der Website http://zefys.staatsbibliothek-berlin.de/ddr-presse/ erforderlich.

Wiedergabe der Berichte

Die Berichte werden vollständig inklusive Titel, Text, Datumsangabe, Verteiler, Vermerke und Anlagen ediert. Seit Ende der 1950er Jahre wurde für die Berichte ein vorgedrucktes Formblatt verwendet, das den Zusatz »Streng geheim! Um Rückgabe wird gebeten!« im Kopf führt. Der stereotype Text des Formblattes wird in der Edition nicht reproduziert. In der Buchversion werden – aus Platzgründen – Anlagen nur dann abgedruckt, wenn sie für das Verständnis des Hauptdokuments gänzlich unverzichtbar sind oder inhaltlich einen eigenständigen Charakter haben. Sofern den Berichten Fotos oder Grafiken als Anlagen beigefügt sind, werden diese in der Regel kurz beschrieben – wenn sie sehr aussagekräftig sind und dies rechtlich möglich ist, auch abgebildet.

Der Text der Berichte wird weitestgehend im Originaltextfluss publiziert. Abgewichen wird davon durch das Ignorieren von Seitenumbrüchen sowie durch die Tilgung von inhaltslosen bzw. inhaltsschwachen Leerzeilen, Zeilenumbrüchen und Trennungen. Die Anlagen werden nach den gleichen Regeln behandelt. Deren Überschrift wird – wenn sie vorliegt – wörtlich übernommen, allenfalls ergänzt um fehlende, aber sprachlich notwendige Bestandteile.

Da die Berichte in ihrer Endfassung archiviert wurden, finden sich in den Originalen nur wenige Streichungen, Zusätze oder Vermerke, die nachzuweisen wären. Die handschriftlichen Notizen am Blattrand sowie bedeutungstragende Unterstreichungen und Hervorhebungen werden in den Fußnoten dokumentiert. In Ausnahmefällen konnten Textteile ermittelt werden, die nicht in die Endfassung eingingen; diese werden am Ende des Berichtes nachgewiesen, um die Genese des Textes für den Benutzer transparent zu machen.

Die Rechtschreibung ist der heute gültigen angepasst. Einfache Tipp- bzw. Schreibfehler werden stillschweigend korrigiert. Stark abweichende fehlerhafte Schreibweisen werden in Fußnoten angezeigt. Vom Bearbeiter vorgenommene Einfügungen und Auslassungen sind mit eckigen Klammern gekennzeichnet. Abkürzungen sind in der elektronischen Version mit ihrer

Bedeutung verlinkt, im Buch steht ein Abkürzungsverzeichnis zur Verfügung.[2]

Fremdsprachliche Begriffe, Namen und Eigennamen werden wie im Original, jedoch unter stillschweigender Korrektur eventueller Schreibfehler, wiedergegeben. Bereits aus dem Russischen in lateinische Buchstaben übertragene Worte werden nach den geltenden Transkriptionsregeln vereinheitlicht. Ebenfalls einheitlich – nach dem derzeit gültigen Duden – wurde die Schreibweise von »Westberlin« und »Ostberlin« festgelegt.

Dokumentenkopf und Dokumentenapparat

Der Dokumentenkopf setzt sich aus Datum und Titel des Berichtes zusammen. Die Datierung bei der Reihe »Informationen« bezieht sich entweder auf die Ausfertigung durch die ZAIG oder die Bestätigung durch Erich Mielke bzw. dessen Stellvertreter. Undatierte Berichte sind in der Datumszeile durch den Zusatz [ohne Datum] kenntlich gemacht. Sofern Erklärungen zum Datum nötig waren, sind diese in der Rubrik »Datum« angemerkt. Dies gilt vor allem, wenn die Datierung fehlt oder unvollständig ist und durch die Bearbeiter festgelegt wurde (»Datierung durch den Bearbeiter«). In diesen Fällen wird zusätzlich ein (genaues) Datum festgeschrieben, welches die chronologische Einordnung des Dokuments in die Datenbank ermöglicht (»Einsortierung«).

Der Titel der »Informationen« wird gleichlautend zum Original wiedergegeben. Da vor allem in den 1950er und 1960er Jahren die Titel der Berichte nicht immer systematisch vergeben wurden, sind diese unter dem Begriff »Information« vereinheitlicht worden. Die Registriernummern der »Informationen« werden in den Titel integriert. Die vom ZAIG-Sekretariat erst bei der Archivierung festgelegten Ablagenummern der Serien O und K werden ebenfalls im Titel nachgewiesen; sie stehen jeweils am Ende in eckigen Klammern. Die Serie »Sonderinformationen« der frühen 1950er Jahre wird der Reihe »Informationen« zugeordnet. Diese wie auch die in den ersten Jahren bestehende Serie »Analysen« erhalten eine vom Bearbeiter vergebene – in eckigen Klammern stehende – technische Nummerierung (bestehend aus laufender Nummer, Schrägstrich und den letzten zwei Ziffern des Jahrgangs), um die Verwaltung der Berichte in der Editionsdatenbank zu ermöglichen. Das Gleiche gilt für die Vorformen der Serie »Informationsdienst« im Juni 1953, die eine – ebenfalls in eckigen Klammern gesetzte – technische Bezeichnung und Nummerierung erhalten (»Meldung«, laufende Nummer, Schrägstrich, letzte zwei Ziffern des Jahrgangs). Die Serie »Informationsdienst« selbst (1953–57) wird unter den vom MfS vergebenen ein- bis vierstelligen Nummern geführt

2 Zu weiterführenden Erklärungen MfS-typischer Abkürzungen siehe www.bstu.bund.de (Service).

– in der Datenbank mit dem Zusatz: Schrägstrich und letzte beide Ziffern des Jahrgangs, um die Zuordnung zum jeweiligen Berichtsjahrgang zu gewährleisten.

Der Dokumentenapparat gliedert sich in folgende Unterpunkte: Quelle, Serie, Verteiler (mit aufgeschlüsselten Namen, sortiert nach MfS-extern und -intern), Datum, Vermerke, Bemerkungen zu allen übrigen Fakten, Nachweis der Anlagen sowie Verweise, die sich auf ein anderes, gesamtes Dokument im direkten Ereigniszusammenhang beziehen. Verweise, die nur auf einzelne Sachverhalte Bezug nehmen, werden in den Fußnoten nachgewiesen. Die Verweise sind in der elektronischen Version verlinkt.

Schutz personenbezogener Daten

Nach dem »Gesetz über die Unterlagen des Staatssicherheitsdienstes der ehemaligen Deutschen Demokratischen Republik« (StUG) notwendige Anonymisierungen werden durch eckige Klammern kenntlich gemacht. Bei der in einigen Fällen unvermeidlichen Streichung längerer Passagen werden die Sachverhalte in eckigen Klammern kurz paraphrasiert. Gemäß § 32a StUG werden Personen der Zeitgeschichte, Inhaber politischer Funktionen und Amtsträger, die in den edierten Berichten vorkommen, vorab darüber informiert, welche Angaben zu ihnen veröffentlicht werden sollen. In der Regel wird in solchen Fällen auch darum gebeten, Anmerkungen oder Ergänzungen zu den Berichten zu machen. Die erhaltenen Rückmeldungen werden bei der Kommentierung berücksichtigt. In den Fällen, für die das StUG die Veröffentlichung von personenbezogenen Daten an die Zustimmung der betroffenen Person knüpft, ist diese erbeten worden.

Immer wiederkehrende MfS-Floskeln

Einige typische verschleiernde MfS-Floskeln tauchen in den Dokumenten immer wieder auf. Diese sollen nachfolgend erläutert werden. Eine sich wiederholende Kommentierung dieser Wendungen in den Fußnoten wird so vermieden. Steht in einem Bericht: dem MfS »wurde intern bekannt«, bedeutet dies in der Regel, dass die Informationen mit nachrichtendienstlichen Mitteln, häufig durch inoffizielle Mitarbeiter, erlangt wurden. Die Formulierung: »Diese Information ist wegen Quellengefährdung nur zur persönlichen Kenntnisnahme bestimmt«, deutet ebenfalls darauf hin, dass die Erkenntnisse aus geheimen Informationen von inoffiziellen Mitarbeitern bzw. mit geheimdienstlichen Mitteln gewonnen wurden.

Funktionen der Datenbank

Das Datenbankprogramm für die Berichte konzentriert sich auf gängige Grundfunktionen. Es bietet zwei unterschiedliche Zugänge zu den Dokumenten an: über den Inhaltsbaum und über die Volltextrecherche. Darüber hinaus gibt es eine Reihe weiterer Servicefunktionen, die die Benutzung und Auswertung der Dokumente für die Nutzerinnen und Nutzer erleichtern.

Das Annähern an die Dokumente mittels navigierender Suche erfolgt über die Funktion »Inhalt«, über den Inhaltsbaum, auf der linken Bildschirmseite. Sie ermöglicht den Zugang zu den einzelnen Einleitungstexten, den Bildern und den Dokumenten auf der rechten Bildschirmseite. Der Ordner »Dokumente« beinhaltet alle erfassten Berichte. Er weist das Datum als Sortierkriterium sowie die Registriernummer und eine Kurzfassung des Dokumententitels aus.

Die Volltextsuche wird über die Funktion »Suche« realisiert. Begriffe können durch eine »UND/ODER«-Verknüpfung verbunden werden, Sonderzeichen können über eine Tabelle in den Suchbegriff eingefügt werden. Mit dem Auswahlfeld »genaues Wort« wird die Suche auf das eingegebene Wort reduziert, Wortvarianten wie flektierte Formen oder Wortzusammensetzungen werden dann nicht ausgewiesen. Eine Phrasensuche einer genauen Wortfolge ist durch die Eingabe der Suchbegriffe in Anführungszeichen möglich.

Zu weiteren Präzisierungen der Suchanfrage bietet das Programm eine Begrenzung auf bestimmte Bereiche innerhalb der Berichte, wie Überschriften oder Fußnoten, auf bestimmte Berichtsserien sowie auf einen tagesgenauen Zeitraum an. Diese Funktionen sind für den Gesamtkorpus der Edition konzipiert.

Um den Anforderungen der Barrierefreiheit gerecht zu werden, werden eine Sprachausgabe, eine veränderbare Schriftgröße und ein Vollbildmodus angeboten. Diese Funktionen sind im Standardlayout verankert.

Ausführliche Erläuterungen zur Benutzung des Datenbankprogramms sind in dessen »Hilfe-Funktion« zu finden.

Gliederung und Verteiler zu Information 40/64

Faksimile von Blatt 1 der Information 40/64

BSTU
0373

MINISTERIUM FÜR STAATSSICHERHEIT

Verteiler:
1. Gen. Min/dann Ablage
2. " Bea
3. " Halle/vernichtet
4. " Bea
5.
6.
7. } vernichtet
8.

Streng geheim!
Um Rückgabe wird gebeten!

Berlin, den 14. Januar 1964

Gefertigt 8 Exempl.

Blatt

1. Exemplar

Nr. 40 / 64

Abschluß - **BERICHT**

über

die Durchführung des Berliner-Abkommens

G l i e d e r u n g :

V 0547 1160 3.0

Blatt 1 der Information 112/64

Faksimile von Blatt 1 der Information 112/64

BStU 000001

Verteiler:
1. Gen. Ulbr ✓
2. " Grüneb ✓
3. " Ewald Lw-Rat ✓
4. an Mittig/III
5. Res./vernichtet
6. Ablage

Ablage

112 64

15.2.64

E. I.
über

einige Ursachen der Viehverluste in der Landwirtschaft der DDR

Das MfS sieht sich im Zusammenhang mit den Vorbereitungen auf den VIII. Deutschen Bauernkongreß veranlaßt, auf der Grundlage der uns vorliegenden Informationen auf einige Ursachen für die noch immer sehr hohen Viehverluste in der DDR hinzuweisen.
Obwohl es im Jahre 1963 gelang, die Verluste unter die des Jahres 196o zu senken (ausgenommen Kälber), liegen diese – verglichen mit den durchschnittlichen Gesamtviehbeständen – immer noch wesentlich zu hoch.
Hierzu einige Zahlen über die in den letzten Jahren eingetretenen Viehverluste:

	1961	1962	1963
Rinder insges.	269.119	242.169	214.755
dav. Kälber	173.117	159.4o3	151.333
Schweine insges.	1.814.o32	1.799.961	1.564.128
dav. Ferkel	1.174.14o	1.2oo.362	1.134.292
Schafe	119.o17	15o.553	85.798

Blatt 1 der verworfenen Information 847a/64

Faksimile von Blatt 1 eines Exemplars mit Streichungen der Information 847a/64

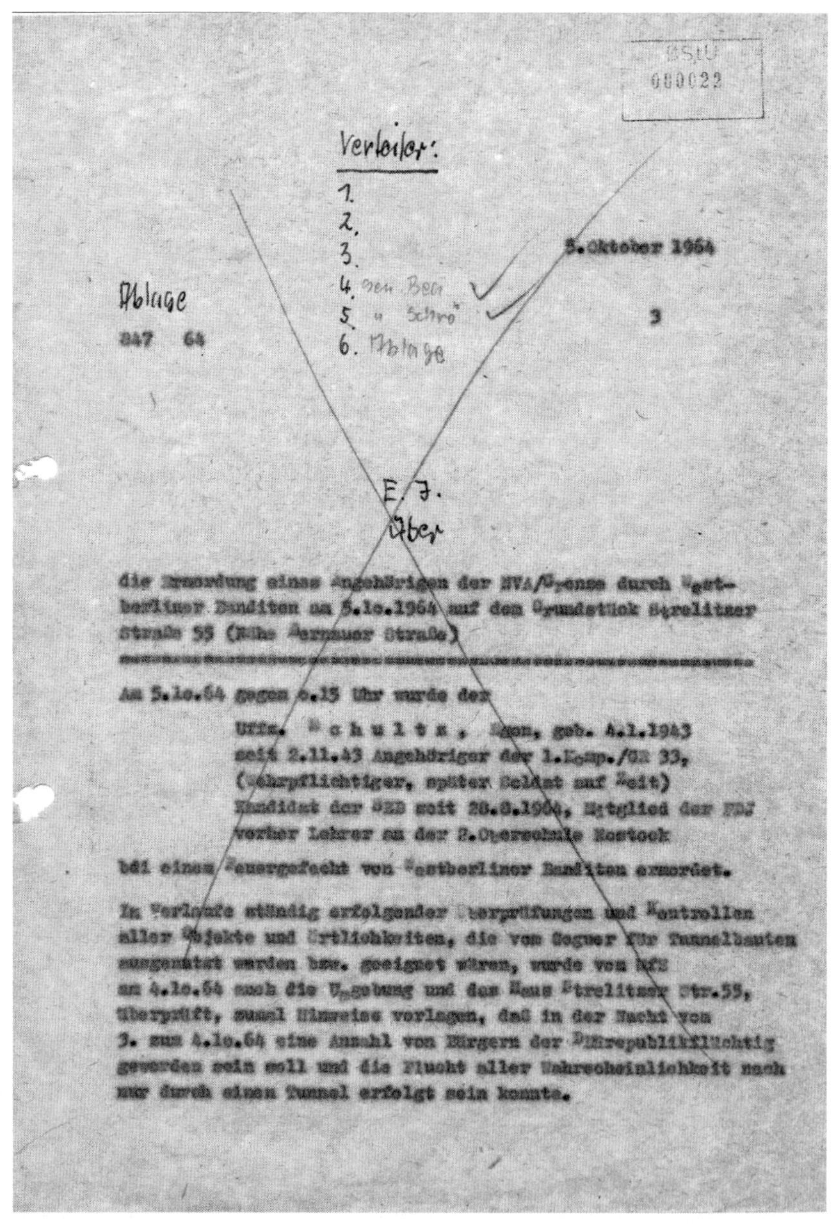

Verteiler:
1.
2.
3.
4. gen. Bea
5. " Schrö
6. Ablage

5. Oktober 1964

Ablage
847 64

3

E. J.
Über

die Ermordung eines Angehörigen der NVA/Grenze durch Westberliner Banditen am 5.10.1964 auf dem Grundstück Strelitzer Straße 55 (Nähe Bernauer Straße)

Am 5.10.64 gegen 0.15 Uhr wurde der

Uffz. Schultz, Egon, geb. 4.1.1943
seit 2.11.63 Angehöriger der 1.Komp./GR 33,
(Wehrpflichtiger, später Soldat auf Zeit)
Kandidat der SED seit 28.8.1964, Mitglied der FDJ
vorher Lehrer an der 2.Oberschule Rostock

bei einem Feuergefecht von Westberliner Banditen ermordet.

Im Verlaufe ständig erfolgender Überprüfungen und Kontrollen aller Objekte und Örtlichkeiten, die vom Gegner für Tunnelbauten ausgenutzt werden bzw. geeignet wären, wurde vom MfS am 4.10.64 auch die Umgebung und das Haus Strelitzer Str.55, überprüft, zumal Hinweise vorlagen, daß in der Nacht vom 3. zum 4.10.64 eine Anzahl von Bürgern der DDR republikflüchtig geworden sein soll und die Flucht aller Wahrscheinlichkeit nach nur durch einen Tunnel erfolgt sein konnte.

Blatt 1 der Information 898/64

Faksimile von Blatt 1 der Information 898/64 als Beispiel für die Fortschreibung der Zahlenangaben im folgenden Bericht

BStU 0297

Verteiler:
1. Gen. Ulbr
2. Gen. Hon
3. Gen. Sto
4. Gen. Nor
5. Gen. Wendt
6. Gen. Dr. Kohl/MfAA
7. Mappe
8. Gen. Beater
9. Gen. Schröder
10. Einsatzstab
11. Agitation
12. Ablage/vernichtet

14. 10. 64
7. Ex.

898 64

10. Bericht über

den Verlauf des 2. Passierscheinabkommens

Am 13. 10. 1964 wurden in den 16 Passierscheinstellen in Westberlin 29.900 Antragsformulare (insgesamt 1.068.715) ausgegeben, davon 12.150 (insgesamt 531.780) für den 1. und 17.750 (insgesamt 536.935) für den 2. Besuchszeitraum.

Am 13. 10. 64 wurden 40.727 Anträge (damit insgesamt 663.175) gestellt und zwar für den 1. Besuchszeitraum 19.568 (damit insgesamt 330.055) und für den 2. Besuchszeitraum 21.159 (damit insgesamt 333.120) Anträge.

Auf den am 13.10.64 gestellten Anträgen sind
33.606 Personen (mit 3.276 Kfz) für den 1. Besuchszeitraum
62.483 Personen (mit 6.241 Kfz) für den 2. Besuchszeitraum
also insgesamt
96.089 Personen (mit 9.517 Kfz)
erfaßt.

Blatt 1 der Information 919/64

Faksimile von Blatt 1 der Information 919/64 mit Verteiler und Verweisen

siehe auch 916 + 933

BStU
000006

Verteiler
1. Gen. Ulbr ✓
2. " Hon ✓
3. " Nov ?/Min
4. 176 ✓
5. " Wolf ✓ zurück } vernichtet
6. Ros.
7. Ablage

17.10.1964

Ablage
919 64

7. Ex.

2. E. I

über

die Reaktion der Bevölkerung der DDR auf die jüngsten Beschlüsse des Plenums des ZK der KPdSU und des Präsidiums des Obersten Sowjets der UdSSR

Nach den dem MfS bisher vorliegenden Informationen ist einzuschätzen, daß über die jüngsten Beschlüsse des ZK der KPdSU und des Präsidiums des Obersten Sowjets unter allen Teilen der Bevölkerung sehr breite Diskussionen geführt werden, wobei der Umfang der Diskussionen bei weitem das bisher festgestellte Interesse an anderen bedeutenden politischen Ereignissen übertrifft.

Charakteristisch für den weitaus größten Teil der bisherigen Reaktion sind Meinungsäußerungen, in denen Bestürzung, Verwunderung bzw. eine gewisse Schockierung über die – wie viele DDR-Bürger meinen – "Plötzlichkeit" dieser Maßnahme zum Ausdruck kommt.
Dabei wird in breitem Maße Bedauern über die Entbindung des Genossen Chruschtschow von seinen Funktionen als 1. Sekretär des ZK der KPdSU, Mitglied des Präsidiums des ZK der KPdSU

Ausgewählte Dokumente

9. Januar 1964

Einzelinformation Nr. 19/64 über das Auffinden eines Tunnelobjektes in Berlin N 4, Strelitzer Straße

Quelle: BStU, MfS, ZAIG 829, Bl. 1–2 (4. Expl.).
Serie: Informationen.
Verteiler: Ulbricht, Honecker – MfS: Ablage.

In den Vormittagsstunden des 8.1.1964 wurde auf dem Gelände der Kohlenhandlung [Name] in Berlin N 4, Strelitzer Straße 4, durch den Besitzer ein Einstieg für einen von Westberlin nach der Hauptstadt der DDR führenden Tunnel festgestellt.[1]

Die eingeleiteten Überprüfungen und Ermittlungen ergaben bisher nachfolgenden Sachverhalt: Am 7.1.1964, in den Nachmittagsstunden, wurden auf der im Hinterhof befindlichen Kohlenhandlung Kohlenkästen abgestellt. In den Vormittagsstunden des 8.1.1964 stellte der Inhaber der Kohlenhandlung [Name] eine Veränderung in der Lage der Kohlenkästen fest. Bei der Überprüfung der Ursachen senkte sich unter seiner körperlichen Belastung der Boden. Zur näheren Feststellung räumte er die Kohlenkästen beiseite, wobei er auf dem Boden Anthrazitkohle vorfand, welche von ihm als Brennmaterial nicht gehandelt wird und deshalb von fremden Personen dorthin gebracht worden sein musste. Nach Beseitigung des Anthrazites entdeckte [Name] ein Bretterverdeck, unter dem sich ein Tunneleinstieg im Durchmesser von ca. 60 cm befand. [Name] verständigte daraufhin sofort die Sicherheitsorgane.

Nach ersten Überprüfungen führt der Einstieg zum Tunnel etwa 6 m senkrecht in die Tiefe. In dieser Tiefe führt ein Gang in Richtung Westberlin (etwa 60 × 70 cm). Die Tunnellänge wird auf ca. 150 m geschätzt. Der Ausstieg in Westberlin liegt im Hinterhaus des Filmtheaters »Fox« in der Bernauer Straße. Der Tunneleinstieg im demokratischen Berlin liegt ca. 15 m außerhalb des Sperrgebietes (ca. 70 m von der Staatsgrenze entfernt). Nach bisherigen Überprüfungen wurden durch den Tunnel noch keine Schleusungen vorgenommen.

Durch das MfS wurden die erforderlichen Maßnahmen zur näheren Aufklärung des Täterkreises eingeleitet.

1 Vgl. zur Geschichte dieses Fluchttunnels Keussler, Klaus-M. v.; Schulenburg, Peter: Fluchthelfer. Die Gruppe um Wolfgang Fuchs. Berlin 2011, S. 132–148 u. 156–175.

14. Januar 1964

Abschluss-Bericht Nr. 40/64 über die Durchführung des Berliner Abkommens

Quelle: BStU, MfS, ZAIG 31073, Bl. 373–434 (1. Expl.); BStU, MfS, GH 4/68, Bd. 40, Bl. 1–72 (2. Expl.).
Serie: Informationen.
Verteiler: Kein Nachweis für externe Verteilung – MfS: Mielke (dann Ablage), Beater, Halle.
Bemerkungen: Das in der ZAIG-Ablage überlieferte 1. Exemplar, das dort deponiert wurde, nachdem es an Mielke gegangen war, endet mit Blatt 9 des Abschnittes »VII. Schlussfolgerungen«. Das 2. Exemplar (für Beater) (BStU, MfS, GH 4/68, Bd. 40, Bl. 1–72) enthält darüber hinaus weitere neun Blatt: die offenbar nachträglich hinzugefügten mit 11 und 12 foliierten Seiten (Bl. 64 und 65 der Akte), einer nicht foliierten Seite (Bl. 66 der Akte) und den folgenden, 12–17 foliierten Seiten (Bl. 67–72). Diese nicht im Ablageexemplar überlieferten Seiten werden an der entsprechenden Stelle mit ediert, wobei die genaue Einordnung der Bl. 64 und 65 nicht zweifelsfrei festzustellen ist.
Verweise: Informationen 1/64, 4/64, 10/64 und 15/64.
[Faksimile des Deckblatts]

Gliederung

1 Zwischen der Regierung der DDR und dem Senat von Westberlin wurde erstmals am 17.12.1963 eine Vereinbarung über die Ausgabe von Passierscheinen für Bürgerinnen und Bürger mit dem ständigen Wohnsitz in Westberlin für den Besuch des Ostsektors der Stadt für den Zeitraum vom 19.12.1963 bis zum 5.1.1964 getroffen. Allerdings erlaubte das Passierscheinabkommen ihnen zwar den Besuch im Osten, den Ostberlinerinnen und Ostberlinern blieb der Weg nach Westen aber auch weiterhin versperrt. Vgl. Alisch, Steffen: Berlin ↔ Berlin. Die Verhandlungen zwischen Beauftragten des Berliner Senats und Vertretern der DDR-Regierung zu Reise- und humanitären Fragen 1961–1972. Berlin 2000 (Arbeitspapiere des Forschungsverbundes SED-Staat; 31/2000); Huhn, Eckart: Die Passierscheinvereinbarungen des Berliner Senats mit der Regierung der DDR 1963 bis 1966. Deutsch-Deutsche Verhandlungen zur Überwindung der politischen Sprachlosigkeit und der Milderung menschlicher Härten als Folge des Mauerbaus. Ludwigsfelde 2011; Kunze, Gerhard: Grenzerfahrungen. Kontakte und Verhandlungen zwischen dem Land Berlin und der DDR 1949–1989. Berlin 1999 (Studien des Forschungsverbundes SED-Staat an der Freien Universität Berlin).

I. Zahlenmäßige Übersicht über Anträge, Passierscheine und Reiseverkehr

Von den Postangestellten der DDR wurden in der Zeit vom 18.12.1963 bis 3.1.1964 insgesamt *950 960 leere Antragsformulare* an Westberliner Bürger *ausgegeben*. Es standen genügend Antragsformulare zur Verfügung, sodass täglich große Mengen nicht gebrauchter Antragsformulare wieder ins demokratische Berlin zurückgebracht wurden. Lediglich in den ersten Tagen mussten in vier Fällen alle mitgenommenen Antragsformulare restlos ausgegeben werden, z.B. am 18.12.1963 in Neukölln (5 400) und in Schöneberg (5 500), am 19.12.1963 in Steglitz (8 700) und am 20.12.1963 in Wedding (16 020). Dabei ist jedoch zu beachten, dass die technisch-organisatorische und kadermäßige Kapazität der betreffenden Ausgabestellen für mehr Anträge gar nicht ausgereicht hätte.

Zeitlich gesehen wurden die meisten Anträge
- am 20.12.1963 = 134 591,
- am 21.12.1963 = 118 883,
- am 23.12.1963 = 104 250,
- und 27.12.1963 = 127 112,
- das sind allein über 50 %

ausgegeben. (Durchschnitt der anderen Tage lag zwischen 45 000 und 90 000.)

Nach den Ausgabestellen gegliedert wurden die meisten Anträge ausgegeben in [insgesamt und in Klammern dahinter:] (gestellte Anträge)
- Schöneberg = insgesamt 91 683 (64 412),
- Spandau = 88 637 (72 533),
- Wedding = 88 497 (69 337),
- Kreuzberg = 87 602 (45 737), (Durchschnitt der anderen Ausgabestellen lag zwischen 65 000 und 84 000)
- Steglitz = 84 583 (58 373),
- Neukölln = 82 236 (69 819),
- Tempelhof = 81 659 (57 223),
- Charlottenburg = 75 171 (65 802),
- Reinickendorf = 70 072 (55 439),
- Wilmersdorf = 68 362 (46 302),
- Tiergarten = 37 361 (53 616),
- Zehlendorf = 65 097 (39 531).

Von den insgesamt ausgegebenen 950 960 Antragsformularen wurden *698 124 = 73,5 % in Form ordnungsgemäß gestellter Anträge zurückgegeben.* Bei den fehlenden 252 836 = 26,5 % handelt es sich um

- Antragsformulare, die von Westberliner Bürgern
  - als »Reserve« mitgenommen, aber nicht benötigt wurden,
  - verloren oder beschädigt wurden,
  - verschrieben oder nicht ordnungsgemäß ausgefüllt wurden und deshalb vernichtet werden mussten;
- Antragsformulare, die aus verschiedenen anderen Gründen als ungültig erklärt werden mussten.

Exakte Zahlenangaben darüber liegen nicht vor.[2]

Bis auf die Ausgabestellen Charlottenburg und Neukölln – wo die Zahl der fehlenden Antragsformulare 12,4 bzw. 15,1 % ausmachte – und Zehlendorf und Kreuzberg – wo die Prozentzahlen mit 39,2 bzw. 47,8 sehr hoch lagen – betrug die Zahl der fehlenden Antragsformulare 20–30 %.[3]

In den von Westberliner Bürgern *gestellten 698 124 Anträgen waren 1 318 519 Personen und 157 518 Kfz* erfasst. (Das bedeutet, auf 10 Anträge entfallen 19 Personen und in jedem 4. Antrag war die Einreise mit Kfz vorgesehen.) Für diese Anträge wurden Passierscheine ausgeschrieben und zur Ausgabe nach Westberlin mitgenommen. Davon wurden *693 303 Passierscheine an Westberliner ausgegeben*, während *4 821 Passierscheine (0,7 %) nicht abgeholt* wurden und verfallen sind.

Aufgrund der ausgegebenen Passierscheine hätten insgesamt 1 317 276 Personen mit 156 502 Kfz in die Hauptstadt der DDR einreisen können. Da aber von ein und demselben Personenkreis *in 184 795 Fällen mehrmalige Einreisen* in die Hauptstadt der DDR *beantragt* wurden, ergibt sich eine *effektive Personenzahl* von *726 459* = 33 % der Gesamtbevölkerung Westberlins. D. h., diese Personenzahl hatte aufgrund der ausgegebenen Passierscheine die Möglichkeit, ins demokratische Berlin, z. T. mehrmals, einzureisen. Z. B. wurden von

- 105 987 Antragstellern 2 mal, von
- 51 057 Antragstellern 3 mal, von
- 15 942 Antragstellern 4 mal, von
- 7 329 Antragstellern 5 mal, von
- 2 602 Antragstellern 6 mal, von
- 1 001 Antragstellern 7 mal, von
- 536 Antragstellern 8 mal, von
- 216 Antragstellern 9 mal, von
- 75 Antragstellern 10 mal, von
- 27 Antragstellern 11 mal, von
- 11 Antragstellern 12 mal, von
- 9 Antragstellern 13 mal, und von
- je 1 Antragsteller 14, 15 und 17 mal

Einreisen in die Hauptstadt der DDR beantragt.

2 Fragezeichen am Rande.
3 Fragezeichen am Rande des Absatzes.

Im Folgenden werden jedoch unabhängig von der effektiven Personenzahl die Zahlen der an den KPP tatsächlich kontrollierten Personen verwandt, um den bewältigten Besucherstrom zu charakterisieren. *So reisten* von den zu erwartenden 1 317 276 Personen mit 156 502 Kfz *1 242 810 Personen (94,3 %) mit 124 307 Kfz (79,4 %)* ein. (Der wesentlich geringere Prozentsatz der passierenden Kfz ergibt sich daraus, dass besonders in den letzten Tagen zahlreiche Westberliner Bürger aufgrund der unvermeidlichen Anfahr- und Wartezeiten bei Kfz auf eine Einreise mit Fahrzeug verzichteten.)

Wie zu erwarten war, erfolgte an den Sonn- und Feiertagen mit 86,1 % bei Personen und 88,3 % bei Kfz der größte Teil aller Einreisen. Dabei waren vor allem der 4. und 5.1.1964 absolute Schwerpunkte, wo mit 520 473 Personen und 50 392 Kfz allein 42 % einreisten. Der Besucherstrom erstreckte sich auf die einzelnen KPP wie folgt:

KPP	Personen insgesamt	Kfz
Bahnhof Friedrichstraße	497 090	–
Sonnenallee	213 125	51 636
Oberbaumbrücke	189 909	–
Invalidenstraße	176 649	36 824
Chausseestraße	166 037	35 847
[gesamt]	1 242 810	124 307

Da sich sowohl die Einreise als auch in noch stärkerem Maße die Ausreise auf bestimmte Stunden (in der Regel 8.00–11.00 Uhr bei der Einreise, 22.00–24.00 Uhr bei der Ausreise) konzentrierte, mussten zeitweise in einer Stunde insgesamt 30 000 bis 47 700 Personen bei der Einreise und 69 800 Personen bei der Ausreise abgefertigt werden, besonders in den letzten beiden Tagen.

Im Vergleich zu dem vom 20.12.1963 bis 5.1.1964 zu bewältigenden Besucherverkehr Westberliner Bürger mit Tagespassierscheinen betrug in dieser Zeit der *übrige Reiseverkehr 11,7 %. Insgesamt* reisten *147 129 Personen mit 21 389 Kfz ein.*

- Westberliner mit AG und Betriebsausweis: 9 269,
- Westdeutsche mit AG und TAG: 108 697,
- Ausländer: 29 263.

Schwerpunkte der Einreise Westdeutscher waren der 29.12.1963 mit über 9 300 Einreisenden sowie der 25. und 28.12.1963 und der 5.1.1964 mit je über 8 000 Einreisenden. Die übrigen Werte wiesen gegenüber dem sonstigen Reiseverkehr keine wesentlichen Veränderungen auf. Bei Ausländern waren der

28., 29. und 30.12.1963 sowie der 4.1.1964 mit jeweils über 2000 Personen die Haupteinreisetage.

Wie schon bei der Antragstellung in den Passierscheinstellen in Westberlin zu erkennen war, und wie es auch konkrete Hinweise über tatsächlich erfolgte Besuche bestätigten, hat von der Möglichkeit, in die Hauptstadt der DDR einzureisen, auch eine beträchtliche Anzahl von Westberliner Bürgern Gebrauch gemacht, auf die wegen ihrer beruflichen und politischen Stellung aufmerksam gemacht wird.

Zahlenmäßig am bedeutendsten waren dabei die Besuche von Angehörigen in unteren und teilweise mittleren Funktionen der Westberliner Polizei, des Senats, des Zolls. Vor allem ein großer Teil der in und vor den Passierscheinstellen eingesetzten Polizei-, Senats- und Postangestellten beantragten in der Regel offen Passierscheine. Ferner beantragte ein großer Teil von Personen Passierscheine unter Vorlage völlig neuer Personaldokumente (mit weit zurückliegenden Ausstellungsdaten), was offensichtlich mit der Anweisung Albertz'[4] an die Westberliner Polizei zusammenhängt, für alle Personen, die sich aufgrund ihrer beruflichen Tätigkeit »gefährdet fühlen«, neue Personaldokumente ohne Hinweise auf ihre gesellschaftliche Stellung und Tätigkeit auszustellen. Eine zentrale Anweisung von der Westberliner Polizeiführung über das Verhalten ihrer Polizisten in der Hauptstadt der DDR wurde nicht gegeben. (Interessant ist in diesem Zusammenhang, dass es vor dem 13.8.1961 allen Westberliner Polizisten verboten war, das demokratische Berlin zu betreten und dass für die Benutzung der Autobahn beim Durchfahren des Gebietes der DDR eine besondere Genehmigung eingeholt werden musste.)

Welch großer Teil der Westberliner Polizisten die Hauptstadt der DDR besucht hat, zeigt die Tatsache, dass sich allein aus einem Westberliner Polizeirevier am 4.1.1964 18 Beamte zum Besuch ihrer Verwandten im demokratischen Berlin abgemeldet haben. Wenn auch die Mehrzahl der Polizisten untere Dienstgrade besaß, gibt es doch auch eine Reihe in höheren Funktionen tätige Polizisten, die die Hauptstadt der DDR besuchten. Z.B. wurde das von einem Abteilungsleiter aus dem Präsidium, von Polizeimeistern, Kommissaren und Oberkommissaren u.ä. Dienstgraden bekannt. Das Gleiche gilt sinngemäß für die Besuche von Angehörigen des Westberliner Zolls.[5]

Auch bei den beim Senat beschäftigten Besuchern der Hauptstadt der DDR waren neben einer großen Anzahl Angestellter und Beamter in unteren

4 Heinrich Albertz, Jg. 1915, SPD-Politiker, Pfarrer, als Mitglied der Bekennenden Kirche bis 1945 mehrfach verhaftet, 1963–66 Bürgermeister (Stellv. des Regierenden Bürgermeisters) von Westberlin, 1966–67 Regierender Bürgermeister von Westberlin, trat nach dem Mord an Benno Ohnesorg 1967 von seinem Amt zurück.

5 Im 2. Exemplar (Bl. 7) unter diesem Absatz handschriftliche Anmerkung mit Kugelschreiber: »Woher bekannt? uns u. A.Z.K.W.?« AZKW – Amt für Zoll und Kontrolle des Warenverkehrs.

Funktionen profiliertere Senatsangehörige im demokratischen Berlin, z.B. Personen in der Funktion von Regierungsdirektoren und -räten, Oberinspektor, Amtsrat, Abteilungsleiter u.Ä. Außerdem besuchten Personen die Hautstadt der DDR, die verantwortliche Funktionen in den Parteien (FDP-Fraktionsvorsitzende, Landesvorstandsmitglieder, SPD-Funktionäre), der Wirtschaft bzw. im Betrieb haben.[6]

II. Tätigkeit der Passierscheinstellen der DDR in Westberlin

Entsprechend den Vereinbarungen zwischen dem Senat und der Regierung der Deutschen Demokratischen Republik wurden am 18.12.1963 in allen zwölf Westberliner Stadtbezirken Passierscheinstellen der DDR eröffnet.

Bei Eröffnung der Passierscheinstellen nahmen insgesamt 84 Postangestellte der DDR ihre Tätigkeit auf, wodurch in allen Passierscheinstellen eine gleichmäßige Besetzung in Stärke von sieben bis neun Postangestellten gewährleistet war. Infolge des starken Andranges von Antragstellern wurde diese Zahl aufgrund zusätzlicher Vereinbarungen an den folgenden Tagen wie folgt erhöht:

- am 19.12. auf 108 Postangestellte,
- 20.12. auf 153 Postangestellte,
- 21.12. auf 198 Postangestellte,
- 23.12. auf 234 Postangestellte,
- 24.12. auf 260 Postangestellte,
- 27.12. auf 261 Postangestellte.

Diese Zahl änderte sich bis zum 2.1.1964 nur unwesentlich und reichte aus, um die nach wie vor hohe Zahl Antragsteller abzufertigen.
So waren am

- 28.12.: 257 Postangestellte,
- 30.12.: 255 Postangestellte,
- 31.12.: 256 Postangestellte,
- 2.1.1964: 244 Postangestellte

im Einsatz.

Da der Besucherstrom an den beiden letzten Öffnungstagen sehr nachgelassen hatte, erfolgte eine Reduzierung der Kräfte,[7] sodass am 3.1.1964 nur

6 Im 2. Exemplar (Bl. 8) unter diesem Absatz schwer entzifferbare handschriftliche Anmerkung mit Kugelschreiber: »So hat z.B. nachweisbar Presse### Bahr wen wann wi### besucht!«

7 Am Tage der Eröffnung der Besucherbüros in Westberlin am 18.12.1963 waren dort lediglich 83 Mitarbeiter mit der Bearbeitung der Anträge beschäftigt, was zu erheblichen Rückständen und Wartezeiten führte. Von ca. 100 000 Antragstellern der ersten drei Tage konnten ca. 40 000 nicht abgefertigt werden und mussten sich nochmals anstellen. Die Westberliner Seite bestand nachdrücklich auf der dann erfolgten Vergrößerung des Personals in den Besucherbüros. Vgl. Kunze, Gerhard: Grenzerfahrungen. Kontakte und Verhandlungen zwi-

206 Postangestellte und am 4.1.1964 nur noch 112 Postangestellte im Einsatz waren.[8]

Die bis zum 24.12.1963 laufend durchgeführte Verstärkung der Gruppen erfolgte differenziert unter Berücksichtigung der jeweiligen Einwohnerzahl der Westberliner Stadtbezirke und des Andranges an den Passierscheinstellen der DDR. Die Stärke der einzelnen Gruppen bewegte sich deshalb zwischen 18 und 29 Postangestellten je Passierscheinstelle. Diese differenzierte Verstärkung der Gruppen trug erheblich zur Festigung des politisch-moralischen Zustandes der Kollektive und zur weiteren Erhöhung des Vertrauens der Westberliner Bevölkerung zu den Postangestellten der DDR und in die Realisierung des Abkommens durch die DDR bei.

Während des gesamten Einsatzes wurden insgesamt 39 Postangestellte[9] aus folgenden Gründen zurückgezogen bzw. ausgewechselt:[10]

- 25 aus gesundheitlichen, altersmäßigen und beruflichen Gründen, davon zwei Mitarbeiter des MfS;
- zehn wegen Verletzung der Disziplin und wegen Schwatzhaftigkeit, davon ein Mitarbeiter des MfS;
- vier aus Gründen der Sicherheit, davon zwei Mitarbeiter des MfS.[11]

Die Herauslösung dieser Kräfte verlief reibungslos und hatte keine negativen Auswirkungen auf den politisch-moralischen Zustand der Kollektive.

Während der Tätigkeit der Einsatzgruppen in Westberlin erwiesen sich das Vorhandensein eines festen Kuriersystems und der Einsatz ständiger Mitarbeiter für diese Aufgabe als besonders wichtig und notwendig. Dadurch war es den Einsatzgruppen möglich, ständig Verbindung zum KPP herzustellen, benötigte Anträge u. a. Unterlagen nachzuholen und in bestimmten Zeitabständen über die Situation in den Passierscheinstellen zu berichten.

Standhaftigkeit, geschicktes Verhalten und Einschätzungsvermögen waren bei den Kurieren besonders wichtig, weil sie in der Regel immer von den gleichen Kriminalpolizisten begleitet wurden, Annäherungs- und Kontaktversuchen widerstehen und teilweise Forderungen durchsetzen mussten, wenn die im Protokoll enthaltenen Festlegungen über das Transportsystem und die Transportwege verletzt wurden. Die Kuriere bedeuteten für die Arbeit der Passierscheinstellen eine Unterstützung.

schen dem Land Berlin und der DDR 1949–1989. Berlin 1999 (Studien des Forschungsverbundes SED-Staat an der Freien Universität Berlin), S. 125.

8 Im 2. Exemplar (Bl. 9) unter diesem Absatz schwer entzifferbare handschriftliche Anmerkung mit Kugelschreiber: »1. Vertragsentwurf noch: 2. ### Forderung Korber bringen. 3. Eigene Feststellungen«.

9 Mittelbar geht aus dieser Passage hervor, dass es sich bei den Ostberliner Postangestellten zwar durchweg um vom MfS sorgfältig auf ihre Zuverlässigkeit und Kooperationsbereitschaft überprüfte Personen, aber nur z. T. um MfS-Mitarbeiter handelte.

10 Fragezeichen am Rande.

11 Fragezeichen am Rande der drei Gründe.

Für die Anleitung der in Westberlin tätigen Postangestellten der DDR hat sich der Einsatz verantwortlicher Leiter – gegenüber der Verantwortung eines Leiters für mehrere Gruppen zu Beginn der Aktion – gut bewährt.[12] Durch die Auswertung, Verallgemeinerung und Absprache mit den Gruppenleitern und den einzelnen Kollektiven wurde gleichzeitig eine einheitliche Durchsetzung gegebener Richtlinien und Hinweise weitestgehend gewährleistet. Die Einheit von Analyse, Anleitung und Kontrolle garantierte die Einheitlichkeit im Vorgehen und auch das sofortige und bewegliche Reagieren auf neu auftretende Schwerpunkte und Probleme.

Neben den verallgemeinerten Erfahrungen unterstützen umfangreiche inoffizielle Hinweise über Störversuche usw. die Auswertung und Herausarbeitung einer einheitlichen Verhaltenslinie für die Einsatzkräfte in Westberlin.

Als organisatorischer Mangel in der Anleitung der Gruppen erwies sich in den ersten Einsatztagen, dass die Einweisungs- und Auswertungsbesprechungen mit den Gruppenleitern übermäßig viel Zeit in Anspruch nahmen, die dann für eine systematische Anleitung und Unterrichtung der Gruppenmitglieder fehlte.

In den Passierscheinstellen gab es während der gesamten Aktion keine größeren organisatorischen Mängel und Schwierigkeiten, mit Ausnahme einiger vor allem in den ersten Tagen aufgetretener kleinerer Mängel wie – die wiederholt (auch in den letzten Tagen noch) aufgetretenen Flüchtigkeitsfehler auf gelieferten Passierscheinen (Ungenauigkeit bei Namen, PA-Nummern, fehlende Daten und Stempel u. a.) und – die teilweise falsche Einsortierung der ausgestellten Passierscheine.

Dadurch kam es zu unnötigen Verzögerungen in der Abfertigung und zu Unsicherheiten bei einzelnen Postangestellten der DDR. Dass sie rasch überwunden wurden und keine größeren Auswirkungen auf den ordnungsgemäßen Arbeitsfluss hatten, ist der Einsatzbereitschaft und der Wendigkeit der Gruppenleiter bzw. der eingesetzten Postangestellten zu danken.

Mangel und Unsicherheit im Reagieren der Postangestellten auf komplizierte Probleme und gezielte Fragen zeigten sich nur in den ersten Tagen. Begünstigt wurden diese Erscheinungen dadurch, dass bei einzelnen Leitern noch keine vollständige und konkrete Vorstellung über die politischen Bedingungen, unter denen die Aktion verlief, vorhanden war. Diese Unsicherheiten äußerten sich in dem Bestreben, in erster Linie eine umfangreiche Ausgabe von Passierscheinanträgen zu ermöglichen. Daher war es erforderlich, nach Auswertung der ersten beiden Einsatztage in Westberlin nochmals eine prinzipielle Orientierung für die Einsatzleiter durchzuführen, in der die politische Sicherheit der Aktion und der eingesetzten Mitarbeiter als entscheidend in den Vordergrund gestellt wurde.

12 Fragezeichen am Rande.

Mit dieser Orientierung wurden die zu Beginn vorhandenen Mängel und Schwächen beseitigt, die sich u. a. darin konkret zeigten, dass

- ein Gruppenleiter an einer Einsatzbesprechung der Westberliner Polizei und des Senats am 20.12.1963 teilnahm;
- vereinzelt Kaffee und Kuchen sowie weitere Geschenke von Gruppenleitern entgegengenommen wurden;
- sich Mitglieder der Gruppen für kurze Zeit vom Kollektiv trennten;
- Kuriere der Deutschen Post ihre Fahrten durch Westberlin allein durchführten;
- die Passierscheinstellen Stunden über die vereinbarten Öffnungszeiten hinaus geöffnet blieben.

Mit dieser Orientierung konnten zugleich alle Versuche des Gegners gegenüber unseren Mitarbeitern, so u. a. Versuche

- zur Enttarnung der Mitarbeiter der Deutschen Post,
- der Kontaktaufnahme,
- zur Überreichung von Geschenken,
- zur Abwerbung in den letzten Tagen

unterbunden werden und damit zugleich eine ausgezeichnete Stimmung und Einsatzbereitschaft unter allen Mitgliedern der Einsatzgruppen geschaffen werden.

Durch die gute Kollektivität der Einsatzgruppen bedingt, konnte allen weiteren Angriffen der feindlichen Kräfte erfolgreich begegnet werden. Die gegnerischen Kräfte suchten z. B. in zunehmendem Umfang zum Ende der Aktion nicht mehr offen persönliche Kontakte zu den Mitarbeitern der Einsatzgruppen, sondern waren bestrebt, einzelne Mitarbeiter zu isolieren und dann allein mit ihnen Kontakte herzustellen. Aus diesen Gründen gingen die Kollektive dazu über, keinen Mitarbeiter in Westberlin aus dem Auge zu verlieren. Bezeichnend für den politisch-moralischen Zustand aller Mitarbeiter in den Einsatzgruppen war, dass besonders in den letzten Tagen vor der Beendigung der Aktion jeder einzelne Mitarbeiter von westlichen Angeboten aller Art sofort dem jeweiligen Gruppenleiter Mitteilung machte. In den wenigen Fällen, in denen Mitarbeiter entgegen den Verhaltensregeln handelten und sich daraus Gefahrenmomente ergaben, forderte das Kollektiv das Ausscheiden des betreffenden Mitarbeiters bzw. erklärte sich mit der Abberufung desjenigen auch nachträglich einverstanden.

Die im Verlauf der Aktion zusätzlich zum Einsatz gelangten Kräfte wurden besonders gründlich in die zu lösenden Aufgaben eingewiesen, ihnen die gewonnenen Erfahrungen übermittelt sowie Patenschaften organisiert, sodass sie sehr schnell mit den wichtigsten Fragen vertraut waren und weitestgehend ein einheitliches Auftreten gewährleistet war.

Die auf diese Art und Weise ständig und systematisch gelenkte Erziehungsarbeit bewirkte im Verlauf des Einsatzes ein einheitliches Auftreten vor der Westberliner Öffentlichkeit und machte die innere Geschlossenheit und Standhaftigkeit der Kollektive sichtbar. Dazu trug u. a. auch mit bei, dass die vor den Einsätzen gegebenen Hinweise auf zu erwartendes Vorgehen der Westberliner Einsatzkräfte meist während der Arbeit in den Passierscheinstellen auch ihre Bestätigung fanden.

Es ist dem Gegner nicht gelungen, trotz aller Bemühungen und der Anwendung raffinierter Methoden, auch nur einen Postangestellten zum Verbleib in Westberlin und damit zum Verrat an der DDR zu bewegen. Das beweist die Richtigkeit der Auswahl und Zusammensetzung der Kader und der für den Einsatz in Westberlin gegebenen Orientierung, entsprechend der zu erwartenden Taktik und Versuche des Gegners, in den Passierscheinstellen einen aktiven Einfluss auszuüben.

Die Betreuung der Mitarbeiter während der gesamten Periode des Einsatzes wurde als außerordentlich vorbildlich empfunden und trug dazu bei, die kämpferische Einsatzbereitschaft ständig aufrechtzuerhalten.

Das Überreichen besonders wertvoller Geschenke[13] am 24.12.1963 an alle Mitarbeiter wurde von diesen als Ausdruck für die von Partei und Regierung dem Berliner Abkommen gewidmete außerordentliche politische Sorgfalt und des großen Vertrauens in ihren persönlichen Einsatz bewertet und fand allgemein ihre Zustimmung.

III. Einschätzung der Bearbeitung der Anträge und Passierscheine

Die Bearbeitung der Anträge und Passierscheine oblag der Zentralen Genehmigungsstelle im Präsidium der Deutschen Volkspolizei (PdVP) Berlin. Verantwortlich für den Arbeitskräfteeinsatz zur Bewältigung der dort anfallenden Arbeiten war im Wesentlichen die Volkspolizei (VP) und im geringen Umfang auch das MfS. Während vom MfS täglich bis zu 200 Kräfte zum Einsatz kamen, die in Fällen großen Arbeitsanfalls oder größerer Stockungen durch zusätzlich bis zu 50 in Bereitschaft gehaltene Kräfte verstärkt wurden, kamen von der VP an den einzelnen Tagen folgende Kräfte zum Einsatz:

- 18.12.1963: 665 Kräfte,
- 19.12.1963: 782 Kräfte,
- 20./21.12.1963: 923 Kräfte,
- 23.12.1963: 1 105 Kräfte,
- 26.12.1963: 1 165 Kräfte,
- 27.12.1963: 1 123 Kräfte,
- 28./30.12.1963: 1 134 Kräfte,
- 1.1.1964: 1 181 Kräfte,
- 2.1.1964: 1 134 Kräfte,
- 3.1.1964: 984 Kräfte.

13 Im 2. Exemplar (Bl. 14) ist die Formulierung »besonders wertvoller Geschenke« mit Kugelschreiber unterstrichen. Unter dem Absatz, am unteren Blattrand wurde die Stelle mit einem Fragezeichen markiert.

Den Hauptanteil dieser Kräfte stellten das PdVP und das Ministerium des Innern (MdI). Zusätzliche Kräfte wurden von den Bezirksbehörden der Deutschen Volkspolizei (BdVP) Frankfurt/O., Potsdam, Dresden, Cottbus, Magdeburg, Leipzig und Halle und von der Zentralen Lehranstalt (ZLA) Aschersleben abgezogen.

Zur weitgehenden Ausschaltung aller Fehlerquellen beim Ausschreiben der Dokumente und bei der Feinsortierung im Verlaufe der Aktion wurden auf Weisung des MfS außerdem noch täglich zusätzlich bis zu 40 Postangestellte zur Endkontrolle mit eingesetzt. Die fortwährende Verstärkung insbesondere der Kräfte der VP ab 19.12.1963, die praktisch bis zum Ende der Aktion anhielt, machte sich notwendig, weil sich bereits in der ersten Nacht der Bearbeitung der Anträge und der Ausstellung der Passierscheine herausstellte, dass die vom MdI und dem PdVP in Vorbereitung auf diese Aktion in Testversuchen ermittelten Zeiten und Normen für die Bearbeitung der Anträge und die darauf basierende Kräfteeinteilung unreal waren und offensichtlich auch nicht diesen Massenanfall berücksichtigten.

Die Kräfte waren durch die Einsatzleitung des PdVP in Zusammenarbeit mit dem MdI in insgesamt zwölf Arbeitsgruppen eingeteilt worden, die vom Eingang der Anträge über ihre Bearbeitung bis zur Ausstellung und Übergabe der Passierscheine zum Transport in die Passierscheinstellen der DDR nach Westberlin alle Arbeitsvorgänge gewährleisten sollten. Den zwölf Arbeitsgruppen (AG) waren im Einzelnen folgende Aufgaben übertragen:

- AG 1: Entgegennahme der Anträge, Ausgabe der Passierscheine,
- AG 2: Sortierung der Anträge nach den Namen der zu besuchenden Bürger in der Hauptstadt,
- AG 3: Überprüfung der Wohnanschriften der zu Besuchenden,
- AG 4: Sortierung der Anträge nach dem lexikalischen Alphabet der Antragsteller,
- AG 5: Überprüfung der Anträge anhand der Sperr- und der Fahndungskartei,
- AG 6: Entscheidung über Genehmigung oder Ablehnung,
- AG 7: Sortierung genehmigter Anträge nach laufenden Nummern innerhalb der Westberliner Verwaltungsbezirke,
- AG 8: Statistische Erfassung,
- AG 9: Vorbereitung der Ausschreibung,
- AG 10: Ausschreibung der Passierscheine,
- AG 11: Unterschriftsleistung und Siegelung,
- AG 12: Nachkontrolle.

Diese Gruppeneinteilung war nicht geeignet, einen reibungslosen und störungsfreien Arbeitsablauf zu gewährleisten. Die wesentlichsten Mängel dieses Arbeitsgruppensystems waren folgende:

- Die alphabetische Sortierung der entgegengenommenen Anträge nach den Anfangsbuchstaben des zu Besuchenden und die phonetische, d.h. nach dem Klangalphabet durchzuführende Sortierung innerhalb dieser Namen erforderte praktische Kenntnisse und Erfahrungen, die bei den meisten der aus verschiedenen Dienstzweigen der VP kommenden Einsatzkräfte nicht vorhanden waren, was zu Ungenauigkeiten und enormen Zeitverzögerungen führte.
- Die daraufhin folgende Vergleichsarbeit der nach dem phonetischen Alphabet, entsprechend dem Namen der zu besuchenden Bürger geordneten Anträge, mit den Karteiunterlagen des Einwohnermeldeamtes erforderte ebenfalls spezielle Kenntnisse, die bei den eingesetzten Kräften nicht vorhanden waren. Andererseits hemmten die vorhandenen Räumlichkeiten und technischen Einrichtungen (Karteien) des Einwohnermeldeamtes den Arbeitsablauf und den Einsatz zusätzlicher Kräfte, wodurch erneute Verzögerungen eintraten.
- Ähnliche Merkmale der Verzögerung und ungenügenden Bearbeitung zeigten sich auch bei den Aufgaben der AG 4, die die Anträge nochmals, allerdings entsprechend der Namen der Antragsteller, alphabetisch-lexikalisch ordnen musste.

Neben diesen Schwierigkeiten wirkte sich auch die räumliche Unterbringung der Arbeitsgruppen hemmend auf den Arbeitsfluss aus, weil die Arbeitsräume auf vier verschiedenen Etagen (3., 5., 7. und teilweise 1. Etage) des Hauses verteilt waren. Daraus ergaben sich in Spitzenzeiten große Bewegungen von Menschen und Material und Zeitverluste. Außerdem bestand keine klare Übersicht über den jeweiligen Stand der Bearbeitung in den einzelnen Gruppen, wodurch eine wirksame Kontrolle und die Möglichkeiten für Maßnahmen zur Veränderung beschränkt waren.

Die Bewältigung der Arbeiten der Zentralen Genehmigungsstelle nach dieser Gruppen- und Aufgabeneinteilung hätte das Dreifache an Zeit erfordert als für die Bearbeitung geplant war und die Gefahr heraufbeschworen, dass die ausgestellten Passierscheine nicht rechtzeitig zur Verfügung standen.

In gemeinsamer Absprache zwischen MfS und VP wurden deshalb bereits in der ersten Nacht umfangreiche Maßnahmen zur Veränderung eingeleitet und Entscheidungen getroffen, die eine schnellere und termingerechte Bearbeitung der eingelaufenen Dokumente sicherten. Dazu gehörten:
- die Ausklammerung einiger Arbeitsgruppen und Arbeitsvorgänge (Überprüfung im Einwohnermeldeamt, Fahndung durch VP und MfS, Erarbeitung von Übersichten über geplante Einreisen in das Sperrgebiet, vollständige Aussortierung der für das Randgebiet eingereichten Anträge) aus dem Bearbeitungsvorgang;

- die Zuführung von Reservekräften der VP, besonders für die Schreibarbeiten;
- die Umstellung des gesamten technischen Prozesses.

Die Notwendigkeit dieser Maßnahmen ergab sich aus dem steigenden Anfall von Anträgen.

Schwierigkeiten verbunden mit unnötigem Kräfte- und Zeitaufwand ergaben sich auch bei der Erarbeitung einer übersichtlichen und termingerechten Endstatistik. Dieses Problem war vonseiten der Arbeitsgruppe Endstatistik der VP nicht richtig durchdacht und inhaltlich nicht klar. Erst im Verlauf der Aktion wurde in gemeinsamer Beratung zwischen MfS und VP eine auswertbare und brauchbare Form der Endstatistik gefunden, die bis zum Ende der Aktion ohne Schwierigkeiten Anwendung fand.

Im Ergebnis der ständigen aktiven Einflussnahme auf die Arbeitsorganisation hat sich im Verlaufe der Aktion als endgültiges System die folgende Gruppen- und Aufgabenteilung herausgebildet:
- AG 1 (APF): Annahme und Ausgabe der Passierscheine,
- AG 2 (VP): Sortierung und Erarbeitung der Vorstatistik,
- AG 3 (VP): Vorbereitung zum Schreiben und Schreiben der Passierscheine,
- AG 4 (APF): Kontrolle der sachgemäßen Ausschreibung, KPP-Stempel, Siegel und Unterschrift,
- AG 5 (VP): Endstatistik,
- AG 6 (VP): Feinsortierung/Endkontrolle.

Dieses System hat sich, was die Einhaltung der Bearbeitungsfristen betrifft, bewährt, wurde jedoch nicht mehr in vollem Umfange den Fragen der Sicherheit gerecht. So konnten durch den Wegfall solcher Arbeitsvorgänge wie die Überprüfung in der Einwohnermelde- und der Sperrkartei und die Fahndung keine Sicherheitsmaßnahmen[14] wirksam werden. Diese Aufgaben wurden bis zum Ende der Aktion nur noch stichprobenweise von einer Fahndungsgruppe des MfS durchgeführt.[15] Darüber hinaus waren die Fragen der Sicherheit auch in anderer Beziehung nicht in vollem Umfange und in allen Phasen der Bearbeitung voll gewährleistet. Z.B. gab es zu Beginn der Aktion noch verschiedene Weisungen der VP, die nicht mit dem MfS abgestimmt waren und u.a. noch die Einreise von Bürgern Westberlins in die Randgebiete der DDR zuließen.[16]

In der Gesamtleitung des Einsatzes und der Besetzung der Bereichsleiter durch die VP wurden wiederholt aus verschiedenen Gründen Wechsel in den

14 Im 2. Exemplar (Bl. 19) ist »keine Sicherheitsmaßnahmen« mit Kugelschreiber unterstrichen.
15 Ausrufezeichen am Rande.
16 Ausrufezeichen am Rande. Im 2. Exemplar (Bl. 19) Fragezeichen am Rande.

Verantwortungsbereichen vorgenommen.[17] Besondere Mängel zeigten sich auch in der Absicherung der Dokumente. Es fehlte eine straffe Kontrolle auf den Fluren zwischen den verstreut in mehreren Etagen liegenden Arbeitsräumen. Außerdem gab es keinen für den Transport zwischen den Etagen und innerhalb der Räume von Arbeitsgruppe zu Arbeitsgruppe verantwortlichen Personenkreis der VP. Dadurch kam es, dass in mehreren Fällen unbearbeitete und bearbeitete Dokumente in Kisten und Schreibzimmern liegen blieben und in einem Falle sogar Anträge mit Vermerken der VP-Fahndung bis zur Ausgabestelle nach Westberlin mit zurückgingen.[18]

Im technisch-organisatorischen Ablauf traten im Verlaufe der Aktion außerdem noch folgende Mängel in Erscheinung: Der Stab im PdVP hatte zu Beginn des Einsatzes den Gesamtablauf nicht fest in der Hand. Es fehlte eine zweckmäßige und kontinuierliche Kräfteeinsatzplanung. Die Leitungs- und Führungstätigkeit in der Zentralen Genehmigungsstelle war ungenügend. Es gab viele Leiter mit ungenügend abgegrenztem Verantwortungsbereich und dadurch Überschneidungen bei der Erteilung von Weisungen. Außerdem fehlte es den Leitern an einer ausreichenden Übersicht über die Kräfte, deren Tätigkeit und den Stand der Bearbeitung, was die Berichterstattung über aufgetretene Schwierigkeiten und Hemmnisse erschwerte.

Bei den Schreibkräften traten infolge ungenügender Unterweisung in die Art und Weise der Ausstellung der Passierscheine Mängel in der ordnungsgemäßen Ausschreibung der Passierscheine zutage. Es gab viele Verschreibungen, die Nacharbeiten notwendig machten und Flüchtigkeitsfehler, die erst in den Passierscheinstellen festgestellt wurden. Die Ausschussquote war allgemein zu hoch.

In der Arbeitsgruppe Unterschriftsleistung und Siegelung (APF) waren die Mängel vor allem unleserliche Unterschriften, oberflächlich aufgedruckte Siegel, Zuweisung falscher KPP (z.B. Kfz-Benutzer für Personenübergang KPP Friedrichstraße) sowie oberflächliche Vergleichsarbeit zwischen Antrag und Passierschein.[19] Außerdem erfolgten teils aus Ortsunkenntnis und teils auch aus Unvermögen der eingesetzten Kräfte vereinzelt Genehmigungen von Passierscheinen für Orte in den Randgebieten und für Besuche in Strafvollzugsanstalten der VP.

IV. Anzahl, Zusammensetzung, Tätigkeit und Störversuche der in und vor den Passierscheinstellen eingesetzten Westberliner Kräfte

Die vom Westberliner Senat in und vor den Passierscheinstellen eingesetzten Ordnungskräfte und Helfer bestanden offiziell aus Mitarbeitern des Senats, Angehörigen der Schutz-, Kriminal- und Bereitschaftspolizei, Postangestell-

17 Anstreichung am Rande.

18 Anstreichung am Rande. Im 2. Exemplar (Bl. 20) Anmerkung am Rande: »ersten Tag«.

19 Im 2. Exemplar (Bl. 20) ist der Absatz am Rande durch Kugelschreibermarkierungen und durch einen senkrechten roten Strich hervorgehoben.

ten, Angehörigen bzw. Helfern des Roten Kreuzes, des Arbeitersamariterbundes sowie Lehrern und Schülern der Schulen, in denen sich Ausgabestellen befanden. Die zahlenmäßige Zusammensetzung dieser Kräfte war sehr unterschiedlich. In allen Passierscheinstellen waren ständig ca. 25 bis 35 Personen eingesetzt, wovon
- drei bis fünf dem Senat,
- zehn bis 15 der Schutz- und Bereitschaftspolizei,
- sechs bis zehn der Kriminalpolizei,
- drei bis sieben der Westpost

angehörten.

Hinzu kamen noch bis zu 20 sonstige Helfer wie Lehrer, Schüler höherer Klassen, Rote-Kreuz-Helfer usw. Die Zahl der vor den Passierscheinstellen eingesetzten Polizeiangehörigen konnte nicht konkret festgestellt werden. Sie schwankte zwischen 60 (Kreuzberg) und 250 (Zehlendorf).

Nach offiziellen Angaben von Westberliner Seite seien von der Alarmstufe der Westberliner Polizei rd. 3 500 Beamte betroffen gewesen. Davon hätten 1 000 bis 1 500 Kräfte ständig an Passierschein- und Übergangsstellen zur Verfügung gestanden. Angaben des Roten Kreuzes zufolge sollen während der gesamten Passierscheinaktion ca. 1 500 Einsatzkräfte des Roten Kreuzes und ca. 150 Hilfskräfte des Arbeitersamariterbundes tätig gewesen sein.

Ab 30.12.1963 wurden die von Westberliner Seite eingesetzten Kräfte in einzelnen Passierscheinstellen stark reduziert. Diese Reduzierung geschah im Zusammenhang mit dem Rückgang der Antragsteller in den letzten Tagen des Abkommens. Konkrete Zahlenangaben hierüber liegen nicht vor. Nach Weihnachten und besonders ab 2.1.1964 erfolgten Auswechslungen vor allem bei Kriminalpolizisten, Fahrern der VW-Busse und Funkwagenbesatzungen.

Zur Tätigkeit der an der Passierscheinaktion beteiligten Westberliner Stellen ist grundsätzlich zu bemerken, dass diese ständig bemüht waren, offiziell keine offensichtlichen Protokollverletzungen und Störmaßnahmen zuzulassen, weil man sich vermutlich den Weg für weitere Verhandlungen freihalten wollte. Es liegen Informationen vor, die besagen, dass zwischen den Fraktionsvorsitzenden der SPD, CDU und FDP grundsätzlich abgesprochen worden sei, zum gegebenen Zeitpunkt keine parteipolitischen Stellungnahmen zum Verlauf der Passierscheinaktion abzugeben. Die Abgabe derartiger Stellungnahmen wurde dem Senat bzw. Brandt,[20] Albertz oder Bahr[21] überlassen. Das jedoch eine inoffizielle Lenkung und Koordinierung von den in den Passierscheinstellen differenziert auftretenden Störmaßnahmen – besonders durch Kripo und wahrscheinlich Verfassungsschutz – vorlag, zeigt sich in vielen Übereinstimmungen der Störmethoden.

20 Willy Brandt, Jg. 1913, SPD-Politiker, 1957–66 Regierender Bürgermeister von Westberlin, 1966–69 Bundesaußenminister, 1969–72 Bundeskanzler, 1964–87 Vorsitzender der SPD.

21 Egon Bahr, Jg. 1922, Journalist, SPD-Politiker, 1950–60 Chefkommentator des RIAS, 1960–66 Leiter des Presse- und Informationsamtes des Berliner Senats.

Offene Verstöße gegen die Protokollfestlegungen gab es in folgender Hinsicht:

a) Verletzungen der festgelegten Transportvereinbarungen für Personen und Materialien (Stellung teilweise ungenügenden Transportraumes bzw. Verweigerung von Sonderfahrzeugen für Kuriere);
b) Westberliner Einsatzkräfte versuchten vom ersten Tag an, sich in den unmittelbaren Prozess der Antragstellung und Passierscheinausgabe einzuschalten (z. B. Forderung nach Übernahme der Ausgabe von Anträgen bzw. deren Abstempelung bei Entgegennahme) unter dem Deckmantel der angeblichen Unterstützung;
c) Versuche, den DDR-Angestellten organisatorische Vorschriften zu machen und gemeinsame organisatorische Beratungen der Leiter der Westberliner Kräfte und unseren Verantwortlichen herbeizuführen;
d) Einmischung leitender Senatskräfte wie z. B. Bezirksbürgermeister in die Tätigkeit der Passierscheinstellen; Stellen von Forderungen, die über ihre Befugnisse hinausgingen;
e) Ständige Versuche der Westberliner Kräfte, sich über den Inhalt der arbeitstechnischen Absprachen zwischen den Einsatzkräften aus der DDR zu informieren.

Zu diesen allgemeinen Störmaßnahmen kam eine ganze Reihe von Vorkommnissen und Erscheinungen, die insgesamt ein geschlossenes System der Störtätigkeit darstellen, denen aber nicht nachgewiesen werden konnte, dass sie zentral organisiert waren.

Bis auf die letzten Tage war in allen Passierscheinstellen festzustellen, dass die Westberliner Einsatzkräfte mit sogenannten Ordnungsmaßnahmen den kontinuierlichen Durchlauf der Antragsteller zu stören, damit unsere Kräfte in ihrer Tätigkeit zu behindern und Missstimmung unter den Wartenden hervorzurufen versuchten. Das eingeführte Ordnungssystem der farbigen Vormerkkarten für Antragsteller wurde oft so angewendet, dass ein intervallartiger Durchlauf entstand (abwechselnde Perioden der Nichtauslastung und Überlastung der DDR-Angestellten).

Eine weitere Hauptmethode der Störungen war die Desorientierung. Sie wurde übereinstimmend von Westpresse, Hetzsendern und Westberliner Einsatzkräften (z. B. Lautsprecherwagen der Polizei) praktiziert. Im Wesentlichen umfasste sie die Hauptkomplexe:

- Abfertigungs- und Verfahrensfragen,
- Tendenzmeldungen über Verlängerung der Aktion und Ausdehnung auf Randgebiete Berlins,
- Lenkung des Besucherstroms auf einzelne Passierscheinstellen, wo teilweise vorher von Westberliner Seite Ordnungskräfte abgezogen worden waren,

– Einschüchterungsversuche und Abraten von Besuchen im demokratischen Berlin für bestimmte Personenkreise.

Eine besondere Rolle in diesem System spielte das RIAS-Sonderstudio[22] unter Leitung des RIAS-Kommentators Peter Herz[23].[24]

Unter den Einsatzkräften in den Passierscheinstellen befanden sich auffällig viele Republikflüchtige, die scheinbar darauf angesetzt waren, möglichst viele DDR-Angestellte zu identifizieren. In der gleichen Weise trat eine große Anzahl republikflüchtiger Personen als Antragsteller in Erscheinung.

Zu den Aufgaben und der Verhaltensweise der verschiedenen Westberliner Kräfte liegen folgende Hinweise vor:

Mitarbeiter des Senats

Die Beamten und Angestellten des Senats waren im Wesentlichen für die Leitung und Organisation der insgesamt eingesetzten Kräfte verantwortlich. Ein Teil dieser Kräfte war durchaus an einem geordneten, reibungslosen Arbeitsablauf interessiert und verhielt sich dementsprechend. Mit diesen Personen war eine relativ gute Zusammenarbeit auf der Basis der im Protokoll enthaltenen Bestimmungen gegeben. Anderseits gab es jedoch Senatsmitarbeiter in den Passierscheinstellen, die – ebenso wie ein Teil der Postangestellten und Polizisten – ihre Hauptaufgabe darin sahen, unter dem Deckmantel der »Gewährleistung der Ordnung sowie guter Zusammenarbeit« den Arbeitsablauf zu behindern. Das geschah in vielen Fällen durch falsche Auskunftserteilung gegenüber Antragstellern. Diese Kräfte versuchten auch, bestimmte Teilaufgaben der DDR-Postangestellten in die Hand zu bekommen. In Einzelfällen waren sie bestrebt, sich in die Ordnung an den Schaltern einzumischen und Anweisungen zu geben. Sie interessierten sich – und das trifft auch ausnahmslos auf andere Westberliner Kräfte zu – darüber hinaus für

– Zahlenangaben über abgefertigte Personen,
– Angaben über unsere Postangestellten,
– unsere Einschätzungen über Organisation und Ablauf der Aktion,
– Detailfragen der Abfertigung und Antragsbearbeitung u. Ä.

Westberliner Polizei

Nach Unterzeichnung des Passierscheinabkommens wurde für die Westberliner Polizei Alarm ausgelöst. Mit Wirkung vom 18.12.1963 befanden sich praktisch alle Polizeikräfte in Bereitschaft. Ab 22.12.1963 wurden jedoch sys-

22 Vom RIAS und dem SFB wurden aufgrund der Anlaufprobleme an den vollkommen überlasteten Passierscheinstellen nach deren Eröffnung ab dem 20.12.1963 auf UKW Sonderdienste eingerichtet, die Situationsberichte vor Ort gaben und Zuhörerfragen beantworteten.

23 Im Original: »Hertz«. Hanns-Peter Herz, Jg. 1927, Journalist, 1950–66 Journalist beim RIAS, 1966–73 Senatssprecher.

24 Im 2. Exemplar (Bl. 24) unter diesem Absatz handschriftliche Anmerkung mit Kugelschreiber: »? Wer ist wer und nicht was ist wie?«

tematisch Alarmerleichterungen durch die Polizeiführung angewiesen, für die Reviere wurde jegliche Alarmbereitschaft aufgehoben. Seit diesem Zeitpunkt wurde auch wieder Urlaub genehmigt. Äußerungen des Vizekommandeurs der Westberliner Polizei Miczek[25] war zu entnehmen, dass nach Absprache mit den westlichen Alliierten durch die Polizei alles getan werden sollte, um Provokationen an der Grenze und in der Nähe der Passierscheinstellen während der Zeit des Abkommens zu verhindern. Offiziell wurde zum Ausdruck gebracht, keine Störungen im geregelten Ablauf der Tätigkeit der Postangestellten der DDR zuzulassen. Während die Außenabsicherung und Regelung des Personenverkehrs vor den Passierscheinstellen durch Reviere und Einsatzkommandos übernommen wurden, befanden sich zur Innenabsicherung Mitarbeiter der Kripo und der Abteilung I (politische Polizei) unmittelbar in den Passierscheinstellen (ca. ein Drittel aller Angehörigen der Westberliner Kripo). Geleitet wurde der Einsatz dieser Kräfte durch verantwortliche Offiziere der Polizeiinspektionen bzw. Revierleiter.[26]

Die Westberliner Schutzpolizei wurde ihren Ordnungsaufgaben außerhalb der Passierscheinstellen in einigen Fällen nur ungenügend gerecht. Einzelne Kräfte waren dieser Aufgabenstellung in keiner Weise gewachsen.[27]

Bei großem Andrang fielen vereinzelte Polizeikräfte durch brutales, rücksichtsloses Verhalten gegenüber den wartenden Westberlinern auf. In einigen Fällen äußerten sich diese Kräfte auch in hetzerischer Form über die Postangestellten der DDR. Teilweise versuchten Polizisten, die Westberliner Bevölkerung und unsere Angestellten gegeneinander auszuspielen, indem sie einerseits gegenüber DDR-Angestellten behaupteten, die Westberliner seien egoistisch und verhielten sich schlecht, andererseits aber vor den Wartenden zum Ausdruck brachten, die DDR-Angestellten kämen ihren Aufgaben nur ungern nach, weshalb eine verzögerte Abfertigung einträte.[28] Als sich beispielsweise in Neukölln vor der Passierscheinstelle Westberliner bei den Polizisten darüber beschwerten, dass in unmittelbarer Nähe Anträge für DM 25,00 das Stück »verkauft« wurden, entgegneten diese, das läge nur an den DDR-Angestellten. In der Ausgabestelle Reinickendorf kam es mehrmals vor, dass Antragsteller von der Polizei zurückgehalten wurden, um künstlich einen stärkeren Andrang zu erreichen.

Aus einigen Westberliner Bezirken liegen Hinweise vor, dass durch Kräfte der Schutzpolizei versucht wurde, Unruhe und Desorientierung unter den

25 Gottfried Miczek, Jg. 1904, 1962 als Oberst Leiter der Polizei-Inspektion Steglitz, 1963 Vizekommandeur der Westberliner Schutzpolizei.

26 Im 2. Exemplar (Bl. 26) über diesem Absatz handschriftliche Anmerkung mit Kugelschreiber: »Begegnung des Andrangs durch Bekanntmachung und Massenabfertigung [### ###] ausgehn.«

27 Im 2. Exemplar (Bl. 26) unter diesem Absatz handschriftliche Anmerkung mit Kugelschreiber: »Unlust – Bemerkung, Vorhalt, Kartenspiel«.

28 Im 2. Exemplar (Bl. 26) neben dem Absatz Markierung mit Fragezeichen und hinter diesem Absatz handschriftliche Anmerkung mit Kugelschreiber: »x) Taktik –«.

Antragstellern hervorzurufen. So verbreiteten am 21.12.1963 Westberliner Polizisten im Bezirk Steglitz über Lautsprecherwagen, am 21.12.1963 würden keine Anträge ausgegeben, weil angeblich keine Formulare mehr vorhanden seien. In Reinickendorf wurden am 19.12.1963 die Wartenden von Polizeikräften aufgefordert, nach Hause zu gehen, da keine Passierscheine mehr vorhanden seien. Das entsprach in keiner Weise den Tatsachen. Am gleichen Tage wurden im Bezirk Charlottenburg vor Eintreffen der DDR-Angestellten 400 bis 500 wartende Personen von diensttuenden Polizisten mit der Auskunft weggeschickt, dass am 21.12.1963 niemand abgefertigt werde. Angehörige der Kripo versetzten in Reinickendorf Schalterschilder, was bei den Antragstellern Verwirrung hervorrief.

Allgemein war festzustellen, dass sich die Angehörigen der Westberliner Kripo für die Aufrechterhaltung der Ordnung verantwortlich fühlten. Die Angehörigen der Westberliner Kriminalpolizei befassten sich jedoch darüber hinaus hauptsächlich mit folgenden Fragen:

- Überwachung der Tätigkeit der Leiter der Passierscheinstellen und der anderen DDR-Angestellten;
- Beschaffung möglichst konkreten Zahlenmaterials über ausgegebene Anträge und Passierscheine, abgefertigte Besucher und evtl. Ablehnung von Anträgen;
- Befragung von Betriebsvertretern nach der Anzahl empfangener Anträge;
- Fernhalten uniformierter, antragstellender Polzisten von den Schaltern;
- Ermittlung von Angaben über die DDR-Postangestellten, besonders Personalien, Dienststelle und -rang.

In den Passierscheinstellen fiel auf, dass bei Gesprächen bzw. bei der Erteilung von Auskünften durch DDR-Angestellte an Antragsteller meist ein Kriminalpolizist hinzutrat, um das Gespräch mitzuhören. Besonderes Interesse bekundeten die Angehörigen der Kriminalpolizei für die ständigen Versuche, unseren Postangestellten Geschenke zu übergeben. In verschiedenen Fällen boten sie selbst Geschenke an. Sie benutzten dazu meist solche Gelegenheiten, wenn sich ein DDR-Angestellter allein zur Toilette begab. Verschiedentlich wurde beobachtet, dass die von den DDR-Angestellten liegen gelassenen oder abgelehnten Geschenke von Polizeiangehörigen unter sich aufgeteilt und verbraucht wurden. Dadurch kam es in verschiedenen Passierscheinstellen zu Trinkereien unter den Kräften der Kripo. In Neukölln wurden unsere Angestellten mehrmals durch Angehörige der Kripo fotografiert.

Mitarbeiter der Westberliner Post

Die Angestellten der Westberliner Post und die zu ihrer Unterstützung eingesetzten Helfer sorgten im Großen und Ganzen für Ruhe und Ordnung unter den sich in den Passierscheinstellen befindlichen Antragstellern und Passierscheinabholern und halfen bei der Ausfüllung von Anträgen. Mit Fortdauer der Aktion war jedoch zu verzeichnen, dass die Westberliner Postangestellten teilweise lustlos wurden, die Antragsteller kaum noch unterstützten, falsche Auskünfte erteilten oder gruppenweise Unterhaltungen führten, ohne sich um den Arbeitsablauf zu kümmern. Ein Teil dieser Einsatzkräfte beteiligte sich im Verlauf der Aktion immer aktiver an der Tätigkeit zur Beeinflussung unserer Angestellten durch Geschenkangebote, Einladungen oder gezielte Fragestellungen. In einigen Passierscheinstellen versuchten Westberliner Postangestellte ständig, die Arbeitsorganisation in ihre Hand zu bekommen. Das bezog sich vorwiegend auf die Einteilung der Kräfte, die Ausgabe der Nummernserien, die Verteilung der Anträge in den einzelnen Klassenräumen sowie auch die Entscheidung bestimmter Fragen in Zweifelsfällen. Bereits bei Beginn der Aktion war durch Postangestellte und Senatsbeamte wiederholt in Passierscheinstellen geäußert worden, »dass es gut wäre, wenn die Anträge von Westberliner Stellen ausgegeben würden. Das brächte eine Erleichterung für die Postangestellten der DDR mit sich, zum anderen könne man aufgrund größerer Möglichkeiten besser auf die jeweilige Situation reagieren.«

Angehörige verschiedener Institutionen des Gesundheitswesens (Rotes Kreuz, Arbeitersamariterbund) sowie Lehrer und Schüler
Die Tätigkeit dieser Kräfte beschränkte sich im Wesentlichen auf Hilfeleistungen wie
- Unterstützung von Alten und Schwerbeschädigten beim Erhalten, Ausfüllen und Abgeben der Anträge bzw. Abholen der Passierscheine;
- Verteilung von Merkblättern und Zollerklärungen an die Passierscheinempfänger;
- Unterstützung bei der Regelung des Besucherstroms;
- Hilfeleistung bei Krankheiten, Ohnmachtsanfällen u. Ä. sowie Ausgabe warmer Getränke.

In den ersten Tagen war ein relativ gutes Interesse der Helfer einschließlich der eingesetzten Schüler an der Erfüllung der ihnen übertragenen Aufgaben festzustellen. Später ließ dieses jedoch erheblich nach, wodurch teilweise gewisse Verzögerungen in der Abfertigung eintraten.

Versuche der psychologischen Beeinflussung der DDR-Angestellten durch Westberliner Kräfte
Von einem Großteil der in den Passierscheinstellen eingesetzten Westberliner Kräfte – oftmals auch von Antragstellern selbst – wurden in den vielfältigsten Formen Versuche unternommen, Kontakte mit den Postangestellten der DDR anzuknüpfen.

Diese Kontaktversuche traten besonders dann auf, wenn in den Passierscheinstellen der Andrang nachließ. Das geschah meist durch Befragen nach persönlichen Dingen, durch politische Diskussionen im Rahmen des Passierscheinabkommens und sogenannte menschliche Gespräche, Einladungen zu Silvesterfeiern, Spaziergängen u. Ä. Die Annäherungsversuche ließen aber nach, als entsprechende »Angebote« immer wieder abgelehnt wurden.

Durch Antragsteller gab es eine ganze Reihe Angebote an Mitarbeiter der Post, diese beim Aufenthalt im demokratischen Berlin zu besuchen. Einige Male wurden die Postangestellten der DDR von Mädchen bzw. jungen Frauen aufgefordert, den Abend mit ihnen zu verbringen. Verschiedene Antragsteller in Wedding boten unseren Angestellten ihre Töchter als Freundinnen an, teilweise wurden sogar von diesen Bildern vorgelegt. Besonders aktiv waren weibliche Angehörige des Arbeitersamariterbundes bei Versuchen, die Personalien unserer Postangestellten zu ermitteln. Auch Oberschülerinnen bemühten sich eifrig um das Zustandekommen von »Kontaktgesprächen«.

Ebenfalls in vielfältiger Form gab es Fragen, um nähere Angaben über unsere Angestellten zu erfahren. Die häufigsten bewegten sich auf der Linie, festzustellen, ob es sich wirklich um Angestellte der DDR-Post handle. Dazu wurden auch des Öfteren Fachfragen des Postwesens benutzt. Westberliner Senatsbeamte stellten auch solche Fragen, ob die DDR-Angestellten bei Dienstschluss nach Hause dürften oder an einer bestimmten Stelle gemeinsam untergebracht seien.

In nicht unbeträchtlichem Umfange wurde durch Westberliner Kräfte aber auch verschiedentlich durch Antragsteller versucht, in Form von »persönlichen« Geschenken einen bestimmten Einfluss auszuüben. Hauptsächlich wurden dabei Genussmittel wie Zigaretten und alkoholische Getränke und Geld angeboten. In verschiedenen Fällen wurden auch Blumen überreicht.

Vereinzelt kam auch vor, dass unseren Angestellten Mittagessen angeboten wurde, das über die einzelnen Stadtbezirke für die Westberliner Kräfte in den Passierscheinstellen zur Verfügung stand. Teilweise waren die Westberliner Kräfte bestrebt, die Annahme von »Geschenken« durch Ausdrücke wie »es würde doch niemand merken« oder »es geschähe ja unter der Hand« zu erreichen. Besonders stark traten solche Versuche am 24. und 31.12.1963 in Erscheinung.

Neben der psychologischen Beeinflussung der DDR-Postangestellten wurde von den Westberliner Kräften ein derartiges Überwachungssystem angewandt, dass jeder einzelne DDR-Angestellte während der gesamten Tätigkeit in der Passierscheinstelle unter offener Kontrolle eines oder mehrerer Westberliner Beamten stand. Besonders wurde darauf geachtet, ob die DDR-Angestellten bestimmte Anträge aussortierten bzw. gesondert ablegten.

Um unsere Mitarbeiter weitgehend zu identifizieren, wurden auch unter den Antragstellern offensichtlich Personen mit Auftrag eingesetzt. Diese versuchten, DDR-Postangestellten mit der Behauptung, sie zu kennen bzw. über ihren Heimatort Bescheid zu wissen, in die Enge zu treiben. (Tatsächlich trafen in mehreren Fällen solche Einzelangaben zu, ohne dass die »Antragsteller« unseren Kräften persönlich bekannt waren.)

Nach den ersten Testversuchen konzentrierten die Westberliner Kräfte ihre Aktionen schwerpunktmäßig auf bestimmte Personen. Im Mittelpunkt standen weibliche DDR-Angestellte, eine Reihe jüngerer Kräfte und solche, die einige persönliche Schwächen verraten hatten. Beim Einsatz neuer DDR-Angestellter wandten sich die Westberliner Kräfte sofort diesen zu.

Zusammenwirken der Westberliner Kräfte
Zu Beginn der Arbeit der Passierscheinstellen war noch ein verhältnismäßig einheitliches Auftreten und Verhalten der Westberliner Kräfte festzustellen. Im Verlaufe der Aktion gab es jedoch immer mehr Anzeichen und Beispiele dafür, dass in verschiedenen Passierscheinstellen Differenzen zwischen den Verantwortlichen der verschiedenen eingesetzten Westberliner Institutionen bestanden. Sie zeigten sich vorwiegend zwischen Schutz- und Kriminalpolizei hinsichtlich der Regelung des Besucherstroms. Zwischen diesen Kräften gab es Auseinandersetzungen und gegensätzliche Anweisungen. Differenzen zeigten sich auch in abfälligen Bemerkungen von Mitarbeitern des Senats über die Polizeikräfte, weil diese im Verlauf der Aktion eine immer größer werdende Interesselosigkeit an der exakten Erfüllung der zu lösenden Aufgaben zeigten. Angehörige der Westberliner Polizei warfen andererseits dem Senat eine ungenügende Vorbereitung des Einsatzes vor. Derartige Meinungsverschiedenheiten äußerten sich auch in bestimmten organisatorischen Fragen (z. B. Öffnen und Schließen der Passierscheinstellen, Einsatz von Pkw). Bereits nach den ersten Tagen des Einsatzes zeigte sich unter Polizeikräften eine teilweise starke Unzufriedenheit über die schlechte Organisation der Aktion sowie über Mängel in der Versorgung. Hinzu kommt, dass infolge der Alarmbereitschaft einem ganzen Teil von Angehörigen der Polizei – vorwiegend Kriminalpolizisten – die Weihnachtspläne »verdorben« wurden. (Eine ganze Reihe von ihnen hatte Reisen nach Westdeutschland geplant.) Sowohl von Angehörigen der Polizei als auch der Post wurden Bemerkungen gemacht, dass sie »die Nase anständig voll hätten«.

Widersprüche machten sich auch zwischen Beamten der Westberliner Post und den Mitarbeitern der anderen Institutionen bemerkbar. Sie äußerten sich besonders darin, dass sich die Postbeamten häufig über Arbeitsweise und Tätigkeit der anderen Kräfte beschwerten, die ihren Anweisungen nicht Folge leisten und einen reibungslosen Ablauf gefährden würden.

Starke Verärgerung herrschte bei den Westberliner Postbeamten über die Oberschüler und Mitarbeiter des Samariterbundes. Das bezog sich einmal auf die oftmals falsche Auskunftserteilung durch diese Kräfte, zum anderen spiegelt sich auch ein gewisser Neid wider, da die genannten Kräfte oftmals von Antragstellern »Trinkgelder« angeboten bekamen und auch annahmen.

Im Verlaufe der Aktion stellte sich in zahlreichen Fällen heraus, dass Westberliner Kriminalpolizisten getarnt als Senats- oder Postangestellte in den Passierscheinstellen eingesetzt waren. Diese Kräfte täuschten in der Regel eine große Geschäftigkeit und Hilfsbereitschaft vor und interessierten sich besonders für alle möglichen Zahlenangaben, Angaben über unsere Postangestellten und Meinungen der DDR-Postangestellten über Organisation und Ablauf. Einige der Westberliner Posthelfer trugen Pistolen bei sich und waren offensichtlich Polizeiangestellte. Es gab auch Anzeichen dafür, dass ein Teil der Westkräfte vermutlich dem Verfassungsschutz angehörte. Direkte Beweise liegen jedoch nicht vor.[29]

Über die verschiedenen Störversuche des Gegners während der Passierscheinaktion hinaus wurde eine Reihe Maßnahmen durchgeführt, die das Ziel verfolgten, bestimmte Bevölkerungskreise vom Besuch im demokratischen Berlin zurückzuhalten. Die Hauptrolle spielte dabei die zu diesem Zweck errichtete »Beratungsstelle des Senators für Sicherheit und Ordnung« am Fehrbelliner Platz 2.[30] Ihre Aufgabe war die »Beratung« solcher Personen, die glaubten, mit dem Besuch im demokratischen Berlin irgendwelche Risiken einzugehen. Die »Empfehlungen« dieser Stelle fielen meist negativ aus, da die Beamten nicht Gefahr laufen wollten, dass eine Person, die praktisch auf ihren Rat hin die Hauptstadt der DDR besuchte, eventuell festgenommen wurde. Grundsätzlich wurde allen Personen, die nach dem 15.12.1957 nach Westberlin flüchtig wurden, von einem Besuch abgeraten. Über den Springer-Konzern wurde bekannt, dass dort alle Angestellten schriftlich verpflichtet wurden, keine Besuche im demokratischen Berlin zu machen.

Aus dem CDU-Ostbüro[31] sowie leitenden Kreisen der »Vereinigung 17.6.1953 e.V.«[32] wurde bekannt, dass alle derartigen Organisationen angehalten worden seien, keinerlei Störmaßnahmen gegen die Tätigkeit der Passierscheinstellen durchzuführen und alle von ihnen beeinflussten Personenkreise entsprechend »zurückzuhalten«.

In einzelnen Fällen gibt es Hinweise, dass Mitarbeiter der verschiedensten feindlichen Organisationen als Ordnungs- oder Hilfskräfte in Passierscheinstellen eingesetzt gewesen sein sollen. So wurde z. B. in der Passierscheinstelle Tempelhof einem Antragsteller von einem dort eingesetzten Polizisten gera-

29 Im 2. Exemplar (Bl. 33) hinter diesem Absatz und am Rande Markierung mit Kugelschreiber.

30 Dem Senator für Sicherheit und Ordnung Heinrich Albertz unterstand u. a. die Berliner Polizei. Sie hatte ihren Dienstsitz am Fehrbelliner Platz 2.

31 Die Ostbüros der Parteien SPD, CDU und FDP sowie des DGB unterstützten verfolgte und SED-kritische Mitglieder bzw. ehemalige Mitglieder ihrer Schwesterparteien bzw. -organisationen in der DDR. Zu ihren weiteren Aufgaben gehörten die Flüchtlingsbetreuung, die Informationsbeschaffung und das Einschleusen von Informations- und Propagandamaterialien in die SBZ/DDR. Vgl. Buschfort, Wolfgang: Parteien im Kalten Krieg. Die Ostbüros von SPD, CDU und FDP. Berlin 2000.

32 Aus dem »Komitee 17. Juni«, das aus Aktivisten des Aufstandes, die sich den Verfolgungen in der DDR durch Flucht in den Westen entziehen konnten, hervorgegangener, im August 1957 gegründeter Verein, der sich besonders nach dem 13. August 1961 antikommunistischer Propaganda, der Ablehnung von Verständigungs- und Entspannungsbemühungen westlicher Politiker und militanter Übergriffe auf Funktionäre und Büros der SEW oder Repräsentanten der DDR und der UdSSR widmete. Vgl. Eisenfeld, Bernd; Kowalczuk, Ilko-Sascha; Neubert, Ehrhart: Die verdrängte Revolution. Der Platz des 17. Juni 1953 in der deutschen Geschichte. Bremen 2004, S. 561–584.

ten, sich in seiner Angelegenheit an einen Herrn von den »Freiheitlichen Juristen«[33] zu wenden, der in der Passierscheinstelle eingesetzt sei.

V. Versuche der Feindzentralen zur Ausnutzung des Passierscheinabkommens für die Feindtätigkeit gegen die DDR

Tätigkeit der Spionage-, Agenten- und Menschenhändlerzentralen
Die imperialistischen Geheimdienste und Agentenzentralen haben – nach den vorliegenden Informationen – während der Durchführung des Passierscheinabkommens ihre Tätigkeit nicht wesentlich verstärkt. Es sind keinerlei Hinweise über besondere, die »normale« Tätigkeit dieser Dienststellen und Organisationen überschreitende Maßnahmen bekannt geworden. Nach Informationen aus Kreisen des amerikanischen Geheimdienstes sei die Weisung gegeben worden, keine Maßnahmen unter Ausnutzung des Abkommens durchzuführen, die Zwischenfälle hervorrufen und den Geheimdienst kompromittieren könnten. Diese Verhaltenslinie widerspiegelt sich in gewissem Umfange auch in der Tätigkeit der anderen imperialistischen Geheimdienste und der Agentenzentralen.

Die Tätigkeit der Geheimdienste zeigte sich konkret in folgenden, auf Einzelbeispiele beschränkten Handlungen:
- Aufklärung der Kontrollen an den KPP und der militärischen Lage im Grenzgebiet;[34]
- Aufklärung der Stimmung der Bevölkerung der DDR zum Abkommen;
- Ausnutzung des Besucherverkehrs zur Verbindungsaufnahme mit Agenten bzw. zur Anlegung von TBK;[35]
- Ausnutzung Westberliner Bürger zur Überbringung von nachrichtendienstlichen Mitteln.

Der amerikanische Geheimdienst und der BND setzten ihre Agenten zur Aufklärung der Verfahrensweise an den Passierscheinstellen in Westberlin und an den Übergangsstellen für Westberliner (außer KPP Bahnhof Friedrichstraße) ein. Weiter interessierten die militärische Lage an den KPP, im Grenzgebiet und im Hinterland sowie die Stimmung der Bevölkerung zum

33 Der Untersuchungsausschuss Freiheitlicher Juristen (UFJ) wurde im Oktober 1946 in Westberlin gegründet und war wesentlich von aus der SBZ/DDR geflohenen Juristen geprägt. Er widmete sich vor allem der Erfassung von Unrechtshandlungen und verarbeitete seine Erkenntnisse in umfangreichen Dokumentationen und in Propagandamaterialien, die teilweise wieder in den Osten eingeschleust wurden. In den frühen Fünfzigerjahren wurde die Organisation überwiegend vom CIA finanziert, ihre Aktivitäten sind im Kontext US-amerikanischer »Liberation Policy« zu sehen. Die Staatssicherheit bekämpfte den UFJ mit großem Aufwand und großer Härte, u. a. auch mit Entführungen. Vgl. Hagemann, Frank: Der Untersuchungsausschuß Freiheitlicher Juristen 1949–1969. Frankfurt/M. u. a. 1994.

34 Im 2. Exemplar (Bl. 36) hinter diesem Absatz schwer entzifferbare handschriftliche Anmerkung mit Kugelschreiber: »Wie V Tulffer [###] Dienst«.

35 Als »Tote Briefkästen« werden im Jargon von Geheimdiensten Verstecke zur Übermittlung geheimer Nachrichten bezeichnet.

Abkommen und die Haltung der SED zu den »Forderungen der Bevölkerung« nach Passierscheinen für einen Besuch Westberlins.

In der Zeit des Passierscheinabkommens wurden durch Agenten[36] des amerikanischen Geheimdienstes zwei sogenannte[37] »Tote Briefkästen« (TBK) im demokratischen Berlin angelegt. Die darin hinterlegten nachrichtendienstlichen Mittel wurden unter Ausnutzung des starken Besucherverkehrs in das demokratische Berlin eingeschleust. In diesem Zusammenhang ist auch zu erwähnen, dass ein Resident des amerikanischen Geheimdienstes versuchte, den verstärkten Reiseverkehr auszunutzen, die Republikflucht von DDR-Bürgern zu organisieren. Inwieweit diese Maßnahmen direkt im Auftrage des amerikanischen Geheimdienstes durchgeführt wurden, wird noch überprüft.[38]

Der französische Geheimdienst versuchte ebenfalls die Verwandtenbesuche auszunutzen und durch Kuriere unterbrochene Verbindungen zu Agenten im demokratischen Berlin wieder herzustellen.[39]

Vom BND wurde bekannt, dass er Westberliner Bürger, die einen TPS erhielten, ohne ihr Wissen über den eigentlichen Zweck, zur Überbringung von nachrichtendienstlichen Mitteln an Verwandte im demokratischen Berlin, die Agenten des BND sind, ausnutzte. Dies trifft auch für Westdeutsche Bürger zu.[40]

Das »Bundesamt für Verfassungsschutz« stellte gleichfalls mittels Westberliner Kuriere Verbindung zu Agenten wieder her und ließ Anweisungen für deren weiteres Verhalten übermitteln.

Das »Landesamt für Verfassungsschutz« in Westberlin setzte Mitarbeiter in den »Beratungsstellen« des Senats ein. Eine Reihe von Mitarbeitern führte mit den aus dem demokratischen Berlin zurückgekehrten Westberlinern Gespräche, wobei sie sich besonders für

- Kontrollmaßnahmen an den KPP,
- die Stimmung zum Lebensstandard in der DDR,
- Maßnahmen der Nationalen Front zur Weiterführung des Gesamt-Berliner-Gesprächs,
- die Höhe des in das demokratische Berlin einfließenden Westgeldes

interessierten.

Durch die in Westberlin stationierten Besatzungsmächte wurden die Aufklärungsfahrten in das demokratische Berlin auch während der Zeit des Passierscheinabkommens fortgesetzt; sie wiesen jedoch gegenüber der vorhergehenden Zeit keine Besonderheiten auf.

36 Im 2. Exemplar (Bl. 36) ist »Agenten« mit Kugelschreiber durch ein Fragezeichen markiert.
37 Im 2. Exemplar (Bl. 36) ist »zwei sogenannte« mit Kugelschreiber unterstrichen.
38 Im 2. Exemplar (Bl. 36) ist dieser Absatz mit Kugelschreiber am Rande markiert.
39 Im 2. Exemplar (Bl. 36) ist dieser Absatz mit Kugelschreiber am Rande markiert.
40 Im 2. Exemplar (Bl. 36) ist dieser Absatz mit Kugelschreiber am Rande durch einen Pfeil markiert.

Die Agentenzentrale »Vereinigung 17. Juni 1953« (e.V.) warnte ihre Mitglieder vor dem Betreten der Hauptstadt der DDR. Unter Berufung auf »gegebene Weisungen« wurden für die Zeit des Abkommens keine Provokationen oder Störmaßnahmen geplant.

Den Menschenhändlerzentralen[41] war von der Westberliner Politischen Polizei untersagt worden, unter Ausnutzung des Passierscheinabkommens Schleusungen durchzuführen (zur »Vermeidung von Zwischenfällen«). Ungeachtet dieser Anweisung wurden jedoch von einzelnen Schleusergruppen streng geheim gehaltene Vorbereitungen zu Schleusungen mittels TPS getroffen. So wurde z. B. bekannt, dass von der Wagner-Gruppe,[42] die in enger Verbindung mit der Dienststelle des amerikanischen Geheimdienstes »P 9« steht,[43] gefälschte Tagespassierscheine angefertigt wurden. Inwieweit der amerikanische Geheimdienst davon Kenntnis hatte und ob damit Schleusungen erfolgten, ist noch nicht bekannt. Von der Neumann-Gruppe[44] sind ebenfalls TPS gefälscht bzw. durch nachgemachte Kontrollstempel verfälscht worden. Außerdem sind verfälschte und gefälschte Westberliner Personalausweise für zu schleusende Personen vorbereitet und – wie entsprechende Festnahmen zeigen – offensichtlich auch eingesetzt worden.

In den ersten Tagen des Passierscheinabkommens konzentrierten sich diese Zentralen vor allem auf die Aufklärung angeblicher Möglichkeiten zur Schleusung von Personen. Durch die Girrmann-Gruppe[45] z. B. wurden vier Personen zur Aufklärung von Schleusungsmöglichkeiten an den Grenzübergangsstellen für Westberliner eingesetzt.[46]

41 Als »kriminelle Menschenhändlerorganisationen, -zentralen bzw. -banden« wurden im Jargon des MfS Fluchthilfegruppen bezeichnet, die sämtlich als geheimdienstgesteuerte, »paramilitärisch organisiert« vorgehende kriminelle Feindorganisationen bekämpft wurden. Vgl. Detjen, Marion: Ein Loch in der Mauer. Die Geschichte der Fluchthilfe im geteilten Deutschland 1961–1989. Berlin 2005.

42 Fluchthelfergruppe um Fritz Wagner und Harry Seidel. Vgl. ebenda, S. 133–139.

43 In der Podbielskiallee 9 unterhielt das Landesamt für Verfassungsschutz eine Prüfstelle, an die Flüchtlinge verwiesen wurden und durch die diese eine Information erhielten, mit der sie beim Aufnahmeverfahren nicht weiter nach ihrem Fluchtweg befragt wurden, um den Kreis derer, die über diese Wege Kenntnis hatten, möglichst klein zu halten. Aufgrund der Berichte des MfS-Informanten im Untersuchungsausschuss freiheitlicher Juristen, Götz Schlicht, vermutete das MfS hinter der Bezeichnung P 9 eine US-amerikanische Dienststelle. Vgl. Westberliner Senat lenkt Terrorgruppen. In: ND v. 25.4.1963 http://zefys.staatsbibliothek-berlin.de/ddr-presse/ergebnisanzeige/?purl=SNP2532889X-19630425-0-1-186-0 (26.1.2017); vgl. auch Komets-Chimirri, Arik K.: Operation Falsche Flagge. Wie der KGB den Westen unterwanderte. Berlin 2014, S. 226–238.

44 Joachim Neumann war mit Wolfgang Fuchs u. a. am Bau des »Tunnels 57« (Vgl. Information 847/64) beteiligt. Vgl. Detjen, Marion: Ein Loch in der Mauer. Die Geschichte der Fluchthilfe im geteilten Deutschland 1961–1989. Berlin 2005, S. 155–158.

45 Fluchthelfergruppe um Detlef Girrmann, Dieter Thieme und Bodo Köhler, vgl. ebenda, S. 141–143.

46 Im 2. Exemplar (Bl. 38) über diesem Absatz Anmerkung mit Kugelschreiber: »Was die W.D. Besucher schon taten.«

Während vom 20. bis 31.12.1963 nur drei Personen wegen Verdachts des Menschenhandels bzw. des illegalen Verlassens der DDR an den KPP festgenommen wurden,[47] nahmen die Versuche, das Passierscheinabkommen zum Zwecke des Menschenhandels auszunutzen, besonders in der Zeit vom 1. bis 5.1.1964 zu (Ausnutzung des starken Besucherverkehrs und der damit verbundenen erheblichen Belastung der Kontrollorgane). Konzentriert traten derartige Versuche vor allem am 4. und 5.1.1964 auf, wo allein sieben Bürger der DDR festgenommen wurden, die mittels gefälschter Einreisestempel auf Originalpassierscheinen und unter Missbrauch von Westberliner Personalausweisen die DDR illegal zu verlassen versuchten. Bei der Mehrzahl der Festnahmen handelt es sich um vorbereitete und organisierte Schleusungen von Personen, die bereits seit längerer Zeit beabsichtigten, die DDR illegal zu verlassen und zu diesem Zweck mit Verwandten und anderen Personen in Westberlin und Westdeutschland Verbindung aufgenommen hatten. Während der Zeit des Passierscheinabkommens wurden sie zur Vorbereitung der Schleusung von Kurieren aufgesucht bzw. telefonisch oder brieflich davon in Kenntnis gesetzt, zur Fälschung oder Verfälschung von Westberliner Personalausweisen Passbilder zur Verfügung zu stellen.

Die Übermittlung der Passierscheine und der ver- oder gefälschten Westberliner Personalausweise erfolgte ebenfalls durch Kuriere oder durch die Westberliner Verwandten der zu schleusenden Personen.

Weiter wurden zur Schleusung gefälschte, in Westberlin nachgedruckte Passierscheine verwendet. Diese in Westberlin nachgedruckten TPS wurden ebenfalls mit falschen Stempeln versehen und in Verbindung mit den entsprechenden Westberliner Personaldokumenten von Kurieren den zur Schleusung vorgesehenen Personen am 5.1.1964 ausgehändigt. Der organisierte Charakter wird u. a. auch dadurch bewiesen, dass die Schleusungen mit gefälschten TPS und Einreisestempeln einheitlich in den Abendstunden des 5.1.1964 – während des größten Andranges an den KPP – festgestellt wurden. Um die Organisiertheit der Schleusungen – selbst gegenüber dem Westberliner Senat – nach außen hin abzudecken, sollten zu schleusende Personen in Westberlin aussagen, durch einen unterirdischen Stollen bzw. durch einen Grenzdurchbruch nach Westberlin gelangt zu sein. Auf keinen Fall sollten sie ihre Schleusung über einen KPP zugeben.[48]

Eine weitere Schleusungsmethode war die Übergabe von TPS und Personaldokumenten an Bürger der DDR durch Westberliner Besucher, die anschließend den Verlust dieser Dokumente vorzutäuschen versuchten.[49] In einem Falle wurden einem Westberliner Bürger die Personaldokumente von einem Bürger der DDR gestohlen, der damit die DDR illegal verließ.

47 Hervorhebung am Rande.
48 Anstreichung am Rande.
49 Anstreichung am Rande.

14 DDR-Bürger, davon allein sieben in den späten Abendstunden des 5.1.1964, wurden festgenommen, als sie unter Ausnutzung des starken Ausreiseverkehrs die KPP unkontrolliert zu passieren versuchten. Der größte Teil dieser Personen stand unter starkem Alkoholeinfluss.[50] Zwei aus Westberlin zurückgekehrte DDR-Bürger erklärten, dass sie in angetrunkenem Zustand mit dem Strom der Ausreisenden unbemerkt durch die Kontrollstellen auf den Westbahnsteig (KPP Bahnhof Friedrichstraße) und von dort mit der S-Bahn nach Westberlin gelangt seien.

Insgesamt wurden wegen Verdachts der versuchten Schleusung bzw. des versuchten illegalen Verlassens der DDR 82 Personen durch das MfS und die VP festgenommen.[51] Während 48 Personen nach Überprüfung aus der Haft entlassen werden konnten, wurden gegen 34 Personen Ermittlungsverfahren eingeleitet, weil sie unter Ausnutzung des Passierscheinabkommens versucht hatten, Bürger der DDR nach Westberlin zu schleusen bzw. illegal das Gebiet der DDR zu verlassen.[52] Dabei handelt es sich um 26 Bürger der DDR und acht Westberliner Bürger. Die Bearbeitung erfolgt gegen 23 Personen durch das MfS (davon zwei ohne Haft) und elf Personen durch die VP (davon zwei ohne Haft).

Die Ermittlungsverfahren wurden eingeleitet wegen:
- Versuchs des illegalen Verlassens der DDR unter Ausnutzung des starken Reiseverkehrs an den KPP gegen 14 Personen;
- versuchter Schleusung mit gefälschtem Einreisetempel auf TPS gegen sieben Personen;[53]
- versuchter Schleusung mittels gefälschtem TPS gegen sechs Personen;[54]
- Vortäuschung des Verlierens des Westberliner Ausweises und des TPS gegen fünf Personen;
- doppelter Beantragung von TPS gegen zwei Personen.

Die Kontrolltätigkeit an den KPP zur Verhinderung von Menschenschleusungen erfolgte im Zusammenwirken mit den anderen eingesetzten Sicherungs- und Kontrollkräften, insbesondere den Mitarbeitern der Zollverwaltung. Beispielsweise wurde bereits bei der Einreise von Kfz eine Kontrolle zur Feststellung von Umbauten, die sich eventuell zur Menschenschleusung eignen, durchgeführt. Bei der Ausreise wurde in jedem Falle der Kofferraum geöffnet und eine Kontrolle der Rücksitze vorgenommen.

Zur Einschätzung der Vorgänge an den KPP und des Verhaltens der Westberliner Bürger ist weiterhin noch bemerkenswert, dass z.B. die Sperrzeiten (Ausreise bis 24.00 Uhr) nur von einzelnen Westberliner Bürgern er-

50 Im 2. Exemplar (Bl. 39) neben diesem am Rande markierten Absatz Anmerkung mit Kugelschreiber: »stanken danach«.
51 Anstreichung am Rande.
52 Anstreichung am Rande.
53 Im 2. Exemplar (Bl. 40) ist dieser Absatz am Rande mit Rotstift markiert.
54 Im 2. Exemplar (Bl. 40) ist dieser Absatz am Rande mit Rotstift markiert.

heblich – 12 bis 24 Stunden – überschritten wurden. Als Gründe wurden angegeben: übermäßiger Alkoholgenuss [und] großzügige Auslegung der Verfahrensweise der DDR-Behörden bei der Grenzkontrolle. Die Ausschleusung dieser Personen an den KPP erfolgte nach entsprechender Überprüfung und Belehrung.

Die während des Abkommens von Westberliner Bürgern ein- und ausgeführten Waren bewegten sich bis auf geringe Ausnahmen im Rahmen von Geschenken. Die Zollabfertigung erfolgte anhand der »Erklärung über mitgeführte Waren und Zahlungsmittel« relativ reibungslos.

Im Ergebnis der Kontrolldurchführung wurden Waren zurückgewiesen: 1. bei der Kontrolle der Einreise in 2 177 Fällen, 2. bei der Kontrolle der Ausreise in 2 457 Fällen. Die bei der Einreise zurückgewiesenen Waren betrafen insbesondere grobe Überschreitungen der gesetzlich festgelegten Gewichtsgrenzen für Genussmittel, weiterhin Schallplatten, Diapositive, gebrauchte Textilien ohne Desinfektionsbescheinigung und in Einzelfällen Kühlschränke, Fernsehapparate, Radiogeräte. Die bei der Ausreise zurückgewiesenen Waren betrafen vor allem Fleischwaren, Schallplatten und Porzellan.[55]

Insgesamt wurden bei der Kontrolle der Aus- und Einreise 93 Beschlagnahmen vorgenommen. Bei der Einreise waren davon Waren wie nicht zur Kontrolle vorgeführte Nahrungs- und Genussmittel, die den gesetzlich zugelassenen Umfang zum Teil um ein Vielfaches überschritten, Zahlungsmittel und in Einzelfällen hochwertige Textilien (z. B. Nylonmäntel) betroffen. Beschlagnahmen bei der Ausreise erfolgten insbesondere bei nichtvorgeführten Fleischwaren, Textilien (Bettwäsche) und Industriewaren (Porzellan, Besteckkästen) sowie Eier in größerer Anzahl.[56]

Entsprechend den zur Verfügung stehenden Kontrolleinrichtungen und technischen Möglichkeiten war eine Kontrolle unter dem Gesichtspunkt des Aufspürens raffinierter Verstecke, z. B. in der Innenverkleidung der Kfz, im Reservereifen usw., insbesondere zum Auffinden ein- und ausgeführter Zahlungsmittel nicht gewährleistet. Über illegal mitgeführte Zahlungsmittel der DM/DNB wurden nur geringe Feststellungen getroffen. Bei der Einreise waren es 18, bei der Ausreise acht Fälle mit einem Durchschnittswert von ca. 25,00 DM.[57]

Aufgrund von vorliegenden Informationen über einen verstärkten Umtausch in den Westberliner Wechselstuben ist jedoch einzuschätzen, dass ein wesentlich umfangreicherer illegaler Geldtransfer stattgefunden hat.[58]

Der Einfuhr westlicher Hetz- und Schundliteratur sowie anderer Druckerzeugnisse wurde durch formlose Einziehung ca. 6 000 derartiger Exemplare begegnet. Von den Agentenzentralen herausgegebene Hetzschriften und

55 Anstreichung am Rande.
56 Anstreichung am Rande.
57 Anstreichung am Rande.
58 Anstreichung am Rande.

-flugblätter wurden bei der Kontrolle nicht vorgefunden. Die formlos eingezogenen Druckerzeugnisse betrafen vor allem Zeitungen, Zeitschriften, Schundromane und Kalender.[59]

Politisch-ideologische Diversionstätigkeit des Gegners
Die gegnerischen Rundfunk- und Fernsehstationen übten während der Aktion eine spürbare Zurückhaltung. Ihre Versuche, das Berliner Abkommen zur politisch-ideologischen Diversion gegen die Bevölkerung der DDR auszunutzen, kamen in folgenden Hetzparolen und Forderungen zum Ausdruck:

- Der Charakter des Passierscheinabkommens sei kein politischer Erfolg der DDR, bedeute keine Anerkennung, ändere nichts am Status Westberlins.
- Die Bonner Regierung und der Westberliner Senat hätten ihr Entscheidung im Gegensatz zur Regierung der DDR »ausschließlich in den Dienst des Menschen gestellt«.
- Die Grenzsicherung in Berlin sei die »alleinige Ursache« für die Notwendigkeit derartiger Vereinbarungen; sie stehe weiterhin im Widerspruch zur allgemeinen Erklärung der Menschenrechte der UNO.[60]
- Eine »echte Entspannung« erfordere als nächsten Schritt die »Aufhebung des Schießbefehls«.
- Das Passierscheinabkommen sei ein erzwungener Erfolg der im Hintergrund wirkenden »politischen Kräfte«, die eine »elastischere Politik« forderten.
- Der massenhafte Besucherstrom sei eine »Demonstration gegen willkürliche Trennung« und ein echter »Volksentscheid« für die »Zusammengehörigkeit der Deutschen«.
- Das Passierscheinabkommen offenbare, dass sich die Grenzsicherung gegen die Bevölkerung der DDR richte. Forderungen nach Reisemöglichkeiten für die Bevölkerung der DDR nach Westberlin und Westdeutschland; Forderungen nach Besuchsmöglichkeiten für Westberliner Bürger in der DDR.

Durch die Einrichtung eines »RIAS-Sonderdienstes«, der während der gesamten Aktion täglich in der Zeit von 9.00 bis 21.00 Uhr Sendungen ausstrahlte, schufen sich die Gegner trotz der allgemeinen »Zurückhaltung« in der Ausnutzung des Berliner Abkommens[61] für die politisch-ideologische Diversion ein wirksames Instrument zur Beeinflussung der Bevölkerung Westberlins und teilweise auch des demokratischen Berlins und der übrigen

59 Anstreichung am Rande.

60 Allgemeine Erklärung der Menschenrechte der Vereinten Nationen vom 10.12.1948. Bezogen wird sich hier insbesondere auf Artikel 13, Absatz 2: »Jeder hat das Recht, jedes Land, einschließlich seines eigenen, zu verlassen und in sein Land zurückzukehren.«

61 Anstreichung am Rande.

Bezirke der DDR. Durch die Methode der Beantwortung telefonischer und brieflicher Anfragen der Bevölkerung Westberlins und durch in diesem Zusammenhang gesendete Durchsagen und Auskünfte über den organisatorischen Ablauf der Aktion wurde versucht, die Bevölkerung Westberlins zu desorientieren, die Arbeit der Passierscheinstellen der DDR in Westberlin zu erschweren und Westberliner Bürger vom Besuch der Hauptstadt der DDR abzuhalten.

Die desorientierenden Durchsagen des »RIAS-Sonderdienstes« beinhalteten im Wesentlichen folgende Tendenzen:

- Aufrufe, sich nicht mehr an den Passierscheinstellen anzustellen, da die Kapazität der Postangestellten der DDR ausgelastet oder keine Passierscheine bzw. Antragsformulare mehr vorrätig seien;
- Aufrufe, Passierscheinstellen anderer Westberliner Bezirke in Anspruch zu nehmen;
- Desinformierung auf Anfragen über Bedingungen der Einreise in die Hauptstadt der DDR und die Einfuhr von Waren;
- indirekte Anregungen zum Besuch von Bekannten im demokratischen Berlin unter Umgehung der im Protokoll vereinbarten notwendigen verwandtschaftlichen Bindungen.

Aus der Reaktion und Meinungsäußerung der Bevölkerung Westberlins, der Hauptstadt und der Bezirke der DDR ist zu erkennen, dass der »RIAS-Sonderdienst« in dieser Zeit sehr viele Hörer gewann, die aus den Sendungen und Kommentaren den aktuellsten Stand des Ablaufs der Aktion zu erfahren suchten und dabei dementsprechend feindlich oder negativ beeinflusst wurden. Eine vollständige Einschätzung der im Zusammenhang mit den Besuchen in der Hauptstadt der DDR erfolgten feindlichen Beeinflussungsversuche und ihrer Wirksamkeit ist aufgrund der noch nicht ausreichenden Informationen und Hinweise über die persönlichen Zusammenkünfte in den Wohnungen nicht möglich. Aufgrund der vorliegenden Materialien ist jedoch offensichtlich, dass neben dem Abhören des Westrundfunks und -fernsehens auch teilweise eine Beeinflussung seitens feindlich bzw. negativ eingestellter Westberliner Verwandter, begünstigt durch die mitunter bereits vorhandene feindliche oder negative Einstellung bei einzelnen Bürgern der DDR, erfolgte, die sich auf die Reaktion der Bevölkerung der DDR insbesondere der Hauptstadt, auswirkte.[62]

Dies zeigen nicht zuletzt – trotz der überwiegend positiven Haltung und der breiten Zustimmung der Bevölkerung der DDR zu den Passierscheinvereinbarungen – folgende, relativ häufig anzutreffende Meinungsäußerungen, die teilweise mit den von den Zentren der politisch-ideologischen Diversion verbreiteten Hetzparolen und Forderungen identisch sind:

62 Anstreichung am Rande.

- Die Verhandlungen seien auf Initiative des Westberliner Senats, insbesondere Brandts zustande gekommen. Die DDR-Regierung habe lediglich auf den »Druck« der Westberliner Führung und der eigenen Bevölkerung reagieren müssen.
- Es wird von einer »Einseitigkeit« des Berliner Abkommens gesprochen und die Forderung auf Einreisemöglichkeit für DDR-Bürger nach Westberlin und Westdeutschland erhoben.
- Verstärkt wurden Forderungen nach »Liquidierung der Mauer« gestellt, um ungehinderte Reisemöglichkeiten zu erlangen. Dabei wurde der antifaschistische Schutzwall als »unmenschlich« oder als »Gefängnismauer« bezeichnet.
- In »Familienbilanzen« wurde den Lebensverhältnissen in Westberlin und Westdeutschland das Wort geredet und die Feststellung getroffen, im kapitalistischen Staat würde es sich doch besser leben lassen.
- Verleumdungen, den DDR-Behörden ginge es bei dem Abkommen nicht um das humanitäre Anliegen, sondern lediglich um politische Aspekte.
- Unverständnis und damit verbunden negative Diskussionen traten bei im Grenzgebiet Berlin wohnhaften Bevölkerungsteilen über das Einreiseverbot für Westberliner im Grenzgebiet auf.
- Forderung nach Erweiterung der Besuchsmöglichkeiten auf die Berliner Randgebiete, die nicht mehr zum Stadtgebiet gehören.
- Von Bürgern aus den übrigen Bezirken der DDR, die Verwandte in Westberlin haben, wurde zunehmend gefordert, dass ihre Verwandten auch Möglichkeiten für Besuche in der DDR erhalten sollten.

Die politisch-ideologische Diversion des Gegners zeigte auch Auswirkungen dahingehend, dass im demokratischen Berlin vereinzelt selbstgefertigte Hetzschriften bzw. -briefe verbreitet wurden. Am 30.12.1963 wurden in mehreren Straßen des Stadtbezirks Prenzlauer Berg 116 im Pausverfahren hergestellte Hetzschriften sichergestellt, die sich, im Zusammenhang mit dem Passierscheinabkommen, gegen die Grenzsicherungsmaßnahmen richteten.[63]

Weiter wurden in Einzelfällen Briefe an leitende Parteifunktionäre, Berliner Verlage, Deckadressen der Westsender und an den Bürgermeister Westberlins gerichtet, die Hetze gegen das Berliner Abkommen und Forderungen im Sinne westlicher Verlautbarungen enthielten.[64]

In den Stadtbezirken Mitte, Lichtenberg und Pankow sowie in Verkehrsmitteln (S-Bahn und Güterkraftverkehr) wurden vereinzelte Hetzschmierereien festgestellt, die sich gegen das Passierscheinabkommen, die Grenzsicherung und führende Staatsfunktionäre richteten.[65]

Die in dieser Zeit gegen die Einrichtungen und Anlagen der Deutschen Reichsbahn in Westberlin gerichteten feindlichen Handlungen beschränkten

63 Anstreichung am Rande.
64 Anstreichung am Rande.
65 Anstreichung am Rande.

sich ebenfalls auf Einzelfälle und hatten keinen Einfluss auf die insgesamt reibungslose Abwicklung insbesondere des erheblich angestiegenen S-Bahn-Verkehrs.

Folgende feindliche oder rowdyhafte Handlungen wurden bekannt:
- Hetze gegen die DDR und SED,
- S-Bahn-Beschädigungen,
- Hindernisbereitungen und Steinwürfe gegen die S-Bahn,
- Provokationen gegen Bahnpolizisten und Eisenbahner.[66]

Diese Handlungen, ausgenommen S-Bahnbeschädigungen, begünstigt durch die starke Benutzung der S-Bahn, überschritten nicht wesentlich den Umfang anderer vergleichbarer Zeiträume.

Zu zwei Provokationen unter Ausnutzung des Basa-Apparates[67] der DDR kam es am 28.12.1963. Gegen 11.00 Uhr riefen unbekannte Täter über den Basa-Apparat den Fahrdienstleiter des Bahnhofs Friedenau an. Eine männliche Person meldete sich mit »Anders, Bahnpolizei, RBD Berlin« und gab Anweisung, den Bahnhof zu beflaggen. Einen gleichartigen Anruf unter der Meldung »Bahnpolizei Charlottenburg« erhielt der Bahnhof Halensee.

Eine derartige Anweisung zum Beflaggen der Bahnhöfe in Westberlin wurde jedoch weder von der RBD Berlin noch von der Bahnpolizei gegeben. Offensichtlich sollte mit diesen provokatorischen Anrufen und den durchgegebenen »Weisungen« ein Anlass zum Einschreiten der Westberliner Polizei auf dem Reichsbahngebiet in Westberlin geschaffen und damit der Reiseverkehr gestört werden.

In 19 Fällen wurden in der S-Bahn in Westberlin Hetzschmierereien (von geringer Größe) ermittelt, die sich gegen den Vorsitzenden des Staatsrates der DDR, gegen die SED, gegen die Maßnahmen des 13.8.1961, gegen die Deutsche Reichsbahn und gegen die »Wahrheit«[68] richteten.

Im gleichen Zeitraum wurden 339 S-Bahnbeschädigungen registriert, während in der Zeit vom 1.12. bis 16.12. nur 224 derartige Delikte ermittelt wurden.[69]

Der große Umfang des von der S-Bahn in Westberlin während des Abkommens insgesamt bewältigten Verkehrs geht u. a. daraus hervor, dass in dieser Zeit über 2300 S-Bahnsonderzüge eingesetzt wurden. Die über den KPP Friedrichstraße eingereisten Westberliner Bürger wurden dabei überwiegend von der S-Bahn befördert (ca. 60–65 %).[70]

Nach den vorliegenden Einschätzungen haben die Eisenbahner die in diesem Zusammenhang aufgetretenen Verkehrsprobleme erfolgreich gelöst.

66 Anstreichung am Rande.
67 Basa (Bahnselbstanschlussanlage) – unabhängiges Telefonnetz der Eisenbahn.
68 Zeitung der SED-Westberlin.
69 Anstreichung am Rande.
70 Anstreichung am Rande.

Aus der Reaktion der Westberliner Besucher über die höfliche Beratung und korrekte Abfertigung durch die Angehörigen der Deutschen Reichsbahn ist zu entnehmen, dass viele dieser Westberliner Bürger wieder für die Nutzung des S-Bahnverkehrs in Westberlin zurückgewonnen und der S-Bahn-Boykott[71] teilweise zurückgedrängt wurde. Vielen Westberlinern war z.B. vorher die Möglichkeit der Benutzung der S-Bahn im West-West-Verkehr über die Nord-Süd-Verbindung des S-Bahnhofs Friedrichstraße völlig unbekannt.[72]

Alle zum Einsatz kommandierten Eisenbahner haben zuverlässig die ihnen übertragenen Aufgaben gelöst und ein hohes Bewusstsein und eine große Einsatzbereitschaft gezeigt. Sie erledigten ihr Arbeitspensum, das über den normalen Anforderungen lag, mit außerordentlicher Sorgfalt. Ihre politische Zuverlässigkeit zeigte sich u.a. auch darin, dass keiner der kommandierten Eisenbahner die daraus günstigen Möglichkeiten zur Republikflucht ausnutzte.

Hinweise zur Lage im Grenzgebiet

Im Grenzgebiet versuchte der Gegner während der Aktion durch eine forcierte politisch-ideologische Diversionstätigkeit von Westberlin aus wirksam zu werden. Besonders während der Feiertage wurde von Westberliner Polizisten, Zollkräften und Zivilpersonen verstärkt versucht, durch Herüberwerfen von Geschenken und durch Ansprechen sogenannte »freundschaftliche Kontakte« mit den Angehörigen unserer Grenztruppen herzustellen, wobei sie z.T. auf das Passierscheinabkommen eingingen und auf eine gewisse »Entspannung« anspielten. Diese Versuche wurden von unseren Grenzsicherungskräften jedoch richtig als Provokationen eingeschätzt und zurückgewiesen, sodass es zu keinen unkontrollierten Kontaktaufnahmen kam. In der Zeit vom 18.12.1963 bis 5.1.1964 wurden insgesamt 364 derartige Kontaktaufnahmeversuche, meist verbunden mit Aufforderungen zur Fahnenflucht, festgestellt.

Im gleichen Zeitraum wurden die auf Westberliner Seite aufgestellten Hetzplakate zweimal ausgewechselt. Die Aufschriften hatten folgenden Inhalt: »Frohe Weihnachts- und Neujahrswünsche«; »dass jeder Bürger das

71 Die von der DDR betriebene Deutsche Reichsbahn verfügte aufgrund von Vereinbarungen der Siegermächte auch über das Verkehrsrecht in Westberlin, was die S-Bahn und den Fernverkehr betraf. Aus diesem Grunde wurde nach dem 13.8.1961 vom Regierenden Bürgermeister Willy Brandt und vom DGB dazu aufgerufen, nicht mit der S-Bahn zu fahren »Der S-Bahn-Fahrer zahlt den Stacheldraht« oder »Keinen Pfennig mehr für Ulbricht«. Der Senat unterstützte diesen Boykott auch dadurch, dass er parallel zu S-Bahnverbindungen das Netz der Westberliner BVG erweiterte. Zum besonderen Status der Reichsbahn im Westteil der Stadt vgl. Ciesla, Burghard: Als der Osten durch den Westen fuhr. Die Die Geschichte der Deutschen Reichsbahn in Westberlin. Köln, Weimar, Wien 2006.

72 Anstreichung am Rande.

Recht habe, in das von ihm gewünschte Land zu reisen, ohne dass ihm daraus persönliche Nachteile erwachsen dürfen«.

Während der Aktion wurden sechs Grenzdurchbrüche mit neun Beteiligten nach Westberlin festgestellt. Bei einem Grenzdurchbruch am 25.12.1963 in der Stallschreiberstraße erlitt ein Grenzverletzer (Paul Schultz, wohnhaft Neubrandenburg) durch Anwendung der Schusswaffe Verletzungen, an deren Folgen er in Westberlin verstarb.[73]

103 Bürger der DDR wurden wegen unerlaubten Aufenthaltes im Grenzgebiet festgenommen. Der größte Teil hatte während der Feiertage unter Alkoholeinfluss unbeabsichtigt das Grenzgebiet betreten.[74]

Insgesamt wurde in dieser Zeit 304 Westberliner Bürgern die Einreise in das Grenzgebiet gestattet, 58 wurde die Einreise ins Grenzgebiet verwehrt.

In 59 Fällen reisten Westberliner unerlaubt in das Grenzgebiet ein und wurden nach entsprechender Belehrung durch die Angehörigen der VP oder NVA/Grenze wieder ausgewiesen bzw. schon an der Begrenzung des Sperrgebietes zur Umkehr veranlasst. Den Aufforderungen wurde in allen Fällen Folge geleistet. Zu besonderen Vorkommnissen kam es dabei nicht.[75]

Bei Kontrollen an den KPP am Außenring von Berlin wurden beim Versuch der Einreise in den Bezirk Frankfurt/O. 290 Westberliner Bürger und in den Bezirk Potsdam 80 Westberliner Bürger gestellt und nach Belehrung durch die VP zurückgeschickt.[76]

Bei Kontrollen durch die Transportpolizei wurden im S-Bahn- und Eisenbahn-Vorortverkehr weitere 176 Westberliner Bürger angehalten und zurückgewiesen.

Schwerpunkt der versuchten Einreisen in die Randgebiete von Berlin waren der 4. und 5.1.1964 mit über 400 Personen. Insgesamt wurden 14 Westberliner Bürger festgestellt, die sich bereits unberechtigt bei ihren Verwandten in den Bezirken aufhielten (Frankfurt/O. zehn, Potsdam zwei, Halle und Cottbus je ein Westberliner Bürger).[77]

73 Paul Schultz, Jg. 1945, Elektrikerlehrling, bei einem Fluchtversuch am 1. Weihnachtsfeiertag 1963 an der Mauer zwischen den Bezirken Mitte und Kreuzberg von DDR-Grenzern erschossen. Vgl. Brecht, Christine: Paul Schultz, geboren 2. Oktober 1945, erschossen 25. Dezember 1963 an der Melchiorstraße/Ecke Bethaniendamm an der Sektorengrenze zwischen Berlin-Mitte und Berlin-Kreuzberg. In: Hertle, Hans-Hermann; Nooke, Maria (Hg.): Die Todesopfer an der Berliner Mauer 1961–1989. Ein biographisches Handbuch. Berlin 2009, S. 147–149.

74 Anstreichung am Rande.

75 Anstreichung am Rande.

76 Anstreichung am Rande.

77 Der Absatz ist diagonal durchgestrichen.

VI. Vorkommnisse mit Beteiligung Westberliner Bürger im demokratischen Berlin

In der Zeit vom 20.12.1963 bis einschließlich 5.1.1964 ereigneten sich in der Hauptstadt der DDR insgesamt 365 Verkehrsunfälle, davon 79 Verkehrsunfälle mit Beteiligung Westberliner Kfz. Ein Drittel der letztgenannten Unfälle war auf schuldhaftes Verhalten der Westberliner Kfz-Führer zurückzuführen, vor allem
- fahrlässiges Verhalten, insbesondere Nichtbeachten der Straßenverhältnisse (Glätte),
- Nichteinhalten der zulässigen Sicherheitsabstände bei großer Verkehrsdichte (Auffahren).

Bei den Verkehrsunfällen entstand im Wesentlichen nur leichter Sach- (durchschnittlich bis 500 DM) und Personenschaden (sechs Personen verletzt). Nur in zwei Fällen wurden durch ungenügende Verkehrsregelung eingesetzter Verkehrsposten Unfälle verursacht (Auffahren mehrerer Kfz, Gesamtschaden ca. 5 000 DM).

In der Zeit des Berlin-Abkommens verstarben sechs Westberliner Bürger während ihres Besuches in der Hauptstadt der DDR. Dabei handelt es sich in allen Fällen um ältere Personen, meist im Rentenalter, die aufgrund ihres schlechten Gesundheitszustandes (Herzschwäche) auf dem Wege zu ihren Verwandten bzw. in deren Wohnungen verstarben.

Im gleichen Zeitraum verunglückten sieben Westberliner Bürger und 43 erkrankten. Bei den von Unfällen und Erkrankungen betroffenen Personen handelt es sich vorwiegend um solche, denen bedingt durch
- hohes Alter und Gebrechlichkeit,
- schlechten Gesundheitszustand,
- plötzlich auftretende Beschwerden

ärztliche Hilfe gegeben werden musste.

Derartige Vorkommnisse traten besonders während des Umsteigens auf den Bahnhöfen sowie im Straßenverkehr auf. Am 31.12.1963 und 1.1.1964 wurden mehrere Westberliner Bürger durch leichtsinnigen Umgang mit Feuerwerkskörpern verletzt.

Erkrankte Personen wurden durch Funkstreifenwagen oder Krankentransportwagen des Rettungsamtes Berlin einer Behandlung zugeführt und nach ambulanter Behandlung an die KPP zwecks Rückschleusung gefahren. In einigen Fällen wurde eine Einweisung in ein Krankenhaus, bei erwiesener Transportunfähigkeit, erforderlich. Bei ärztlicher Bestätigung wurden in diesen Fällen durch die Leiter der VP-Inspektionen die Tagesaufenthaltsgenehmigungen für die erkrankten Personen bzw. für die nächsten Angehörigen verlängert.

Auf dem S-Bahnhof Friedrichstraße – Nord-Süd-Bahnhof – verübte am 1.1.1964 ein Westberliner Bürger Selbstmord, indem er sich vor einen einfahrenden S-Bahnzug warf.[78]

Am 1.1.1964 gegen 1.00 Uhr hielten sich zwei Westberliner Bürger und ein DDR-Bürger in der Kastanienallee/Oderbergstraße auf, um auf ein Taxi zu warten. Während der Wartezeit wurden die Personen von ca. acht namentlich nicht bekannten männlichen Jugendlichen nach Zigaretten angebettelt. Da sie keine bekamen, kam es zu einem Handgemenge, wobei ein Westberliner Bürger einen Magenschlag bekam und zusammenbrach. Ein vorbeifahrender Westberliner Bürger nahm die drei Personen in seinem Pkw mit zum KPP Chausseestraße. Durch einen Rettungswagen wurden sie zur Unfallklinik Ziegelstraße gebracht und ambulant behandelt. Die Westberliner Bürger reisten anschließend über den KPP Friedrichstraße aus.

In insgesamt acht Fällen wurde der Verlust der Personalausweise von Westberliner Bürgern angezeigt, wobei einige gleichfalls den Passierschein mit verloren.[79]

Vier Westberliner Bürger stellten Antrag um Aufnahme in die DDR.[80]

VII. Schlussfolgerungen

[1.]Weitere Aufklärung der Reaktion zum Berlin-Abkommen und zur Weiterführung der Verhandlungen, Ausnutzung der sich *in diesem Zusammenhang ergebenden operativen Möglichkeiten*

- Weitere Aufklärung der Reaktion der einzelnen politischen Persönlichkeiten, Parteien und Gruppen in Westdeutschland und Westberlin, des Senats, der Bonner Regierung und der Westmächte;
- Haltung der wichtigsten Repräsentanten des Westberliner Senats und anderer einflussreicher Kreise, die das Abkommen befürworten und für die Fortsetzung der Verhandlungen eintreten, einschließlich ihrer damit verbundenen Pläne und Spekulationen und der Widersprüchlichkeit ihres Verhaltens; Feststellung aller Personen und Kräfte in Westdeutschland und Westberlin, die für ein offenes Eintreten für Verhandlungen genutzt werden können;
- Haltung und Pläne der Ultras[81] gegen die weitere Verständigung;
- Entwicklung des Differenzierungsprozesses und der Auseinandersetzungen (einschließlich der Frage, wer unterstützt wen?); mögliche Kompromisse zwischen den Gruppierungen;
- Welche weiteren offiziellen Schritte sind geplant – Feststellung der westlichen Verhandlungskonzeption, Aufklärung aller Stellen und

78 Anstreichung am Rande.

79 Im 2. Exemplar (Bl. 53) ist dieser Absatz am Rande markiert.

80 Im 2. Exemplar (Bl. 53) ist dieser Absatz am Rande markiert.

81 In der SED-Propaganda verwendete Pauschalbezeichnung für konservativen Parteien der Bundesrepublik nahestehende Politiker.

Personen, die mit der Verhandlungsführung betraut sind; welche Störmanöver sind geplant bzw. werden vorbereitet?
- Aufklärung aller Versuche, Gespräche und Verhandlungen für die Einmischung in die inneren Verhältnisse der DDR auszunutzen.

2. Weitere Aufklärung der Reaktion der Westberliner Bevölkerung auf die Vorschläge der Regierung der DDR, zum Verhalten des Westberliner Senats und der sich daraus ergebenden operativen Möglichkeiten, um Druck auf den Westberliner Senat auszuüben und den Einfluss der verständigungsfeindlichen Kräfte, insbesondere auch der Agentenzentralen und der Zentren der politisch-ideologischen Diversion weiter zurückzudrängen. Entlarvung der feindlichen Zentralen in Westberlin, der Versuche zur Fortsetzung des Menschenhandels, der feindlichen Provokationen und Anschläge gegen die Staatsgrenze und gegen den reibungslosen Verkehr auf den Verbindungswegen zwischen Westdeutschland und Westberlin – Darstellung ihrer Tätigkeit als den Interessen der Westberliner Bevölkerung widersprechend und weitere Vereinbarungen gefährdend. Einleitung geeigneter aktiver politisch-operativer Maßnahmen zur Mobilisierung der Westberliner Bevölkerung in den genannten Richtungen.[82]
3. Einleitung geeigneter Maßnahmen zur Unterstützung des Rundfunks und Fernsehens der DDR, um die sich bietenden Möglichkeiten zur Beeinflussung der Westberliner Bevölkerung im vorstehend genannten Sinne zielstrebiger ausnutzen zu können. Stärkere Aufklärung der Westberliner Bevölkerung insbesondere auch über sie interessierende Einzelfragen zur sachlichen Abwicklung möglicher neuer Vereinbarungen und über die sich daraus ergebenden offenen Fragen und Probleme (eventuell spezielle Beauftragung der »Berliner Welle«[83]). Die mit der Durchführung der sich aus weiteren Vereinbarungen ergebenden Aufgaben betrauten Organe müssten dafür verantwortlich gemacht werden, Rundfunk und Fernsehen der DDR umfassend über solche Fragen und Probleme zu informieren. Prüfung der Möglichkeiten zur Einrichtung spezieller für die Westberliner Bevölkerung bestimmter Sendungen (gemischte Wort- und Musiksendungen), verbunden mit der Beantwortung gestellter Fragen, eventuell auch mit der Übermittlung von Grüßen, mit geschickter Darlegung politischer Probleme usw. (ähnlich der wirkungsvollen Arbeit des »RIAS-Sonderdienstes« während der Aktion).[84] Festlegung von Maßnahmen, um auf Rundfunk, Fernsehen und Presse in Westberlin stärkeren Druck dahinge-

82 Im 2. Exemplar (Bl. 56) ist dieser Absatz am Rande mit folgender Notiz versehen: »A.P.F. VII, II, m«.

83 Von 1958 bis 1971 in Ostberlin ausgestrahlter Regionalsender (ursprünglich »Berliner Rundfunk II«), der sich vor allem an Westberliner Hörer richten sollte. Verschmolz 1972 mit dem »Deutschlandsender« zum Programm »Stimme der DDR«.

84 Im 2. Exemplar (Bl. 56) ist Absatz 3. bis zu dieser Stelle am Rande markiert und in der Mitte mit einem Pfeil hervorgehoben.

hend auszuüben, die Westberliner Bevölkerung sachlich über alle Vorgänge im Zusammenhang mit möglichen Verhandlungen und Vereinbarungen zwischen der Regierung der DDR und dem Westberliner Senat zu informieren und die Verbreitung desorientierender Meldungen weitgehendst zu unterbinden. Organisierung gezielter Anrufe, Leserzuschriften usw.

4. Zur Gewährleistung dieser Aufgaben bei möglichen ähnlichen Anlässen ist es erforderlich, die operative Aufklärung der Reaktion der Bevölkerung sowohl in Westberlin als auch in der DDR und die Berichterstattung darüber weiter zu vervollkommnen. Dabei sind vor allem folgende noch vorhandene Schwächen zu überwinden:
   - Die Berichterstattung erfolgte im Wesentlichen unsystematisch und blieb größtenteils auf eine zu breite Schilderung von Einzelbeispielen beschränkt, ohne den Versuch zu unternehmen, die Reaktion zusammengefasst darzustellen und umfassend einzuschätzen.
   - Stimmungen wurden überwiegend zufällig und ziellos gesammelt, ohne sich auf bestimmte Bevölkerungskreise zu konzentrieren und[85]
   - Angaben über Diskussionen mit Westberlinern in den Wohnungen wurden nur ungenügend beschafft.[86]

   Im Interesse einer künftigen qualifizierten Berichterstattung ist es u. a. notwendig,
   - Stimmungen systematisch einzuholen, die IM auf jeweilige Schwerpunkte hinzuweisen und von ihnen bereits qualifizierte Einschätzungen zu verlangen;
   - sich dabei stärker auf solche Personenkreise zu konzentrieren wie z. B. auf Angehörige der Intelligenz, Jugend, ehemalige Grenzgänger,[87] als negativ oder feindlich bekannte Personen, Kirchen- und Sektenanhänger usw.
5. Während der Aktion bewies die Mehrzahl der insbesondere in Westberlin tätigen IM erneut ihre Einsatzbereitschaft. Trotzdem traten jedoch Mängel dahingehend auf, dass Informationen aus dem gegnerischen Lager oftmals interessante Einzelheiten vermissen ließen und zu spät kamen. Es erweist sich deshalb als notwendig, die IM stärker in der Richtung zu qualifizieren, dass sie auf bestimmte Ereignisse und Vorkommnisse selbstständiger reagieren. Gleichzeitig ist eine weitere Verbesserung des Nachrichten- und Verbindungssystems mit den IM in Westberlin erforderlich, um eine schnelle Übermittlung und damit Auswertung der Information

85 Im 2. Exemplar (Bl. 57) ist dieser und der folgende Absatz am Rande markiert und mit Fragezeichen und Kreis hervorgehoben.

86 Im 2. Exemplar (Bl. 57) ist Absatz 4. bis zu dieser Stelle am Rande markiert.

87 Ostberliner, die vor dem 13.8.1961 in Westberlin arbeiteten, vgl. Roggenbuch, Frank: Das Berliner Grenzgängerproblem. Verflechtung und Systemkonkurrenz vor dem Mauerbau. Berlin 2008.

zu sichern. Festlegung geeigneter Maßnahmen, um die während der Passierscheinaktion in beträchtlicher Anzahl eingereisten operativ interessanten Personen aus Westberlin zu erfassen und den entsprechenden operativen Linien zur Kenntnis zu bringen (z. B. HV A / führende Funktionäre, HA I / im Westberliner Grenzgebiet wohnende Personen, HA VII / Westberliner Polizeiangehörige). Erarbeitung konkreter Maßnahmepläne, um die während der Aktion festgestellten interessanten Westverbindungen, sowohl in positiver als auch in negativer Hinsicht, aufzuklären und auf dieser Grundlage entsprechende Perspektivmaßnahmen zur operativen Ausnutzung planen und festlegen zu können.

Verbesserung der Kontrolle operativer Schwerpunkte

1. Auswertung der Erfahrungen, inwieweit die imperialistischen Geheimdienste, Menschenhandelszentralen und anderen feindlichen Organisationen das Passierscheinabkommen für die Organisierung feindlicher Aktionen, Wiederherstellung feindlicher Verbindungen, Übermittlung nachrichtendienstlicher Mittel, für die politisch-ideologische Diversionstätigkeit und für die Vorbereitung neuer Abwerbungen und Schleusungsaktionen ausgenutzt haben. Analysierung der von ihnen angewandten Methoden, insbesondere zur Aufklärung des Sicherungssystems und zur Ausnutzung möglicher Lücken.[88]
2. Wesentliche Verbesserung der operativen Kontrolle feindlicher oder als negativ bekannter Personenkreise durch die IM. Einleitung entsprechender operativer Maßnahmen zur Überprüfung und Aufklärung, inwieweit zu den in operativen Vorgängen oder Vorläufen erfassten verdächtigen Personen von Westberliner Bürgern Kontakte hergestellt wurden bzw. werden und welchen Charakter diese Verbindungen haben. Dabei besondere Beachtung auch solcher Gruppen, die von sich aus (aufgrund ihrer politischen Haltung, Erlangung persönlicher Vorteile durch Schiebergeschäfte usw.) an der Herstellung von Verbindungen zu Westberliner Bürgern interessiert sind. Überwindung der während der Passierscheinaktion erneut sichtbar gewordenen Schwäche, die in der noch zu einseitigen Orientierung des IM-Netzes auf bestimmte Objekte besteht und dazu geführt hat, dass über die Vorgänge in den Wohngebieten, insbesondere über den Charakter der Zusammenkünfte mit den Westberliner Bürgern zu wenig bekannt wurde.
3. Verstärkung der operativen Aufklärung der im Grenzgebiet der DDR wohnenden Personen, die Besucher aus Westberlin entweder im Grenzgebiet oder außerhalb des Grenzgebietes empfangen haben. Dabei sollte sowohl der Aufklärung eventuell hergestellter feindlicher Verbindungen, ihrer Kontrolle, als auch der Ausnutzung geeigneter Möglichkeiten für die operative Arbeit besondere Aufmerksamkeit geschenkt werden.

88 Im 2. Exemplar (Bl. 58 f.) ist Absatz 1. am Rande markiert.

Gründlichere Erfassung, welche Verbindungen IM zu Westberliner Bürgern haben. Überprüfung und Einschätzung des operativen Wertes dieser Verbindungen vor allem hinsichtlich ihres Charakters, ihrer Ausnutzungsmöglichkeiten, des Vorhandenseins von Besuchs- und anderen Möglichkeiten zur Aufrechterhaltung der Verbindung usw.

Zur technisch-organisatorischen Durchführung der Aktion

1. Auswertung der während der Aktion gesammelten Erfahrungen im Hinblick auf eine bessere Planung und Organisierung des Einsatzes der Kräfte und der materiell-technischen Ausrüstung. Herausarbeitung bestimmter Werte, mit welchen Kräften und Mitteln bestimmte im Zusammenhang mit solchen Aktionen stehende Aufgaben gelöst werden können und Berücksichtigung dieser Ergebnisse bei der zentralen Vorbereitung weiterer ähnlich gelagerter Aktionen (z. B. Kräfte und Mittel zur gründlichen Bearbeitung der Anträge und Ausstellung der Passierscheine, Kontrolle an den KPP, Gewährleistung einer ständigen Übersicht über den Verlauf ähnlicher Aktionen, insbesondere auch hinsichtlich statistischer Angaben, Methoden und Mittel der operativen Vergleichsarbeit).
2. Überwindung noch vorhandener Schwächen, die in der Überschneidung von Verantwortungsbereichen und Weisungen, in der Beauftragung verschiedener Organe und Mitarbeiter mit gleichen Aufgaben (Doppelarbeit) usw. zum Ausdruck kamen, durch
   - Gewährleistung einer einheitlichen Befehlsgebung und Dienstanweisung, insbesondere zwischen den beteiligten Sicherheitsorganen;
   - klare Abgrenzung der Aufgaben- und Verantwortungsbereiche und rechtzeitige Einbeziehung der für die jeweiligen Aufgaben an sich zuständigen Diensteinheiten zur besseren Ausnutzung der bereits vorhandenen Erfahrungen;
   - rechtzeitige Ausbildung und Einweisung möglicher zusätzlich zum Einsatz kommender Kräfte aus anderen Dienstbereichen (Ausbildung und Einweisung unter Wahrung der Konspiration).
   - Verbesserung der Koordinierung zwischen dem MfS und anderen an Aktionen beteiligten staatlichen und kommunalen Organen (z. B. BEWAG, BVG) vor allem zur Sicherung eines reibungslosen Ablaufs des grenzüberschreitenden Verkehrs.
3. Schaffung entsprechender Voraussetzungen, um in Fällen des Verdachts des Missbrauchs von Passierscheinen und Personaldokumenten, der Anwendung von Fälschungen, des Verlustes von Passierscheinen und Personaldokumenten usw. für den Menschenhandel oder andere feindliche Handlungen eine schnelle Überprüfung zu ermöglichen, z. B. durch
   - Möglichkeiten zum Vergleich der Ausreise- mit den Einreiseteilen der Passierscheine,
   - Vermerk der Ausreisezeit auf dem Ausreiseteil der Passierscheine,
   - tägliche Veränderung der jeweils benutzten Einreisestempel,

- Unterbindung der Benutzung anderer als der vorgeschriebenen KPP (Ausnahmen nur in wenigen besonders wichtigen Fällen nach vorheriger Genehmigung),
- bessere Koordinierung und Abstimmung zwischen den an der Kontrolle des grenzüberschreitenden Verkehrs beteiligten Organen (z.B. mit der Zollverwaltung).[89]

Zur Bearbeitung und Überprüfung der Anträge und zur Tätigkeit der Passierscheinstellen in Westberlin

1. Während der letzten Aktion konnten bei der Bearbeitung der Passierscheinanträge aufgrund des großen Andrangs und des daraus resultierenden Zeitdrucks die Sicherheitsfaktoren nicht genügend berücksichtigt werden. Im Interesse eines reibungslosen und eine gründliche Überprüfung gewährleistenden Ablaufs auf der Grundlage künftiger Passierscheinvereinbarungen ist es erforderlich, den technischen Ablauf zugunsten der genaueren Überprüfung der Anträge zu vereinfachen und die erforderlichen Voraussetzungen rechtzeitig zu schaffen. Zu solchen, die Arbeit vereinfachenden technisch-organisatorischen Maßnahmen könnten gehören:
   - die Einschränkung des mehrfachen Sortierens,
   - die Übereinstimmung der Reihenfolge der Angaben auf den Anträgen und Passierscheinen,
   - die Verbesserung der Gestaltung der Passierscheine (maschinelle Falzung, Durchschreibemöglichkeit, numerische Bezeichnung der Westberliner Verwaltungsbezirke auf der Vorderseite der Passierscheine usw.).

   Die Überprüfung der Anträge müsste solche Maßnahmen einschließen, durch die gewährleistet wird, dass eine Person für einen bestimmten Tag nur einen Passierschein erhält (Vermeidung von Doppelausstellungen) und dass die Ausstellung von Passierscheinen in das Grenzgebiet von vornherein unterbunden wird (Schaffung einer klaren Ordnung, unter welchen Umständen und wo die im Grenzgebiet wohnenden DDR-Bürger Westberliner Besucher empfangen können).
2. In der Tätigkeit der Passierscheinstellen der DDR in Westberlin haben sich folgende Maßnahmen bewährt, die bei künftigen Aktionen berücksichtigt werden sollten:
   - Einsatz verantwortlicher Leiter des MfS für die Anleitung der DDR-Einsatzgruppen,
   - grundsätzliche Orientierung der Einsatzkräfte vor Beginn ihrer Tätigkeit in Westberlin sowie tägliche Auswertung der Erfahrungen und Vorkommnisse mit den Gruppenleitern und im Kollektiv der Einsatzgruppen,

89 Im 2. Exemplar (Bl. 61) sind die letzten beiden Absätze am Rande mit einem Fragezeichen versehen.

- konkrete Instruierung über zu erwartende gegnerische Angriffe und der dabei angewandten Methoden,
- Sicherung einer ständigen operativen und instruktiven Verbindung zu den Passierscheinstellen durch ein festes Kuriersystem.

3. Zur Verbesserung der Instruierung der DDR-Einsatzkräfte wäre es zweckmäßig, folgende Probleme noch gründlicher zu behandeln:
   - Situation und politisches Kräfteverhältnis im Einsatzbezirk,
   - Organisation und Arbeitsweise der zu erwartenden gegnerischen Kräfte und genaue Abgrenzung der Befugnisse Westberliner Stellen,
   - Struktur, Arbeitsweise usw. der Institution, unter der aufgetreten wird,
   - Sicherung eines einheitlichen Auftretens und Verhaltens,
   - stärkere Orientierung auf geeignete Maßnahmen, Mittel und Methoden zur möglichst schnellen Entlarvung getarnter gegnerischer Einsatzkräfte,
   - Festlegungen für den Arbeitsablauf, die es ermöglichen, die Unterlagen operativ interessierender Personen konspirativ kenntlich zu machen und bei der Überprüfung herauszufinden,
   - Verhalten gegenüber Presse, Rundfunk und Filmreportern – Herbeiführung einer entsprechenden Vereinbarung, dass sie innerhalb der Passierscheinstelle nur mit Genehmigung des Leiters tätig werden dürfen.

   Besonderer Wert müsste außerdem auf die zielstrebige Instruierung der IM in den Einsatzgruppen und auf die Zusammenarbeit mit ihnen nach einem weitgehend einheitlichen und ständig zu ergänzenden Plan gelegt werden.
4. Prüfung und Ausnutzung sämtlicher Möglichkeiten, bereits in den Passierscheinstellen die Westberliner Bürger durch entsprechendes Prospektmaterial für die Erfolge des sozialistischen Aufbaus in der Hauptstadt der DDR zu interessieren (z.B. Wegweiser mit Hinweisen auf interessante Neubauten, Theater- und Museumspläne mit Hinweisen auf die kulturell-politische Entwicklung usw.).
5. Bei einer künftigen Regelung der Passierscheinausgabe für Westberliner Bürger wäre es notwendig, die Anlage I der gemeinsamen Anweisung des Generalstaatsanwalts und des Ministers des Innern vom 19.12.1963 zu überprüfen.[90] Die in der Anlage I genannten Kategorien von Rechtsverletzern, gegen die beim Besuch der Hauptstadt der DDR keine Strafverfolgung zu erfolgen hat, müssten mit den Möglichkeiten der Genehmigungsstelle in Übereinstimmung gebracht werden, dem überwiegenden

90 Gemeint ist die Gemeinsame Anweisung des Generalstaatsanwalts der DDR, Josef Streit, und des Ministers des Innern, Friedrich Dickel, zur Gewährleistung von Ordnung und Sicherheit in der Zeit vom 19.12.1963 bis zum 5.1.1964 (Passierscheingewährung für Westberliner Bürger); BStU, MfS, BdL/Dok. 9465.

Teil dieser Personen grundsätzlich die Ausgabe von Passierscheinen zu verweigern. (Ausgenommen u. a. diejenigen, die lediglich gegen das Passgesetz bzw. die Passverordnung verstoßen haben.)[91]

[92]Trotz des großen Interesses der Westberliner Bürger an Besuchen in der Hauptstadt (1 242 810) verliefen Ein- und Ausreise auch an den Hauptreisetagen ruhig und reibungslos. Positiv wirkte auf die Westberliner Bevölkerung:
- die *aufopferungsvolle* Arbeit der Postangestellten der DDR in den Passierscheinstellen in Westberlin trotz Desorganisation und Desinformierung durch westliche Organe;
- die *pauschale Antragstellung* und Abholung der TPS durch Westberliner Großbetriebe;
- *großzügige* und *individuelle Behandlung* durch Grenzkontrollorgane der DDR sowie der Postangestellten der DDR in den Passierscheinstellen;
- zum Teil *vorzeitige Öffnung* der Passierscheinstellen, um alle Wartenden abzufertigen;
- ständige Erleichterung und Schaffung besserer Voraussetzungen in den *Passierscheinstellen*, wie z. B. Erhöhung der Anzahl der Postangestellten von 100 auf 260;
- Möglichkeit der *Übernachtung* vom *31.12.1963 zum 1.1.1964*;
- Sympathieäußerungen, Danksagungen, Blumenübergabe u. a. durch Vertreter Westberliner Großbetriebe, durch Einzelpersonen sowie durch verschiedene Vertreter des Westberliner Senats.

[93]Andererseits muss man einschätzen, dass durch die gute Arbeit der Genossen in den Passierscheinstellen und Abfertigung in den KPP[94] durch die Westberliner Bevölkerung Vergleiche gezogen wurden zur Arbeit der eingesetzten Westberliner Kräfte, in deren Ergebnis z. B.:
- *Westberliner Bürger* kamen[95] in *Widerspruch* zu ihrer *Presse*, Rundfunk und [unser] Fernsehen durch ständige Falschmeldungen und Desinformation, sodass sie sich durch unseren Rundfunk und Fernsehen orientierten.
- *Westberliner Polizeikräfte* und *Senatsangestellte* kamen in *Misskredit* bei der *Westberliner Bevölkerung* durch ihr herzloses und unkorrektes Verhalten (ein Polizeifahrzeug fuhr rücksichtslos in die wartende Menschenmenge einer Passierscheinstelle).[96] Die Westberliner Bevölkerung wollte daraufhin das Fahrzeug umkippen; bei der Feststellung, dass ein Postangestellter der DDR in dem Fahrzeug saß, ließen sie von ihrem Vorhaben ab und gaben Beifall für den Postangestellten der DDR.

91 Im 2. Exemplar (Bl. 63) ist dieser Absatz am Rande markiert.
92 Beginn der mit »11« foliierten, eingeschobenen Seite des 2. Exemplars (Bl. 64).
93 Beginn der mit »12« foliierten, eingeschobenen Seite des 2. Exemplars (Bl. 65).
94 »und Abfertigung in den KPP« – handschriftlicher Einschub.
95 Durch Korrektur mit Rotstift wird das Wort »kamen« von hier hinter »Desinformation,« verschoben.
96 Unsicher zu entziffernder Vermerk am Rande: »Wo?« oder »um?«.

- Durch vereinzelte Westberliner Antragsteller, die *provokatorisch* in Erscheinung traten, wurden diese durch Westberliner Bürger isoliert und aus den Passierscheinstellen verwiesen.

[97]Das Berliner Abkommen wirkte sich verständlicherweise am stärksten auf die Westberliner Bevölkerungskreise aus, die die Möglichkeiten zum Besuch der Hauptstadt der DDR nutzten.

Durch die zum Abschluss des Abkommens führende Initiative der DDR und durch die exakte Verwirklichung des Abkommens seitens aller beteiligten Organe der DDR ist in diesen Kreisen der Westberliner Bevölkerung eine große Aufgeschlossenheit gegenüber den Verhandlungsvorschlägen und den Bemühungen um Entspannung der Situation in Deutschland überhaupt entstanden. Außerdem hat sich im Ergebnis der Besuche in der Hauptstadt der DDR bei ihnen eine realere Einschätzung der Entwicklung in der DDR herausgebildet, aus der sich gute Ansatzpunkte für eine wirksame Fortsetzung unserer Aufklärungstätigkeit zur Gewinnung der Westberliner Bevölkerung für unsere Politik der Verständigung und Entspannung ergeben.

1. Die Hetze der Bonner und Westberliner Ultras – die DDR sei gegen Verständigung und Entspannung – ist für die Westberliner Bürger unglaubwürdig geworden. Das zeigt sich in den überaus zahlreichen Diskussionen Westberliner Bürger, in denen allgemein Sympathieäußerungen gegenüber der DDR abgegeben wurden und in denen konkret die Verhandlungsbereitschaft der Regierung der DDR, die Sachlichkeit und Korrektheit unserer Vertreter bei den Verhandlungen und in der praktischen Verwirklichung des Abkommens, das höfliche Verhalten der Sicherungskräfte und die großzügige Handhabung überhaupt anerkannt und gelobt werden.
2. Trotz allgemeiner Anerkennung der Initiative und Verständigungsbereitschaft der DDR ist es für die weitere Aufklärung der Westberliner Bevölkerung besonders notwendig, die relativ noch häufig vorhandenen, die Rolle der DDR abwertenden Auffassungen stärker zu beachten.
   - Wenn auch die DDR die humanitäre Seite des Abkommens betone, ginge es ihr doch in erster Linie um[98] die politischen Ziele.
   - Es sei nicht zu verkennen, dass die im Zusammenhang mit dem Berliner Abkommen zum Ausdruck gekommene Politik der DDR wirksam und als ein politischer Erfolg der DDR anzusehen sei, der aber durch entsprechende für die DDR kaum annehmbare Gegenvorschläge wieder entwertet würde.
   - Trotz Anerkennung »gewisser Fortschritte« in der Hauptstadt der DDR seit dem 13.8.1961 (Warenangebot, Bautätigkeit, kulturelle Ent-

97 Beginn der übrigen Seiten der Information des 2. Exemplars (Bl. 65–72).
98 Im Original: »und«.

wicklung) würden sie im Kapitalismus doch besser leben. Diese Fortschritte würden jedoch nicht genügen, um sie von der Richtigkeit der Entwicklung in der DDR zu überzeugen. Die Familienbilanzen, Angebots-, Qualitäts- und Preisvergleiche würden in den meisten Fällen zugunsten des Westens ausfallen.

3. Im Zusammenhang mit dem Abschluss und mit der Durchführung des Berliner Abkommens zeigte sich in Westberlin ferner eine Reihe interessanter Erscheinungen im Verhalten Westberliner gegenüber ihren eigenen staatlichen Stellen, politischen Parteien, Publikationsorganen usw. Diese Erscheinungen bieten günstige Ansatzpunkte für die Einleitung wirksamer Maßnahmen unsererseits zur Beeinflussung und zur Unterstützung der Westberliner im Interesse der weiteren Verständigung. Dazu gehören u. a.:
   - Grundsätzliche Widersprüche zwischen den politischen Kreisen Westberlins und Bonns, die dem Berliner Abkommen – wenn auch mit unterschiedlichen Motiven und Spekulationen – zustimmten und verständigungsfeindlichen Kräften, insbesondere den Ultras in Bonn.
   - Ernste Differenzen in der Haltung zum Berliner Abkommen zwischen der SPD/FDP und CDU in Westberlin.
   - Auswirkungen des Berliner Abkommens auf den Differenzierungsprozess in den Westberliner Parteien, insbesondere in der SPD (z. B. Eintreten der Masse der Mitglieder bis zu den mittleren Funktionären für das Abkommen und entsprechender Druck auf die SPD-Führung in Westberlin).
   - Bei Teilen der Bevölkerung Ablehnung der gegen das Abkommen aufgetretenen Publikationsorgane (besonders der Springer-Presse) und der damit verbundenen Hetze. Zurückweisen der plumpen und irreführenden Berichterstattung über die Lebensverhältnisse in der DDR, nachdem sie sich vom Gegenteil überzeugt hatten.
   - Die Stimmung der Westberliner Bevölkerung, für sie nützliche Vereinbarungen zwischen der Regierung der DDR und dem Senat nicht gefährden zu lassen, dazu auszunutzen, noch stärker gegen die Rolle Westberlins als Zentrum des kalten Krieges aufzutreten, (z. B. gegen Hetze des Westberliner Rundfunks und Fernsehens, Menschenhändlerzentralen, Agentenorganisationen, Hetzschrifteneinschleusungen, Grenzprovokationen u. a.).
   - Druck der Westberliner Bevölkerung auf den Senat – begünstigt durch unsere geschickte Bloßstellung der den Interessen der Westberliner widersprechenden und die Verhandlung gefährdenden unrealistischen Forderungen und Verzögerungsmanöver des Senats –, mögliche Erleichterungen für die Westberliner Bevölkerung nicht durch politische und formal juristische oder bürokratische Manöver infrage zu stellen.
   - Vergleiche der Westberliner Bevölkerung zwischen der höflichen, korrekten und unbürokratischen Arbeitsweise der Postangestellten und

Kontrollkräfte der DDR und dem teilweise unhöflichen, arroganten und rücksichtslosen Verhalten der in und vor den Passierscheinstellen in Westberlin eingesetzten Kräfte, besonders der Westberliner Polizei.

4. Weitere Möglichkeiten, die bei derartigen oder ähnlichen Anlässen noch wesentlich wirkungsvoller ausgenutzt werden könnten, ergeben sich auf dem Gebiet der Informierung der Westberliner Bevölkerung besonders durch Rundfunk und Fernsehen der DDR. Aus zahlreichen Hinweisen ist bekannt, dass ein großer Teil Westberliner Bürger die Sender der DDR empfangen hat, weil er von dieser Seite her eine sachliche Auskunft über alle mit der Vereinbarung zusammenhängende Probleme und Fragen erwartete. Da unsererseits diese Möglichkeit ungenügend genutzt wurde, waren viele Westberliner Bürger auf die teilweise desorientierten Durchsagen und »Auskünfte« des RIAS-Sonderdienstes angewiesen, der eigens zu diesem Zweck eingerichtet wurde und den ganzen Tag über sendete. In dieser Zeit bestand auch bei Teilen der Bevölkerung der DDR ein starkes Interesse an den Sendungen des RIAS-Sonderdienstes, zumal dieser auch Durchsagen in großer Anzahl an DDR-Bürger brachte. Bei einem elastischerem Reagieren unsererseits durch Rundfunk und Fernsehen wäre es möglich gewesen, das unseren Postangestellten in Westberlin entgegengebrachte Vertrauen (sich mit allen Fragen an sie zu wenden, weil sie von den Auskünften ihrer eigenen Kräfte nicht befriedigt waren) zu stärken und auszunutzen.
5. Der Besucherverkehr beschränkte sich vorwiegend auf Zusammenkünfte in den Wohnungen. Von der Möglichkeit, die Westberliner Bevölkerung mit den Erfolgen des sozialistischen Aufbaus in der Hauptstadt der DDR vertraut zu machen, wurde noch zu wenig Gebrauch gemacht. Es erscheint zweckmäßig, für die Westberliner Besucher Prospektmaterial, deklariert als Ratschläge für Besichtigungen oder als Wegweiser usw. bereitzustellen. In diesen Materialien müsste in ansprechender Form die Entwicklung und der Aufbau der Hauptstadt der DDR überragend dargestellt werden.
6. Der von uns gesteuerte Besucherverkehr unter Benutzung der S-Bahn zum Bahnhof Friedrichstraße trug wesentlich dazu bei, das Vertrauen der Westberliner in die S-Bahn zu erhöhen und den sogenannten S-Bahn-Boykott teilweise zu durchkreuzen. Durch die entsprechenden Organe der Deutschen Reichsbahn könnten geeignete Maßnahmen eingeleitet werden, die durch die reibungslose Abwicklung offensichtlich gewordenen Vorteile der S-Bahnbenutzung dafür auszunutzen, den sogenannten S-Bahn-Boykott wirkungslos zu machen.

III. Haltung der Bevölkerung der DDR zum Berliner Abkommen

Die politische Reaktion der Bürger der DDR, insbesondere der vom Berlin-Abkommen unmittelbar berührten Bürger der Hauptstadt der DDR, ist zum weitaus größten Teil positiv. Im Mittelpunkt stehen dabei die Auffassungen, dass die Initiative zu den Verhandlungen von der Regierung der DDR ausgehen, dass das Abkommen erneuter Ausdruck der verständigungsbereiten Politik der DDR ist, was sich nicht zuletzt in der entgegenkommenden Haltung der DDR und in der exakten Einhaltung und Durchführung des Abkommens zeigte. Das internationale und nationale Prestige der DDR sei dadurch gestiegen. Trotz dieser Einschätzung der Haltung der Bevölkerung der DDR gibt es eine Reihe von unklaren und auch negativen Ansichten, die teilweise vom Gegner hereingetragen wurden und die er auszunutzen versucht. Es handelt sich dabei im Wesentlichen um folgende in unserer Aufklärungs- und Agitationsarbeit zu beachtende Auffassungen:

- Widersprechende Ansichten, von wem die Initiative zum Berliner Abkommen ausging: Von der Regierung der DDR (aufgrund angeblich wachsender Unzufriedenheit der Bevölkerung, als »Gegenleistung für westdeutsche Kredite«), von Westberliner Seite, besonders von Brandt (der einen Prestigeerfolg für die Bundestagswahlen brauche), auf Drängen Chruschtschows.
- Die Durchführung des Berliner Abkommens zeige, dass die Grenzsicherungsmaßnahmen der DDR in erster Linie gegen die Bevölkerung der DDR gerichtet seien. Jetzt könnten praktisch neben den Westdeutschen und Ausländern auch noch die Westberliner mehr oder weniger freizügig in die Hauptstadt der DDR einreisen, sodass der angebliche Zweck der Grenzsicherungsmaßnahmen illusorisch sei und die »Mauer« liquidiert werden könnte.
- Die DDR wolle aus den humanitären Anliegen des Berliner Abkommens politische Vorteile ziehen.
- Das Abkommen sei einseitig, da es nur den Besuch von Westberlinern in der Hauptstadt der DDR vorsehe, während dagegen den DDR-Bürgern der Besuch ihrer Westberliner Verwandten verwehrt sei. (Verstärkt Forderungen, bei zukünftigen Vereinbarungen auch Bürgern der DDR den Besuch in Westberlin zu ermöglichen – teilweise mit Vorschlägen, der Westberliner Senat dürfe DDR-Bürgern kein Asyl geben und sie nicht ausfliegen, Passierscheine für Personen über 65 Jahre auszugeben.)
- Unverständnis bei einer Reihe im Grenzgebiet wohnhafter Personen über das Einreiseverbot für Westberliner ins Grenzgebiet.
- Forderung nach Erweiterung der Besuchsmöglichkeiten auf die Berliner Randgebiete, die nicht mehr zum Stadtgebiet gehören.
- Von Bürgern aus den übrigen Bezirken der DDR, die Verwandten in Westberlin haben, wird zunehmend geäußert, dass ihre Verwandten auch Möglichkeiten für Besuche in der DDR erhalten müssten.
- Im Zusammenhang mit dem Berliner Abkommen auch erneutes Ansteigen der Diskussionen, warum keine Reisen von DDR-Bürgern nach Westdeutschland gestattet werden.

30. Januar 1964

Einzelinformation Nr. 74/64 über Äußerungen des westdeutschen Journalisten *Stehle* zu den Passierscheinverhandlungen und zur Konzeption eines Pressegespräches mit Staatssekretär *Wendt*

Quelle: BStU, MfS, ZAIG 841, Bl. 6–8 (5. Expl.).
Serie: Informationen.
Verteiler: Ulbricht, Stoph – MfS: Wolf, Ablage.
Vermerk: Handschriftlich unter dem Dokumententitel: »Quelle: HA V«.

Einer zuverlässigen Quelle[1] zufolge äußerte sich der bekannte westdeutsche Journalist Stehle[2] zu einigen Fragen der weiteren Passierscheinverhandlungen.[3] Über ein Gespräch mit *Bahr*[4] teilte Stehle mit, dass es sowohl Bahr als auch *Brandt*[5] unverständlich sei, wie die DDR vor allem in Presse und Rundfunk zu einer negativen Einschätzung des gegenwärtigen Standes der Passierscheinverhandlungen komme. Bahr sei nach wie vor der Meinung, dass die Verhandlungen erfolgreich sein könnten und sollten. Der Westberliner Senat sei nach wie vor an einem Erfolg interessiert.[6]

1 Dabei handelt es sich um GI »Gerhard« Hans-Joachim Seidowsky. Stehle sprach in diesem Sinne am 27. und am 30.1.1964 mit Seidowsky. Vgl. BStU, MfS, AIM 3654/71, T. II, Bd. 8, Bl. 43 f. u. 46 f.

2 Hansjakob Stehle, Jg. 1927, Journalist, 1958–63 für die »Frankfurter Allgemeine Zeitung« als erster Korrespondent aus der Bundesrepublik in Polen, 1964–2008 Mitarbeiter der Wochenzeitung »Die Zeit« in Hamburg.

3 Zwischen der Regierung der DDR und dem Senat von Westberlin wurde erstmals am 17.12.1963 eine Vereinbarung über die Ausgabe von Passierscheinen für Bürgerinnen und Bürger mit dem ständigen Wohnsitz in Westberlin für den Besuch des Ostsektors der Stadt für den Zeitraum vom 19.12.1963 bis zum 5.1.1964 getroffen. Allerdings erlaubte das Passierscheinabkommen ihnen zwar den Besuch im Osten, den Ostberlinerinnen und Ostberlinern blieb der Weg nach Westen aber auch weiterhin versperrt. Vgl. Alisch, Steffen: Berlin ↔ Berlin. Die Verhandlungen zwischen Beauftragten des Berliner Senats und Vertretern der DDR-Regierung zu Reise- und humanitären Fragen 1961–1972. Berlin 2000 (Arbeitspapiere des Forschungsverbundes SED-Staat; 31/2000); Huhn, Eckart: Die Passierscheinvereinbarungen des Berliner Senats mit der Regierung der DDR 1963 bis 1966. Deutsch-Deutsche Verhandlungen zur Überwindung der politischen Sprachlosigkeit und der Milderung menschlicher Härten als Folge des Mauerbaus. Ludwigsfelde 2011; Kunze, Gerhard: Grenzerfahrungen. Kontakte und Verhandlungen zwischen dem Land Berlin und der DDR 1949–1989. Berlin 1999 (Studien des Forschungsverbundes SED-Staat an der Freien Universität Berlin).

4 Egon Bahr, Jg. 1922, Journalist, SPD-Politiker, 1950–60 Chefkommentator des RIAS, 1960–66 Leiter des Presse- und Informationsamtes des Berliner Senats.

5 Willy Brandt, Jg. 1913, SPD-Politiker, 1957–66 Regierender Bürgermeister von Westberlin, 1966–69 Bundesaußenminister, 1969–72 Bundeskanzler, 1964–87 Vorsitzender der SPD.

6 Zur Vermittlerrolle Stehles vgl. Münkel, Daniela: Kampagnen, Spione, geheime Kanäle. Die Stasi und Willy Brandt. Berlin ²2015 (BF informiert; 32), S. 37 f.; Kunze, Gerhard: Grenzerfahrungen. Kontakte und Verhandlungen zwischen dem Land Berlin und der DDR 1949–1989. Berlin 1999 (Studien des Forschungsverbundes SED-Staat an der Freien Universität Berlin), S. 84–91 u. 128.

Bisher sei es jedoch in den Gesprächen zwischen Staatssekretär Wendt[7] und Senatsrat *Korber*[8] nur um die Darlegung der gegenseitigen Vorstellungen gegangen. Die Absicht der DDR, eine neue Vereinbarung auf die gleiche technische Weise wie das erste Abkommen abzuwickeln, sei, nach Ansicht des Senats, gegenwärtig und auch künftig nicht realisierbar. Es sei aber bisher noch nicht wieder zu Verhandlungen über technische Einzelfragen gekommen. Der Senat sei sofort bereit, über sogenannte technische Einzelheiten zu verhandeln.

Er habe bereits ein »Verwaltungsabkommen« mit entsprechenden Anlagen schriftlich vorbereitet, dass als Verhandlungsgrundlage dienen könnte. Der Senat sei auch an einer Beschleunigung der Verhandlungen interessiert und würde, falls die DDR ebenfalls dazu bereit wäre, seinen Verhandlungspartner öfter als wöchentlich einmal zur Verfügung stellen.

Über ein Gespräch mit dem Pressesprecher des Bonner Auswärtigen Amtes Hille[9] berichtete Stehle, es sei in der letzten Zeit zwischen der Bonner Regierung und dem Westberliner Senat in verstärktem Umfang darüber debattiert worden, ob Senatsrat Korber als Verhandlungspartner ausgewechselt werden soll. Senat und SPD in Westberlin seien mit Korber zufrieden. Das Auswärtige Amt habe jedoch Bedenken gegen ihn erhoben, wobei seine Vergangenheit als ehemaliger Bürger der DDR eine Rolle spiele.

In seinem Gespräch mit Stehle habe Bahr bestätigt, dass es Bedenken gegen Korber vor allem vonseiten der CDU gibt. Bahr vermutet dahinter Bemühungen der CDU, einen eigenen Mann als Verhandlungspartner zu lancieren. Korber werde jedoch von Brandt gestützt, der ihn als eine Art »Verhandlungsgenie« betrachte.

Hille habe darüber hinaus die Auffassung vertreten, dass auch die Bonner Regierung keinen Abbruch der Verhandlungen mit der DDR wünsche. Erhard[10] habe sowohl ihm gegenüber als auch gegenüber Pressechef Hase[11] mehrfach geäußert, dass der »Kanal« zur DDR auf keinen Fall zugeschüttet werden dürfe.

Nach der Darstellung Hilles seien allerdings die Westmächte an einer Verzögerung der Verhandlungen interessiert. Deshalb wünsche auch Erhard gegenwärtig keinen Verhandlungserfolg.

7 Erich Wendt, Jg. 1902, Partei- und Staatsfunktionär, 1922 KPD, 1947 SED, 1957–65 stellv. Minister für Kultur, führte von 1963 bis 1965 für die DDR-Seite die Verhandlungen mit dem Senat über das Passierscheinabkommen.

8 Horst Korber, Jg. 1927, wurde 1963 Senatsrat in der Senatskanzlei und war von Westberliner Seite aus Unterhändler für das Passierscheinabkommen mit Ostberlin.

9 Hans-Joachim Hille, Jg. 1921, Diplomat, 1961–64 Leiter des Pressereferats des Auswärtigen Amtes der Bundesrepublik.

10 Ludwig Erhard, Jg. 1897, Politiker, für die CDU 1949–63 Bundesminister für Wirtschaft, 1963–66 Bundeskanzler, 1966–67 CDU-Vorsitzender.

11 Karl Günter von Hase, Jg. 1917, Diplomat, 1962–67 Leiter des Presse- und Informationsamtes der Bundesregierung.

Die Westmächte verlangten, dass ihnen die Westberlinfrage als Teil ihres Programms für kommende Ost-West-Verhandlungen vorbehalten bleibe. Dazu komme, dass insbesondere die französische Regierung »ihre eigene Ostpolitik«[12] betreiben wolle und deshalb nicht an Verhandlungserfolgen des Westberliner Senats oder auch der Bonner Regierung mit den sozialistischen Staaten interessiert sei. (Nach anderen Informationen ist die Regierung Erhard nicht nur aufgrund der Vorbehalte der Westmächte, sondern aufgrund der gleichen Motive wie die Westmächte an weiteren Verhandlungserfolgen des Senats nicht interessiert.)

Für das beabsichtigte Pressegespräch im Auftrage der Zeitschrift »Stern« mit Staatssekretär Wendt übermittelte Stehle folgende Konzeption: Das Gespräch soll »ein Porträt des Verhandlungspartners von Senatsrat Korber« zum Ergebnis haben und sich besonders auf folgende Punkte konzentrieren: biografische und persönliche Angaben (ohne Erwähnung der Zeit des Aufenthaltes in der Sowjetunion); gegenwärtige amtliche Tätigkeit mit Schwerpunkt auf kulturellen Fragen; allgemeine Unterhaltung über Fragen des Humanismus in Deutschland; allgemeine und besonders atmosphärische Eindrücke, die Staatssekretär Wendt während der Verhandlungen mit der Westberliner Seite und während seines Aufenthalts in Westberlin überhaupt gewonnen habe.

Es sollen ohne Autorisierung durch Staatssekretär Wendt keine persönlichen Zitate verwandt werden. Es würden keine Fragen über den gegenwärtigen Stand der Passierscheinverhandlungen gestellt. Das Informationsgespräch brauche nicht den Charakter eines Interviews zu haben. Nach Möglichkeit soll ein Foto von dem Gespräch aufgenommen werden. Das Gespräch soll ca. 1½ Stunden dauern.

Die Information darf im Interesse der Sicherheit der Quelle nicht publizistisch ausgewertet werden.

12 Nur drei Tage nach der Aufnahme diplomatischer Beziehung Frankreichs mit der Volksrepublik China am 27.1.1964 (vgl. Information 161/64) reisten zwei französische Parlamentarierdelegationen nach Ostberlin: eine Delegation des Senats unter Marcel Pellenc und eine weitere unter der Vizepräsidentin der Nationalversammlung, Jacqueline Thome-Patenôtre, die vom Leiter der außenpolitischen Kommission des Politbüros, Hermann Axen, dem stellvertretenden Staatsratsvorsitzenden Manfred Gerlach, Außenhandelsminister Julius Balkow, dem stellv. Außenminister Otto Winzer und schließlich auch von Walter Ulbricht empfangen wurde. Vgl. Wenkel, Christian: Auf der Suche nach einem »anderen Deutschland«. Das Verhältnis Frankreichs zur DDR im Spannungsfeld von Perzeption und Diplomatie. München 2014 (Studien zur Zeitgeschichte; 86), S. 337–340.

5. Februar 1964

Einzelinformation Nr. 85/64 über die Situation an den Jugendwerkhöfen der DDR

Quelle: BStU, MfS, ZAIG 844, Bl. 1–13 (8. Expl.).
Serie: Informationen.
Verteiler: Gotsche – MfS: HA VII, HA V, Ablage.
Bemerkungen: Nicht realisierter Verteilervorschlag (im Dokumentenkopf): Honecker, Hager, Margot Honecker. Das ZAIG-Postausgangsbuch verzeichnet in der Nähe der Datierung keine Ausgänge dieser Information. Der Versand an Gotsche ist erst für den 14.4.1964 vermerkt (BStU, MfS, ZAIG 6985b, Bl. 370). Ob die internen Adressaten ihre Exemplare erhielten, ist fraglich. Der Verteiler vermerkt, dass die Exemplare 2–7 vernichtet wurden.

Nach vorliegenden Informationen sind trotz einer sich abzeichnenden positiven Entwicklung in einzelnen Jugendwerkhöfen der DDR insgesamt aber noch umfangreiche negative Erscheinungen und Vorkommnisse zu verzeichnen, die das erstrebte Erziehungsziel beeinträchtigen und daher die Einleitung zentraler Maßnahmen erforderlich machen würden.

Die Ansätze einer positiven Entwicklung in einzelnen Jugendwerkhöfen zeigen sich vor allem in Folgendem:

1. In der Zurückdrängung der Jugendkriminalität, der Erhöhung der Ordnung und Sicherheit und der Hebung des kollektiven Verantwortungsbewusstseins durch die Schaffung von Ordnungsgruppen der FDJ und die breite Einbeziehung der Jugendlichen in den Erziehungsprozess. Zum Beispiel waren am Jugendwerkhof[1] Gera nach Einsatz der Ordnungsgruppen im Zeitraum von Mai bis Oktober 1963 nur vier strafbare Handlungen gegenüber 21 im I. Quartal 1963 festzustellen. Im Jugendwerkhof Hummelshain konnten mithilfe der Ordnungsgruppe ein Fall schriftlicher Hetze und drei geplante Verbrechen des illegalen Verlassens der DDR aufgeklärt werden.
2. In einzelnen Jugendwerkhöfen wurde durch die Heimleitungen mithilfe der bestehenden FDJ-Gruppen die Eigeninitiative der Jugendlichen zur Entwicklung eines regen gesellschaftlichen Lebens geweckt und eine bessere Freizeitgestaltung, Kultur- und Sportarbeit erreicht.
   Im Jugendwerk Bröthen, [Kreis] Hoyerswerda z. B. wurde die überwiegende Anzahl der Jugendlichen für die FDJ und die GST gewonnen. Durch eine interessante Arbeit dieser Organisationen wurde erreicht, dass es zu keinerlei Eigentumsdelikten und Fällen des unberechtigten Benutzens von Kfz mehr gekommen ist.

1 Jugendwerkhöfe waren in der DDR spezielle Heime für Jugendliche zwischen 14 und 18 Jahren, die als verhaltensgestört oder schwer erziehbar betrachtet wurden. Vgl. dazu Zimmermann, Verena: »Den neuen Menschen schaffen«. Die Umerziehung von schwererziehbaren und straffälligen Jugendlichen in der DDR (1945–1990). Köln, Weimar, Wien 2004.

3. In einigen Jugendwerkhöfen bildeten sich Erzieherräte, denen neben den Heimleitern, Erziehern, Mitarbeitern der Sicherheitsorgane, der Staatsanwaltschaft und der Kreisleitung der FDJ auch Jugendliche der Werkhöfe angehören. Diese Jugendlichen nehmen selbst an den Untersuchungen über Ursachen und begünstigende Bedingungen begangener Straftaten teil und tragen zu deren Beseitigung mit bei.

Der erwähnten positiven Entwicklung der Arbeit an den Jugendwerkhöfen stehen jedoch in größerem Umfange solche negativen Erscheinungen und Vorkommnisse gegenüber, die sich hemmend auf die Festigung der Kollektive der Jugendwerkhöfe und auf die Erziehung und Bildung der Jugendlichen auswirken.

Ein besonderer Schwerpunkt ist die Entweichung von Jugendlichen aus den Jugendwerkhöfen u. a. Heimen der Volksbildungsorgane, weil sie häufig mit der Begehung krimineller Handlungen bzw. mit Versuchen, gewaltsam die Staatsgrenze der DDR zu durchbrechen, verbunden sind.

So wurden z. B. in der Zeit vom 1.1. bis 10.9.1963 insgesamt

- 506 Entweichungen mit 1 095 Jugendlichen aus Jugendwerkhöfen,
- 31 Entweichungen mit 58 Jugendlichen aus Durchgangsheimen,
- 147 Entweichungen mit 265 Jugendlichen aus Kinderheimen

bekannt, die die Einleitung teilweise überörtlicher Fahndungsmaßnahmen notwendig machten. Aufgrund der eingeleiteten Fahndungs- und Dauerfahndungsmaßnahmen konnten von den aus

- Jugendwerkhöfen entwichenen Jugendlichen 1 074 = 98,1 %,
- Durchgangsheimen entwichenen Jugendlichen 55 = 94,8 %,
- Kinderheimen entwichenen Kindern 263 = 99,2 %

wieder aufgegriffen werden.

Schwerpunkte der Entweichungen waren die Jugendwerkhöfe bzw. Heime

[Jugendwerkhof oder Heim]	Kapazität	entwichene Jugendliche
Sachsenburg, [Bezirk] Karl-Marx-Stadt	65	120
Bräunsdorf, [Bezirk] Karl-Marx-Stadt	230	106
Reinstorf, [Bezirk] Rostock	100	69
Hennickendorf, [Bezirk] Frankfurt/O.	60	36
Gorgast, [Bezirk] Frankfurt/O.	35	10
Wolfersdorf, [Bezirk] Gera	70	35
Kottmarsdorf, [Bezirk] Dresden	40	21

Zum Beispiel entwich am 26.8.1963 der [Name 1] bereits zum sechsten Male aus dem Jugendwerkhof Freital. Gemeinsam mit einem am 25.8.1963 aus dem Jugendwerkhof entlassenen Zögling entwendete er in Meißen zwei Kräder. In Karl-Marx-Stadt brach er einen Pkw auf. Aus dem Jugendwerkhof Neuoberhaus ([Kreis] Schwarzenberg) Karl-Marx-Stadt entwichen in der Nacht zum 2.9.1963 die Zöglinge [Name 2] und [Name 3]. [Name 2] wurde bereits drei Mal flüchtig und versuchte jedes Mal gewaltsam die Staatsgrenze der DDR zu durchbrechen. Aus dem Jugendwerkhof Gerswalde, Außenstelle Suckow, [Kreis] Templin, [Bezirk] Neubrandenburg, entwichen in der Nacht zum 5.9.1963 insgesamt acht Zöglinge, nachdem sie kurze Zeit vorher vom Jugendwerkhof Burg nach Gerswalde verlegt worden waren. Auf dieser Flucht entwendeten sie drei Motorräder und einen Motorroller. Von den acht Zöglingen konnten bisher sechs wieder zugeführt werden. (Weitere Beispiele über die »Begleitumstände« derartiger Entweichungen liegen vor.)

Besondere Aufmerksamkeit verlangt auch der hohe Anteil von Jugendlichen aus Jugendwerkhöfen an der Gesamtkriminalität solcher Kreise, in denen Jugendwerkhöfe existieren bzw. in denen Jugendliche aus Jugendwerkhöfen im Arbeitseinsatz sind. Der Anteil von Jugendlichen aus Jugendwerkhöfen an der Gesamtkriminalität beträgt z. B. im Kreis Schwarzenberg 76 % und im Kreis Cottbus 50 %. Dabei führten einzelne Straftaten dieser Jugendlichen zu hohen ökonomischen Schäden. So beschädigten z. B. zehn zwangseingewiesene Jugendliche des Jugendwerkhofes Freienhufen, [Kreis] Senftenberg, [Bezirk] Cottbus, im Tagebau Sedlitz einen Bagger und verschiedene Aggregate. Durch diese Handlungen entstand ein Schaden von ca. 4 500 DM. Im Kreis Wismar waren im 1. Halbjahr 1963 50 jugendliche Täter aus dem Jugendwerkhof Reinstorf an 35 Straftaten des einfachen und schweren Diebstahls beteiligt (höchster Prozentsatz der Gesamtkriminalität dieses Kreises).

In Bezug auf die Tätigkeit der Heimleiter, Erzieher und Ausbilder an den Jugendwerkhöfen ist einzuschätzen, dass sich insgesamt eine positive Entwicklung abzeichnet. Trotzdem gibt es jedoch immer noch relativ häufig unter diesen Kräften Erscheinungen und Vorkommnisse, die eine vorbeugende Arbeit erschweren, sich negativ auf die Erziehung der Jugendlichen und die Festigung der Kollektive auswirken und zum Teil sogar direkt oder indirekt die Begehung von Straftaten begünstigen. Im Wesentlichen handelt es sich dabei um Erscheinungen des herzlosen Verhaltens und der Anwendung falscher, teilweise recht selbstherrlicher Erziehungsmethoden durch die Erzieher, um grobe, die Autorität untergrabende Verstöße einer Anzahl Erzieher und Leiter gegen die sozialistische Moral und Ethik sowie um ernsthafte Erscheinungen der Veruntreuung und Unterschlagung gesellschaftlichen Eigentums und finanzieller Mittel durch Angehörige des Heimpersonals. Diese negativen Erscheinungen und Vorkommnisse sind – nach den vorliegenden Informationen – vor allem auf die ungenügende politisch-ideologische Bewusstseinsbildung, die mangelnden pädagogischen Kenntnisse und die zum

Teil fehlende menschliche Reife der Erzieher und des Heimpersonals zurückzuführen. Nach den vom MfS geführten Untersuchungen entsprechen bei einer großen Anzahl von Jugendwerkhöfen die kaderpolitische Zusammensetzung und die politisch-moralische Haltung einer Reihe von Erziehern, Ausbildern und anderen Kräften des Heimpersonals nicht den Erfordernissen dieser Funktionen.

Am Jugendwerkhof Gerswalde, [Kreis] Templin, sind z.B. 28 Erziehungs- und Ausbildungskräfte tätig. Von diesen Kräften waren fünf Personen ehemals Mitglieder der NSDAP, darunter der Heim-, der Schul- und der Erziehungsleiter. Letzterer ist außerdem wegen Sittlichkeitsverbrechen mit zwei Jahren Haft vorbestraft. Ein weiterer Erzieher wurde im Januar 1963 wegen Diebstahls verurteilt, im März des gleichen Jahres jedoch wieder in diese Funktion eingesetzt. Die Außenstelle des Jugendwerkhofes Gerswalde wird von einem Rückkehrer-Ehepaar geleitet, das die Verhältnisse in Westdeutschland verherrlicht (der Ehemann war ehemaliger Gutsinspektor). Dem Verantwortlichen der Abteilung Volksbildung ist dieser kaderpolitisch untragbare Zustand bekannt. Mit der Begründung, es fehle an geeigneten Kräften, wird einer Veränderung ausgewichen.

Am Jugendwerkhof Neuoberhaus, [Kreis] Schwarzenberg, sind 18 Erzieher und 17 Ausbilder beschäftigt. Sechs Erzieher bzw. Ausbilder wurden aufgrund begangener Straftaten an Jugendwerkhöfe versetzt. Weitere 13 Erzieher und Ausbilder erhielten bereits Partei- und Disziplinarstrafen.

Der Leiter des Jugendwerkhofes Burg wird als »Pascha« bezeichnet. Er lehnt jede Kritik an seiner Person ab und droht dem Erziehungspersonal bei kritischen Bemerkungen mit Entlassung. In der Außenstelle Niederdodeleben des Jugendwerkhofes Burg ist der Leiter ein ehemaliger selbstständiger Friseurmeister, dessen Ehefrau wegen Wirtschaftsverbrechen mit Zuchthaus bestraft wurde. Ähnliche kaderpolitische Verhältnisse wurden u. a. an den Jugendwerkhöfen Gorgast, [Kreis] Seelow, Rühn und Bützow festgestellt.[2]

In welchem Maße sich mangelnde politisch-ideologische und menschliche Reife sowie fehlende pädagogische und psychologische Kenntnisse der Erzieher und Ausbilder im negativen Sinne auf die Erziehungsarbeit an den Jugendwerkhöfen auswirken, zeigten Untersuchungen in den Jugendwerkhöfen Eckartsberga, [Kreis] Naumburg, Reinstorf, [Bezirk] Rostock, Gorgast, [Kreis] Seelow und Neuoberhaus, [Kreis] Schwarzenberg.

In Eckartsberga, [Kreis] Naumburg, wurde z.B. unter dem Begriff »Selbsterziehung der Zöglinge« die Prügelstrafe als Erziehungsmethode unter den Jugendlichen eingeführt. In Abwesenheit, aber mit Wissen der Erzieher, wurden z.B. Übertretungen einzelner Jugendlicher in den Nachtstunden durch Prügelstrafen geahndet. Im Jugendwerkhof Neuoberhaus, [Kreis]

2 So im Dokument. Wahrscheinlich ist der Jugendwerkhof im Kloster Rühn im Kreis Bützow gemeint.

Schwarzenberg, führte die unzureichende politisch-ideologische Erziehungsarbeit Anfang Oktober 1963 zu einer negativen Gruppenbildung faschistischen Charakters. Die Jugendlichen verherrlichten den Faschismus, sprachen sich mit SS-Dienstgraden an, sangen faschistische Lieder und terrorisierten schwächere Jugendliche mit Gummiknüppeln. Weiterhin hörten sie Westsender ab und planten einen bewaffneten Grenzdurchbruch. Um in den Besitz von Waffen zu kommen, wollten sie einen ABV der VP entwaffnen. Zu einer Gruppenbildung mit derartigem Charakter kam es auch am Jugendwerkhof Reinstorf, [Bezirk] Rostock.

Unter den Zöglingen des Jugendwerkhofes Gorgast waren Prügelstrafen ebenfalls an der Tagesordnung und neben einer schlechten inneren Ordnung u.a. auch mit der Grund für die zahlreichen Entweichungen. Das Erzieherkollektiv hatte Kenntnis von diesen Vorkommnissen, leitete aber keine Maßnahmen zur Veränderung ein. Die vorgesetzten Dienststellen und die Sicherheitsorgane wurden auch nicht davon unterrichtet, dass die Jugendlichen sich Schlagringe und andere Hiebwaffen anfertigten und Diebstähle begingen. Bei einem Teil der Erzieher resultiert diese Haltung aus ihrer rückständigen bürgerlichen Denkweise, die sich z.B. in folgenden Auffassungen widerspiegelt: »Den Jugendlichen sei der Hang zum Vergehen angeboren; die Jugendlichen würden eine Besserung von vornherein ablehnen, deshalb seien alle Versuche nutzlos.« Im Zusammenhang damit wird wiederholt für die Einführung einer sogenannten Jugendhaft plädiert, weil angeblich die zur Verfügung stehenden Mittel und Methoden der Erziehung, besonders bei wiederholt straffällig gewordenen Jugendlichen, nicht ausreichend seien. Derartige Auffassungen werden besonders dort vertreten, wo es die Erzieher und Ausbilder aufgrund fehlender pädagogischer und psychologischer Kenntnisse nicht verstehen, eine richtige Einheit zwischen der gesellschaftlichen Erziehung und den Elementen des Zwanges herbeizuführen.

Aus den vorliegenden Hinweisen ist weiter ersichtlich, dass es in einer Reihe von Jugendwerkhöfen zu unmoralischen Vergehen von Erziehern und Ausbildern gekommen ist, wodurch auch gleichzeitig ihre Autorität untergraben wurde. Derartige Vergehen, zum Teil unter Mitwirkung von Jugendlichen bzw. unter Ausnutzung des Abhängigkeitsverhältnisses, gab es nach vorliegenden Hinweisen u.a. an den Jugendwerkhöfen Freital, Wolfersdorf, Bad Köstritz sowie in der Außenstelle Stroga des Jugendwerkhofes Röderhof[3].

Im Jugendwerkhof Bad Köstritz z.B. bestanden intime Verhältnisse unter den Erziehern sowie zwischen Erziehern und Jugendlichen des Werkhofes. Diese Vorgänge waren unter den Jugendlichen allgemein bekannt. Im Jugendwerkhof Freital kam es wiederholt zu Trinkgelagen des Heimpersonals im Beisein von Jugendlichen. Außerdem unterhielt die Ehefrau des Leiters

3 Im Original: »Rodersdorf«.

des Jugendwerkhofes intime Beziehungen zu mehreren Jugendlichen. Besonders häufig sind derartige Handlungen auch in Außenstellen der Jugendwerkhöfe anzutreffen, wo sich die Jugendlichen vielfach selbst überlassen sind und durch außenstehende Personen negativ beeinflusst werden. (Entsprechende Beispiele über weitere derartige Vorkommnisse liegen vor.)

Neben diesen moralischen Vergehen trugen auch Manipulationen mit Verwaltungs-, Lohn- und Prämiengeldern sowie Veruntreuung und Unterschlagung finanzieller Mittel durch Angehörige des Heimpersonals oder der Heimleitungen zur Untergrabung der Autorität bei. Begünstigt wurden diese Vergehen vor allem durch Unordnung in den Haushalten der Jugendwerkhöfe sowie durch die Vernachlässigung der Finanzkontrolle seitens der Räte der Kreise. In einer Reihe von Jugendwerkhöfen wurden größere Summen festgestellt, die über »illegale Kassen« liefen. Durch Untersuchungen an einigen Jugendwerkhöfen wurde z. B. bekannt, dass Erzieher sogenannte Strafkassen anlegten und sich mit Geldern aus diesen Kassen Genussmittel u. a. kauften. Über die Verwendung von Prämiengeldern, die sich die Jugendlichen durch Arbeits- und NAW-Einsätze verdient hatten, wurden keine Belege geführt. Typisch dafür sind folgende Beispiele: Im Jugendwerkhof Freital wurden insgesamt 17 Kassen geführt, u. a. für NAW-Prämien und für »Schadenersatzleistungen« der Jugendlichen. Außerdem bestanden zwei offizielle Konten. Über den Verbrauch der Gelder in Höhe von ca. 10 000 DM ist kein Nachweis vorhanden. Der Leiter versuchte mittels einer handschriftlichen Aufstellung 5 000 DM nachzuweisen. Eine Prämie von 850 DM, die den Jugendlichen vom Edelstahlwerk Freital verliehen wurde, konnte ebenfalls auf keinem Konto und durch keine Quittung belegt werden. Durch Manipulationen beim Verkauf von Waren an die Jugendlichen erzielte die Leitung dieses Werkhofes außerdem einen Gewinn von 1 120 DM. Als »Erziehungsmaßnahmen« wurden ungerechtfertigt hohe »Strafgelder« eingezogen. Zum Beispiel wegen Rauchens im Schlafsaal 25,00 DM, im Wiederholungsfall 75,00 DM, wegen Nichtabschaltens eines Bügeleisens 50,00 DM. Seit Bestehen des Jugendwerkhofes Anfang 1961 bis zum Juli 1963 wurden auf diese Art und Weise nachweislich 90 Jugendliche mit Strafen zwischen 5,00 bis 200 DM abgestraft und dabei 5 979,57 DM eingenommen.

Am Jugendwerkhof Bad Köstritz, [Kreis] Gera[-Land], wurden der Ehefrau des Heimleiters, die gleichzeitig als Gruppenerzieherin tätig war, Unterschlagungen in Höhe von ca. 5 000 DM und der Wirtschaftsleiterin Unterschlagungen in Höhe von 6 400 DM nachgewiesen. An den Unterschlagungen der Wirtschaftsleiterin waren auch der ehemalige Heimleiter und der Erziehungsleiter mitbeteiligt. Ungeklärt ist an diesen Jugendwerkhöfen auch der Verbleib von ca. 10 000 DM, die aus Arbeitseinsätzen der Jugendlichen stammen.

Diese Vorkommnisse tragen nicht nur dazu bei, die Autorität der Erzieher und des Heimpersonals zu untergraben, sondern gefährdeten auch das erstrebte Erziehungsziel, förderten Entweichungen von Jugendlichen und inspirierten z. T. die Jugendlichen zur Begehung erneuter strafbarer Handlungen.

Im Verlaufe der Untersuchungen wurden noch weitere Probleme bekannt, die sich negativ auf den Erziehungsprozess und die gesamte Arbeit an den Jugendwerkhöfen auswirken.

Von besonderer Bedeutung ist dabei, dass gegenwärtig an den meisten Jugendwerkhöfen nur für einen geringen Prozentsatz der Jugendlichen eine qualifizierte berufliche Ausbildung gewährleistet ist. Im Ergebnis dessen werden z. B. in Gebieten mit überwiegend landwirtschaftlicher Struktur die Jugendlichen aus den Werkhöfen als ungelernte Hilfskräfte mit einem Durchschnittslohn von 200 bis 240 DM im landwirtschaftlichen Arbeitsprozess eingesetzt. Andererseits zeigen sich in diesen Gebieten Tendenzen, die abgeschlossenen Lehrverträge über eine landwirtschaftliche Ausbildung nicht einzuhalten. Die Jugendlichen erhalten nur 55,00 DM Lehrgeld, werden aber weiter mit der Durchführung von Hilfsarbeiten beschäftigt, für die sie als ungelernte Kräfte höher bezahlt würden. Dadurch entstandene Unstimmigkeiten unter den Jugendlichen waren u. a. auch mit Anlass für Entweichungen aus den Jugendwerkhöfen der Kreise Nauen, Wismar und Strausberg.

Der Erziehungsprozess an den Jugendwerkhöfen wird weiter durch die unbefriedigende Einweisungspraxis behindert. Nach vorliegenden Hinweisen werden in die Jugendwerkhöfe immer noch relativ häufig Jugendliche eingewiesen, obwohl die Notwendigkeit einer Erziehung im Jugendwerkhof ungenügend überprüft wurde. Derartige Feststellungen wurden insbesondere bei Jugendlichen getroffen, die guten familiären Verhältnissen entstammen und deren Elternteile gesellschaftliche und staatliche Funktionen bekleiden. Da die Konflikte dieser Jugendlichen im Wesentlichen daraus resultieren, dass die Eltern infolge Arbeitsüberlastung wenig Zeit für die Erziehung ihrer Kinder fanden, wäre in den meisten Fällen bei Berücksichtigung dieses Umstandes durch die Eltern eine positivere Erziehung gegeben gewesen als durch die Einweisung dieser Jugendlichen in einen Jugendwerkhof. Bei der gegenwärtig noch vorherrschenden Einweisungspraxis kommen aber auch diese Jugendlichen erst näher mit straffällig gewordenen Jugendlichen in Berührung und geraten dadurch begünstigt auf »die schiefe Bahn«. Im Jugendwerkhof Reinstorf, [Kreis] Wismar, z. B. hätten bei Berücksichtigung dieser Umstände ca. 25 % der Zöglinge nicht in den Jugendwerkhof eingewiesen werden brauchen.

Zur Überwindung dieser Mängel und Missstände an den Jugendwerkhöfen werden – gestützt auf uns bekannt gewordene Ansichten von Mitarbeitern und Zöglingen der Jugendwerkhöfe – folgende Vorschläge und Empfehlungen unterbreitet:

1. Durch die zentralen Volksbildungsorgane und die Organe für innere Angelegenheiten stärker als bisher auf die Auswahl und Besetzung der an den Jugendwerkhöfen vorhandenen Planstellen mit qualifizierten, politisch gefestigten Lehrkräften Einfluss zu nehmen.

2. Für die Leiter, Erzieher und Ausbilder an den Jugendwerkhöfen wissenschaftlich begründete Qualifizierungsmerkmale auszuarbeiten.
3. Schwerpunktmäßig kaderpolitische Überprüfungen des Lehr-, Erziehungs- und Heimpersonals durchzuführen und unzuverlässige, den politischen und pädagogisch-erzieherischen Aufgaben nicht gewachsene Kräfte konsequent abzulösen.
4. Für bestimmte Erzieher als Übergangslösung zweckentsprechende persönliche Qualifizierungsmaßnahmen für die allseitige politische und fachliche Weiterbildung dieser Kräfte festzulegen.
5. Gemeinsam mit den örtlichen gesellschaftlichen Organisationen und staatlichen Organen sowie den verantwortlichen Sicherheitsorganen die positiven Erfahrungen und Ergebnisse in der Arbeit mit Erziehungsräten, Ordnungsgruppen der FDJ und einer sinnvollen Freizeitgestaltung an den Jugendwerkhöfen auszuwerten und zu verallgemeinern und den Abschluss von Patenschaftsverträgen zwischen VEB, VEG und LPG mit Jugendwerkhöfen stärker zu fördern.
6. Unter Berücksichtigung der spezifischen Bedingungen der Jugendwerkhöfe und der Entwicklung der Hauptzweige der Industrie und Landwirtschaft auf der Grundlage moderner Berufsbilder bestimmte Lehr- und Ausbildungspläne zu erarbeiten. In diesem Zusammenhang sollte geprüft werden,
   - ob durch die örtlichen Volksbildungsorgane in Zusammenarbeit mit den Lehrwerkstätten, den Industrie- und Landwirtschaftsbetrieben und den Betriebsberufsschulen bereits schon jetzt erfahrene Ausbilder und Lehrer stärker in den Ausbildungsprozess der Jugendlichen an den Jugendwerkhöfen einbezogen werden könnten.
   - ob unter Berücksichtigung positiver Erfahrungen der Außenstellen solche Maßnahmen eingeleitet werden könnten, sich positiv entwickelnde Jugendliche aus Jugendwerkhöfen rechtzeitig in den Produktionsprozess, die Betriebsberufsschule und in die Wohnheime von sozialistischen Großbetrieben der Industrie und Landwirtschaft aufzunehmen, soweit diese über die entsprechenden Voraussetzungen zur Weiterführung des Erziehungsprozesses verfügen.
   - ob nicht Möglichkeiten geschaffen werden können, differenzierte Lehrverträge mit den Jugendlichen abzuschließen, damit sie, um einen Abschluss zu erhalten, nicht unbedingt drei Jahre im Jugendwerkhof verbringen müssen.
7. Die gegenwärtige Einweisungspraxis zu überprüfen und künftig differenziertere Einweisungen in die Jugendwerkhöfe – unter Berücksichtigung des Entwicklungsstandes und der Festigkeit der Kollektive an den Jugendwerkhöfen – vorzunehmen. Eine bessere Differenzierung könnte etwa nach folgenden Gesichtspunkten erfolgen: Unterscheidung zwischen gefährdeten, schwer erziehbaren und kriminell angefallenen Jugendlichen, wobei in letzterem Falle außerdem berücksichtigt werden sollte, ob erst-

malig oder bereits mehrfach angefallen sowie Art, Charakter und Gesellschaftsgefährlichkeit der Straftat; durch heimmäßig getrennte Einweisung von Jungen und Mädchen unter Beachtung der sexuellen Probleme, besonders bei gefährdeten und schwer erziehbaren Jugendlichen.

8. An den Jugendwerkhöfen eine straffere Ordnung einzuführen, um Entweichungen entgegenzuwirken; Verstärkung der Kontrolle über die Einhaltung der bestehenden Ordnungs- und Sicherheitsmaßnahmen durch die Organe der Volksbildung und die zielstrebigere Überwindung erkannter Mängel. Die gesellschaftliche Auswertung von Vorgehen und strafbaren Handlungen sollte verstärkt fortgesetzt und vervollkommnet werden.

19. Februar 1964

Einzelinformation Nr. 124/64 über das Auftreten von Prof. Havemann und über einige damit zusammenhängende Vorgänge an der Humboldt-Universität

Quelle: BStU, MfS, ZAIG 848, Bl. 1–15 (5. Expl.).
Serie: Informationen.
Verteiler: Kein Nachweis für externe Verteilung – MfS: HA XVIII, Ablage.
Bemerkungen: Nicht realisierter externer Verteilervorschlag (im Dokumentenkopf): Ulbricht, Honecker.
Vermerk: 3. Exemplar (für HA XVIII): BStU, MfS, AOP 5469/89, Bd. 4, Bl. 77–92.
Verweise: Informationen 225/64, 233/64, 277/64, 315/64, 317/64, 458/64, 813/64 und 31/65.

Dieser Bericht beinhaltet eine Reihe dem MfS bekannt gewordener Einzelheiten zur näheren Charakterisierung des Auftretens von Prof. Havemann[1] (Direktor des Physikalisch-Chemischen Instituts der Humboldt-Universität und Leiter der Arbeitsstelle für Photochemie bei der Deutschen Akademie der Wissenschaften) und über einige Auswirkungen seines Auftretens insbesondere an der Humboldt-Universität.

Seine allgemein und öffentlich vertretenen Auffassungen zur Revision der marxistisch-leninistischen Politik und Philosophie der Partei werden dabei als bekannt vorausgesetzt, sodass auf die Wiedergabe von Einzelheiten dieser Konzeption verzichtet wird.

Nach den vorliegenden Informationen ist einzuschätzen, dass Prof. Havemann seine Tätigkeit an der Humboldt-Universität im bedeutsamen Maße zur Propagierung seiner revisionistischen »Theorien« ausgenutzt hat, vor allem mit seinem Vorlesungszyklus (11 Themen).[2] Offensichtlich hat er die Humboldt-Universität als die für geeignetste und erfolgversprechendste Basis für die Verwirklichung seiner damit verbundenen Absichten betrachtet. Dabei stützte er sich auf die ihm bekannten Verhältnisse besonders in der Universitäts-Parteileitung, die es ihm gestatteten, in verhältnismäßig kurzer Zeit einen größeren Kreis mit seinen Auffassungen bekannt zu machen.

Hier ist besonders hervorzuheben, dass zu den Vorlesungen von Prof. Havemann die Hörerzahl ständig anstieg. In dem Maße, wie er in seinen Vor-

1 Robert Havemann, Jg. 1910, Physikochemiker, seit 1932 für die KPD aktiv, 1945–64 Professor für Physikalische Chemie in Berlin, 1950–64 SED, 1961–66 korrespondierendes Mitglied der Deutschen Akademie der Wissenschaften, 1964 aus der SED ausgeschlossen und als Universitätsprofessor fristlos entlassen wegen seiner philosophischen Vorlesungen, 1966 auch als Arbeitsstellenleiter der Deutschen Akademie der Wissenschaften entlassen und als deren Mitglied gestrichen, wurde zum bekanntesten Dissidenten in der DDR.

2 Havemann hielt im Wintersemester 1963/64 in der Reihe »Naturwissenschaftliche Aspekte philosophischer Probleme« elf Vorlesungen und vier abschließende Seminare, in denen er auf Fragen der Studenten einging.

lesungen immer deutlicher herausarbeitete, in welche Richtung er die politischen Verhältnisse in der DDR verändert sehen möchte, wuchs die Zahl derjenigen Hörer, die mit der Politik von Partei und Regierung nicht einverstanden sind bzw. unklare Auffassungen oder Vorbehalte dazu haben. Die Zahl der eingetragenen Hörer, von denen anfänglich viele die Vorlesungen nicht besuchten, sondern nur die Skripten lasen, betrug Anfang Januar 1964 1 300. Bis zu seiner 8. Vorlesung[3] stieg die Zahl der Direkthörer kontinuierlich bis auf 600.

Seit dem Zeitpunkt, wo Prof. Havemann in seinen Vorlesungen Probleme der gesellschaftlichen Entwicklung direkt berührte, wuchs die Zahl der direkten Teilnehmer an seinen Vorlesungen jedoch sprunghaft an, sodass beim 2. Seminar[4] über 1 000 Personen anwesend waren, obwohl im betreffenden Raum nur 600 Sitzplätze vorhanden sind.

Mit dem Anwachsen der Hörerzahl trat auch eine Veränderung in ihrer Zusammensetzung ein. Bis zur sogenannten Moralvorlesung (8. Vorlesung)[5] setzte sich die Hörerschaft Havemanns vor allem aus Studenten naturwissenschaftlicher Bereiche wie Chemiker, Physiker, Mediziner, Psychologen, aber auch Geologen, Astronomen usw. zusammen. Einen beträchtlichen Teil der Hörer machten Assistenten und wissenschaftliche Angestellte der Humboldt-Universität aus. Der Anteil der Hörer aus gesellschaftswissenschaftlichen Disziplinen war dagegen gering.

Hinzu kommt ein Teil von Hörern, die ebenfalls den Vorlesungen beiwohnten, sich jedoch aus verschiedenen Gründen nicht in die Teilnehmerlisten eingetragen haben.

Nach der sogenannten Moralvorlesung wurde der Besuch vorübergehend schwächer, erreichte jedoch nach der Ankündigung Prof. Havemanns über Todesstrafe und Gefängnisse sprechen zu wollen, eine Rekordhöhe.[6] Der Teilnehmerkreis erweiterte sich auf Studenten gesellschaftswissenschaftlicher

3 Die 8. Vorlesung hielt Havemann am 6.12.1963 über »Die Unvollständigkeit der Kopenhagener Deutung der Quantenmechanik«. Vgl. Havemann, Robert: Dialektik ohne Dogma? Aufsätze, Dokumente und die vollständige Vorlesungsreihe zu naturwissenschaftlichen Aspekten philosophischer Probleme. Hg. v. Dieter Hoffmann. Berlin 1990, S. 134–142.

4 2. Seminar am 24.1.1964 »Zu Fragen der sozialistischen Moral«. In: ebenda, S. 196–203.

5 Obwohl Havemann auch in der 8. Vorlesung ethische Fragen behandelte, handelte es sich bei der Vorlesung »Über Moral« um die 10. Vorlesung am 20.12.1963.

6 Diese Aussage ist schwerlich sinnvoll mit dem Ablauf der Vorlesungen in Übereinstimmung zu bringen: Nach der Moral-Vorlesung am 20.12.1963 und den Weihnachtsferien folgte am 10.1.1964 die 11. und letzte Vorlesung zum Thema »Der dialektische Materialismus und die Wissenschaften«. Dieser schlossen sich am 17., 24. und 31.1. sowie am 7.2.1964 vier Seminare an, in denen Havemann auf lose um einzelne Themenkreise gruppierte Fragen von Studenten einging. Auf die Problematik der Todesstrafe, die Havemann kurz zuvor intensiv mit seinen Freunden Werner Tzschoppe, Wolfgang Heise und anderen diskutiert hatte, ging Havemann im 2. Seminar »Zu Fragen der sozialistischen Moral« ein. Ob und wann er diese Problematik angekündigt hatte, geht indes aus den Skripten der vorherigen Veranstaltungen nicht hervor.

Richtungen (Sprachwissenschaftler, Germanisten) und Studenten der Altertumskunde.

Wie vorliegende Informationen beweisen, hörten viele Personen den Vorlesungen von Prof. Havemann nur deshalb zu, um ihr »oppositionelles Bedürfnis« zu befriedigen. Das kam u. a. auch in den Beifallsbezeugungen nach bestimmten Sätzen und Formulierungen Prof. Havemanns zum Ausdruck, nachdem er vorher bei den Hörern bestimmte Erwartungen geweckt hatte. Nach der Einschätzung verschiedener Quellen sollen die von diesen Personenkreisen vorgebrachten Beifallsäußerungen zu Havemanns Ansichten als »Protest« gegen den in der DDR angeblich noch herrschenden Dogmatismus und »Stalinismus« und als Ausdruck für die Forderung nach Demokratie im bürgerlichen Sinne gewertet werden. Das trifft besonders auf die Reaktion zu solchen Forderungen Prof. Havemanns zu, wie z. B. nach uneingeschränkter Information aller DDR-Bürger über alle Fragen, nach uneingeschränktem Informationsaustausch, nach größerer Freiheit und Entscheidungsmöglichkeit für den einzelnen, nach Ablehnung der zehn Gebote der sozialistischen Moral und Ethik[7] usw.

Es muss jedoch auch festgestellt werden, dass ein Teil der Hörer die Vorlesungen Prof. Havemanns in der ehrlichen Absicht besuchte, von ihm wirkliche wissenschaftliche Erkenntnisse vermittelt zu bekommen. Offensichtlich nutzte Prof. Havemann den Umstand, dass er in seinen Vorlesungen viele Probleme auf den Gebieten der Philosophie und Einzelwissenschaften für die Hörer interessant und verständlich darzustellen versteht, für die negative Beeinflussung der Studenten aus. Verschiedene Quellen schätzen ein, dass selbst von bisher als zuverlässig bekannten Genossen diese Zweigleisigkeit im Auftreten Havemanns oft nicht erkannt wird, was dazu führt, dass sie sich von den wirklichen wissenschaftlichen Erkenntnissen Havemanns »blenden« ließen. Dazu würde auch beitragen, dass Prof. Havemann sogenannte echte, auf dogmatisches und sektiererisches Verhalten zurückzuführende Mängel kritisiert und bei einem Teil der Studenten den Eindruck hinterlassen würde, als ob er die gesellschaftlichen Verhältnisse in der DDR vom Standpunkt des »vollendeten Kommunismus« bzw. im Interesse des Sieges des Kommunismus kritisiere.

Mit dem Auftreten von Prof. Havemann ist auch eine bestimmte Wechselwirkung dahingehend verbunden, dass einerseits von Prof. Havemann revisionistisches Gedankengut verbreitet wird und revisionistische Kräfte gestärkt werden, andererseits er aber auch von einem großen Teil der Mitglieder der Parteiorganisation der Chemiker an der Universität und der

7 Mit den »Zehn Geboten der sozialistischen Moral und Ethik« stellte Walter Ulbricht auf dem V. Parteitag der SED (10.–16.7.1958) einen Kodex der sozialistischen Moral auf, der auf dem VI. Parteitag (15.–21.1.1963) in das neue Parteiprogramm inkorporiert wurde, das bis 1976 galt.

Parteigruppe der Arbeitsstelle für Fotochemie bei der Deutschen Akademie der Wissenschaften direkt unterstützt wird.

Nach inoffiziellen Berichten hat sich innerhalb der Parteiorganisation der Chemiker eine »Theorie des uneingeschränkten allseitigen Kampfes gegen den Dogmatismus« herausgebildet. Neben Prof. Havemann treten in dieser Richtung besonders aktiv der Diplom-Chemiker Nieswand[8] (I. Chemisches Institut), Dr. Barnikow[9] (II. Chemisches Institut), Dr. Stehr[10] und in etwas abgeschwächter Form Dr. Haberditzl[11] (Oberassistent am Physikalisch-Chemischen Institut der Humboldt-Universität[12]) und Dr. Pietsch[13] (vom gleichen Institut) in Erscheinung. Von den genannten Genossen werden zersetzende Tendenzen in die Parteiorganisation der Chemiker getragen, politisch-ideologische Unsicherheit gefördert und wird das Vertrauen zu übergeordneten Parteiorganen zu untergraben versucht.

Diese Haltung und Absichten kamen u. a. in Äußerungen des Genossen Nieswand zum Ausdruck, der in Gesprächen führende Genossen des Parteiapparates zu diskriminieren versuchte und darauf hinwies, das aus chinesischen Veröffentlichungen »gute politische Informationen« zu übernehmen seien.[14]

8 Horst Nieswand, Jg. 1930, 1964 Assistent am I. Chemischen Institut der Humboldt-Universität zu Berlin, Freund Havemanns. Konnte dank seiner Verbindungen in den ZK-Apparat bereits vor der SED-Aktivtagung an der Universität Informationen über den Inhalt des Referats von Kurt Hager geben (Vgl. BStU, MfS, HA XX/OG, Nr. 116, Bl. 136).

9 Günter Barnikow, 1963 Assistent am II. Chemischen Institut der Humboldt-Universität zu Berlin, 1964 wissenschaftlicher Assistent an der von Havemann geleiteten Arbeitsstelle für Photochemie der Deutschen Akademie der Wissenschaften in Adlershof. Im März 1964 wurde gegen ihn wegen seiner Unterstützung Havemanns ein SED-Parteiverfahren eröffnet.

10 Gerhard Stehr, Jg. 1927, 1964 wissenschaftlicher Mitarbeiter am Institut für Marxismus-Leninismus der Humboldt-Universität zu Berlin.

11 Im Original durchgehend: »Haberdietzel«. Werner Haberditzl, Jg. 1924, seit 1953 Assistent Havemanns im Institut für Physikalische Chemie der Humboldt-Universität zu Berlin, war österreichischer Staatsbürger, Kommunist, der auch nach dem Bau der Mauer in Ostberlin arbeitete, obwohl er mit seiner Familie in Westberlin lebte.

12 Im September 1963 arbeiteten am Institut für Physikalische Chemie, dessen Direktor Robert Havemann war, acht Wissenschaftler und sechs Diplomanden auf dem Gebiet der Fotochemie, ein Wissenschaftler und drei Diplomanden auf dem Gebiet der Magnetochemie sowie drei Wissenschaftler und drei Diplomanden auf dem Gebiet der Proteinchemie. Darüber hinaus waren an der Arbeitsstelle für Photochemie der Deutschen Akademie der Wissenschaften, die Havemann ebenfalls leitete, fünf Wissenschaftler beschäftigt. Vgl. Schreiben des Staatssekretärs für Forschung und Technik, Herbert Weiz, an den Vorsitzenden der Staatlichen Plankommission, Erich Apel, 16.9.1963; BStU, MfS, AOP 5469/89, Bd. 4, Bl. 46 u. 49.

13 Herward Pietsch, Jg. 1929, Chemiker, 1945 KPD, 1946 SED, Schüler, wissenschaftlicher Mitarbeiter und Freund Havemanns. Seit Gründung der Arbeitsstelle für Photochemie der DAW dort Abteilungsleiter, 1964 Friedrich-Wöhler-Preis der Chemischen Gesellschaft.

14 Die Ironie der Bemerkung Nieswands ergibt sich aus der Tatsache, dass der Konflikt um Robert Havemann zeitlich mit dem Beginn der öffentlichen Kontroverse zwischen der KPdSU und der KP Chinas zusammenfiel, die mit einem Offenen Brief der KPdSU an die KP Chinas am 30.3.1963 begann und sich mit den Antworten der KP Chinas, beginnend mit »Ein

Zum taktischen Vorgehen der Chemiker hat Genosse Nieswand geäußert, dass die Chemiker niemals als Einzelpersonen schriftliche Stellungnahmen oder Meinungsäußerungen abgeben, sondern nur von der APO, AGL und von der Institutsleitung genehmigte Berichte, die zielgerichtet, gut fundiert und äußerst sachlich seien. Ihnen sei noch das Beispiel des Philosophen Lange[15] in Erinnerung, der im Ergebnis einer abgegebenen, vorher gewünschten schriftlichen Stellungnahme im Gefängnis gelandet sei. Da man schnell im Gefängnis landen könne, wenn man für die Politik »Verbesserungsvorschläge« unterbreite, die dann als Sektierertum und Plattformerei angesehen würden, äußere man nur kollektive Meinungen. Die Chemiker würden niemals an philosophischen Debatten teilnehmen, solange sich die Philosophen vorher nicht wegen ihrer »Gefängnistreiberei« in der Vergangenheit entschuldigt haben. Die Chemiker würden auch nur öffentlich auftreten, weil allen Leuten, die »vernünftige Vorschläge« zur Änderung der Politik unterbreitet hätten, der Fehler unterlaufen sei, ins Sektiererische und in Plattformerei abzurutschen. Von dort aus sei es nicht mehr weit, konspirative Gegentätigkeit »unterstellt« zu bekommen.

Über Prof. Havemann äußerte Genosse Nieswand, dass Havemann nicht nur den Vorzug habe, schon einmal unter Hitler zum Tode verurteilt gewesen zu sein, sondern auch den Naturwissenschaftlern in der ganzen Welt bekannt sei, die eine bedeutende Macht darstellen und gegen die sich so leicht niemand erfolgreich stellen könne. Die Chemiker würden in jedem Falle gegen alle Dogmatiker zu kämpfen wissen. Außerdem wies Nieswand auf den Umstand hin, dass Prof. Havemann in der DDR »mit Ehrungen überhäuft« wurde.

In ähnlicher Richtung äußerte sich ein Genosse [Name] unter Berufung auf einen angeblichen Besuch Prof. Havemanns bei Genossen Prof. Hager. Hier habe Havemann angeblich zum Ausdruck gebracht, dass im Falle einer Einschränkung seiner Redefreiheit durch staatliche Organe der DDR nur

Vorschlag zur Generallinie der internationalen kommunistischen Bewegung« vom 14.6.1963 über neun weitere Kommentare bis zum 14.7.1964 hinzog. (Vgl. Die Polemik über die Generallinie der internationalen kommunistischen Bewegung. Peking 1965) Die SED veröffentlichte keinen der chinesischen Texte und versuchte zugleich deren Verbreitung durch die chinesische Botschaft in Ostberlin, die sich zu dieser Zeit in unmittelbarer Nachbarschaft der Hochschule für Ökonomie in Berlin-Karlshorst befand, zu unterbinden oder zumindest zu beobachten. Es ist allerdings erstaunlich, dass weder die SED noch das MfS in dieser Zeit auf die Idee kamen, Havemann maoistischer Neigungen zu verdächtigen, obwohl seine emotionale Sympathie für das kommunistische China seit einer Reise, die ihn 1951 mit einer Delegation in die Volksrepublik geführt hatte, bekannt war.

15 Es ist dem Dokument nicht zweifelsfrei zu entnehmen, auf wen sich dieser Verweis bezieht. Wahrscheinlich war den Chemikern noch der Fall des Studenten Peter Langer in Erinnerung, der am 7.3.1958 aus einer Versammlung des Philosophischen Instituts der Humboldt-Universität heraus verhaftet wurde, nachdem ihm in einer Abstimmung revisionistische, i. e. konterrevolutionäre Auffassungen bescheinigt worden waren.

Wasser auf die Mühlen der westlichen Propaganda gegossen und der Staat geschädigt würde.

Genosse Rauhut,[16] Parteigruppenorganisator und Student im 2. Studienjahr an der Medizinischen Fakultät, hatte in einer Stellungnahme erklärt, dass die Vorlesungen von Prof. Havemann »echte sozialistische Erziehung« seien, was auch seine Popularität unter den Studenten beweise. Seiner Meinung nach betreibe Prof. Havemann marxistische Politik und habe deshalb starken Zuspruch unter den Studenten, weil das gesellschaftswissenschaftliche Grundstudium an der Universität uninteressant sei. Wenn die Partei gegen die Vorlesungen Prof. Havemanns vorgehe, würde dies einen beträchtlichen Entrüstungssturm unter den Studenten entfachen.

In diesem Zusammenhang verdienen auch die von Westberliner Seite unternommenen verstärkten Versuche Beachtung, Studenten der Humboldt-Universität ideologisch zu beeinflussen. Vom Vertreter Westberlins war auf einer Arbeitstagung der »Referenten für gesamtdeutsche Fragen des ASTA« schon im vorigen Jahr erklärt worden, dass es gelungen sei, erstaunlich viele Westberliner Studenten zu mobilisieren, die Kontakte zu Studenten der Humboldt-Universität aufgenommen haben und gute Ergebnisse erzielt hätten. Bereits Ende 1962 wurde an der Westberliner FU ein Studienkreis für Fragen des »gewaltlosen Widerstandes« gebildet,[17] der Erkenntnisse über »gewaltlose Aktionen zur Selbstbefreiung der Deutschen« vermittelt.

Weitere Auswirkungen des Auftretens Havemanns zeigen sich auch im Verhalten des Historikers Genossen Dr. Falk,[18] der zugleich Beauftragter der Universitäts-Parteileitung für eine im April dieses Jahres durchzuführende wissenschaftliche Tagung der Mathematisch-Naturwissenschaftlichen Fakultät ist. Dr. Falk vertrat die These, dass es jetzt darauf ankomme, »Mut und Standhaftigkeit« zu beweisen. Genosse Dr. Falk nahm auch an einer Beratung teil, auf der der Philosoph Genosse Dr. Wenzlaff[19] ein Programm für diese

16 Udo Rauhut, 1963 Student der Medizin. »Genosse Rauhut vertrat die Auffassung, dass der Dogmatismus unter unseren Bedingungen die Hauptgefahr darstelle«, heißt es in einem Informationsbericht der Universitätsparteileitung der SED an das ZK vom 3. März 1964; BArch IV A2/9.04/103. Vgl. Rauhut, Udo: [Leser-]Brief. – [Redaktion des] Forum: Lieber FORUM-Leser Udo Rauhut! In: Forum, 18. Jg., 1964, Nr. 8, S. 14.

17 Gemeint ist ein Arbeitskreis am Otto-Suhr-Institut der Freien Universität Berlin, in dem Theodor Ebert Probleme des gewaltlosen Widerstands und der gewaltlosen Verteidigung als Alternative zum Rüstungswettlauf vertrat. Vgl. Ebert, Theodor: Gewaltfreier Aufstand – Alternative zum Bürgerkrieg. Rombach 1968; Ders.: »Ohne dass ein Schuss fällt«. Planspiel eines DDR-Einmarsches in eine waffenlose Bundesrepublik. In: Der Spiegel, Nr. 37 v. 9.9.1968, S. 39–49.

18 Gerhard Falk, 1963/64 stellv. Sekretär der Universitätsparteileitung der SED, verantwortlich für Pädagogik.

19 Im Original: »Wentzlaff«. Bodo Wenzlaff, Jg. 1930, studiert in Greifswald, 1964 Dozent der Fachgruppe Philosophie der Abteilung Marxismus-Leninismus der Mathematisch-Naturwissenschaftlichen Fakultät, bis 1985 an der Humboldt-Universität zu Berlin (zehn Jahre Direktor des Rechenzentrums); seit 1987 in der Bundesrepublik.

wissenschaftliche Tagung vortrug, das – nach Einschätzung einer Quelle – seinem ideologischen Gehalt nach mit der Konzeption Prof. Havemanns gleichzusetzen sei.

Neben der bereits geschilderten wechselseitigen Beeinflussung mit revisionistischem Gedankengut und gegenseitigen Stärkung und Unterstützung revisionistischer Kräfte an der Humboldt-Universität versuchte Prof. Havemann auch andere einflussreiche Personen und Personenkreise, insbesondere Wissenschaftler, in seinem Sinne zu beeinflussen und für seine »Theorien« zu gewinnen. Hier sind vor allem die Verbreitung seiner Arbeiten, insbesondere seiner Vorlesungen sowie die zahlreichen von ihm unterhaltenen engen Verbindungen zu größtenteils »gleichgesinnten« Kreisen hervorzuheben.[20]

Es ist bekannt, dass Prof. Havemann, als er 1956/57 erstmals mit revisionistischen Auffassungen offen hervortrat, Kontakt mit dem Verräter Heinz Brandt[21] hatte. Im September 1962 trat Prof. Havemann mit seinem Leipziger Vortrag zum Thema »Hat die Philosophie den modernen Naturwissenschaften bei der Lösung ihrer Probleme geholfen?«[22] erneut mit revisionistischen Ansichten an die Öffentlichkeit. Bereits zu diesem Zeitpunkt ging er dazu über, diesen Vortrag an international bekannte Wissenschaftler im kapitalistischen und sozialistischen Ausland zu verschicken. Diesen Vortrag haben z. B. die Professoren Georg Klaus[23] (Philosophisches Institut der Deutschen Akademie der Wissenschaften), Thiessen[24] (Vorsitzender des Forschungsrates), Heisenberg[25] und Max Born[26] (Westdeutschland), Tamm[27] (UdSSR), Kolman[28] (ČSSR), Schaff[29] und Helena Eilstein[30] (Polen) von Prof.

20 Vgl. den von Mielke persönlich gegengezeichneten Bericht des MfS über den mutmaßlichen Kreis der Empfänger des Manuskriptes des Leipziger Vortrages von 1962; BStU, MfS, AOP 5469/89, Bd. 1, Bl. 278.

21 Heinz Brandt, Jg. 1909, Gewerkschaftsredakteur bei der westdeutschen IG Metall, 1961 vom MfS in die DDR entführt, 1964 nach internationalen Protesten u. a. durch amnesty international freigelassen und in die Bundesrepublik zurückgekehrt.

22 Havemann, Robert: Dialektik ohne Dogma? Aufsätze, Dokumente und die vollständige Vorlesungsreihe zu naturwissenschaftlichen Aspekten philosophischer Probleme. Hg. v. Dieter Hoffmann. Berlin 1990, S. 7–20.

23 Georg Klaus, Jg. 1912, Philosoph, 1962–69 Direktor des Instituts für Philosophie der Deutschen Akademie der Wissenschaften.

24 Im Original durchgehend: »Thiesen«. Peter Adolf Thiessen, Jg. 1899, Physikochemiker, 1956–64 Direktor des Instituts für Physikalische Chemie und Professor im selben Fach in einem zweiten (neben dem von Havemann geleiteten) Institut für Physikalische Chemie an der Humboldt-Universität zu Berlin, 1955–66 Vorsitzender des DDR-Forschungsrates.

25 Werner Heisenberg, Jg. 1901, Atomphysiker, 1932 Nobelpreis für Physik, Entdecker der nach ihm benannten Unschärferelation. Mit ihm führte Havemann 1958 politische und philosophische Gespräche.

26 Max Born, Jg. 1882, Chemiker, Atomphysiker, 1954 Nobelpreis für Physik.

27 Igor Tamm (1895–1971), Atomphysiker, 1958 Nobelpreis für Physik.

28 Im Original durchgehend: »Kolmann«. Arnošt Kolman, Jg. 1892, sowjetischer Philosoph und Wissenschaftsfunktionär tschechischer Herkunft, nach 1945 Professor für Philosophie in Prag, 1949 Verhaftung und Überstellung nach Moskau, nach Freilassung dort als Philo-

Havemann persönlich zugeschickt erhalten. Von einem Teil dieser Professoren erhielt Prof. Havemann ungeteilte Zustimmung für seinen Versuch zur »Überwindung des Dogmatismus in der Philosophie«. Andere äußerten jedoch dahingehend Vorbehalte, sie könnten nicht verstehen, dass Prof. Havemann einerseits Grundsätze der marxistischen Philosophie ablehnt und andererseits zugleich behauptet, diese Philosophie jedoch anzuerkennen. Die seinen Auffassungen zustimmenden Erklärungen versucht Prof. Havemann auszunutzen, indem er auf Tagungen, Zusammenkünften im kleineren Kreis usw., unter Weglassen kritischer Bemerkungen und Vorbehalte, damit zu renommieren versucht (u. a. mit schriftlichen Erklärungen der Professoren Born/Westdeutschland, Kolman/ČSSR und Schaff/Polen).

Für die Verbreitung seiner elf an der Humboldt-Universität gehaltenen Vorträge hat Prof. Havemann offensichtlich im noch stärkeren Maße gesorgt. Wie bekannt ist, hat Prof. Havemann seine Vorlesungen drucken lassen, wobei in jedem Exemplar sämtliche elf Vorträge enthalten sind. Nach vorliegenden Informationen sollen davon 2000 Exemplare gedruckt worden sein. Bis vor kurzer Zeit konnte jeder beliebige DDR-Bürger sich diese Exemplare gegen Unterschrift im Sekretariat des Physikalisch-Chemischen Instituts abholen.[31] Seit kurzer Zeit werden diese Exemplare nur noch an bekannte Personen ausgegeben. In der im Sekretariat ausliegenden Liste sind eine Reihe von Personen aus verschiedenen Bezirken der DDR verzeichnet. Nach einer vorliegenden, bis jetzt noch nicht überprüften internen Information beabsichtige Prof. Havemann, seine an der Humboldt-Universität gehaltenen Vorträge im Ausland als Buch drucken zu lassen.[32]

soph Förderer der verpönten Kybernetik als Wissenschaft, Rückkehr nach Prag. Nach der Okkupation der ČSSR 1968 schickt er dem 1931 der KPdSU beigetretenen Generalsekretär Leonid Breschnew sein KPdSU-Mitgliedsbuch aus dem Jahre 1917 und erklärt seinen Austritt aus der Partei der Okkupanten. 1978 flieht er zu seiner Tochter, die mit František Janouch, einem emigrierten tschechischen Unterstützer der Charta 77, verheiratet war, nach Schweden. Kolman war seit Ende der 1950er Jahre mit Havemann befreundet.

29 Adam Schaff, Jg. 1913, polnischer Philosoph, 1963 Direktor des Instituts für Philosophie und Soziologie der Polnischen Akademie der Wissenschaften (PAN), 1955–69 Mitglied des ZK der PVAP, seit 1968 als Revisionist angegriffen, emigrierte und arbeitete in den 1970er Jahren als Gastprofessor in Wien. 1969 Mitglied im Club of Rome, 1981 aus der PVAP ausgeschlossen.

30 Helena Eilstein, Jg. 1922, polnische Philosophin, 1939 Flucht in die UdSSR, dort in den Fernen Osten verbannt, 1958–68 am Institut für Philosophie und Soziologie der Polnischen Akademie der Wissenschaften (PAN) in Warschau, neben Leszek Kołakowski Herausgeberin der »Studiów filozoficznych«, wo die einzige Rezension der Vorlesungen Havemanns im gesamten Ostblock aus ihrer Feder erschien, 1968 durch die antisemitischen Pogrome der polnischen Kommunisten ins Exil getrieben, Professur in Albuquerque, 1993 Rückkehr nach Polen.

31 Die Abgabe erfolgte im Wesentlichen an die Hörer der Vorlesungen, die sich in die vor Ort ausliegenden Listen eingeschrieben hatten.

32 Havemann hat am 6.4.1964 das Manuskript dem Ostberliner Dietz Verlag zum Druck angeboten (BArch DY 30, A2/2.026/66, Bl. 50). Der Verlagsleiter wandte sich an Hager, der anordnete, darauf nicht zu reagieren. Darauf schloss Havemann einen Vertrag mit dem Ro-

Enge Verbindungen unterhält Prof. Havemann zu Stefan Heym[33] und Wolf Biermann.[34] Nach Meinung von Quellen versuche Prof. Havemann, an der Humboldt-Uni mit Biermann »seine Kulturpolitik zu machen«, während Stefan Heym in organisatorischer Hinsicht eine beträchtliche Aktivität zu entfalten scheint. Heym war z. B. gemeinsam mit Prof. Havemann an der Organisierung des Auftretens des österreichischen Publizisten Robert Jungk[35] an der Humboldt-Universität[36] beteiligt, dessen Ausführungen im Wesentlichen die Forderung nach Koexistenz auf ideologischem Gebiet zum Inhalt hatten.[37] Zwischen Jungk, Stefan Heym, Prof. Havemann, Prof. Dr. Lothar

wohlt Verlag, der ebenfalls über das unterdessen weit verbreitete Manuskript verfügte. Die Überarbeitung der Vorlesungsskripte für den Druck brachte einige Textrevisionen mit sich, die Hager sorgsam in der Humboldt-Universität durch Kollationieren feststellen ließ. Hager schickte Walter Ulbricht am 5.2.1964 Auszüge aus den Vorlesungsskripten: »Er (Havemann – B. F.) hat mir vor Kurzem das vollständige Manuskript zugesandt. Ich habe veranlasst, dass eine Gruppe von Genossen des Philosophischen Instituts und des Instituts für Marxismus-Leninismus einige Artikel schreibt, die als Auseinandersetzung mit den von Havemann vertriebenen Auffassungen dienen und in der Zeitung ›Humboldt-Universität‹ veröffentlicht werden sollen.« BArch DY 30, IV 2/11/v.4920, Bl. 153. Das Ergebnis dieses Textvergleichs fassten U. Keiblich und Egon Haase zusammen: Einschätzung der vergleichenden Textanalyse von Havemanns Skripten und der Rowohlt-Ausgabe. [2 Bl. mit einem Anhang:] Vergleichende Textanalyse von Havemanns Skripten mit der Ausgabe bei Rowohlt, 27.7.1964 [14 Bl.]; BArch DY 30, IV/A2/9.04/105; vgl. Vorlage Kurt Hagers für das Politbüro der SED, 26.5.1964; BArch DY 30 J IV 2/2A / 1031, Bl. 281 f., in der er bereits zu diesem Zeitpunkt empfiehlt, Havemann auch aus seiner Stellung als Leiter der Arbeitsstelle für Photochemie der Deutschen Akademie der Wissenschaften zu entfernen »und ihn aufzufordern, eine andere Arbeit im Rahmen einer Forschungs- und Entwicklungsstelle eines Chemiebetriebes zu übernehmen«.

33 Stefan Heym, Jg. 1913, Schriftsteller. Sein Romanmanuskript über den Aufstand des 17.6.1953 »Der Tag X« wurde 1964/65 diskutiert, durfte aber nicht erscheinen (Erstveröffentlichung in der Bundesrepublik 1972 unter dem Titel »Fünf Tage im Juni«, in der DDR 1990), 1979 Ausschluss aus dem Schriftstellerverband und Verurteilung zu einer Geldstrafe wegen nicht genehmigter Veröffentlichungen in der Bundesrepublik.

34 Wolf Biermann, Jg. 1936, Liedermacher, Regisseur. Er erhielt nach wiederholten Behinderungen in seiner künstlerischen Arbeit zuvor durch das 11. Plenum des ZK der SED im Dezember 1965 endgültiges Auftritts- und Publikationsverbot in der DDR.

35 Robert Jungk, Jg. 1913, Futurologe und Publizist, 1933–57 Emigration nach Frankreich, in die Schweiz und die USA; Rückkehr nach Österreich; 1986 Alternativer Nobelpreis.

36 Am 16.9.1963 fand an der Mathematisch-Naturwissenschaftlichen Fakultät der Humboldt-Universität eine öffentliche Diskussion mit Robert Jungk und 300 bis 400 Besuchern statt, der am 14.9. schon in der Ostberliner Evangelischen Akademie einen Vortrag zum Thema »Von menschenfeindlicher zu menschenfreundlicher Technik« gehalten hatte. – Major Dr. Hofmann (MfS, HA III/6/S): Bericht, 11.11.1963; BStU, MfS, AOP 5469/89, Bd. 1, Bl. 384.

37 »Havemann leitete kürzlich an der Universität Greifswald ein Kolloquium, auf dem der westdeutsche Prof. Jungk die These vertrat, der Staat dürfe sich nicht in die Wissenschaft einmischen. Havemann stellte an die Studenten die Frage, ob sie auch dieser Meinung seien, worauf es Beifall gab. Havemann macht dazu die Schlussbemerkung: ›Ich freue mich, dass wir alle einer Meinung sind.‹« – Leutnant Panster (HA III/6/T): Unterredung mit Genossen Schober am 2.10.1963, 10.10.1963; ebenda, Bl. 360.

Kolditz[38] (I. Chemisches Institut der Humboldt-Universität) und Dr. Herward Pietsch (Arbeitsstelle für Fotochemie) sei auch über eine von Jungk in Wien geplante Konferenz beraten worden, an der Wissenschaftler, Soziologen, Philosophen und Schriftsteller aus Österreich, der Schweiz, Westdeutschland und aus der DDR teilnehmen sollen. Stefan Heym war im November vorigen Jahres nach Wien gereist, um sich durch Beratungen mit Jungk und Genossen Ernst Fischer[39] (KPÖ) unmittelbar in die Vorbereitungen einzuschalten. (Über den Inhalt der Beratungen ist bis jetzt nichts bekannt.)

Weitere Verbindungen unterhält Prof. Havemann mit Prof. Thilo[40] (Institut für Anorganische Chemie der Deutschen Akademie der Wissenschaften). Prof. Havemann, Prof. Thilo und der bereits im Bericht genannte Dr. Haberditzl (Physikalisch-Chemisches Institut) hatten auf persönliche Einladung von Prof. Warburg/Westberlin[41] an der Tagung der Nobelpreisträger vom 30.6. bis 6.7.1963 in Lindau/Bodensee teilgenommen. Wie bis jetzt bekannt ist, soll die enge Verbindung zwischen den Professoren Havemann und Warburg (Forschung auf dem Gebiet der Chlorella-Algen) über den in Westberlin wohnhaften Genossen Dr. Haberditzl aufrechterhalten werden. Prof. Warburg wolle Prof. Havemann angeblich sein wissenschaftliches Erbe vermachen. Von Prof. Thilo sei die »Methode« Prof. Havemanns begrüßt worden, die Öffentlichkeit mithilfe von Druckfehlerberichtigungen (Übersetzung eines Artikels des Nobelpreisträgers Tamm/UdSSR in der Zeitschrift »Wissenschaft und Fortschritt«)[42] auf seinen Kampf gegen die marxistische Philosophie aufmerksam zu machen. Prof. Thilo habe sinngemäß dazu gesagt: wenn sie nicht anders wollen, muss man es eben auf die Spitze treiben.

38 Lothar Kolditz, Jg. 1929, Chemiker, 1962–80 Professor an der Humboldt-Universität zu Berlin, danach an der Akademie der Wissenschaften der DDR, 1981 Vorsitzender der Nationalen Front der DDR.

39 Ernst Fischer, Jg. 1899, österreichischer Philosoph und Literaturwissenschaftler, Mitglied des ZK der KP Österreichs, 1969 aus der KPÖ ausgeschlossen.

40 Erich Thilo, Jg. 1898, Chemiker, 1950–67 Direktor des Instituts für Anorganische Chemie der Humboldt-Universität zu Berlin, 1957 Vorsitzender des Direktoriums des Forschungszentrums Adlershof der Akademie.

41 Otto Warburg, Jg. 1883, Biochemiker, 1930 Direktor des Instituts für Zellphysiologie der Kaiser-Wilhelm-Gesellschaft, 1931 Nobelpreis für Medizin, 1941 aus rassistischen Gründen zeitweise aus dem Amt entfernt, 1946 Mitglied der Deutschen Akademie der Wissenschaften, 1953 Direktor des Instituts für Zellphysiologie der Max-Planck-Gesellschaft.

42 Havemann hatte mit einer beigelegten Druckfehlerberichtigung zu einem Artikel von Igor Tamm in der Zeitschrift »Wissenschaft und Fortschritt« (Niels Bohr und die moderne Physik. Zum Andenken an den großen Gelehrten. In: Wissenschaft und Fortschritt, 13[1963], S. 498–502) auf seinen Leipziger Vortrag verweisen und damit den offiziell verschwiegenen Text öffentlich machen können. Vgl. zu diesem Vorgang Florath, Bernd: Schreiben über Bande. Die sich wandelnden Strategien Robert Havemanns zur Verbreitung seiner Texte in der DDR. In: Lokatis, Siegfried; Sonntag, Ingrid (Hg.): Heimliche Leser in der DDR. Kontrolle und Verbreitung unerlaubter Literatur. Berlin 2008, S. 319.

Prof. Thilo unterhält seinerseits engen Kontakt zu dem wegen seines negativen Auftretens bekannten Prof. Mothes[43] (Leopoldina).

Zu den von Prof. Havemann unterhaltenen Verbindungen ins Ausland, deren Inhalt bis jetzt noch nicht aufgeklärt werden konnte, gehören weiterhin die Nobelpreisträger Landau[44] und Kapiza[45]/UdSSR. Diesen Wissenschaftlern hatte Prof. Havemann seinen Leipziger Vortrag ebenfalls zugeschickt.

Der Bekanntenkreis Prof. Havemanns in Westdeutschland sowie im kapitalistischen und sozialistischen Ausland ist als sehr umfangreich einzuschätzen, zumal er ständig an wissenschaftlichen Tagungen und an Veranstaltungen des Friedenskomitees teilgenommen hat. Es muss in diesem Zusammenhang jedoch auch erwähnt werden, dass zahlreiche Verbindungen Prof. Havemanns auf entsprechende Wünsche des Berliner Friedenskomitees und aufgrund von Aufträgen staatlicher Organe der DDR zustande kamen.

Zu diesen auf solche Art entstandenen Verbindungen dürften die zu Prof. Weischedel[46] (Westberlin) und Margherita von Brentano[47] (ebenfalls Westberlin) gehören. Bezeichnend für die Auffassungen des »Kontaktpartners« Prof. Weischedel ist seine Äußerung – mitgeteilt von Prof. Havemann –, wonach er in Prof. Havemann den künftigen Ministerpräsidenten der DDR sehen würde.

Das bekannt gewordene rege Interesse des Oberkonsistorialrates Ringhandt,[48] ehemaliger Studentenpfarrer der Humboldt-Universität, am politisch-ideologischen Wirken Prof. Havemanns und seine Bemühungen, alle Vorträge Havemanns zu erhalten, deuten ebenfalls auf das Vorhandensein einer entsprechenden Verbindung hin, zumal Ringhandt auch Kontakt mit

43 Kurt Mothes, Jg. 1900, Biologe, 1954–74 Präsident der Deutschen Akademie der Naturforscher Leopoldina in Halle.

44 Lew Landau, Jg. 1908, Physiker, 1946 Mitglied der Akademie der Wissenschaften der UdSSR, 1962 Nobelpreis für Physik. Robert Rompe, der Havemanns kritische Äußerungen u. a. beim MfS denunzierte, beklagte sich zugleich, dass dieser gleichermaßen Narrenfreiheit besäße, weil »von sowjetischer Seite Prof. Landau die schützende Hand über Havemann hält. [...] Prof. Rompe fasste das zusammen unter der Formulierung: ›Landau ist groß und Havemann ist sein Prophet.‹« – Hauptmann Jahn (MfS, HA II/6/T): Gespräch mit Prof. Rompe am 29.10.1963, 31.10.1963; BStU, MfS, AOP 5469/89, Bd. 1, Bl. 368.

45 Petr Kapiza, Jg. 1894, Physiker, 1978 Nobelpreis für Physik.

46 Wilhelm Weischedel, Jg. 1905, Philosoph, Heidegger-Schüler, im Zweiten Weltkrieg Angehöriger der französischen Résistance, 1953–1970 Professor an der Freien Universität Berlin.

47 Margherita von Brentano, Jg. 1922, Philosophin, Assistentin Weischedels, 1972 Professorin an der Freien Universität Berlin.

48 Siegfried Ringhandt, Jg. 1906, evangelischer Pfarrer, Hilfsprediger der Bekennenden Kirche, Superintendent in Brandenburg, 1959–63 Studentenpfarrer der ESG der Humboldt-Universität zu Berlin, 1963 Propst beim Konsistorium der Evangelischen Kirche Berlin-Brandenburg (Region Ost), hatte noch als Leiter der ESG Kontakt zu Havemann aufgenommen, den er bis zu dessen Tode aufrechterhielt. Vgl. Winter, Friedrich: Bekenner in zwei Diktaturen. Propst Siegfried Ringhandt (1906–1991). Berlin 2007.

Dr. Nowak[49] von der von Prof. Havemann geleiteten Arbeitsstelle für Fotochemie hat.

Von verschiedenen Quellen wurden auch Einzelheiten über einige in diesem Zusammenhang zu sehenden persönlichen Eigenschaften Prof. Havemanns berichtet, die ihn in seinem Gesamtverhalten als einen Menschen charakterisieren, der noch mit vielen für bürgerliche Intellektuelle typischen Lebensgewohnheiten behaftet ist. Er wird in diesen Berichten als ein oft etwas schnoddrig und arrogant auftretender Wissenschaftler dargestellt, der sehr schlagfertig ist und eine ausgefeilte Rhetorik besitzt. Hervorgehoben wird dabei, dass Prof. Havemann es vorziehe, seine Diskussionsgegner oft nicht durch bessere Argumente zu besiegen, sondern durch Verächtlichmachung in den Augen des Publikums. Ihm gehe es mehr um effektvolle Wirkung seiner Worte, durch die seine Gegner blamiert werden und er in den Mittelpunkt gerückt wird.

Von seinen Mitarbeitern in der Arbeitsstelle für Fotochemie wird Prof. Havemann als Wissenschaftler geachtet, wobei insbesondere sein kollegiales Verhalten auch gegenüber den einfachen wissenschaftlichen und technischen Kräften einen positiven Eindruck hinterlassen würde. Sie seien auch von seiner »Offenheit« und seinem »Gerechtigkeitssinn« beeindruckt. Er genieße außerdem noch deshalb große Achtung, weil er während der Zeit des Hitlerfaschismus zum Tode verurteilt war.

Von verschiedenen Quellen wird darauf hingewiesen, dass Prof. Havemann gegenüber Frauen oft hemmungslos und wenig wählerisch sei.

Über Prof. Havemann wird weiter berichtet, dass er in seinem Freundes- und Bekanntenkreis gern und oft von ihm angeblich bekannten »ernsten Gegensätzen« zwischen den Genossen Verner[50] und Prof. Hager[51] sprechen würde. Dies geschieht in einer Form, die geeignet ist, das Vertrauen zur Partei- und Staatsführung zu untergraben. So wird von ihm u. a. erklärt, dass Genosse Prof. Hager auf Genossen Verner eine »Stinkwut« habe, weil er von ihm im Jahre 1956 nach seiner Rückkehr aus Polen als Revisionist bezeichnet worden sei.[52] Genosse Prof. Hager sei angeblich daran interessiert, dass Genosse Verner von Prof. Havemann und den Chemikern »eine auf den Deckel bekomme«. Prof. Havemann versucht dabei den Eindruck zu erwecken, als ob er vom Genossen Prof. Hager unterstützt werde.

49 Alois Nowak, Jg. 1928, Chemiker, 1957–61 Assistent am II. Chemischen Institut der Humboldt-Universität zu Berlin, 1959 Promotion, 1961–65 wissenschaftlicher Arbeitsleiter an der Arbeitsstelle für Photochemie der DAW.

50 Paul Verner, Jg. 1911, 1959–71 1. Sekretär der SED-Bezirksleitung Berlin, Mitglied des Politbüros.

51 Kurt Hager, Jg. 1912, SED-Funktionär, 1954–89 Mitglied des ZK der SED, 1955–89 Sekretär des ZK (Wissenschaft und Kultur), 1958 Kandidat, 1963–89 Mitglied des Politbüros.

52 Vgl. hierzu Kosing, Alfred: Innenansichten als Zeitzeugnisse. Philosophie und Politik in der DDR. Erinnerungen und Reflexionen. Berlin 2008, S. 157, 174 f. u. 230 f.; Hager, Kurt: Erinnerungen. Berlin 1996, S. 218 f.

Dem MfS wurden ferner zahlreiche Einzelheiten bekannt, die zur Einschätzung der Reaktion auf die am 30.1.1964 erfolgte Ablösung des Genossen Tzschoppe[53] als 1. Sekretär der Universitäts-Parteileitung und auf die Kritik im Auftreten von Prof. Havemann beitragen, die gleichzeitig auch den im Bericht des Politbüros an das 5. ZK-Plenum getroffenen Feststellungen, warum der Einfluss bürgerlicher Auffassungen an der Humboldt-Universität Platz greifen konnte, entsprechen. Diese Hinweise sind u. E. auch deshalb noch von Bedeutung, weil sie die Haltung bestimmter Kräfte und Kreise in Verbindung mit der Vorbereitung der Parteiaktivtagung[54] an der Humboldt-Universität näher kennzeichnen, sowohl in positiver als auch in negativer Hinsicht.

Wie von verschiedenen Quellen übereinstimmend festgestellt wird, gehe aus zahlreichen Diskussionen hervor, dass eine anwachsende Zahl von Genossen Stellung gegen Prof. Havemann bezieht und die Ablösung des Genossen Tzschoppe versteht. Von einer Reihe Genossen Professoren aus den Bereichen der Gesellschaftswissenschaft und Naturwissenschaft sei zum Ausdruck gebracht worden, dass man mit dem Inhalt und der Form der Vorträge von Prof. Havemann nicht einverstanden sein kann und dass Prof. Havemann eine große Anzahl von Studenten negativ beeinflusst hat.

Trotz dieser positiven Reaktionen darf jedoch nicht übersehen werden, dass bei einem Teil der Genossen zwar ernste Vorbehalte gegenüber Prof. Havemann bestehen, aber in der Frage der Ablösung des Genossen Tzschoppe auch oft noch Unverständnis unter vielen Genossen und Parteilosen vorhanden ist und offen zum Ausdruck gebracht wird. Dabei ist auch festzustellen, dass nach der Veröffentlichung des Politbüroberichtes in bestimmten Kreisen der Chemiker eine »gewisse Ernüchterung« eintritt, sodass die extremsten Vertreter der Havemann-Richtung diesen Genossen den Vorwurf machen, sie würden sich jetzt zurückziehen und sich gegenüber der Partei um »Rückendeckung« bemühen.

Für die Haltung der Parteiorganisation der Chemiker sei, ebenfalls nach Berichten verschiedener Quellen, die Tatsache kennzeichnend, dass in dieser Parteiorganisation, in der es teilweise Auseinandersetzungen mit dem Genossen Tzschoppe gegeben habe, jetzt auf einmal festgestellt wird, Genosse Tzschoppe sei der richtige Parteisekretär an der Universität gewesen. Die Mehrheit dieser Parteiorganisation hat deshalb die Ablösung des Genossen Tzschoppe abgelehnt. Bei den Chemikern kursiert auch das Gerücht, dass

53 Werner Tzschoppe, Jg. 1927, 1951–56 und 1961–64 SED-Parteisekretär der Humboldt-Universität zu Berlin, wurde am 1.2.1964 von seinem Posten abgelöst, nachdem erheblicher Druck auf die Universitätsparteileitung ausgeübt worden war, die diese Ablösung in einer vorangehenden Sitzung trotz Aufforderung durch den Berliner Parteichef Paul Verner nicht durchführen wollte.

54 Versammlung von Parteifunktionären der SED an der Humboldt-Universität am 17. Februar 1964 in der Folge des 5. Plenums des ZK der SED (3.–7. Februar).

Genosse Prof. Naumann[55] maßgeblich an der Ablösung des Genossen Tzschoppe beteiligt gewesen sei, wobei sie Genossen Prof. Naumann als einen »mit dem Stalinkult fest verbundenen« Genossen bezeichnen.

Darüber hinaus gibt es Hinweise auf aktive Versuche revisionistischer, »oppositioneller« Kräfte, Stimmungen gegen übergeordnete Parteiorgane auszulösen, verbunden mit Bestrebungen, von der inzwischen stattgefundenen Parteiaktivtagung Stimmung für die »oppositionellen« Kräfte innerhalb der Partieorganisation der Universität zu machen. Unter anderem trat besonders Genosse Nieswand in Erscheinung, der z. B. äußerte, dass die Chemiker mit den Ausführungen der Genossen Prof. Hager, Sindermann[56] und Schumann[57] nicht einverstanden seien. Die Chemiker wären zu der Auffassung gelangt, dass man sie jetzt »abzubürsten« versuche. Sie würden damit rechnen, dass es Parteiverfahren und Parteiausschlüsse gebe und sich deshalb auf die Parteiaktivtagung entsprechend vorbereiten. Solchen Genossen, die sich entsprechend vorzubereiten beabsichtigen und die noch »zwischen der Linie des ZK und der Havemann-Richtung schwanken«, habe Genosse Nieswand die Empfehlung gegeben, die 10. Vorlesung[58] von Prof. Havemann nochmals zu studieren.

Zum taktischen Vorgehen Prof. Havemanns und seiner Anhänger habe Genosse Nieswand geäußert, dass Prof. Havemann versuchen wolle (auf der Parteiaktivtagung), alle gegen ihn und seine Anhänger gerichteten Vorwürfe auf sich zu ziehen und sich als Märtyrer aufzuspielen. Damit soll gleichzeitig erreicht werden, dass man gegen Prof. Havemann bestimmte Vorwürfe erhebt, die von den Genossen Chemikern dann gemeinsam pariert werden sollen.

Genosse [Name] vom I. Chemischen Institut habe zum Ausdruck gebracht, jetzt würde wieder etwas Ähnliches praktiziert wie bei der Ablösung des Genossen Kotowski.[59] Die Diskussionen »oben« würden aus mangelnder Sachkenntnis immer hinter verschlossenen Türen geführt, da man eine offene Diskussion fürchte. In der nächsten Zeit sei damit zu rechnen, dass Schuldige

55 Robert Naumann, Jg. 1899, Ökonom, 1951–65 Professor Humboldt-Universität zu Berlin, 1951–64 Prorektor für das gesellschaftswissenschaftliche Grundstudium, 1954–63 Mitglied des ZK der SED, 1960 Mitglied der ideologischen Kommission des Politbüros, im Dezember 1963 auf Initiative von Werner Tzschoppe, Wolfgang Heise und Robert Havemann durch Staatssekretär Franz Dahlem in den Ruhestand geschickt, um Reformen an der Universität den Weg freizuräumen.

56 Horst Sindermann, Jg. 1915, 1963–89 Mitglied des ZK der SED, 1963–71 1. Sekretär der SED-BL Halle. In: ND v. 13.2.1964, S. 4.

57 Horst Schumann, Jg. 1924, 1964 Mitglied des ZK der SED und 1. Sekretär des Zentralrats der FDJ. Gemeint sind dessen Ausführungen über das Chemische Institut in seinem Diskussionsbeitrag auf dem 5. Plenum des ZK der SED. In: ND v. 9.2.1964, S. 5.

58 Über Moral, 20.12.1963. In: Havemann, Robert: Dialektik ohne Dogma? Aufsätze, Dokumente und die vollständige Vorlesungsreihe zu naturwissenschaftlichen Aspekten philosophischer Probleme. Hg. v. Dieter Hoffmann. Berlin 1990, S. 134–142.

59 Werner Kotowski, 1964 Mitglied der Universitätsparteileitung der SED an der Humboldt-Universität zu Berlin.

gefunden würden, gegen die ein Parteiverfahren eröffnet werde, wie es damals gegen die Genossen Keilert[60] und Nieswand geschehen sei.[61]

Der Gruppenorganisator und Medizinstudent Rauhut äußerte die »Befürchtung«, dass jetzt der Kampf gegen den Dogmatismus eingestellt und in der Partei ein »harter Kurs« eintreten werde. Die Ablösung des Genossen Tzschoppe müsse seiner Meinung nach öffentlich exakt begründet werden, da es sonst unter den Genossen zu Unruhen kommen würde.

Wie weiter berichtet wurde, sei im Zusammenhang mit der Ablösung des Genossen Tzschoppe von einer Reihe Genossen und von zahlreichen Parteilosen zum Ausdruck gebracht worden, dass man den Genossen Tzschoppe für die Konzeptionslosigkeit der Universitäts-Parteileitung im Kampf gegen die revisionistischen Auffassungen Prof. Havemanns nicht verantwortlich machen könne. Teilweise werde auch die Kritik der Bezirksleitung an Genossen Tzschoppe gebilligt, jedoch die Form, in der die Ablösung des Genossen Tzschoppe erfolgte, verurteilt. Wiederholt wurde von Genossen geäußert, dass Genosse Tzschoppe ein guter Parteisekretär gewesen sei, der großen Einfluss hatte und die Universität ein Stück vorwärts gebracht habe. In solchen Diskussionen wurde auch die Frage gestellt, ob sich die Universitäts-Parteileitung nicht einfach als »Abstimmungsmaschine« betätigt habe.

Wiederholt wurden auch Stimmen laut, wonach bei der Ablösung des Genossen Tzschoppe das Parteistatut verletzt worden sei. Solche Ansichten seien u.a. von der Genossin Prof. Falk,[62] vom Genossen Dr. Fruck[63] und vom Genossen Prof. Heise[64] vertreten worden. Genosse Prof. Heise und andere Genossen hätten dazu erklärt, dass sie mit der Ablösung des Genossen Tzschoppe nicht einverstanden seien und seine Ablösung einen Verstoß gegen das Parteistatut darstelle. Genosse Verner sei vor der Universitäts-Partei-

60 Manfred Keilert, Jg. 1934, Chemiker, seit 1961 Assistent am II. Chemischen Institut der Humboldt-Universität zu Berlin.

61 Am 15.6.1961 hatten Manfred Keilert, zu diesem Zeitpunkt Student und SED-Mitglied, und Nieswand auf einer SED-Parteigruppenversammlung der Grundorganisation Chemie der Humboldt-Universität die Stagnation in der DDR und die keine Alternativen bietende Politik der SED kritisiert. Drei Wochen nach dem Mauerbau wurde gegen Keilert und Nieswand eine Parteistrafe ausgesprochen.

62 Waltraud Falk, Jg. 1930, Ökonomin, Schülerin und Assistentin Jürgen Kuczynskis, 1962–90 Professorin für Wirtschaftswissenschaften an der Humboldt-Universität zu Berlin.

63 Horst Fruck, Jg. 1926, Ökonom, Leiter des Instituts für ausländische Landwirtschaft der Humboldt-Universität zu Berlin, Bruder von Hans Fruck (bis 1956 Chef der Verwaltung Groß-Berlin des MfS und seitdem stellvertretender Leiter der HV A). Horst Fruck bat das MfS von sich aus um einen vertraulichen Gesprächstermin, um seine Kenntnisse aus den Diskussionen in der Umgebung Havemanns weiterzugeben; BStU, MfS, AOP 5469/89, Bd. 4, Bl. 180 f.

64 Wolfgang Heise, Jg. 1925, Philosoph, 1958–85 Professor an der Humboldt-Universität zu Berlin, 1964 für zwei Wochen Prorektor für Gesellschaftswissenschaften, abgelöst, weil er als Einziger gegen den Parteiausschluss Havemanns stimmte und bei seiner Bestallung zum Prorektor ausdrücklich auf die Statutenwidrigkeit der Absetzung Werner Tzschoppes als Sekretär der Universitätsparteileitung am 1.2.1964 hinwies.

leitung nicht überzeugend aufgetreten. Die Mehrheit der Mitglieder der Parteileitung sei von der Richtigkeit der Ablösung nicht überzeugt, sondern in der betreffenden Sitzung nur »umgefallen«.

Neben diesen Reaktionen und Äußerungen, in denen das Nichteinverständnis mit dem Vorgehen der Bezirksleitung zum Ausdruck kommt, muss auch auf eine Reihe von Gerüchten hingewiesen werden, die in diesem Zusammenhang mit den Auseinandersetzungen an der Humboldt-Universität aufgekommen sind. Diese kursierenden Gerüchte beinhalten im Wesentlichen, dass die übergeordneten Parteiinstanzen gegenüber der Universitäts-Parteileitung bzw. der Parteileitung der Chemiker Misstrauen hegen und mit konspirativen Mitteln arbeiten würden. Das Entstehen dieser Gerüchte werde von folgenden Vorkommnissen abgeleitet: Genosse Verner habe in einer Auseinandersetzung mit dem Sekretär der Parteiorganisation der Chemiker Wielgosch[65] mit einem Schreiben der Parteileitung der Chemiker an die Gewerkschaft operiert, das er sich, nach Meinung der Parteileitung der Chemiker, konspirativ beschafft haben müsse. Dieses fragliche Schreiben habe provokatorische Forderungen enthalten, sei jedoch nicht abgeschickt worden und sämtliche Formulare seien noch vorhanden. Genosse Verner habe, in der Versammlung dazu befragt, unter Hinweis auf ein Prinzip der illegalen Arbeit erklärt, dass er vergessen habe, wer ihm diesen Brief übergab.[66]

Das Gerücht über eine angebliche Überwachung der Telefone der Parteifunktionäre kursiere in besonders großem Umfang. Es sei dadurch ausgelöst worden, dass Genosse Frommknecht[67] vom ZK den Genossen Tzschoppe in der Parteileitungssitzung am 30.1.1964 wiederholt und beharrlich nach dem Inhalt eines Telefongesprächs zwischen den Genossen Tzschoppe und Aßmann[68] (2. Sekretär der Universitäts-Parteileitung) gefragt habe. Das Telefongespräch sei tatsächlich geführt worden. Von solchen Kräften wie dem Genossen Nieswand wurde das Kursieren dieses Gerüchts gleichzeitig mit der Verbreitung einer Reihe weiterer Parolen verbunden. Er stellte dabei solche Behauptungen auf, dass die Telefongespräche aller Parteisekretäre abge-

65 Im Original: »Wiegolsch«. Harry Wielgosch, Jg. 1930, Chemiker, 1. Sekretär der SED-Grundorganisation des Chemischen Instituts der Humboldt-Universität zu Berlin und Assistent am von Robert Havemann geleiteten Institut für Physikalische Chemie, 1964 Ablösung als SED-Sekretär und Ausschluss aus der Parteileitung der Chemiker wegen der Unterstützung Havemanns.

66 Die SED-Grundorganisation der Chemiker hatte im November 1963 die Wiederaufnahme Havemanns in die Universitätsparteileitung gefordert, aus der er im Sommer 1963 auf Druck Paul Verners ausgeschlossen worden war. In einer Versammlung attackierten sie öffentlich Paul Verner wegen dessen verleumderischer und konspirativer Methoden der politischen Auseinandersetzung. Vgl. Beschluss der Leitung GO Chemie, 21.11.1963; LArch Berlin, C Rep 903, alte Sign. BPA IV A2/4/704.

67 Helmut Frommknecht, Jg. 1919, Mitarbeiter der Abteilung Wissenschaften des ZK der SED.

68 Im Original: »Asmann«. Georg Aßmann, Jg. 1933, stellvertretender Sekretär der Universitätsparteileitung der SED an der Humboldt-Universität zu Berlin.

hört würden, die Chemiker sich bei Telefongesprächen mit »Guten Tag, Herr Höcherl«[69] begrüßen würden, die Intelligenz sich in einer Zersetzungsperiode zu befinden scheine, der Arbeitsstil der Bezirksleitung und das Vorgehen des Genossen Verner nicht mehr zu verantworten seien usw.

Weiter wurde von der Parteiorganisation der Chemiker bekannt, dass vor der für den 31.1. angesetzten Parteiversammlung von einigen Genossen vor der Versammlung der Saal noch zweimal nach dem Vorhandensein von Abhörgeräten überprüft wurde.

In diesem Zusammenhang wird noch darauf hingewiesen, dass der Genosse Mohrmann[70] (verantwortlicher Redakteur des Parteiorgans der Universität) sich vom 31.1. bis 1.2. beim Genossen Tzschoppe aufhielt. Als er am 1.2. übermüdet zur Leitungssitzung erschien, habe ihn der Persönliche Referent des Genossen Verner daraufhin angesprochen und geäußert, er würde ihm raten, nachts keine Besuche zu unternehmen. Aus dieser Bemerkung sei geschlossen worden, dass der Genosse Tzschoppe überwacht wird.

69 Hermann Höcherl, Jg. 1912, CSU-Politiker, 1953–76 MdB, 1961–65 Bundesminister des Innern.

70 Heinz Mohrmann, Jg. 1911, Wirtschaftswissenschaftler, 1950–52 kommissarischer Direktor der Arbeiter- und Bauernfakultät, 1956 Professor an der Humboldt-Universität zu Berlin, 1957–59 Dekan der Wirtschaftswissenschaftlichen Fakultät, 1964 Mitglied der Universitätsparteileitung und Redakteur ihres Organs »Humboldt-Universität«. Ab März 1964 Prorektor für den Wissenschaftlichen Nachwuchs.

26. Februar 1964

Einzelinformation Nr. 152/64 über Ansichten und Verhalten von an den Olympischen Winterspielen in Innsbruck beteiligt gewesenen Leistungssportlern und von Mitgliedern der Sportdelegation der DDR sowie über einige Probleme, die sich aus der Teilnahme einer gemeinsamen deutschen Mannschaft an den Olympischen Winterspielen ergeben

Quelle: BStU, MfS, ZAIG 833, Bl. 11–38 (5. Expl.; Anlage: 3. Expl.).
Serie: Informationen.
Verteiler: Kein Nachweis für externe Verteilung – MfS: HA V, Ablage.
Vermerk: Über dem Verteiler: »nicht rausgegangen (siehe 343/64)«.
Bemerkungen: Nicht realisierter Verteilervorschlag (im Dokumentenkopf): Ulbricht, Honecker, Ewald.
Anlage: Hinweise zur Person Ralph Borghards. Verteiler zur Anlage: Kein Nachweis für externe Verteilung – MfS: Mielke, Ablage.
Verweis: Information 343/64.

Der nachfolgende Bericht erhebt keinen Anspruch auf eine vollständige Einschätzung und Erfassung aller Meinungen von Leistungssportlern der DDR, die an den Olympischen Winterspielen in Innsbruck[1] teilnahmen sowie auf eine umfassende Übersicht aller Vorkommnisse. Die Darlegungen konzentrieren sich lediglich auf einige wesentliche dem MfS durch Aktive, Sportfunktionäre und Delegationsangehörige bekannt gewordene Meinungsäußerungen und auf bestimmte Mängel und Schwächen, die während der Winterspiele im Zusammenhang mit der Mannschaft der DDR in Erscheinung traten. Auf die positiven Ergebnisse der Teilnahme an den Winterspielen wird dabei nicht gesondert eingegangen. Ferner soll auf einige dem MfS bekannt gewordene Ansichten und Verhaltensweisen von Funktionären der westdeutschen Sportführung verwiesen werden.

Während der Olympischen Winterspiele in Innsbruck war das Vorgehen der westdeutschen Sportführung und Mannschaftsleitung offensichtlich von der Linie bestimmt, vor der Öffentlichkeit die Version einer gesamtdeutschen Olympiamannschaft unter westdeutscher Führung aufrechtzuerhalten. In der Öffentlichkeit war aber auch ihr Bestreben sichtbar, eine angebliche Harmonie und Einigkeit in allen Fragen der gemeinsamen Leitung der gesamtdeutschen Mannschaft vorzutäuschen, weil von westdeutscher Seite bei einer eventuellen Offensichtlichkeit der vorhandenen unüberbrückbaren Widersprüche und der erzwungenen Kompromisse eine Ablehnung der bisherigen Konzeption im IOC für Tokio befürchtet wurde.

1 IX. Olympische Winterspiele vom 29.1. bis 9.2.1964 in Innsbruck. Bundesrepublik und DDR nahmen mit einer gemeinsamen deutschen Mannschaft teil.

In diesem Zusammenhang wurde bekannt, dass der sogenannte Chef de Mission der westdeutschen Mannschaft Dr. Heine[2] vor der Abreise nach Innsbruck zu Bundesinnenminister Höcherl[3] bestellt war und von diesem die Linie für das Auftreten gegenüber der Mannschaftsleitung der DDR und den internationalen Sportgremien erhielt.

Aus verschiedenen Äußerungen westdeutscher Sportfunktionäre – insbesondere Funktionäre der Fachverbände der Bundesrepublik, aber auch offizielle Pressesprecher der olympischen Gesellschaft und des Olympischen Komitees – während und auch nach Abschluss der Winterspiele ist jedoch immer mehr zu erkennen, dass die Tatsache des Bestehens einer gemeinsamen deutschen Olympia-Mannschaft stärker in den Vordergrund rückt und äußerst kritisch beurteilt wird.

Während die Vorstellungen des IOC-Präsidenten *Brundage*,[4] sowohl in Tokio[5] als auch während weiterer internationaler olympischer Sportwettkämpfe die Form einer gemeinsamen deutschen Mannschaft beizubehalten,[6] mit der offiziellen Meinung der Bonner Regierung übereinstimmen und diese Ansicht auch im Übereinkommen mit der Bundesregierung von *Daume*[7] vor dem Internationalen Olympischen Komitee vertreten wird, gibt es in letzter Zeit häufig Einwände durch die westdeutschen Sportfachverbände. Funktionäre der Sportfachverbände der Bundesrepublik verweisen mit kritischen Einwänden auf »Mühseligkeiten« der technischen Details und auf die Mehrbelastungen der Sportler der gesamtdeutschen Mannschaft durch zeit- und kräfteraubende zusätzliche Ausscheidungskämpfe. Selbst Dr. Heine äußerte Bedenken, auch in Zukunft diese Art der Gemeinsamkeit zu experimentieren. Unter anderem ziehen Dr. *Heine* und *Tröger*[8] jedoch bei diesen Erwägungen vor allem in Betracht und verweisen auf die »Gefahr«, DDR-Sportler könnten bei Beibehaltung der bisherigen Klauseln sowohl bei der Nominierung der Aktiven für Tokio und spätere olympische Spiele als auch in der sportlichen Leistung entscheidende sportliche Positionen erringen und das Mehrkontingent in einer gesamtdeutschen Mannschaft stellen. Bei eventuellem Eintreten einer solchen Praxis – so schlussfolgern westdeutsche Sportfunktionäre weiter – könnte den westdeutschen Spitzensportlern kein Anreiz

2 Adolf Heine, 1958–70 Präsident des Deutschen Skiverbandes, bei den olympischen Winterspielen 1964 in Innsbruck Chef de Mission der gemeinsamen deutschen Mannschaft.

3 Hermann Höcherl, Jg. 1912, CSU-Politiker, 1953–76 MdB, 1961–65 Bundesminister des Innern.

4 Avery Brundage, Jg. 1887, 1952–72 Präsident des Internationalen Olympischen Komitees.

5 Die Spiele der XVIII. Olympiade fanden vom 10. bis 24.10.1964 in Tokio statt.

6 Bei den Sommerspielen in Tokio 1964 trat noch eine gemeinsame deutsche Mannschaft an, während bereits in Mexiko und Grenoble 1968 zwei selbstständige Teams, indes noch nicht mit eigener Hymne und Flagge, anreisten.

7 Willi Daume, Jg. 1913, 1950–70 Präsident des Deutschen Sportbundes, 1956–91 Mitglied des IOC.

8 Walther Tröger, Jg. 1929, 1963–83 Generalsekretär des NOK der Bundesrepublik.

mehr geboten werden, und die Spitzenarbeit im westdeutschen Sport erfahre keine Krönung mehr durch die olympische Teilnahme.

Um eine solche Situation, die »immerhin eintreten könne«, von vornherein auszuschalten, sind realistisch denkende Kräfte innerhalb der westdeutschen Sportführung und Kreise um Dr. Heine der Auffassung, man solle die vorhandenen zahlreichen Unstimmigkeiten zwischen den beiden deutschen Olympischen Komitees und bei der technischen Einzelbehandlung dazu benutzen, das gesamtdeutsche Experiment nunmehr als endgültig gescheitert zu betrachten und für eine zweiseitige deutsche Teilnahme zu plädieren, wobei jedes Nationale Olympische Komitee eigene Mannschaften zu den Spielen nominieren sollte. Danach sei Aufgabe der beiden deutschen Olympischen Komitees zu sondieren, ob die Möglichkeit bestehe, je zwei Einzelwettkämpfer und je eine Staffel teilnehmen zu lassen, da eine solche Lösung eine deutsche Doppelmannschaft bedeute. Sollte ein derartiger Vorschlag im Internationalen Olympischen Komitee angenommen werden, entstehe für den deutschen Sport eine sehr günstige Situation aus der Tatsache, dass durch Doppelnominierung jeder Disziplin auch Doppel-Chancen vorhanden seien. Unter diesen Umständen wäre es nach Meinung einiger westdeutscher führender Sportfunktionäre akzeptabel, wenn trotzdem beide Olympischen Komitees in einer Einzelvertretung an den Olympischen Spielen teilnehmen würde, außerdem die beiden Mannschaften einheitlich gekleidet bleiben und auf die nationalen Embleme der DDR und Westdeutschland verzichten würde (das IOC sollte auch bei einer getrennten Teilnahme das deutsche Emblem: schwarz-weiß-gold[9] mit den olympischen Ringen auf den Fahnen und an der Kleidung der Sportler als verpflichtende Auflage anerkennen). Eine solche Regelung könnte nach Ansicht einiger leitender Bonner Sportfunktionäre eine entscheidende Lebensdauer haben.

Während sich die betreffenden westdeutschen Sportfunktionäre eine Regelung nach dieser Version noch unter dem Vorsitz des IOC-Präsidenten Brundage erhoffen, erklärte Brundage inoffiziell allgemein zur gesamtdeutschen Olympia-Mannschaft, er sehe dieses Problem für die Zukunft nicht mehr unter seiner Verantwortung; seine persönliche Ansicht tendiere zwar weiterhin für eine gesamtdeutsche Mannschaft, wahrscheinlich müsse aber das IOC diese Frage für Tokio unter einem anderen Präsidenten neu behandeln, da sich veränderte Voraussetzungen ergeben hätten.

Um den Differenzierungsprozess in ihren Reihen aufzuhalten, beabsichtigen reaktionäre leitende westdeutsche Sportfunktionäre in Zukunft in ihrem Sinne schwankende Elemente auszuschalten und durch »harte« Leute zu ersetzen.

Verstärkt ist in letzter Zeit – und besonders während der Olympischen Winterspiele in Innsbruck – der Versuch und das Bestreben der reaktionären

9 So im Original. Die olympische Falgge der deutschen Teams zeigte 1968 wie schon zu den Spielen zuvor die Nationalfarben schwarz-rot-gold.

westdeutschen Sportführung deutlich geworden, größeren Einfluss im IOC zu erlangen.

Dabei versuchen Vertreter der Bundesrepublik, Einfluss auf die gesamte Politik des IOC zu nehmen. Während dabei der Ehrenpräsident des westdeutschen Olympischen Komitees Dr. Karl Ritter von Halt[10] in diesen Führungsgesprächen des deutschen Anteils keine entscheidende Rolle mehr spielt, bemüht sich Willi Daume bei dem jetzigen Präsidenten Brundage aktiv, seine jetzige Stellung im IOC auszubauen. Daume vertritt dabei die Ansicht, er habe besonders nach dem in Baden-Baden stattgefundenen IOC-Kongress eine relative Festigung seiner Stellung im IOC erreicht. Einige westdeutsche Sportfunktionäre vertreten die Ansicht, Daumes Ambitionen seien dadurch verstärkt worden. In Sport-Journalistenkreisen der Bundesrepublik wurde die Annahme geäußert, eine Führungsposition Daumes im IOC – eventuell der Präsidentenposten – sei, zumindest für die spätere Zukunft, nicht von der Hand zu weisen. Andererseits glaubt man in diesen Kreisen zu wissen, dass es unter den gegenwärtigen politischen Bedingungen in Deutschland niemals eine Mehrheit für einen IOC-Präsidenten aus Deutschland geben würde.

Nach vorliegenden Hinweisen versucht Daume gegenwärtig die zwischen dem jetzigen IOC-Präsidenten und dem Kanzler des IOC aufgetretenen Zwistigkeiten im Sinne Westdeutschlands auszunutzen, wobei er den leitenden Funktionären der Exekutive im IOC wiederholt die Vorstellung unterbreitete, es sei nicht im Sinne der internationalen Sportbewegung, wenn der Weltverband des IOC mit seinen umfangreichen organisatorischen Aufgaben auf die Dauer ehrenamtlich verwaltet würde. Er würde vielmehr dafür plädieren, für die internationale Organisation ein »bescheidenes«, aber sehr wirkungsvoll besetztes Generalsekretariat oder Kanzleramt zu benennen. Daume schwebt weiter vor, in diesem Sinne in Lausanne eine stabil ausgebaute Geschäftsstelle zu schaffen. Die Vorstellungen Daumes gehen weiter dahin, den Posten des Kanzlers eventuell ehrenamtlich zu belassen und einen Generalsekretär, der fest besoldet dem IOC-Sekretariat vorstehen soll, zu benennen. Für diesen Posten – sogenannten Generalsekretär im IOC – hat Daume bereits den Westdeutschen Werner Klingeberg[11] – zzt. Diplomat der Bonner

10 Ferdinand Karl Ritter von Halt, Jg. 1891, Sportfunktionär, 1961–64 Ehrenpräsident des NOK der Bundesrepublik.

11 Im Original durchgehend: »Klingenberg«. Werner Klingeberg, Jg. 1910, Diplomat, 1934 Leiter der Sportabteilung beim Organisationskomitee der Olympischen Spiele in Berlin 1936, 1937–39 von der NS-Regierung besoldeter technischer Berater des IOC für die Spiele in Tokio und Helsinki 1940, 1939–44 Leiter des Deutschen Nachrichtenbüros in Helsinki, 1949 Mitglied des Präsidiums der Deutschen Olympischen Gesellschaft, 1959 Legationsrat im Auswärtigen Amt, 1960 Berater des westdeutschen Botschafters in Rom für Sportfragen, angeblich Assistent des Chefs de Mission der gesamtdeutschen Mannschaft, Gerhard Stöck, auf Nachfrage von ostdeutscher Seite nach seiner Autorisierung und Funktion hastig zurückgezogen. Vgl. Paton, Garth; Barney, Robert K.: Adolf Hitler, Carl Diem, Werner Klin-

Regierung in der westdeutschen Botschaft in Washington – vorgesehen. (Klingeberg verfüge nach Ansicht Daumes über ausreichende Erfahrungen in der internationalen Sportbewegung und habe sich in der Organisation früherer Olympischer Spiele mehrfach verdient gemacht.) Sollten Daumes Vorstellungen, Klingeberg als sogenannten Generalsekretär im IOC einzubauen, in absehbarer Zeit nicht verwirklicht werden, gedenkt ihn Daume anderweitig in der Verwaltung des IOC unterzubringen mit dem Ziel, durch ihn die westdeutsche und seine eigene Position zu erweitern.

In Vorbereitung und während der Olympischen Winterspiele in Innsbruck musste wiederum die Feststellung getroffen werden, dass die gesamte sich gegen den DDR-Leistungssport richtende gegnerische Tätigkeit, in welche die Sportführung Westdeutschlands einbezogen wird, vom sogenannten Ministerium für gesamtdeutsche Fragen und vom »Bundesinnenministerium« in Bonn zentral gesteuert wird. Das beweist nicht nur die »Vormundschaft« des Bundesinnenministers Höcherl bei den führenden westdeutschen Sportfunktionären. Auch der offizielle Vertreter des »Bundespresseamtes« für Innsbruck, Dr. *Weilenmann*,[12] arbeitete eng mit dem sogenannten Ministerium für gesamtdeutsche Fragen zusammen. Weilenmann hatte in Innsbruck offensichtlich die Aufgabe, alle Fäden der gegen die DDR-Vertretung gerichteten Aktivität, besonders der westdeutschen und Westberliner Rundfunk- und Pressevertreter, zu steuern. Zu bemerken ist, dass Dr. Weilenmann praktisch im Auftrage Bonns in Innsbruck eine Doppel-Funktion bekleidete: einmal als hauptamtlicher Mitarbeiter und Fachreferent des »Bundespresseamtes« und zum anderen als Geschäftsführer des Verbandes Deutscher Sportpresse. Obwohl vor den Winterspielen im Sportpresseverband Westdeutschlands ein Gespräch zwischen dem Olympischen Komitee und leitenden Vertretern des »Bundespresseamtes« stattfand und in Erwägung gezogen wurde, ob es vertretbar sei, Weilenmann, der eine bundespolitische Stellung bekleidet, im Auftrage des »Bundespresseamtes« und des Olympischen Komitees nach Innsbruck zu entsenden, wurde die Delegierung Weilenmanns beibehalten.

In Innsbruck nahm Weilenmann dann auch entscheidenden Einfluss auf die gesamte westliche Pressearbeit und insbesondere auf den Inhalt der offiziell vom westdeutschen Olympischen Komitee und von der westdeutschen Mannschaft veröffentlichten Presseinformationen. So lancierte er vor allem

geberg, and the Thousand Year Reich. Nazi Germany and its Envisioned Post-War Olympic World. In: Wamsley, Kevin B. u. a. (Hg.): The Global Nexus Engaged: Past, Present, Future Interdisciplinary Olympic Studies. Sixth International Symposium for Olympic Research. Ontario 2002, S. 93–104.

12 Im Original durchgehend: »Weidemann«. Friedrich Wilhelm Weilenmann, Jg. 1917, 1944 Autor des antisemitischen Welt-Dienst-Verlages, 1962–64 Schriftführer beim Verband Deutscher Sportpresse, 1963–64 Referent im Referat Fachpublizistik, Bereich Sport, des Bundespresseamtes.

im Sinne Bonns Verlautbarungen über die gesamtdeutsche Teilnahme und auftauchende interne Zwistigkeiten.

Von der westdeutschen Mannschaftsführung wurden vereinzelt die ihrer Meinung nach voreiligen und kritikvollen Äußerungen Heines vor westdeutschen Sportjournalisten, Interna der gesamtdeutschen Mannschaft betreffend, bedauert. Das soll noch in Innsbruck zu einer Aussprache zwischen Daume und Heine geführt haben, in der Daume nachdrücklich um eine größere Zurückhaltung Heines, die Darstellung dieser Interna vor der Öffentlichkeit betreffend, gebeten haben soll. In der Beurteilung der Lage, die sich aus der gesamtdeutschen Mannschaft ergebe, würden bei Äußerungen Daumes und Heines vor Presse, Funk und Fernsehen gegensätzliche Aspekte und Interessen sichtbar.

Heine vertrete seine Interessen in erster Linie als Präsident des westdeutschen Ski-Verbandes, Daume dagegen stehe hinsichtlich des Bestehens einer gesamtdeutschen Mannschaft in Abhängigkeit von den Vorstellungen der Bundesregierung.

Die Steuerung der westdeutschen Sportbewegung durch Bonner Dienststellen findet weiterhin seinen Ausdruck in einer finanziellen Unterstützung, die führenden Mitgliedern des »wissenschaftlichen Ausschusses« des NOK durch das Bundesinnenministerium für die Dauer ihres Aufenthaltes in Innsbruck gewährt wurde. Unter dem Namen »Nöcker-Ausschuss«[13] (Leitung: Perrey,[14] Dortmund) hatten die Mitglieder lediglich die Aufgabe, eine individuelle Beobachtung durchzuführen. Die Ergebnisse der Beobachtungstätigkeit und deren wissenschaftliche Auswertung sollen der weiteren Lenkung der Spitzenförderungsmaßnahmen im westdeutschen Sport und der Betreuung der Leistungssportler dienen.

In Vorbereitung und Durchführung der Olympischen Winterspiele in Innsbruck wurden im Wesentlichen folgende Absichten und Methoden der westdeutschen Sportführung – im Auftrage der Bonner Regierung handelnd – sichtbar:

- Aufklärung der Pläne der Mannschaftsleitung der DDR zu den Verhandlungen mit der westdeutschen Mannschaftsleitung, zu Fragen einzelner Wintersportdisziplinen (Nominierung der Aktiven und Taktik) und einzelner Funktionäre, Trainer und Leistungssportler der DDR-Delegation;
- politisch-ideologische Aufweichung und Zersetzung unter Sportlern und Mitgliedern der Touristendelegation der DDR;

13 Josef Nöcker, Jg. 1919, Sportmediziner, 1955–59 Professor an der Universität Leipzig, sowohl 1956 als auch 1964 Arzt der deutschen Olympiamannschaft, obwohl er 1959 nach Leverkusen übersiedelte, 1968 Chef de Mission der Olympiamannschaft der Bundesrepublik, 1959–61 Vorsitzender des wissenschaftlichen Ausschusses des Sportärztebundes, 1961–69 Leiter des Ausschusses zur wissenschaftstheoretischen und praktischen Förderung des Hochleistungssports in der Bundesrepublik, persönliches Mitglied des NOK.

14 Siegfried Perrey, Jg. 1915, Handballtrainer, 1964 Inspekteur der deutschen Olympiamannschaft.

- Versuche der Abwerbung von Leistungssportlern und Touristen der DDR;
- zielgerichtete Provokationen besonders in der Touristendelegation der DDR.

Bei der Durchführung dieser Methoden bedienten sich die interessierten westdeutschen Kreise akkreditierter und nichtakkreditierter Journalisten Westdeutschlands, republikflüchtiger Sportler und anderer republikflüchtiger Personen sowie weiterer westdeutscher Bürger, die sich als Touristen in Innsbruck aufhielten. Des Weiteren traten auch aktive Sportler der westdeutschen Mannschaft mit diesen Methoden in Erscheinung und versuchten, mit DDR-Sportlern in Kontakt zu kommen.

Die Mehrzahl der westdeutschen Offiziellen trat gegenüber den DDR-Offiziellen und den DDR-Aktiven sehr differenziert auf. Während sie sich gegenüber den Offiziellen ablehnend und zurückweisend verhielten, waren sie gegen die DDR-Aktiven betont freundlich, wobei sie auch bei schlechterem Abschneiden dieses Verhalten beibehielten, trotzdem beglückwünschten und trösteten. Mit dieser Methode sollte bei den DDR-Aktiven Eindruck erweckt und Kontakt geknüpft werden.

Auch durch westdeutsche Touristen wurde wiederholt versucht, Kontakte zu DDR-Bürgern zu finden. Bei den dabei geführten Gesprächen wurde von den Westdeutschen häufig eine zielgerichtete politisch-ideologische Zersetzungsarbeit durchzuführen versucht. Aktive und andere DDR-Bürger wurden dabei wiederholt mit den westlichen Argumenten über Reisebeschränkungen, »Freiheit« in der DDR, über den antifaschistischen Schutzwall u. Ä. konfrontiert. Dabei wurde z. B. auch den Eiskunstläufern einzureden versucht, sie bekämen für die Weltmeisterschaften in Westdeutschland keine Einreiseerlaubnis.

In weiteren »Argumenten« wurde versucht, die Existenz zweier deutscher Staaten zu ignorieren und unsere Aktiven mit Ansichten wie »Wir sind alle Deutsche und gehören zusammen« in Gewissenskonflikte zu bringen. Ferner wurde in Gesprächen durch Westdeutsche der DDR-Führung und -Sportführung der Hauptteil der »Spaltertätigkeit« im gemeinsamen deutschen Sport unterstellt und damit eine Umstimmung der Sportler beabsichtigt. Zum Teil wurden die Westdeutschen in ihren »Argumenten« noch durch die Tiroler Bevölkerung, die stark von den westdeutschen Touristen abhängig ist, unterstützt. Wenn auch der von diesen Kreisen erwünschte »Erfolg« der massiven Aufweichungsversuche im Wesentlichen ausblieb, kann doch nicht übersehen werden, dass die benutzten Argumente von einem Teil unserer Leistungssportler diskutiert wurden.

Ein Teil der DDR-Aktiven wurde laufend von Westdeutschen durch Gespräche – z. T. auch durch persönliche Einladungen – in Anspruch genommen. Damit wurde zum gewissen Grade offensichtlich auch eine physische und psychische Belastung der Aktiven und somit eine Leistungsminderung beabsichtigt.

Der Versuch der Kontaktaufnahmen wurde u.a. auch von den durch Westdeutschland dem Organisationskomitee Innsbruck zur Verfügung gestellten Helfern (z.B. Fahrern mit VW-Bussen) unternommen. Ein solcher Helfer ersuchte unsere Aktiven u. a. um Sportinformationen, die er angeblich für die westdeutsche Presse verwenden wollte.

Die westdeutschen Eiskunstläufer Schönmetzler[15] und Schnelldorfer[16] bemühten sich während der gesamten Dauer der Winterspiele außerordentlich um Ralph Borghard.[17] Besonders Schönmetzler übte einen starken und teilweise negativen politisch-ideologischen Einfluss auf Borghard aus. Den Bestrebungen dieser Kontaktaufnahmen kam die noch vorhandene politisch-ideologische Unreife Ralf Borghards, seine mehrfach verworrenen Auffassungen über persönliche Freiheit, persönliches Vertrauen usw. entgegen. Borghard schloss sich in Innsbruck eng an Schönmetzler an und betrachtet ihn als seinen Freund. Selbst das provokatorische Auftreten Schönmetzlers (der von einigen unserer Aktiven als »frecher« und »anmaßender Bursche« eingeschätzt wurde) gegenüber der Trainerin Wischnewski,[18] das durch den Genossen Ewald[19] gerügt werden musste, änderte nichts an der Einstellung Borghards.

Das ständige Zusammensein Ralph Borghards mit Schönmetzler wirkte sich negativ auf sein Training aus, indem er z.B. den Trainingsplan nicht einhielt. Obwohl kritische Aussprachen zwischen seiner Trainerin und B. stattfanden, änderte er sein Verhalten nicht und benahm sich gegenüber seiner Trainerin äußerst unhöflich. (Inge Wischnewski äußerte aus Verärgerung in diesem Zusammenhang die Absicht, nur noch den Nachwuchs trainieren zu wollen.) Nachweisbare Absichten Schönmetzlers, Borghard eventuell abzuwerben, sind bisher nicht festgestellt worden. Anlässlich einiger Gespräche mit Aktiven versicherte Borghard, nicht die Absicht zu haben, republikflüchtig zu werden und zu den Weltmeisterschaften in Dortmund[20] für die DDR starten zu wollen. Borghard äußerte nach den Aussprachen mit ihm

15 Sepp Schönmetzler, Jg. 1944, Eiskunstläufer, 12. im Herren-Einzelwettbewerb der Winterspiele 1964 in Innsbruck.

16 Manfred Schnelldorfer, Jg. 1943, Eiskunstläufer, Olympiasieger im Herren-Einzelwettbewerb in 1964 Innsbruck, 1964 Weltmeister, 1954, 1956–61, 1963–64 Eiskunstlaufmeister der Bundesrepublik.

17 Im Original durchgehend: »Ralf Borghardt«. Ralph Borghard, Jg. 1944, Eiskunstläufer, 11. im Herren-Einzelwettbewerb der Winterspiele 1964 in Innsbruck, 1963, 1964, 1966 DDR-Meister, floh nach der Weltmeisterschaft 1966 in Davos in die Bundesrepublik, 2. der deutschen Meisterschaften.

18 Im Original durchgehend: »Wischnewsky«. Inge Wischnewski, Jg. 1930, Eiskunstlauftrainerin, 1952–55 DDR-Meisterin im Eiskunstlaufen, nach Studium an der DHfK Trainerin beim SC Berlin.

19 Manfred Ewald, Jg. 1926, 1961–88 Präsident des DTSB, 1963–89 Mitglied des ZK der SED.

20 Die Eiskunstlaufweltmeisterschaften in Dortmund fanden vom 25.2. bis 1.3.1964 statt. Die DDR zog ihre Mannschaft von der Teilnahme zurück, da sie nicht unter der Bezeichnung »Deutschland-Ost« antreten wollte.

jedoch, die »Freundschaft« zu Schönmetzler betreffend, Bedenken, man könne ihm das Vertrauen, aus Dortmund in die DDR zurückzukehren, entziehen. Sollte man jedoch zu ihm kein persönliches Vertrauen mehr haben, werde er sofort das Eislaufen aufgeben und einen Beruf ergreifen. Zu den Interessen seitens Westdeutscher an Borghard ist ferner zu bemerken, dass der westdeutsche Trainer Hofer[21] um einen Kontakt zu Borghard bemüht war und ständig das Training Borghards beobachte.

Während der Winterspiele wurde seitens Westdeutscher, u. a. auch westdeutscher Sportfunktionäre, der Versuch unternommen, Sportler und Trainer der DDR abzuwerben. So erhielt z. B. der DDR-Trainer in Bob- und Schlittensport Geinitz[22] u. a. entsprechende Angebote durch westdeutsche Funktionäre.[23]

Während der Olympischen Winterspiele in Innsbruck wurden von den DDR-Bürgern verschiedentlich ehemalige republikflüchtige Spitzensportler der DDR festgestellt, die im verstärkten Maße Kontakte herzustellen bemüht waren und z. T. den Versuch der Abwerbung unternahmen. Obwohl das eigentliche Ansinnen dieses Personenkreises von unseren Sportlern im Wesentlichen erkannt und eine Kontaktaufnahme von vorn herein von ihnen abgelehnt wurde, fanden vereinzelt Gespräche zwischen den Republikflüchtigen und DDR-Sportlern statt. Der Hauptinhalt dieser Unterhaltungen erstreckte sich auf Auskünfte über in der DDR trainierende und den Republikflüchtigen bekannte Spitzensportler sowie auf »Schilderungen« und Verherrlichungen angeblich großzügiger Unterstützung und Förderung westdeutscher Sportler. Unter den in Innsbruck festgestellten republikflüchtigen ehemaligen DDR-Sportlern befanden sich u. a. die Eishockeyspieler Maus[24] und Mauer[25] und die Eiskunstläuferin Rathje, Hella.[26] Außerdem versuchte der republikflüchtige [Name 1], Rodel- und Schlittenbauer (er hatte an der Rodel- und Bobbahn in Igls eine Reparaturwerkstatt eingerichtet), mit unseren Aktiven und Trainern Kontakt zu bekommen.

21 Walter Hofer, Jg. 1922, Eiskunstläufer und -trainer, 1937 deutscher Jugendmeister, später Profi, ab 1958 Trainer.

22 Im Original: »Gleinitz«. Werner Geinitz, Trainer, führte als Rodel- und Bob-Verbandstrainer des DTSB eine grundlegende Modernisierung des DDR-Rennschlittensports durch und die Rennrodler zu ihren ersten internationalen Erfolgen.

23 Vgl. Ullrich, Klaus (i. e. Klaus Huhn): Olympische Einigungen, die keine sind. Viele Fragen blieben offen bei den Verhandlungen der beiden Olympischen Komitees in Frankfurt (Main). In: ND v. 13.4.1964, http://zefys.staatsbibliothek-berlin.de/ddr-presse/ergebnisanzeige/?purl=SNP2532889X-19640413-0-3-45-0 (25.1.2017).

24 Peter Maus, Jg. 1940, Eishockeyspieler, 1959–62 SC Dynamo Berlin, verließ seinen Verein bei einem Spiel in Finnland im März 1962, 1967–69 FC Bayern München, 1969–72 Augsburger EV.

25 Michael Mauer, Jg. 1942, Eishockeyspieler, 1961–62 SC Dynamo Berlin, verließ seinen Verein bei einem Spiel in Finnland im März 1962, 1965–69 FC Bayern München, 1969–74 Augsburger EV.

26 Hella Rathje, Eiskunstläuferin, SC Dynamo Berlin, 1960 DDR-Vizemeisterin im Kunstlauf der Damen.

Vonseiten unserer Sportler gab es neben den eingangs geschilderten Kontakten, die im Wesentlichen auf Initiative der Westdeutschen entstanden, eine Reihe Gespräche mit westdeutschen Sportlern und Aktiven aus anderen kapitalistischen Ländern. Sie kamen meistens zustande aufgrund der gemeinsamen Trainingszeiten und des Bekanntseins von früheren internationalen Meisterschaften. Einzuschätzen ist, dass sich die Mehrzahl unserer Aktiven anlässlich dieser Unterhaltungen sehr korrekt verhielt und die Diskussionen im Sinne unserer politischen Konzeption führte. In Gesprächen über den antifaschistischen Schutzwall, sogenannte Reisebeschränkungen ins kapitalistische Ausland u. Ä. war jedoch vielen DDR-Sportlern eine gewisse Unsicherheit anzumerken, die in der Hauptsache aus politischer Unreife und Unsicherheit resultiert. Vor allem in Fragen der Auslandsstarts, die unseren DDR-Sportlern durch Eingreifen kapitalistischer Staaten untersagt werden, war eine starke Unsicherheit und z. T. Niedergeschlagenheit bei unseren DDR-Sportlern festzustellen, wobei eingeschätzt werden muss, dass dieses Thema – angeregt durch Sportler aus kapitalistischen Staaten – mit im Vordergrund der Gespräche zwischen Aktiven aus Ost und West stand.

Nach bisherigen Einschätzungen hat das Auftreten der DDR-Vertretung während der Winterspiele in Innsbruck insgesamt einen guten Eindruck hinterlassen.

Trotzdem muss festgestellt werden, dass es im Verhältnis der Sportler untereinander, zwischen Trainern und Sportlern sowie der Sportler und Trainer zu den Offiziellen, eine Reihe Mängel und Schwächen gab, die sich insgesamt auf das Leistungsvermögen der Aktiven sowie auf die Kollektivität unserer Delegation ungünstig auswirkten.

Allgemein beklagten sich unsere Aktiven, dass sich Offizielle und Trainer im Verlauf der gesamten Winterspiele zu wenig um sie gekümmert hätten. Begünstigt durch die verhältnismäßig zeitige Anreise der DDR-Mannschaft in Innsbruck hätte nach Ansicht einiger Aktiver eine weitaus bessere Kollektivität erreicht werden können. Demgegenüber habe aber die ungenügende Trainingsmöglichkeit unserer Aktiven vor Eröffnung der Winterspiele infolge mangelnder Schneeverhältnisse die Stimmung bereits von Anfang an niedergedrückt, ohne dass Offizielle und Trainer Versuche unternommen hätten, diese Atmosphäre zu lockern.

Die drückende Atmosphäre und Spannung in der DDR-Mannschaft habe sich im Verlaufe der Winterspiele weiter verdichtet. Dazu habe eine starke Nervosität in der gesamten Mannschaft, die auch bei den Offiziellen zu bemerken gewesen sei, die Leistungssportler außerordentlich belastet.

Von einer Reihe Leistungssportler wurden in dieser Situation – und besonders auch dann, wenn ihre Leistungen nicht die erwarteten Ergebnisse aufwiesen – helfende und, wie sie meinen, aufmunternde Aussprachen vonseiten der Trainer und Offiziellen vermisst. Einzuschätzen ist, dass westdeutsche Funktionäre diese Situation erkannten und auch auszunutzen versuchten. Es zeichnete sich daher wiederholt ab, dass mit weniger gut platzierten

DDR-Aktiven nicht DDR-Offizielle, sondern westdeutsche Funktionäre erste Gespräche führten und sie trotzdem beglückwünschten. Dieses Verhalten der westdeutschen Funktionäre und Sportler wurde nach Äußerungen einiger unserer Aktiven von ihnen als sehr »korrekt« und »wohltuend« empfunden.[27]

Nach Ansicht von Aktiven müsse das psychologische Einfühlungsvermögen und das pädagogische Verhalten unserer Funktionäre gegenüber den Aktiven – vor allem unmittelbar nach dem Wettkampf – besser sein. Dadurch müssten die Sportler das Gefühl gewinnen, dass es nicht – wie sie verschiedentlich meinen – nur um die Erfüllung der Perspektiven, sondern auch um ihre persönlichen Belange geht. Jeder Sportler habe sein Bestes geben wollen, die Leistungen seien aber nicht immer gleich überragend und falsches Verhalten durch Leitungskader sei den Leistungen abträglich. Selbst Sportler, die bei der Wertung unter die besten zehn Sportler ihrer Disziplin gefallen seien, hätten kein Wort des Lobes gehört (z. B. Helga Haases[28] 4. Platz und die Skispringer). Die ersten lobenden Worte für diese Sportler habe es beim Empfang in Wien gegeben; das sei aber zu spät gewesen, sie hätten schon früher ein paar beruhigende Worte verdient.

Selbst mit Sportlern, die nicht unter die ersten zehn Platzierten gehörten, müssten sich Offizielle und Trainer persönlich mehr beschäftigen. Lediglich während des letzten Tages in Innsbruck/Wien sei durch M. Ewald dieser Versuch unternommen worden, indem die beiden Eisschnellläuferinnen Behrenz[29] und Heinicke[30] zum Empfang eingeladen worden wären. Das sei nach Meinung Aktiver darauf zurückzuführen gewesen, dass man durch den Republikverrat von Ute Gähler[31] die Schlussfolgerung gezogen habe, sich um solche Sportler mehr zu kümmern. Bei unerwartet niedrigen Leistungen müssten die Aktiven durch das Verhalten der Offiziellen und Trainer zu der Schlussfolgerung kommen, sie würden nicht mehr anerkannt.

Besonders Recknagel[32] war nach den ersten Ergebnissen sehr deprimiert und beklagte sich vereinzelt über das Verhalten ihm gegenüber. Unter ande-

27 Am Seitenrand finden sich nicht zwingend deutbare Korrekturen, die auf eine beabsichtigte Umstellung des Satzes hindeuten.

28 Helga Haase, Jg. 1934, Eisschnellläuferin, 1960, 1964 Olympiateilnehmerin (1960: Goldmedaille über 500 m, Silbermedaille über 1000 m, 8. über 1500 m, 1964 4. über 1000 m, 5. über 1500 m), 21× DDR-Meisterin.

29 Sigrit Behrenz, Jg. 1941, Eisschnellläuferin, 1960, 1964 Olympiateilnehmerin (1960 18. über 500 und 1000 m, 1964 im Vorlauf ausgeschieden).

30 Erika Heinicke, Jg. 1939, Eisschnellläuferin, 1964 Olympiateilnehmerin (23. über 1000 m, 28. über 1500 m und 3000 m).

31 Ute Gähler, Jg. 1941, Rennrodlerin, 1963 für die DDR 4. der Weltmeisterschaften in Imst, Olympiateilnehmerin 1964, aber aus Gründen des Ost-/West-Proporzes nicht im Rennen eingesetzt, Flucht in die Bundesrepublik, für die Bundesrepublik 1965 in Davos 8. der Weltmeisterschaft, 1967 in Hammarstrand 13., 1968 Olympiateilnehmerin.

32 Helmut Recknagel, Jg. 1937, Skispringer, 1960 Olympiasieger.

rem erklärte er, man könne ihm nicht unterstellen, er sei mit halber Kraft gesprungen; aber er habe infolge der ganzen Situation nächtelang nicht schlafen können.

Unmittelbar vor den Wettkämpfen sei von den Sportlern eine sehr starke Nervosität bei ihren Trainern festgestellt worden, die sich auch auf die Stimmung der Aktiven übertragen habe. Die Nervosität und teilweise Depression unter den Trainern – von Aktiven wurden besonders die Namen Haase,[33] Renner[34] und Lesser[35] genannt – sei auf die »Angst« vor schlechtem Abschneiden ihrer Aktiven und vor Auseinandersetzungen nach der Rückkehr zurückzuführen. Diese Situation soll durch die Äußerung Manfred Ewalds in Gegenwart von Renner und Lesser »… kommt erst nach Hause, wir erzählen euch schon was. Ihr bekommt ja eigentlich nur den Schaum ab, die großen Wogen muss ich abfangen …« noch verschärft worden sein.

Renner soll in Auswirkung der Atmosphäre in unserer Delegation geäußert haben: »Wenn mir im Frühjahr wieder so ein Theater gemacht wird, knall ich ihnen den ganzen Kram vor die Füße.« Man müsse zwar auswerten, aber auf das »Wie« käme es an und darauf, ob die Menschen etwas können oder nicht.

Helga Haase soll bemerkt haben, ihr Mann sei derart fertig, fände keinen Schlaf mehr und würde am liebsten Nachwuchs, nur keine Spitzensportler mehr trainieren.

Ein anderer Trainer unserer Aktiven äußerte sich unzufrieden in der Richtung, die Mannschaftsleitung der DDR beurteile die Leistungen der Aktiven lediglich nach der Zahl der Medaillen. Als diese nach den ersten Tagen ausblieben, habe es kein freundliches Wort, nur Vorwürfe – u. a. solche, Trainer und Sportler hätten nicht bis zum letzten gekämpft – und böse Mienen gegeben. Er wende sich zwar nicht prinzipiell gegen den »Druck« von »oben«, er dürfe jedoch keine Auswirkungen in psychologischer Hinsicht auf die Aktiven haben.

Abgelehnt wurde sowohl von Trainern und Sportlern das vereinzelt unpersönliche und überhebliche Auftreten einzelner Funktionäre der Touristendelegation. Von Aktiven wird dabei der Genosse Kurt Edel,[36] 2. Vorsitzender des Rates des Bezirkes Suhl (Touristendelegation des DTSB) erwähnt, der besonders zu den ihm persönlich bekannten Spezialsprungläufern Kontakt hält. Genosse Edel soll u. a. zu Helmut Recknagel geäußert haben: »Wenn du morgen nicht das zeigst, was alle von dir erwarten, werde ich nach

33 Helmut Haase, Jg. 1919, Eislauftrainer, Ehemann und Trainer Helga Haases. Da ihm 1960 für die USA das Einreisevisum verweigert wurde, musste er seine Frau telefonisch beraten.

34 Hans Renner, Jg. 1919, Trainer, nach seiner aktiven Laufbahn als Skispringer 1954–70 Skisprungtrainer beim SC Motor Zella-Mehlis und der DDR-Nationalmannschaft.

35 Vermutlich handelt es sich um Werner Lesser, Jg. 1932, 1952, 1953, 1957, 1961 DDR-Meister im Spezialsprunglauf, 1962–91 Stützpunkttrainer in Brotterode.

36 Im Original durchgehend: »Exel«. Kurt Edel, Jg. 1920, Sportfunktionär, 1960–70 Generalsekretär der Olympischen Gesellschaft der DDR.

Rückkehr in die Heimat dafür sorgen, dass du überhaupt nicht mehr springen wirst.«[37]

Einige Trainer der DDR-Mannschaft wenden sich in ihren Argumenten gegen die angewandte Praxis, die Aktiven zu lange vor den eigentlichen Wettkämpfen am Austragungsort zu belassen. Die zeitmäßig frühe Anreise unserer Mannschaft in Innsbruck habe sich ungünstig ausgewirkt, zumal nur ungenügend für Abwechslung und Entspannung der Aktiven gesorgt worden sei.

Nach Äußerungen Offizieller und Trainer war die Mannschaftsleitung, insbesondere Genosse Ewald anfangs bemüht, alle Maßnahmen im Kollektiv zu beraten. Durch die Vielfalt der in Innsbruck zu lösenden Probleme sei dieser gute Vorsatz im Laufe des Aufenthalts fast ganz verloren gegangen, und vom Genossen Ewald z. B. seien viele Maßnahmen ohne das Leitungskollektiv entschieden worden. Von den übrigen Leitungsmitgliedern wurde u. a. als unangenehm und politisch falsch eingeschätzt, dass Genosse Ewald ohne vorherige Absprache mit dem Kollektiv bei einer Einladung durch den westdeutschen Botschafter an unsere Mannschaft seinen Namen einsetzte. (Später wurde der Besuch abgesagt, weil die von uns geforderten Bedingungen von den Westdeutschen nicht akzeptiert worden waren.)

Nach Meinung einiger Sportfunktionäre habe sich Manfred Ewald in der Anzahl der von ihm ausgeübten Funktionen übernommen; so habe z. B. die Funktion des Chefs de Mission/Stellvertreter auch ein anderer Genosse ausüben können, während Genosse Ewald die Aufgaben des Mannschaftsleiters der DDR-Olympia-Mannschaft beibehalten hätte.

Verschiedene Aktive äußerten in individuellen Gesprächen die Absicht, vereinzelt hätten ihre Wahrnehmungen zu der Feststellung geführt, dass unter leitenden Sportfunktionären unserer Mannschaft Differenzen bestehen würden. Einige Sportler sehen darin Kompetenzstreitigkeiten durch das Ineinandergreifen der einzelnen Verantwortungsbereiche. Während der am 5.2.1964 im Hotel »Europa« mit den Rodlern der DDR durchgeführten Pressekonferenz wurden von Aktiven und Journalisten die Genossen Behrendt[38] und Schöbel[39] vom NOK vermisst. Da die Pressekonferenz vom DTSB vorbereitet und einberufen war, wird geschlussfolgert, es habe unter den Genossen Meinungsverschiedenheiten gegeben, da die Genossen des NOK nicht bei der Organisierung der Pressekonferenz hinzugezogen worden seien.

Diskussionspunkt unter Aktiven und Trainern war in diesem Zusammenhang eine angebliche Äußerung Manfred Ewalds, wonach er es abgelehnt habe, gemeinsam mit Alfred Neumann[40] und einer Sportdelegation nach Kuba

37 In einem Schreiben vom 12.5.2017 bestätigt Helmut Recknagel diesen Vorgang.

38 Helmut Behrendt, Jg. 1904, 1952–73 Generalsekretär des NOK der DDR.

39 Heinz Schöbel, Jg. 1913, 1955–73 Präsident des NOK der DDR.

40 Alfred Bruno Neumann, Jg. 1927, 1960–68 Vorsitzender des Staatlichen Komitees für Körperkultur und Sport.

zu reisen. Ewald lehne die »Zweileitung« dieser Delegation ab und habe nach dem schwachen Abschneiden unserer Leistungssportler in Innsbruck jetzt stärkere Argumente, um gegen die zweite Leitung des Sports überhaupt,[41] das Staatliche Komitee, vorzugehen.

Durch die Vielzahl der organisatorischen Probleme habe die Leitung der Mannschaft unterschätzt, den Kollektivgeist der Delegationsteilnehmer durch gemeinsame Veranstaltungen u. Ä. zu fördern. Festgestellt wurde, dass unsere Sportler während des ganzen Aufenthaltes in Innsbruck mehr oder weniger auf sich selbst gestellt waren. Die Sportler hatten außer den festgelegten Terminen für Training und Wettbewerb bis auf Ausnahmen keine weiteren Verpflichtungen und verbrachten ihre Freizeit individuell. Freundschaftstreffen z. B. mit Mannschaften der befreundeten sozialistischen Länder waren nicht organisiert. Aktive vertraten – auch angesichts der Westdeutschen, die sich um Kontakte zu unseren Sportlern bemühten – die Ansicht, die Mehrausgaben der Delegationsleiter für weitere Empfänge, Freundschaftstreffen und gemütliches Beisammensein hätten sich gegebenenfalls ausgezahlt, da hierdurch der Kollektivgeist gefördert und eine bessere Übersicht über die Freizeitgestaltung der einzelnen Sportler erreicht worden wäre.

Zum Verhalten einiger Sportler und Offizieller der DDR-Mannschaft: Große Schwächen in der Haltung und Disziplin waren außer bei dem schon erwähnten Eiskunstläufer *Borghard* ferner bei den Eiskunstläufern Peter *Göbel*[42] und Brigitte *Wokoeck*[43] festzustellen. In überheblicher und teilweise selbstherrlicher Art hielten beide – unabhängig voneinander – die vorgeschriebenen Trainingszeiten nicht ein und ignorierten die Anweisungen der Trainer. Auf das Training der Paare Senf[44]/Göbel und Wokoeck/Walther[45] wirkte sich das Verhalten negativ aus. Göbel und Wokoeck opponierten auch als treibende Teile gegen die gemeinsame Festlegung der Leitung, vorfristig in die DDR zurückzukehren, um ein ordnungsgemäßes Training durchzuführen. Nach Meinung einiger Sportler sei Brigitte Wokoeck sehr verzogen, sie bilde sich ein, sie sei eine »Schönheit« und das reiche. Viel Intellekt habe sie aber nicht. Gesprächsweise erklärte B. Wokoeck, sie mache ab sofort mit dem Eiskunstlauf Schluss und starte auch nicht zu den Weltmeisterschaften.

41 Zwischen DTSB und Staatlichem Komitee für Körperkultur und Sport bestand eine lang andauernde Leitungskonkurrenz, die 1968 zur Ablösung Neumanns und 1970 zur Ersetzung des Staatlichen Komitees durch das Staatssekretariat für Körperkultur und Sport führte.

42 Peter Göbel, Jg. 1941, Eiskunstläufer, 1960, 1961, 1963 mit Margit Senf DDR-Meister im Paarlauf, 1964 Olympiateilnehmer (13.).

43 Brigitte Wokoeck, Jg. 1946, Eiskunstläuferin, 1962, 1964 mit Heinz-Ulrich Walther DDR-Meisterin im Paarlauf, 1964 Olympiateilnehmerin (10.).

44 Margit Senf, Jg. 1943, Eiskunstläuferin, 1960, 1961, 1963 mit Peter Göbel DDR-Meisterin im Paarlauf, 1964 Olympiateilnehmerin (13.).

45 Hans-Ulrich Walther, Jg. 1943, Eiskunstläufer, 1962, 1964 mit Brigitte Wokoeck, 1966, 1967, 1969, 1970 mit Heidemarie Steiner DDR-Meister im Paarlauf, 1964, 1968 Olympiateilnehmer (1964: 10.; 1968: 4.).

(Bei Ankunft unserer Olympiadelegation in Berlin soll B. Wokoeck von ihrem Vater wegen ihres Entschlusses, das Eiskunstlaufen aufzugeben, beglückwünscht worden sein.)

Mit Befremden wurde von den DDR-Sportlern das Verhalten des Eiskunstlaufpaares Wokoeck/Walther aufgenommen, das nach der Auslosung der Reihenfolge im Kürlauf seinen günstigen Platz dem westdeutschen Paar Kilius[46]/Bäumler[47] anbot.

Unter allen Delegationsteilnehmern fand das Verhalten des internationalen Preisrichters im Eiskunstlauf Ernst *Bauch*[48] von der DDR-Delegation stärkste Ablehnung und Empörung. Nachdem Bauch unsere Eiskunstläuferin Seyfert[49] nach Abschluss der Pflichtläufe offensichtlich zu hoch (5. Platz) und – um sich zu korrigieren – nach der Kür paradoxerweise auf den letzten Platz gesetzt hatte, plauderte er während einer Weinparty im angetrunkenen Zustand gegenüber westdeutschen Funktionären aus, er habe für eine höhere Platzierung von Gabi Seyfert den Auftrag leitender DDR-Sportfunktionäre erhalten. (Der DELV will Bauch in Kürze »aufgrund seines Alters« verabschieden.)

Klaus Bonsack[50] äußerte mehrfach seine Verärgerung, nicht die Goldmedaille errungen zu haben. Während er in einigen Gesprächen mit Sportlern ferner erklärte, die Silbermedaille habe er lediglich für sich erkämpft, da dieser Erfolg lediglich auf seine persönlichen Leistungen zurückzuführen sei, meinte er in anderen Unterhaltungen, er habe die Medaille nicht für die DDR, sondern für Deutschland erhalten. Offiziell lehnte es Klaus Bonsack ab, zusammen mit den anderen Medaillengewinnern der DDR die eingegangenen Glückwünsche zu beantworten und dazu eine Stellungnahme abzugeben. Gegenüber westdeutschen Sportlern soll er jedoch die Meinung vertreten haben, er verstehe die Ablehnung der Glückwunschadressen aus der Bundesrepublik nicht.

Ablehnung gegen ihren Trainer Geinitz bekundeten sowohl Thomas Köhler[51] als auch Klaus Bonsack. Er trinke sehr viel Alkohol und werde von

46 Marika Kilius, Jg. 1943, Eiskunstläuferin, 1960, 1964 Olympiateilnehmerin (1960: Silber im Paarlaufen mit Hans-Jürgen Bäumler, 1964: Silbermedaille aberkannt, da sie ihren Amateurstatus aufgegeben hatten, 1987 wieder zuerkannt), 1963, 1964 Weltmeisterin, 1959–64 Europameisterin.

47 Hans-Jürgen Bäumler, Jg. 1942, Eiskunstläufer, 1960, 1964 Olympiateilnehmer (1960: Silber im Paarlaufen mit Marika Kilius, 1964: Silbermedaille aberkannt, da sie ihren Amateurstatus aufgegeben hatten, 1987 wieder zuerkannt), 1963, 1964 Weltmeister, 1959–64 Europameister.

48 Ernst Bauch, 1955–64 Vorsitzender der Kunstlauf- und Preisrichterkommission des DELV.

49 Im Original durchgehend: »Seifert«. Gabriele Seyfert, Jg. 1948, Eiskunstläuferin, 1961–70 DDR-Meisterin, 1967, 1969, 1970 Europameisterin, 1969, 1970 Weltmeisterin, 1964, 1968 Olympiateilnehmerin (1964: 19.; 1968: Silbermedaille).

50 Klaus-Michael Bonsack, Jg. 1941, Rennrodler, Olympiazweiter 1964 (Einer), Olympiasieger 1968 (Zweisitzer mit Thomas Köhler), Olympiadritter 1972 (Zweisitzer mit Wolfram Fiedler).

51 Thomas Köhler, Jg. 1940, Rennrodler, Olympiasieger 1964, 1968 (Silber im Einzel, Gold im Doppelsitzer mit Klaus-Michael Bonsack).

mehreren Rodlern der Mannschaft nicht als Trainer anerkannt. Unter den Rodlern ist die Ansicht verbreitet, ihre Leistungen seien auf ihre persönliche Initiative und weniger auf die Anleitung durch den Trainer zurückzuführen.

Von der Mehrzahl der Sportler der DDR-Mannschaft wurde der Republikfluchtverrat[52] der Ute *Gähler* verurteilt. Vereinzelt wurde in diesem Zusammenhang auch von den Sportlern eine schärfere Kontrolle und »Gängelei« erwartet. Da ihre Vermutungen nicht eintrafen, sprachen sich Aktive anerkennend über diese Reaktion der Leitung aus. Trotz der Ablehnung der Republikflucht der Gähler äußerten Sportler vereinzelt, die Handlung der G. bedeutet lediglich eine Reaktion auf das unpersönliche Verhalten der Funktionäre ihr gegenüber; die Ursachen seien im falschen Verhalten der Leitung zu suchen. Festgestellt wurde, dass sich die G. äußerst verärgert über die Nominierung der dritten westdeutschen Rodlerin zeigte und unserer Mannschaftsleitung die Schuld dafür gab.[53] Sie äußerte, die Bronzemedaille wäre ihr nach dem Sturz der ČSSR-Sportlerin mit großer Wahrscheinlichkeit sicher gewesen. Sehr betrübend habe sie empfunden, dass sie nach Absetzung ihres Namens von der gesamten Mannschaftsleitung – wie sie meinte – gemieden wurde, und sie habe sich auch von ihrem eigenen Kollektiv der Schlittensportler sehr vernachlässigt gefühlt. Ihre Sportkameradinnen – darunter Ilse Geisler,[54] mit der sie gemeinsam ein Zimmer bewohnte – seien von einem Empfang zum anderen gefahren, während sie angeblich vollkommen »in Vergessenheit« geraten sei. Soweit dem MfS bekannt ist, wohnt eine Schwester der Gähler in Westberlin und unternahm bereits früher den Versuch einer Abwerbung der Ute Gähler.

Insgesamt kann eingeschätzt werden, dass sich die überwiegende Mehrheit der Touristen aus der DDR sehr diszipliniert verhielt und die Weisungen der Objektleitungen befolgte. In Diskussionen mit westdeutschen Personen traten die Touristen im Wesentlichen sehr selbstbewusst als Bürger unseres sozialistischen Staates auf.

Aufgrund der verschiedenartigsten Interessengebiete der einzelnen Touristen – z.B. ehrenamtliche Sportfunktionäre der verschiedensten Wintersportdisziplinen – war es den Delegationsleitern jedoch fast unmöglich Kollektive zu bilden. Die geschaffenen Zehnergruppen waren in den Objekten unserer DDR-Touristen lediglich von organisatorischem Wert, und die Tätigkeit der Zehnergruppenleiter beschränkte sich auf die Ausgabe von Eintrittskarten und dgl. Bei vielen Touristen bestand der einzige Kontakt zu den

52 Ute Gähler setzte sich am 8.2.1964 von der DDR-Mannschaft ab und floh in die Bundesrepublik. Vgl. Wiese, René; Braun, Jutta: Flucht unter der Decke. In: Der Tagesspiegel v. 11.2.2014.

53 Trotz besserer Leistungen war nicht Ute Gähler als dritte deutsche Starterin ins olympische Rennen geschickt worden, sondern wegen des ost-/westdeutschen Proporzes die westdeutsche, schon 44-jährige Minna Blüml, die nur den 10. Platz belegte.

54 Im Original: »Geißler«. Ilse Geisler, Jg. 1941, Rennrodlerin, Olympiazweite 1964.

übrigen Angehörigen ihrer Zehnergruppe lediglich im gemeinsamen Einnehmen des Frühstücks. Alle Touristen – sowohl im Objekt Selrein als auch im Objekt Rothenbrunn – konnten sich zu jeder Tages- und Nachtzeit völlig frei bewegen. Diese Tatsache erleichterte einigen interessierten DDR-Touristen außerordentlich die Kontaktaufnahme zu Touristen aus Westdeutschland und dem kapitalistischen Ausland bzw. das Erneuern bereits vorhandener Kontakte. Der Republikverrat des Jugend- und Sportarztes Dr. [Name 2], Mitglied der Delegation des DTSB (Objekt Rothenbrunn), verlief somit unter für [Name 2] äußerst günstigen Bedingungen.

Besonders im Objekt Rothenbrunn bildete sich schwerpunktmäßig heraus, dass der größte Teil der dort untergebrachten DDR-Touristen briefliche oder telefonische Verbindung zu Verwandten und Bekannten in Westdeutschland und Österreich aufnahm. Anfangs wurde dieser Umstand von den Objektverantwortlichen nicht sofort erkannt und es wurden keine Maßnahmen zur Verhinderung weiterer Kontaktaufnahmen wirksam. Besonders der Genosse [Name 3] als Objektverantwortlicher war seinen Aufgaben nicht gewachsen, zumal er weitere Aufgaben für die SV Dynamo – Eisschnelllauf – zu erfüllen hatte. Der Parteisekretär [Vorname Name 4] wurde wenig wirksam, bezog eine sehr »weiche« Linie und war nach Meinung einiger Genossen bemüht, keinem »zu nahe zu treten«.

Andere Genossen der Touristendelegation bezeichneten es als untragbar, dass der Hauptdelegationsleiter Günther Heinze[55] in Innsbruck vier Funktionen von nicht geringer Bedeutung ausübte (Hauptdelegationsleiter für die Sportler-Touristendelegation, Verantwortlicher für die Kongress-Delegation, verantwortlich für die Kontaktaufnahme sportlicher Beziehungen, mehrfach eingesetzt vom NOK).

Durch ungenügende Kontrolle und mangelnden Kollektivgeist der Touristen sowie fehlende politische Lenkung der Zehnergruppen konnte am 9.2.1964 eine größere Gruppe von DDR-Touristen per Bus eine Reise zum Brenner unternehmen, wo mehrere DDR-Bürger von den Grenzposten unkontrolliert die Grenze nach Italien hin und zurück überschreiten konnten. Von ihnen wurden in einem in der Nähe der Grenze befindlichen Laden Gegenstände eingekauft. Dabei war den österreich-italienischen Grenzorganen bekannt, dass es sich um Touristen aus der DDR handelt, da dies am Bus deutlich gemacht war.

55 Günter Heinze, Jg. 1923, 1955–72 Vizepräsident des NOK der DDR, 1957–89 Vizepräsident für internationale Beziehungen des DTSB.

12. März 1964

Einzelinformation Nr. 207/64 über umfangreiche Mängel und Missstände im Berliner Bauwesen auf dem Gebiet der Materiallagerung und -wartung und des Materialverbrauchs sowie über einige begünstigende Umstände für Diebstähle und Vergeudung von Baumaterialien

Quelle: BStU, MfS, ZAIG 860, Bl. 1–4 (5. Expl.).
Serie: Informationen.
Verteiler: Leuschner, Mittag – MfS: Wichert, Ablage.

In den verschiedensten Berliner Baubetrieben, wie z. B.
- VEB Tiefbau,
- VEB Baustofftransporte,
- VEB Hochbau und VEB Ingenieur-Hochbau usw.
- sowie auf vielen Baustellen des Berliner Wohnungsbaus,

sind seit Jahren umfangreiche Mängel und Missstände auf dem Gebiet der Materiallagerung und des Materialverbrauchs vorhanden. Außerdem sind in diesen Betrieben eine Reihe von Diebstählen und Unterschlagungen vorgekommen, die zu beträchtlichen finanziellen Verlusten für die Baubetriebe führten.

Mängel und Missstände in der Leitung der Baubetriebe, mangelndes Verantwortungsbewusstsein der Bauleiter und leitender Funktionäre auf den Baustellen begünstigen nicht nur diese umfangreichen Diebstähle und Unterschlagungen von Baumaterialien. Sie begünstigen auch die Vernichtung von Bau- und Ausbaumaterialien und ermöglichen indirekt den Verkauf von Baumaterialien an Privatunternehmer. Ebenfalls völlig unzureichend ist die Absicherung der Baustellen durch den Einsatz von Betriebsschutzangehörigen, was u. a. die Diebstähle ermöglicht. Mängel in der Planung der Bauvorhaben und den daraus resultierenden Schwächen in der Zusammenarbeit der Kooperationsbetriebe, insbesondere mit dem Baunebengewerbe, führen zu erheblichen Störungen in der Arbeitsorganisation auf den Baustellen.

So wurden beispielsweise nach grober Einschätzung in der Zeit von Mitte 1962 bis Mitte 1963 auf den Baustellen in Berlin-Johannisthal folgende Baumaterialien und Ausrüstungen in Schuttkippen vernichtet oder wurden gestohlen:
- ca. 35 t Zement (12 TDM),
- ca. 20 t Splitt (schwarz-weiß),
- ca. 30 Sack Stuckgips,
- ca. 75 Rollen Dachpappe,
- ca. 20 Ballen Isoliermaterialien (Schlackenwolle),
- ca. 5 000 m^3 Kies (50 TDM),
- ca. 14 000 Stück Mauersteine,

- ca. 3 000 Stück Kacheln,
- etwa 150 m Tonrohre (200 mm Ø),
- etwa 6 t Brikett,
- etwa 30 Stück Lignolith-Leichtbauplatten,[1]
- größere Mengen Schalplatten, Baudraht und Schilfmatten,
- etwa 700 l Dieselkraftstoff und 1 200 l Vergaserkraftstoff,
- außerdem wurden Durchlauferhitzer, Wachbecken, Badewannen, Abwaschschränke für Einbauküchen, Fußbodenbelag u.a.m. gestohlen.

Ein großer Teil dieser Materialien (etwa 30 t Zement, 20 t Splitt, ca. 30 Rollen Dachpappe, Brikett und größere Mengen Isoliermaterialien) soll durch Verschulden der Bauleitung auf Schutthalden abgekippt bzw. bei Planierarbeiten verwendet worden sein. Dieses Baumaterial wurde teilweise durch Witterungseinflüsse, falsches Entladen und Lagern, durch Überfahren von Baufahrzeugen für den Bau unbrauchbar gemacht.

Bei Abrissarbeiten gewonnene Altstoffmaterialien, Gusserzeugnisse und Buntmetalle werden oftmals durch Bauarbeiter an private Altstoffhändler verkauft. Dadurch können die anfangs genannten volkseigenen Betriebe die aus Abrissarbeiten geplanten finanziellen Einnahmen nicht realisieren. So wurden z.B. während der Abrissarbeiten auf dem Gelände des ehemaligen deutschen Schauspielhauses und des ehemaligen Deutschen Doms etwa 40 t Guss, 1,7 t Blei, 2 250 kg Kupfer und 1 000 kg Messing gewonnen, die durch Bauarbeiter unerlaubt an private Altstoffhändler verkauft wurden.

Auf vielen Wohnungsbaustellen in Berlin tritt oft der Zustand ein, dass angelieferte Einrichtungsgegenstände sofort oder in den Abendstunden von unbekannten Tätern gestohlen werden (Durchlauferhitzer, Waschbecken, Badewannen, Einbaumöbel usw.).

Die fehlende Übersicht über den Einsatz von Kraftfahrzeugen vom VEB Baustofftransporte und VEB Tiefbau Berlin ermöglicht den Kraftfahrern, unkontrolliert Privatfahrten zu unternehmen. Baustoffe werden nicht immer an ihren eigentlichen Bestimmungsort transportiert. Fahraufträge, Fahrabrechnungen und sogenannte Kippzettel werden gefälscht. Benzinschiebungen werden insbesondere dadurch ermöglicht, dass der Normverbrauch des Lkw-Typs SIS[2] mit 10 l Vergaserkraftstoff über dem effektiven Verbrauch geplant ist. Da die Abrechnung grundsätzlich nur nach dem angegebenen Normverbrauch erfolgt, können die eingesparten Mengen Vergaserkraftstoff

1 Holzwolle-Leichtbauplatten, auch als Sauerkrautplatten bezeichnet. Sie wurden in der DDR von VEB Lignolith in Wriezen gefertigt.

2 Lkw sowjetischer Bauart. Sein ursprünglicher Name SIS (Sawod imeni Stalina – Autowerk Stalin) wurde nach 1956 in SIL (Sawod imeni Lichatschowa) geändert. Der Mitte der 1960er Jahre auch im DDR-Bauwesen eingesetzte Dreiachser SIL-157 wurde dort seit 1958 gebaut. Offenbar war den Autoren der Information die Entfernung des Namens Stalin aus der Betriebs- und Typenbezeichnung entgangen. Sein Verbrauch wird in der Regel mit 42 l Benzin angegeben.

von den Fahrern privat verkauft werden. Grobe Missstände herrschen in der Kraftfahrzeuginstandhaltung des VEB Tiefbau Berlin. Grundsätzlich werden keine Kleinreparaturen ausgeführt, sondern defekte Fahrzeugteile durch neue ersetzt. Abgenutzte Bremsbelege werden verschrottet, während an den Fahrzeugen neue Bremstrommeln eingebaut werden.

Unter den Bauarbeitern und in den Leitungen der Baubetriebe herrscht eine Atmosphäre der Duldsamkeit gegenüber solchen groben Mängeln, Missständen, Diebstählen und Betrügereien. Charakteristisch sind Auffassungen von Bauarbeitern, die für Materialschiebungen regresspflichtig gemacht wurden. So äußerten sie sich, »man müsse noch mehr Diebstähle organisieren, um für solche Fälle zusätzlich entsprechende Geldbeträge zur Verfügung zu haben«.

Vielfach wird auch auf den Umstand hingewiesen, dass Privatbauten der Betriebsangehörigen fast vollständig mit Baumaterialien der Baubetriebe ausgeführt werden.

Diese Erscheinungen veranlassen das MfS vorzuschlagen, dass durch die zuständigen Staats- und Wirtschaftsorgane – am zweckmäßigsten unter Einbeziehung der Arbeiter-und-Bauern-Inspektion und der Organe des MdI – Überprüfungen eingeleitet und kontrollfähige Maßnahmen zur Beseitigung dieser Missstände festgelegt werden. Vom MfS könnten für eine umfassende Untersuchung weitere Materialien über Einzelheiten zur Verfügung gestellt werden.

3. April 1964

Einzelinformation Nr. 278/64 über das Verschicken neuer Materialien durch den Chinesischen Literaturvertrieb Guozi Shudian

Quelle: BStU, MfS, ZAIG 873, Bl. 1–2 (5. Expl.).
Serie: Informationen.
Verteiler: Ulbricht, Honecker, Winzer – MfS: Schröder/HA XX, Ablage.

Dem MfS wurde bekannt, dass der Chinesische Literaturvertrieb (Export und Import) *Guozi Shudian* Peking, Postschließfach 399, an sogenannte Abonnenten Schreiben folgenden Inhalts verschickt:

Mit dem Hinweis, dass bei dem genannten Literaturvertrieb ständig Reklamationen wegen Nichterhalts der Zeitschrift »China im Bild«[1] erfolgen würden, die Zeitschriften aber lückenlos an die Empfänger abgeschickt worden seien, wird »zur allgemeinen Untersuchung dieser Angelegenheit« die Beantwortung folgender Fragen von den »Abonnenten« erbeten:

- Ich habe alle Nummern erhalten, nichts fehlt.
- Ich habe Nr. …/1963 nicht erhalten.
- Die letzte Ausgabe, die ich erhalten habe, ist Nr. …/1963.
- Ich vermute, dass der Grund der Fehllieferung ist: …
- Mein Vorschlag: …

Es ist offensichtlich, dass damit in erster Linie ein engerer Kontakt zu den sogenannten Abonnenten geschaffen werden soll, gegen die DDR auswertbare Angaben erhofft werden und schließlich nach neuen Methoden der Zustellung und Beeinflussung gesucht wird.

Dieser Literaturvertrieb Guozi Shudian ist von Anfang an die Hauptversandstelle der direkt von China an Empfänger in der DDR gesandten verschiedensten Materialien zur Propagierung der Auffassungen der KP Chinas. Er versendet nicht nur die Materialien der verschiedensten chinesischen Institutionen und Herausgeber, sondern tritt zur Tarnung auch unter mehreren anderslautenden Bezeichnungen auf.

1 Seit 1961 im Verlag für fremdsprachige Literatur in Beijing in verschiedenen Sprachen herausgegebene Illustrierte für das Ausland.

6. April 1964

Einzelinformation Nr. 281/64 über einen Schusswaffengebrauch im Bereich der Staatsgrenze Hauptstadt der DDR/Westberlin am 4. April 1964

Quelle: BStU, MfS, ZAIG 835, Bl. 13–15 (5. Expl.).
Serie: Informationen.
Verteiler: Ulbricht, Honecker, Verner – MfS: Schröder/HA XX, Ablage.

Am 4.4.1964, gegen 16.15 Uhr, näherten sich von der Seydelstraße kommend an der Neuen Grünstraße (Bezirk Mitte) zwei männliche Personen mit Rennrädern unmittelbar den zur Markierung des Grenzsperrgebietes errichteten Sicherungsanlagen. Wie die späteren Überprüfungen ergaben, handelte es sich dabei um [Name 1, Vorname], geboren [Tag, Monat] 1939 in Berlin, Beruf: Fleischer, zuletzt: VEB Fleischkombinat/Zerlegung Berlin, wohnhaft Berlin N 113, [Straße, Nr.], geschieden (vor dem 13.8.1961 in Westberlin gearbeitet); *Schufft*, Georg,[1] geboren [Tag, Monat] 1940 in Berlin, Beruf: Bäcker, zuletzt tätig als Spleißer beim VEB Gasversorgung Werk Dimitroffstraße, wohnhaft Berlin N 58, [Straße, Nr.], verheiratet. Beide sind Mitglieder der TSG Oberschöneweide/Sektion Radsport.

Während [Name 1] unmittelbar an der Absperrung verweilte und das Grenzsperrgebiet beobachtete, fuhr Schufft mit seinem Rad in der Neuen Grünstraße mehrere Runden. Aufgrund dieses verdächtigen Verhaltens entschloss sich die dort Dienst versehende Streife der NVA/Grenze Uffz. [Name 2] (Postenführer) und Soldat [Name 3] (Posten) die Personalien festzustellen und Postenführer [Name 2] begab sich an den Grenzzaun und verlangte die Personalausweise der beiden Personen zur Kontrolle. [Name 1] und Sch. weigerten sich jedoch, ihre DPA zur Kontrolle vorzuzeigen. [Name 1] verlangte zuerst eine Begründung für diese Kontrolle. Dabei äußerte er sinngemäß: ihr könnt mich mal, was wollt ihr überhaupt. Daraufhin erklärte ihnen Postenführer [Name 2], dass sie vorläufig festgenommen seien und im Falle eines Fluchtversuches von der Schusswaffe Gebrauch gemacht würde.

Trotzdem versuchten [Name 1] und Sch. mit ihren Fahrrädern zu entkommen. Das wurde insofern begünstigt, weil sich der Postenführer und der Posten noch hinter dem Absperrzaun befanden. Da [Name 1] und Sch. trotz dreimaliger Aufforderung stehen zu bleiben weiterhin zu entkommen versuchten, gab Postenführer [Name 2] zunächst zwei Warnschüsse ab. Daraufhin blieb Schufft sofort stehen, während [Name 1] weiterfuhr. Postenführer

1 Georg Schufft, Jg. 1940, Amateurradrennfahrer, fuhr 1960 für die BSG Turbine Gaswerke. Beim Rennen »Rund um das Briesetal« 1960 stürzte er schwer. Vgl. Berliner Zeitung v. 24.7. und 9.10.1960.

[Name 2] gab deshalb einen gezielten Schuss ab und traf [Name 1] mit einem Oberschenkeldurchschuss. Nachdem [Name 1] durch die Verletzung vom Rad gestürzt war, begab sich Postenführer [Name 2] zu ihm und leistete Erste Hilfe. Anschließend wurde durch den inzwischen eingetroffenen Zugführer Leutnant [Name 4] seine Überführung ins VP-Krankenhaus und die Zuführung des festgenommenen Sch. veranlasst.

In den ersten Befragungen gaben [Name 1] und Sch. übereinstimmend an, nicht die Absicht gehabt zu haben, die Staatsgrenze zu durchbrechen oder zu diesem Zweck das Grenzgebiet zu erkunden. Es habe sich um eine reine Spazierfahrt gehandelt, die ohne besonderen Grund an der Staatsgrenze vorbeigeführt habe.

Ihr Nichtbefolgen der Aufforderungen der Grenzstreife begründeten sie damit, sie hätten nach ihrer Meinung nichts Verbotenes getan und hätten auch nicht angenommen, dass der angedrohte Schusswaffengebrauch erfolgen würde.

Wie vom MfS ermittelt wurde, verhielt sich [Name 1] in der Vergangenheit politisch indifferent. Schuffts Auftreten zu politischen Fragen wird im Betrieb als negativ eingeschätzt. Er trat mit politisch-abwertenden negativen Äußerungen hervor und wird als nicht auf dem Boden unseres Staates stehend eingeschätzt.

Unmittelbar nach dem Vorfall erschienen am Ort der Festnahme, an dem noch eine Blutlache zu sehen war, 15 Personen aus den Häusern Neue Grünstraße 14 und 15. Von zwei weiblichen und einer männlichen Person wurde argumentiert, dass die Grenzsoldaten einfach die DDR-Bürger erschießen würden, dass dabei auch ihre eigenen Kinder getroffen werden könnten und die Grenzsoldaten falsch gehandelt hätten.

9. April 1964

Einzelinformation Nr. 296/64 über den freischaffenden Bildhauer Prof. Fritz Cremer, geboren am 22. Oktober 1906 in Arnsberg/Westfalen, wohnhaft in Berlin-Niederschönhausen, [Straße, Nr.]

Quelle: BStU, MfS, ZAIG 877, Bl. 1–9 (5. Expl.).
Serie: Informationen.
Verteiler: Ulbricht (über Gotsche), Honecker, Hager – MfS: Schröder/HA XX, Ablage.

Cremer[1] ist einer der profiliertesten bildenden Künstler der DDR und hat bedeutende positive Kunstwerke geschaffen, die ihm die Anerkennung und Popularität unter den Künstlern und der Bevölkerung einbrachten. Er ist Mitglied der Deutschen Akademie der Künste und wurde zweimal (1953 und 1958) mit dem Nationalpreis ausgezeichnet.

Cremer, der bis 1945 in jugoslawischer Gefangenschaft war, hielt sich von 1945 bis 1950 in Österreich auf. (Seine 1. Ehefrau war österreichische Staatsbürgerin, von der er sich 1953 trennte, um 1954 die ehemalige Ehefrau[2] des Bildhauers Grzimek[3] zu heiraten.) 1952 wurde Cremer Kandidat und später Mitglied der SED, trat aber nie sonderlich aktiv in Erscheinung. Ihm angetragene Partei- und gesellschaftliche Funktionen lehnte er ab, weil sich diese seiner Ansicht nach nicht mit der künstlerischen Arbeit vereinbaren ließen. In der Folgezeit wurde seine mangelnde Parteiverbindung noch deutlicher.

Zur politischen Haltung und Entwicklung Cremers sind dem MfS noch folgende Hinweise bekannt, die aber im Interesse der Sicherheit der Quellen nur zur persönlichen Information bestimmt sind: Cremer bezog bereits seit 1956 (in offensichtlicher Beeinflussung der konterrevolutionären Vorgänge in Ungarn und der staatsfeindlichen Konzeption Harichs[4]) eine immer deutlichere oppositionelle Haltung gegenüber der Politik der Partei, besonders zu Fragen der Kultur-Politik. Nachdem er bereits 1956 in Zusammenkünften mit dem inzwischen nach Westdeutschland übersiedelten Bildhauer Seitz[5]

1 Fritz Cremer, Jg. 1906, Bildhauer und Grafiker, 1928 KPD, Schöpfer der Ehrenmale in den KZ-Gedenkstätten Buchenwald, Mauthausen, Ebensee, Wien, Ravensbrück, 1953, 1958, 1972 Nationalpreis der DDR, Mitglied der Deutschen Akademie der Künste.

2 Christa Grzimek, geborene von Carnap, Jg. 1921, Malerin, Grafikerin, Keramikerin, 1942–51 mit Waldemar Grzimek verheiratet, 1953 Heirat mit Fritz Cremer.

3 Waldemar Grzimek, Jg. 1918, Bildhauer, 1948–51 Professor für Plastik an der Hochschule der Bildenden Künste in Berlin-Charlottenburg, 1956–61 Professor für bildende und angewandte Kunst an der Kunsthochschule in Berlin-Weißensee, 1968 Professor an der Technischen Hochschule Darmstadt, 1959 Nationalpreis der DDR.

4 Wolfgang Harich, Jg. 1923, Philosoph, 1953–56 Chefredakteur der »Deutschen Zeitschrift für Philosophie«, 1956 vom MfS verhaftet, 1957 zu zehn Jahren Zuchthaus verurteilt wegen »Bildung einer konspirativen staatsfeindlichen Gruppe«, Ende 1964 aufgrund einer Amnestie vorzeitig entlassen.

5 Gustav Seitz, Jg. 1906, Bildhauer und Grafiker, 1946–50 Professor an der TU Berlin, 1950–58 Mitglied der Deutschen Akademie der Künste, 1949 Nationalpreis der DDR (daraufhin

und dem Komponisten Dessau[6] über die staatsfeindlichen Ansichten Harichs zumindest wohlwollend diskutierte, trat er insbesondere nach dem 30. Plenum des ZK der SED mehr oder weniger offen auf.

Seine gegen die führende Rolle der Partei (besonders in der Kunst) gerichteten Argumente beinhalteten in dieser Zeit im Wesentlichen:

- Die Partei führe gegenüber den Künstlern eine Holzhammerpolitik durch. Die Kulturpolitik der Partei würde von Leuten gemacht, die von Kunst wenig verstünden. (Dementsprechend bezog und bezieht er eine ablehnende Haltung gegenüber der Kulturabteilung des ZK, dem Ministerium für Kultur sowie allen Kulturfunktionären.)
- Es gäbe keinen Meinungsstreit in künstlerischen Fragen und die Politik der Partei sei zu starr und geeignet, führende Künstler in das Lager des Gegners zu treiben.
- Den Mitgliedern der Deutschen Akademie der Künste müsste mehr Freizügigkeit eingeräumt werden, da die Deutsche Akademie der Künste eine gesamtdeutsche Einrichtung sei.
- Die Meinungen und Ratschläge der führenden Künstler – insbesondere in der Akademie der Künste – würden von der Partei nicht beachtet, z. B. Abbruch des Potsdamer Stadtschlosses gegen den Beschluss der DAK,[7] Fortsetzung des Thälmann-Denkmals durch die Bildhauerin Hahne[8] usw.

Als 1959 auf dem IV. Kongress des Verbandes Bildender Künstler[9] die Künstler Grzimek, Graetz,[10] Sandberg,[11] Mohr[12] und Heller[13] kritisiert wurden,

in Westberlin aus seiner Stellung entlassen), 1958 Übersiedlung von Ostberlin nach Hamburg.

6 Paul Dessau, Jg. 1894, Komponist, seit 1942 Zusammenarbeit mit Bertolt Brecht, 1952 Mitglied der Deutschen Akademie der Künste, 1959 deren Vizepräsident, 1953, 1965, 1974 Nationalpreis der DDR.

7 Zum langjährigen Streit über den Umgang mit dem im Zweiten Weltkrieg schwer beschädigten Schloss vgl. Berg, Hans: Die verlorene Potsdamer Mitte. Berlin 1999.

8 Ruthild Hahne, Jg. 1910, Bildhauerin, als Tänzerin 1933 Teilnahme an der 1. Revolutionären Theaterolympiade in Moskau, enge Kontakte zum Widerstandskreis »Rote Kapelle«, 1942 verhaftet, zu vier Jahren Gefängnis verurteilt, 1945 KPD, 1947 Vorstandsmitglied des Verbandes Bildender Künstler, ab 1950 freischaffend, 1964 Mitglied des Bundesvorstandes des FDGB.

9 Der IV. Kongress des Verbandes Bildender Künstler Deutschlands fand vom 1. bis 5.12.1959 in Leipzig-Markleeberg statt.

10 René Graetz, Jg. 1908, Bildhauer und Maler, 1923–46 im Ausland, 1946 Rückkehr nach Deutschland, SED, freischaffend, 1959 Nationalpreis der DDR.

11 Herbert Sandberg, Jg. 1908, Grafiker, 1930 KPD, 1934–45 Haft im Zuchthaus Brandenburg und KZ Buchenwald, 1945–50 Herausgeber des »Ulenspiegels«, an 1957 freischaffend, 1973, 1983 Nationalpreis der DDR.

12 Arno Mohr, Jg. 1910, Grafiker und Maler, 1946 SED, 1946–75 Professor an der Kunsthochschule Berlin-Weißensee, 1970, 1980 Nationalpreis der DDR.

13 Bert Heller, Jg. 1912, Maler, 1940 NSDAP, 1950 SED, 1951 Nationalpreis der DDR, 1953 Professor für Malerei an der Kunsthochschule Berlin-Weißensee, 1956–58 dort Rektor, an-

solidarisierte sich Cremer mit dem Zwischenruf: »Hierzu gehört auch Cremer« mit ihnen und verließ spontan die Tagung.

Cremer nahm dann auch demonstrativ nicht an der Kulturkonferenz 1960[14] (wie einige andere Künstler auch) teil, weil er seinen Äußerungen nach damit gegen die Kulturpolitik der Partei protestieren und sich »von den Funktionären nicht schulmeistern lassen« wolle. In diesem Zusammenhang forderte er »mehr Freiheit in der Kunst« und brachte zum Ausdruck, dass sozialistischer Realismus sich nicht mit wirklicher Kunst vereinbaren ließe und deshalb abgelehnt werden müsse. Diese Linie setzte sich bei Cremer in immer stärkerem Maße durch. Er kritisierte Künstler, die die Probleme des Aufbaus des Sozialismus realistisch künstlerisch gestalten (z. B. den Maler Witz[15]) und unterstützte solche Kräfte, die vom sozialistischen Realismus weit entfernt sind. So war Cremer der Hauptinitiator der von einem Kreis junger bildender Künstler gegründeten privaten »Galerie konkret«.[16] Seine ablehnende Haltung gegenüber der Kulturpolitik der Partei verbreitete er unter diesen jungen Künstlern, die fast ausschließlich ehemalige Studenten an der Kunsthochschule in Weißensee bzw. Meisterschüler der DAK waren. Cremer begrüßte die Gründung der Galerie im Oktober 1960 und bezeichnete sie als ein Ventil gegen die Kulturpolitik der Partei. Die jungen Künstler, deren Arbeiten in den Ausstellungen des Verbandes Bildender Künstler nicht aufgenommen wurden, müssten sich Gelegenheit verschaffen, dort ihre Arbeiten ausstellen zu können. In der Galerie waren nur inhaltlose und formalistische Arbeiten ausgestellt, die in keiner Weise den Forderungen der Partei entsprachen. Zur materiellen Sicherstellung dieser Einrichtung stellte Cremer ferner 1 000 DM zur Verfügung.

Als die »Galerie konkret« nicht mehr existierte, wurde unter der Schirmherrschaft von Cremer in der Akademie der Künste – die Cremer als die einzige Institution ansah, in der »man noch einmal ›nein‹ (zur Kulturpolitik) sagen« könnte – eine Ausstellung junger Künstler organisiert.[17] Diese Aus-

schließend freischaffend, 1964 Nationalpreis der DDR, 1965 Mitglied der Deutschen Akademie der Künste.

14 Die gemeinsame Kulturkonferenz des Zentralkomitees der SED, des Ministeriums für Kultur und des Deutschen Kulturbundes fand vom 27. bis 29.4.1960 in Berlin statt.

15 Heinrich Witz, Jg. 1924, Maler, 1953–59 SED-Parteisekretär im Verband Bildender Künstler, 1960 Kunstpreis des FDGB, nach Kontroversen über den Bitterfelder Weg Mitte der 1960er Jahre 1970 Entlassung, Tätigkeit als Nachtwächter.

16 Die Galerie »konkret« existierte vom Oktober 1960 bis zum Juni 1961. Sie bot jungen Künstlern ein Kommunikationszentrum und Ausstellungsfläche. Unterstützt von Fritz Cremer, Gabriele Mucchi, Herbert Sandberg, René Graetz und geführt von Rudi Ebeling und Heidrun Hegewald war sie von Anfang an Angriffen des Verbandes Bildender Künstler, der FDJ und des MfS ausgesetzt. Vgl. Schmidt, Gudrun: Die Galerie Konkret in Berlin. In: Feist, Günter; Gillen, Eckhart; Vierneisel, Beatrice (Hg.): Kunstdokumentation SBZ/DDR 1945–1990. Berlin 1996, S. 290–297.

17 Im September 1961 fand in der Deutschen Akademie der Künste eine Ausstellung statt, zu der die Sektion Bildende Kunst 680 junge Künstler eingeladen hatte. 326 Künstler reichten Arbeiten ein, 118 Arbeiten wurden für die Abteilung Malerei ausgewählt. Bereits am Eröffnungstag hängte Alfred Kurella eigenhändig Bilder ab. Im »Neuen Deutschland«, der »Jun-

stellung zeigte einen großen Teil Werke solcher Künstler, die bereits in der »Galerie konkret« ausstellten. Die gesamte Ausstellung war ihrem Inhalt nach gegen die Kulturpolitik der Partei gerichtet. In den Auseinandersetzungen um diese Fragen mit den Ausstellungsveranstaltern war es wiederum Cremer, der verantwortliche Funktionäre in massiver Form angriff und sie bloßzustellen versuchte. Im Anschluss an die deshalb an ihm geübte Kritik legte er seine Funktion in der Akademie nieder und trat eine Zeitlang nicht mehr so offen provokatorisch in Erscheinung.

Cremer trat dann wieder aktiv gegen die V. Deutsche Kunstausstellung 1962[18] auf und erklärte, es müssten etwa zwei Drittel der Exponate herausgenommen werden, erst dann wäre es eine gute Ausstellung. Es sei nicht richtig juriert worden und die V. Deutsche Kunstausstellung werde zu Unrecht als sichtbarer Fortschritt gegenüber der IV. Deutschen Kunstausstellung[19] hervorgehoben.

Nach dem VI. Parteitag[20] war Cremer z.B. einer der Vertreter solcher Ansichten, dass die »Ablösung« des Genossen Kurella[21] zwar bemerkenswert sei, aber darauf schließen lasse, dass die Kulturpolitik der Partei »nicht in Ordnung« und »zu eng« sei. Es wäre zunächst angebracht, abzuwarten und zu schweigen.

Dem MfS liegen aber zahlreiche Hinweise aus dieser Zeit vor, aus denen hervorgeht, dass Cremer – und in starkem Maße auch seine Frau – die oppositionelle Haltung im internen Kreise fortsetzten. Er versuchte in dieser Zeit u.a. zu testen, wie man auf einen von ihm angedrohten Austritt aus dem Verband reagieren würde. Er und seine Frau wandten sich ferner in Äußerungen zu verschiedenen Personen gegen Veröffentlichungen zu Fragen der Kulturpolitik im ND (Genosse Hager,[22] Frankenstein[23]) und gegen die Absetzung von Hacks[24] »Sorgen um die Macht«.[25] Seine Frau schätzte z.B. ein, dass dies

gen Welt« und dem »Sonntag« wurde eine Kampagne gegen die Ausstellung entfesselt. Vgl. Krenzlin, Kathleen: Die Akademie-Ausstellung »Junge Kunst« 1961. Hintergründe und Folgen. In: Agde, Günter (Hg.): Kahlschlag. Das 11. Plenum des ZK der SED 1965. Studien und Dokumente. Berlin ²2000, S. 68.

18 Die V. Deutsche Kunstausstellung fand vom 22.9.1962 bis zum 6.3.1963 in Dresden statt.

19 Die IV. Deutsche Kunstausstellung fand vom 28.9.1958 bis zum 25.1.1959 in Dresden statt.

20 Der VI. Parteitag der SED vom 15. bis 21.1.1963 in Berlin statt.

21 Alfred Kurella, Jg. 1895, SED-Funktionär, 1918 KPD, 1957–63 Leiter der Kulturkommission des ZK der SED, 1958–63 Kandidat des Politbüros, 1963 Mitglied der ideologischen Kommission des ZK.

22 Kurt Hager, Jg. 1912, SED-Funktionär, 1954–89 Mitglied des ZK der SED, 1955–89 Sekretär des ZK (Wissenschaft und Kultur), 1958 Kandidat, 1963–89 Mitglied des Politbüros.

23 Wolfgang Frankenstein, Jg. 1918, Maler, 1952–54 Meisterschüler bei Heinrich Ehmsen, 1962–68 Professor für Theorie und Praxis der bildenden Kunst an der Universität Greifswald, 1964 Mitglied des Vorstands des Verbandes bildender Künstler.

24 Peter Hacks, Jg. 1928, Schriftsteller, 1955 Übersiedlung von München nach Ostberlin, 1960–63 Dramaturg am Deutschen Theater Berlin, wandte sich nach den Angriffen auf sein Stück »Die Sorgen und die Macht« 1963 vor allem historischen Stoffen zu.

alles so weit gekommen wäre, weil sie alle Feiglinge seien. Sie interessierte sich stark für die Personen, die gegen die Absetzung des Stückes stimmten.

Wie die jüngsten Reaktionen Cremers beweisen, ist er jedoch nach wie vor bestrebt und wieder offen dazu übergegangen, seinen Einfluss auszunutzen, um gegen die Kulturpolitik der Partei vorzugehen und dabei offen revisionistische Forderungen zu diskutieren und zu stellen. So fand beispielsweise bereits in der Woche zwischen Weihnachten und Neujahr 1963 in Cremers Wohnung eine Zusammenkunft zwischen Cremer und Prof. Dr. Havemann,[26] Biermann,[27] Hermlin[28] und vermutlich auch Sandberg statt. Dabei wurde diskutiert, dass die Entwicklung Jugoslawiens den Beweis erbracht habe, dass sie – im Gegensatz zur DDR – richtig sei. Diese Ansicht wurde zwar hauptsächlich von Biermann vertreten, aber bis auf Hermlin hätten sich die anderen nicht dagegen ausgesprochen. Am 14.1.1964 hielt Cremer an der Universität Greifswald eine Gastvorlesung. Er sprach darin sinngemäß von einer gewissen »geistigen Einengung« und von einem »abfallenden Niveau«. Dies wurde von einigen Studenten so interpretiert, dass der »politische Kurs der SED und die Unfreiheit« zu einem solchen Niveau führen müsse, weil nur starre Formen anerkannt würden. Außerdem befassten sich zu viele Laien mit Kunst, die die Künstler unberechtigt kritisieren.

Auf der zentralen Beratung der Bildenden Künstler Berlin am 16.1.1964 kam nach den einleitenden Ausführungen lange Zeit keine Diskussion zustande, weil die anwesenden Künstler offensichtlich mit ihrer Meinung zurückhalten wollten. In dieser Situation erklärte Prof. Cremer, er habe sich zwar vorgenommen, nichts mehr zu sagen, wolle aber die Diskussion herausfordern.[29] Diese Herausforderung bestand u. a. in folgenden Ansichten:

25 Die Aufführung des Stückes »Die Sorgen und die Macht« 1962 löste heftige ideologische Kritik des SED-Apparates an Hacks aus, die zur Absetzung des Stückes führte. Vgl. Wolle, Stefan: Die Schaubühne als ideologische Anstalt. Vorgeschichte, Aufführung und Verbot der Komödie »Die Sorgen und die Macht« von Peter Hacks. In: Horch und Guck, 52/2005, S. 23–29.

26 Robert Havemann, Jg. 1910, Physikochemiker, seit 1932 für die KPD aktiv, 1945–64 Professor für Physikalische Chemie in Berlin, 1950–64 SED, 1961–66 korrespondierendes Mitglied der Deutschen Akademie der Wissenschaften, 1964 aus der SED ausgeschlossen und als Universitätsprofessor fristlos entlassen wegen seiner philosophischen Vorlesungen, 1966 auch als Arbeitsstellenleiter der Deutschen Akademie der Wissenschaften entlassen und als deren Mitglied gestrichen, wurde zum bekanntesten Dissidenten in der DDR.

27 Wolf Biermann, Jg. 1936, Liedermacher, Regisseur. Erhielt nach wiederholten Behinderungen in seiner künstlerischen Arbeit zuvor durch das 11. Plenum des ZK der SED im Dezember 1965 endgültiges Auftritts- und Publikationsverbot in der DDR.

28 Stephan Hermlin, Jg. 1915, Lyriker, Schriftsteller, Essayist, wurde nach der von ihm organisierten Lesung junger Lyriker im Dezember 1962 zum Rücktritt als Sekretär der Klasse Dichtkunst und Sprachpflege der Deutschen Akademie der Künste gedrängt. Vgl. Berger, Christel: Stephan Hermlin. In: Dies.: Als Magd im Dichter-Olymp. Gransee 2013, S. 9–43.

29 Die Rede ist abgedruckt in: Cremer, Fritz: Wir brauchen einen XX. Parteitag auf dem Gebiet der Kultur. In: Ders.: Nur Wortgefechte? Aus Schriften, Reden, Briefen, Interviews 1949–1989, ausgew. v. Maria Rüger. Potsdam 2004, S. 112–118.

– in der Kulturpolitik der DDR laufe vieles falsch und man müsse deshalb die Dinge richtig ausdiskutieren; – in der DDR sei deshalb auf dem Gebiete der Kunst ein XX. bzw. XXII. Parteitag[30] notwendig.

Ferner lehnte er die sowjetische Kunst in ihren jetzigen Formen als beispielgebend ab. Er sei für den sozialistischen Realismus und verstünde darunter die Kunst eines Picasso.[31]

C. wird zwar von einigen, selbst mit ihm befreundeten Künstlern als nicht sonderlich intelligent eingeschätzt, aber seine gegen den sozialistischen Realismus und besonders gegen die Kulturpolitik der Partei gerichteten Äußerungen erhalten durch die große Popularität von ihm eine nicht zu unterschätzende Wirksamkeit besonders auf die künstlerischen Nachwuchskräfte.

Außerdem muss in diesem Zusammenhang die Vielzahl von Verbindungen Cremers zu den verschiedensten Kulturschaffenden erwähnt werden. Neben den bereits genannten Personen

- Seitz (keine Verbindung mehr)
- Grzimek (lose Verbindung)
- Graetz, Sandberg (früher sehr eng, in letzter Zeit lose geworden)
- Mohr, Heller (keine Verbindung mehr)
- Havemann, Biermann, Hermlin

unterhält Cremer noch enge Verbindungen zu

- Prof. Mucchi,[32] Inge Flierl und Ehemann[33] (Werkkünstler), Paris[34] (Maler)

und weniger enge Verbindungen zu

- Gertrud Classen,[35] Ingeborg Hunzinger,[36] Werner Stötzer,[37] Theo Bal-

30 Gemeint sind der XX. (14.–25.2.1956) und XXII. (17.–31.10.1961) Parteitag der KPdSU, die wesentliche Impulse für die Entstalinisierung gaben.

31 Pablo Picasso, Jg. 1881, Maler, Grafiker, Bildhauer, Pionier und Klassiker der bildkünstlerischen Moderne, seit 1944 Mitglied der KP Frankreichs.

32 Gabriele Mucchi, Jg. 1899, Maler, Grafiker, Teilnehmer an der italienischen Resistenza, 1956 Professor an der Kunsthochschule Berlin-Weißensee, 1961–63 an der Universität Greifswald, lebte in Mailand und Berlin.

33 Inge Flierl, Jg. 1926, Grafikerin, Textilkünstlerin; Peter Flierl, Jg. 1929, Architekt.

34 Ronald Paris, Jg. 1933, Maler, 1963–66 Meisterschüler bei Otto Nagel, 1976 Nationalpreis der DDR.

35 Gertrud Classen, Jg. 1905, Bildhauerin, 1929 KPD, Mitarbeit im Antimilitaristischen Apparat der KPD, Kontakte zum Widerstandskreis der »Roten Kapelle«, 1946 SED, 1950–53 Meisterschülerin der Akademie der Künste.

36 Im Original: »Ingeborg Frank-Hunzinger«. Ingeborg Hunzinger, Jg. 1915, Bildhauerin, Tochter des Chemikers Hans Heinrich Franck, 1945 KPD, 1951–53 Meisterschülerin bei Fritz Cremer und Gustav Seitz.

37 Werner Stötzer, Jg. 1931, Bildhauer, Grafiker, 1954–58 Meisterschüler bei Gustav Seitz, 1977, 1986 Nationalpreis der DDR.

den,[38] Heinz Werner,[39] Prof. Klemke,[40] Prof. Heinrich Ehmsen,[41] Fritz Duda[42] (alles Bildhauer oder Maler)

– zu Ernst Busch[43]

und einer Vielzahl weiterer bildender Künstler, Schauspieler u. ä. Personenkreisen, die dem MfS bekannt sind.

Ferner wird darauf aufmerksam gemacht, dass er offensichtlich auch noch Verbindungen nach Österreich unterhält und die Absicht hatte, von Mitte Januar bis Ende Februar 1964 nach Österreich zu reisen. Um welche Personen es sich dabei handelt und inwieweit eventuell seine erste Ehefrau eine Rolle spielt, ist nicht bekannt. Bekannt ist aber, dass Cremer Verbindung zu Dr. Bunge[44] (Verwalter des Brecht-Nachlasses bei der DAK) hat, der seinerseits wieder mit Havemann in Verbindung steht und enge Beziehungen zu Ernst Fischer,[45] Wien, unterhält.

Außerdem muss C. Kontakt nach Dänemark gehabt haben, denn in der dänischen Zeitschrift »Dialog«,[46] Heft Nr. 5, Jahrgang 1961, sind eine Reihe fast an pornografische Darstellung grenzende Zeichnungen von C. erschienen, die in der DDR nie veröffentlicht wurden. (»Dialog« ist eine der »Sozialistischen Volkspartei Dänemark«[47] – Larsen[48] – sehr nahestehende Zeit-

38 Theo Balden, Jg. 1904, Bildhauer, Grafiker, 1923–24 Student am Bauhaus Weimar, 1928 KPD, 1950–58 Lehre an der Kunsthochschule Berlin-Weißensee, 1967, 1976 Nationalpreis der DDR.

39 Heinz Werner, Jg. 1928, Porzellandesigner, ab 1957 Dekorgestalter bei der Staatlichen Porzellanmanufaktur Meißen.

40 Werner Klemke, Jg. 1917, Grafiker, 1956–82 Professor für Buchgestaltung und Typographie an der Kunsthochschule Berlin-Weißensee, 1961 Mitglied der Akademie der Künste, 1962, 1969, 1977 Nationalpreis der DDR.

41 Heinrich Ehmsen, Jg. 1886, Maler, Grafiker, 1919 Mitglied der Novembergruppe München, 1933 Gestapohaft, 1937 als »entarteter« Künstler gebrandmarkt, 1950 Mitglied der Deutschen Akademie der Künste zu Berlin. Verstarb am 6.5.1964.

42 Fritz Duda, Jg. 1904, Maler, Grafiker, 1929 KPD(O), Kontakte zum Widerstandskreis »Rote Kapelle«, 1950–56 aus SED ausgeschlossen wegen KPD(O)-Mitgliedschaft, 1984 Nationalpreis der DDR.

43 Ernst Busch, Jg. 1900, Schauspieler, Sänger, bis 1961 Schauspieler am Deutschen Theater und Berliner Ensemble, 1952–77 als SED-Mitglied gestrichen.

44 Hans Bunge, Jg. 1919, 1938 NSDAP, 1949 Rückkehr aus sowjetischer Kriegsgefangenschaft, 1956–62 Leiter des Bertolt-Brecht-Archivs, 1962–66 Mitarbeiter der Akademie der Künste, Redakteur der Sonderhefte von »Sinn und Form«.

45 Ernst Fischer, Jg. 1899, österreichischer Philosoph und Literaturwissenschaftler, Mitglied des ZK der KP Österreichs. 1969 aus der KPÖ ausgeschlossen.

46 »Dialog. Dansk tidsskrift for Kultur«, von 1950–61 erscheinende Zeitschrift linksgerichteter Künstler und Intellektueller in Dänemark. Stand bis 1956 der KP Dänemarks nahe, nach den Diskussionen um die Entstalinisierung vertrat sie ein demokratisch-sozialistisches Konzept, das der Socialistisk Folkeparti nahestand.

47 Socialistisk Folkeparti. 1959 durch dänische Kommunisten, die die Politik der KPdSU gegen die ungarische Revolution 1956 ablehnten, gegründete linkssozialistische Partei.

48 Aksel Larsen, Jg. 1897, dänischer Politiker, 1932–58 Vorsitzender der KP Dänemarks, wegen seiner Ablehnung der Niederschlagung der ungarischen Revolution 1956 durch sowjetische

schrift, die in ihren Beiträgen dem »modernen Sozialismus« und der »Freien Kulturentfaltung« das Wort redet und sich gegen die »veraltete Klassenkampftheorie« wendet.)

Von einer Reihe Kulturschaffender, die C. zumindest so gut kennen, um sich ein Urteil über seine politische Haltung bilden zu können, werden sinngemäß folgende Einschätzungen getroffen: Cremer trage typische anarchistische Züge, sei impulsiv und in politisch-ideologischen Fragen oft primitiv und gleichzeitig sich selbst überschätzend. Er versuche, richtige und gute Gedanken einerseits mit wirren und falschen Vorstellungen andererseits zu einer Einheit zu verbinden. So vertrat er bereits im Sommer 1963 die Meinung, dass die »vielen Unklarheiten und Widersprüche zu Fragen der Kunstgestaltung und Methoden unter den Künstlern« in der nächsten Zeit so geklärt werden, wie es seinen Vorstellungen entspricht (und wie er es auf dem Kongress des Verbandes Bildender Künstler auch darlegte). Das sei einfach ein Entwicklungsprozess der Menschen. Er selbst stünde über oder außerhalb dieser ganzen Diskussionen. Die anderen sollten sich darüber streiten, er sei dabei müde geworden. Er werde zwar immer offen seine Meinung sagen, aber sich nie in irgendwelche konspirativen Dinge einlassen. '

In letzter Zeit habe er besonders häufig mit Prof. Havemann diskutiert, der versucht habe, ihn auf seine Position zu ziehen. Darauf hätte er sich aber nicht eingelassen. Es wird jedoch eingeschätzt, das C. nicht nur von Havemann, sondern auch von anderen geistig über ihm stehenden Personen aus seinem Bekanntenkreis als der »geistig nehmende Teil« Vorstellungen und Ansichten übernimmt, ohne dies zuzugeben. So wird auch trotz intensiver Vorbereitung Cremers auf sein letztes Auftreten vor dem Kongress eingeschätzt, dass dies nicht ausschließlich »sein Werk« gewesen sein kann.

Die Reaktion auf Cremers Auftreten vor dem Kongress war bei vielen bildenden Künstlern dadurch gekennzeichnet, dass sie nicht so sehr die persönliche Rolle Cremers, sein Auftreten sahen, beurteilten oder sich einmütig mit ihm identifizierten, aber zum großen Teil der Meinung waren, C. habe einige Fragen der künstlerischen Arbeit aufgeworfen, über die man sprechen müsse. Der Kongress habe dies nicht ausdiskutiert, vielmehr sei man ihnen (im Schlusswort des Genossen Bartke[49] z. B.) »wieder einmal über den Mund gefahren«. Die Diskussion müsse im Rahmen der Bezirksverbände und Sektionen fortgesetzt werden. Dabei wird betont, dass es sich um ehrliche und ernste Diskussionen im Sinne unserer Kulturpolitik handeln müsse. Eine offene Unterstützung Cremers erfolgte durch Sandberg, der erklärte, Cremer

Truppen ausgeschlossen, gründete 1959 die Socialistisk Folkeparti, deren Vorsitzender er von 1959–68 war.

49 Eberhard Bartke, Jg. 1926, Staatsfunktionär, Kunstwissenschaftler, 1947 SED, 1961 Referent im Ministerium für Kultur, 1962 dort Abteilungsleiter für Bildende Kunst und Museen, Gastprofessor an der Kunsthochschule Berlin-Weißensee.

gehe es einzig und allein um die Kunst und seine Bemühungen seien doch anzuerkennen.

Cremer selbst soll während des Kongresses gegenüber dem Maler Frankenstein geäußert haben, dieser sei ein Schuft, und gegenüber dem Maler Sitte,[50] dieser sei ein Verräter, offensichtlich weil sie ihn mit seiner Konzeption nicht unterstützten, wie er es vielleicht erwartet hatte.

50 Willi Sitte, Jg. 1921, Maler, 1959–86 Professor an der Kunstschule Burg Giebichenstein, 1979 Nationalpreis der DDR.

8. Mai 1964

Einzelinformation Nr. 376/64 über tätliche Auseinandersetzungen mit ausländischen Bürgern in der Nacht vom 7. zum 8. Mai 1964

Quelle: BStU, MfS, ZAIG 896, Bl. 1–3 (4. Expl.).
Serie: Informationen.
Verteiler: Honecker, Stoph, Winzer, Neumann, Mittag – MfS: Ablage.
Vermerk: Hinter Neumann und Mittag im Verteiler (5. u. 6. Expl.): »ab S. 2«.

Am 7.5.1964, gegen 24.00 Uhr, kam es im Jugendklubhaus der Stadt Hartenstein im Kreis Zwickau zu Auseinandersetzungen zwischen afrikanischen Studenten und Bürgern der DDR, die zu einer Schlägerei ausarteten.

In der Überprüfung des Vorkommnisses wurden folgende Einzelheiten bekannt: Am 5.5.1964 traf in der FDJ-Bezirksschule Hartenstein eine Delegation der Binnenhandelsschule Blankenburg ein, der neben fünf Betreuern 33 Studenten aus 13 Ländern Afrikas, Asiens und Südamerikas angehörten. Die Delegation wurde am 7.5.1964 in das Jugendklubhaus eingeladen, wo, nach der offiziellen Begrüßung, eine Tanzveranstaltung stattfand. Es konnte einwandfrei festgestellt werden, dass bis zum Zeitpunkt des Vorkommnisses ein gutes Verhältnis zwischen den anwesenden DDR-Bürgern und den ausländischen Studenten bestand und keine Anzeichen einer diskriminierenden Behandlung der Gäste wegen ihrer Hautfarbe auftrat.

Anlass der tätlichen Auseinandersetzungen, die gegen 24.00 Uhr begannen und mit wechselnder Intensität ca. eine Stunde andauerten, wurde ein Wortwechsel zwischen einigen afrikanischen Studenten und einigen DDR-Bürgern, bei dem es sich, nach den geführten Ermittlungen, um ein ungehöriges Verhalten des Studenten [Name 1] (Südafrikanische Union) gegenüber einer DDR-Bürgerin handelte. Nach Einschätzung seines Lehrers [Name 2] steht [Name 1] besonders stark unter dem Eindruck der Rassendiskriminierung in Südafrika und ist als Trinker und Schürzenjäger bekannt. Auch alle anderen Beteiligten standen zu diesem Zeitpunkt unter starkem Alkoholeinfluss.

Die englisch sprechenden afrikanischen Studenten ergriffen die Partei von [Name 1] und schlugen wahllos auf DDR-Bürger ein. Dabei traten besonders die Studenten [Name 3], [Name 4], [Name 5], [Name 6], [Name 7], [Name 8] und [Name 9] hervor. Sie konnten erst, nach erfolglosen Schlichtungsversuchen der übrigen ausländischen Studenten, durch Einsatz der VP in ihre Unterkünfte gebracht werden. Auch gegenüber den VP-Angehörigen gingen sie zu tätlichen Angriffen über. Einige DDR-Bürger wurden von ihnen als »Faschisten« beschimpft.

Nach Angaben des Wirtschaftsleiters der Jugendschule war die Gruppe der englisch sprechenden Afrikaner schon vorher durch mangelhafte Disziplin und Bemängelung der Verpflegung und Unterkunft unliebsam in Erscheinung getreten.

Der Delegationsleiter hatte, in Kenntnis früherer Schwierigkeiten mit der Gruppe, die Anweisung, negativ auftretende Delegationsmitglieder sofort nach Blankenburg zurückzuschicken.

Der Abschluss der Untersuchungen ergab die eindeutige Urheberschaft einiger afrikanischer Studenten, besonders des Südafrikaners [Name 1], an den Zwischenfällen. Das Material liegt bei der Staatsanwaltschaft zwecks Entscheidung und Absprache mit der Delegationsleitung. Einige Beteiligte der Zwischenfälle wurden leicht verletzt. Es entstand Sachschaden am Mobiliar des Klubhauses.

Zu einer weiteren Schlägerei kam es in Tornow, Kreis Calau, zwischen DDR-Bürgern und polnischen Bürgern. Wie bekannt wurde, fand am 7.5.[1964] in der Gaststätte [Name 10] in Tornow eine Tanzveranstaltung statt, an der zwölf im Braunkohlenwerk »Jugend« arbeitende polnische Bürger teilnahmen. Nach Schließung der Gaststätte am 8.5., gegen 1.20 Uhr, begannen die polnischen Bürger vor der Gaststätte eine Schlägerei. Es wird angenommen, dass die Verweigerung des weiteren Alkoholausschankes Anlass dafür war.

Bei der Schlägerei wurde der VP-Angehörige [Name 11] (Sohn des Gastwirtes), der in die Schlägerei eingriff, verletzt. [Name 11] befand sich zwar in Zivil, ist aber den polnischen Bürgern als VP-Angehöriger bekannt. Zwei weitere DDR-Bürger erlitten Hautabschürfungen. Wie festgestellt wurde, benutzten die polnischen Bürger bei der Schlägerei u. a. Schlagringe. Als weitere VP-Angehörige am Tatort eintrafen, versuchten die polnischen Bürger zu entkommen. Zwei von der VP gestellte polnische Bürger wurden dem VP-Revier Lübbenau zugeführt. Vom VPKA Calau wurde ein Ermittlungsverfahren wegen Körperverletzung eingeleitet. Der Sachschaden blieb auf einige zertrümmerte Fensterscheiben beschränkt.

[ohne Datum]

Bericht Nr. 397/64 über die politische Haltung westdeutscher Jugendlicher beim Deutschlandtreffen und über die Kontrolle westdeutscher Teilnehmer durch die westzonalen Organe

Quelle: BStU, MfS, ZAIG 31070, Bl. 159–165 (8. Expl.).
Serie: Informationen.
Datum: Datierung und Einsortierung durch den Bearbeiter: 17.5.1964 (nach ZAIG-Postausgangsbuch, BStU, MfS, ZAIG 6085b, Bl. 390).
Verteiler: Ulbricht – MfS: Kienberg, Schröder, Müller (Einsatzstab), Ablage.

Nach den uns bisher vorliegenden Hinweisen ist bei der Mehrheit der offiziellen westdeutschen Teilnehmer[1] die politische Haltung durchaus positiv und auch das Verhältnis zu den Teilnehmern aus der DDR auf dieser Grundlage entsprechend gut. Das schließt politische Zurückhaltung und Meinungsverschiedenheiten und Auseinandersetzungen in Gesprächen politischer Natur nicht aus. Aber die politischen Diskussionen seitens dieser westdeutschen Teilnehmer sind in der Regel sachlich und aufgeschlossen. Sie tragen bis auf wenige Ausnahmen keinen provokatorischen Charakter.

Festzustellen war vielmehr in einer ganzen Reihe von Beispielen, dass die von Westberlin aus in die DDR einreisenden westdeutschen nicht offiziellen Teilnehmer Ausgangspunkte und Wortführer provokatorischer Fragestellungen und Diskussionen sind. Dabei treten besonders solche Personenkreise wie Journalisten, Studenten oder direkt und stark parteipolitisch orientierte Personen am aktivsten und zugleich provokatorisch auf. Die bisherigen Erfahrungen in den Gesprächen und Diskussionen mit diesen nicht offiziellen Teilnehmern lassen gleichzeitig in der Methode des Diskutierens und besonders im Inhalt der provokatorischen und oft auch direkt aggressiven Argumentation eine weitgehende Übereinstimmung und ein offensichtlich gesteuertes Vorgehen erkennen. Ihre »Argumentation« entspricht im Wesentlichen der Orientierung, die den westdeutschen sogenannten Diskussionsgruppen in einer Vielzahl von Schulungen und anderer Vorbereitungsmaßnahmen westdeutscher und Westberliner staatlicher Stellen und Organisationen gegeben wurde. Bei den Wortführern dieser sogenannten Diskussionsgruppen und bei den eifrigsten Verfechtern der westlichen »Ar-

1 Von der FDJ in Ostberlin organisiertes Treffen Jugendlicher aus beiden deutschen Staaten vom 16. bis 18.5.1964 mit ca. 500 000 Teilnehmern. Es war nach 1950 und 1954 das dritte, von der FDJ veranstaltete Treffen dieser Art. Vgl. Herms, Michael: Zu den Beziehungen zwischen der FDJ und westdeutschen Studentenorganisationen in den sechziger Jahren. In: Hofmann, Jürgen (Hg.): Konflikt, Konfrontation, Kooperation. Deutsch-deutsche Beziehungen in vierzig Jahren Zweistaatlichkeit. Schkeuditz 1998, S. 47–53; Gröschel, Roland: Die Beziehung zwischen dem Deutschen Bundesjugendring DBJR und der Freien Deutschen Jugend FDJ in den 60er Jahren. In: Historische Jugendforschung, N. F. 1(2006), 2004, S. 294–316.

gumente« und Parolen handelt es sich offensichtlich um solche geschulte und speziell auf das Deutschlandtreffen vorbereitete Personen.

Es liegen zahlreiche übereinstimmende Informationen – teilweise dokumentarischen Charakters – vor, aus denen die in der »Schulung« gegebene Orientierung hervorgeht. Im Wesentlichen handelt es sich dabei um

- Probleme der Freiheit und Freizügigkeit, insbesondere auch der Informationsfreiheit, der Freizügigkeit im Reiseverkehr, der Berufswahl usw.,
- Fragen der Kulturpolitik der DDR und der sogenannten geistigen Freiheit,
- Rolle der Staatsgrenze der DDR, insbesondere Staatsgrenze in Berlin,
- Fragen der Spaltung und »Wiedervereinigung« Deutschlands,
- Probleme der wirtschaftlichen Entwicklung in beiden deutschen Staaten, gezielt auf die Darlegung der angeblichen Überlegenheit der westlichen Wirtschaftsordnung,
- die Darlegung der Rolle Westberlins als Beispiel für die »Überlegenheit« des Westens usw.

In den in Westdeutschland und auch noch in Westberlin durchgeführten Schulungen wurden die Schulungsteilnehmer auch dahingehend instruiert, den Diskussionen über Fragen der Entwicklung in Westdeutschland und Westberlin möglichst aus dem Wege zu gehen und alle Gespräche auf innere Fragen der DDR zu lenken. Es gibt auch Hinweise, nach denen diese Schulungsteilnehmer teilweise verpflichtet wurden, in der Hauptstadt entsprechend aufzutreten und die westliche »Argumentation« zu verbreiten.

So weit bis jetzt eine Einschätzung des organisierten und zielgerichteten Auftretens solcher Gruppen und teilweise auch entsprechend vorbereiteter Einzelpersonen möglich ist, kann festgestellt werden, dass ihr Auftreten insbesondere auf die Teilnahme an politischen Aussprachen und Foren sowie auf die Auslösung von Diskussionen mit Teilnehmern der DDR am Deutschlandtreffen an gewissen Brennpunkten im demokratischen Berlin (z. B. Unter den Linden/Höhe Friedrichstraße bis Brandenburger Tor, Karl-Marx-Allee/ Nähe HO-Café Warschau) konzentriert war.

Das organisierte zielgerichtete Auftreten westdeutscher sogenannter Diskussionsgruppen und -partner wurde auch durch ihr Verhalten insbesondere auf dem gestrigen Forum[2] mit dem Minister für Volksbildung Genossin Honecker,[3] in der Aussprache im Sitzungssaal der SED-Fraktion in der Volkskammer[4] und bei den von ihnen inszenierten organisierten Diskussionen an

2 Am 16.5.1964 fand ein Forum mit der Volksbildungsministerin statt. Vgl. Gesprächsstoff für künftige Jugendkommission. In: ND v. 17.5.1964.

3 Margot Honecker, Jg. 1927, SED-Funktionärin, 1949–89 Mitglied der Volkskammer, 1963–89 Ministerin für Volksbildung der DDR, seit 1953 verheiratet mit Erich Honecker.

4 Am 16.5.1964 fand ein Gespräch von 80 westdeutschen Teilnehmern des Deutschlandtreffens mit jungen Abgeordneten der Volkskammer statt. Vgl. Böhme, Günter; Goldstein, Werner: Vom Streit zum Verstehen. Deutsches Gespräch in der Volkskammer. In: ND v. 17.5.1964.

den genannten Schwerpunkten bestätigt. Dabei ist hervorzuheben, dass die von diesen Personen in den angeführten beiden Gesprächen und auch bei den organisierten Diskussionen vorgetragene »Argumentation« im Wesentlichen übereinstimmte.

Die dabei gezielt vorgetragene »Argumentation« war im Wesentlichen auf folgende Gesichtspunkte konzentriert:

- Zweifel an den Möglichkeiten für die Jugendlichen in der DDR, ihren persönlichen Interessen nachzugehen (auch die Qualifizierung müsse den gesellschaftlichen Interessen dienen).
- Konstruierung eines angeblichen Widerspruchs zwischen der Begrenzung der Arbeitszeit durch das Jugendgesetz einerseits und den Aufrufen zu freiwilligen Arbeitseinsätzen andererseits,
- Versuche zur Widerlegung der Notwendigkeit des obligatorischen Studiums der Gesellschaftswissenschaften in der DDR,
- Konstruierung eines »Widerspruchs« zwischen dem geforderten Zeitungsaustausch[5] und der sogenannten Ochsenkopf-Aktion, verbunden mit der Forderung nach Einfuhr aller westdeutschen Zeitungen in die DDR,
- Hochspielen der Parolen um die Freizügigkeit im Grenz- und Reiseverkehr (Reisen von DDR-Bürgern nach Westdeutschland und in andere kapitalistische Länder) und gegen die Sicherungsmaßnahmen der DDR vom 13.8.1961,
- Behauptungen über die angebliche Unterdrückung der geistigen Freiheit (Havemann,[6] warum nicht auch Ausgabe von Büchern Blochs,[7] Lukács'[8] und Trotzkis[9]) und der Demokratie in der DDR,

5 Im Frühjahr 1964 hatte die SED vorgeschlagen, zwischen beiden deutschen Staaten ausgewählte Tageszeitungen auszutauschen. Vgl. Luftzug aus Westen. In: Der Spiegel v. 13.5.1964.

6 Robert Havemann, Jg. 1910, Physikochemiker, seit 1932 für die KPD aktiv, 1945–64 Professor für Physikalische Chemie in Berlin, 1950–64 SED, 1961–66 korrespondierendes Mitglied der Deutschen Akademie der Wissenschaften, 1964 aus der SED ausgeschlossen und als Universitätsprofessor fristlos entlassen wegen seiner philosophischen Vorlesungen, 1966 auch als Arbeitsstellenleiter der Deutschen Akademie der Wissenschaften entlassen und als deren Mitglied gestrichen, wurde zum bekanntesten Dissidenten in der DDR.

7 Ernst Bloch, Jg. 1885, Philosoph, nach Rückkehr aus dem Exil 1948 Professor an der Universität Leipzig. Seine an Marx anschließende humanistische Philosophie wurde besonders nach 1956 scharf angegriffen, Bloch wurde Lehrverbot erteilt. Nach dem 13.8.1961 kehrte er von einer Reise in die Bundesrepublik nicht in die DDR zurück und lehrte in Tübingen.

8 Im Original: »Lukacz«. Georg Lukács, Jg. 1885, Philosoph, 1918 Mitbegründer der ungarischen KP, Staatssekretär in der Räterepublik, nach 1919 Exil in Österreich, Deutschland, der UdSSR, 1945 Rückkehr nach Ungarn, Professor an der Universität Budapest, 1956 Minister in der Revolutionsregierung unter Imre Nagy, Internierung in Rumänien, 1957 Entlassung und Rückkehr nach Ungarn, 1967 Wiederaufnahme in der USAP. Galt bis 1956 als der maßgebliche marxistische Literaturwissenschaftler in der DDR. Von 1956 bis 1973 wurden seine Werke dort nicht gedruckt und totgeschwiegen.

9 Lew Trotzki, Jg. 1879, russischer Sozialdemokrat und Revolutionär, Organisator der Okto-

- Konstruierung von »Widersprüchen« zwischen dem angeblich harten Kurs in der DDR und sogenannten liberalen Auffassungen in anderen sozialistischen Ländern,
- Parolen gegen die »Forderung nach Bildung einer freien Stadt Westberlin«,
- Rechtfertigung der Festnahme der sechs FDJ-Funktionäre in Westdeutschland,
- Versuche zur Bagatellisierung der Bonner atomaren Aufrüstung[10] (warum in der DDR nur Kampf gegen die NATO-Atombombe und keine Demonstration allgemein gegen Atombomben und gegen die atomare Bewaffnung der UdSSR).

Es kann festgestellt werden, dass die auf den genannten Foren aufgetretenen westdeutschen Gesprächsteilnehmer aufgrund der offensiven Reaktion unserer Genossen,[11] die teilweise gut von westdeutschen Gesprächsteilnehmern unterstützt wurden, im Allgemeinen wirkungslos blieben. Das zeigte sich auch in der Tatsache, dass die Verfechter der westlichen Parolen (größtenteils Journalisten), als sie in die Enge getrieben wurden und nach billigen Ausflüchten suchten, selbst von teilnehmenden westdeutschen Jugendlichen nur Gelächter ernteten. Es kann festgestellt werden, dass die Mehrzahl der an den Foren beteiligten westdeutschen Jugendlichen von den Darlegungen über das Bildungssystem und über die Bildungsmöglichkeiten in der DDR und auch von den Widerlegungen der westlichen Parolen um Freiheit, atomare Aufrüstung in Westdeutschland usw. sichtlich beeindruckt waren.

Die bereits angeführten organisierten Diskussionsgruppen im Stadtgebiet von Berlin, die eine unterschiedliche Größe von 20 bis zu 150 Personen hatten, kamen im Wesentlichen dadurch zustande, dass westdeutsche Personen, die auf Tagesaufenthaltsgenehmigung von Westberlin aus in die Hauptstadt der DDR eingereist waren, versuchten, mit Gruppen von Jugendlichen aus der DDR auf offener Straße ins Gespräch zu kommen. So wurden z. B. Zigaretten angeboten, um mit den Teilnehmern in Kontakt zu kommen bzw. Teilnehmer durch negative und feindliche Redewendungen zu Gesprächen provoziert. Dabei gingen die Westdeutschen taktisch so vor, dass von ihnen

berrevolution 1917, nach dem Tode Lenins wichtigster Konkurrent Stalins, 1927 verbannt und später ausgewiesen, 1940 von einem Agenten Stalins in Mexiko ermordet. Galt im Ostblock und in der gesamten nichttrotzkistischen kommunistischen Bewegung als Unperson.

10 1957 hatte Bundesverteidigungsminister Franz Josef Strauß die Ausrüstung der Bundeswehr mit Atomwaffen angekündigt, was zu landesweiten Protestaktionen sowohl von Wissenschaftlern (Göttinger 18) als auch politischen Organisationen (»Kampf dem Atomtod«-Kampagne) führte. Die Pläne mussten fallen gelassen werden.

11 An der Diskussion mit Volkskammerabgeordneten nahmen von DDR-Seite u. a. der Chef der Jugendkommission des Politbüros und Vorsitzende des Jugendausschusses der Volkskammer, Kurt Turba, sowie mit Hans Modrow und Helmut Müller spätere Spitzenfunktionäre der SED teil.

zunächst nur eine Person das Wort führte, während die übrigen zuhörten. Erst bei Anwachsen der Diskussionsgruppen ergriffen die anderen ebenfalls Initiative und bildeten eigene Diskussionskreise.

Die Diskussionen entwickelten sich durch das überzeugende Auftreten unserer Jugendlichen im Allgemeinen so, dass die westlichen Teilnehmer aufgrund ihrer Argumente keinen Anklang fanden bzw. Wortführer sogar ausgelacht wurden.

Im Zusammenhang mit der verstärkten Einreise westdeutscher Jugendlicher zum Deutschlandtreffen am 16.5.1964 war zu verzeichnen, dass die Kontrollen an den westzonalen KPP durch die westdeutschen Zollorgane, den BGS und den Verfassungsschutz erheblich verschärft wurden und teilweise gegenüber den in die DDR einreisenden westdeutschen Bürgern schikanösen Charakter annahmen. Zum Beispiel wurde ein großer Teil der westdeutschen Jugendlichen, die über Aufenthaltsgenehmigungen für die DDR verfügten bzw. bei denen angenommen wurde, dass sie zum Deutschlandtreffen der Jugend fahren, bei ihrem Grenzübertritt in die DDR an den West-KPP registriert (u. a. Jugendliche aus München, Hamburg, Nürnberg, Kulmbach und Bremen).

Am KPP Helmstedt verlangte der Verfassungsschutz eine namentliche Aufstellung mit Wohnanschriften aller in einem Bus mitfahrenden Personen. Im Bus befanden sich 45 Personen unterschiedlichen Alters, die direkt nach Berlin zum Deutschlandtreffen fuhren.

Von den westdeutschen Zollorganen und dem Verfassungsschutz wurden intensive Befragungen nach dem Reiseziel, Arbeitsstelle, Beruf und anderem geführt. An den West-KPP Bebra, Helmstedt, Ludwigstadt wurde westdeutschen Jugendlichen die Ausreise und damit die Teilnahme am Deutschlandtreffen in Berlin verwehrt. Auch bei Kontrollen in Bussen und Zügen wurden westdeutsche Teilnehmer durch den Zoll oder Verfassungsschutz aus den Verkehrsmitteln herausgeholt, registriert und an der Weiterfahrt gehindert. In den Zügen zwischen Hannover und Wolfsburg z. B. wurden alle Jugendlichen durch die westdeutschen Zollorgane filtriert. Jugendliche mit Aufenthaltsgenehmigung für die DDR wurden in die letzten Wagen des Zuges verwiesen, während alle Jugendlichen ohne Aufenthaltsgenehmigung den ersten Wagen des Zuges aufsuchen mussten. Nach dieser »Vorsortierung« wurden dann in Wolfsburg weitere Kontrollen durchgeführt, wobei u. a. von einer Gruppe (zwölf Jugendliche) sechs Jugendliche mit Aufenthaltsgenehmigung in die DDR einreisen konnten, während die anderen sechs Jugendlichen, die nicht im Besitz von Aufenthaltsgenehmigungen waren, in Wolfsburg festgehalten wurden. In mehreren Fällen beteiligten sich auch der Bundesgrenzschutz und die politische Polizei an den Ausschreitungen gegen diese westdeutschen Bürger, indem sie die westdeutschen Teilnehmer durchsuchten oder längeren Verhören unterzogen.

Zum Beispiel wurden am 16.5.1964 bei der Abfertigung des D 1 in Bebra ca. 15 westdeutsche Jugendliche durch die westdeutschen Grenzorgane aus dem Zug geholt und namentlich registriert. Bei den Jugendlichen handelte es sich um eine Gruppe Atomwaffengegner, die das Abzeichen der Atomwaffengegner trugen. Sie befanden sich auf der Fahrt von Westdeutschland nach Westberlin. Auch im D 1001 wurden westdeutsche Jugendliche während der Fahrt von Frankfurt/M. bis Bebra durch Angehörige des Bundesgrenzschutzes und des Verfassungsschutzes in schikanöser Weise kontrolliert und eingeschüchtert, sodass sie nach ihrer Rückkehr nach Westdeutschland mit Repressalien rechnen.

Am KPP Lauenburg wurden alle Pkw im West-West-Verkehr registriert, um festzustellen, ob die Fahrzeuge in Westberlin einfahren.

19. Mai 1964

Bericht Nr. 404/64 über einige Vorgänge im Zusammenhang mit dem Deutschlandtreffen

Quelle: BStU, MfS, ZAIG 31070, Bl. 193–207 (8. Expl.).
Serie: Informationen.
Verteiler: Ulbricht, Honecker, Stoph, Norden, Verner, Schumann – MfS: Beater, Ablage.

1. Zum Auftreten der nichtoffiziellen westdeutschen Teilnehmer

Bereits längere Zeit vor dem Deutschlandtreffen[1] orientierten verschiedene westdeutsche Jugendorganisationen und vor allem führende SPD-Kreise Westberlins auf eine nichtoffizielle Teilnahme westdeutscher Jugendlicher auf dem Wege über Westberlin zur ideologischen Beeinflussung der Jugendlichen der DDR. Es wurden Schulungen vorbereitet, sogenannte Informationszentren und Kontaktstellen[2] in Westberlin eingerichtet und Quartiere zur Verfügung gestellt, um einen möglichst hohen Prozentsatz der über 10 000 westdeutschen Jugendlichen für einen Einsatz im demokratischen Berlin zu gewinnen, mit deren Besuch in Westberlin über die Pfingstfeiertage gerechnet wurde und die auch tatsächlich einreisten.

Einige Schulungen wurden bereits in Westdeutschland durchgeführt (beispielsweise in den Heimvolkshochschulen Bergneustadt und Singen/Bodensee). Bei einigen Gruppen von Jugendlichen, die nach Westberlin einreisten, wurden ausgearbeitete Programme festgestellt, die ausdrücklich Besuche des demokratischen Berlin und Diskussionen mit Teilnehmern des Deutschlandtreffens vorsahen.

Führende Westberliner CDU-Kreise um Amrehn[3] bezeichneten den Einsatz westdeutscher Jugendlicher zum Deutschlandtreffen als ein von den Kreisen um Brandt[4] praktiziertes Stück der »Politik des Wandels durch An-

1 Von der FDJ in Ostberlin organisiertes Treffen Jugendlicher aus beiden deutschen Staaten vom 16. bis 18.5.1964 mit ca. 500 000 Teilnehmern. Es war nach 1950 und 1954 das dritte, von der FDJ veranstaltete Treffen dieser Art. Vgl. Herms, Michael: Zu den Beziehungen zwischen der FDJ und westdeutschen Studentenorganisationen in den sechziger Jahren. In: Hofmann, Jürgen (Hg.): Konflikt, Konfrontation, Kooperation. Deutsch-deutsche Beziehungen in vierzig Jahren Zweistaatlichkeit. Schkeuditz 1998, S. 47–53; Gröschel, Roland: Die Beziehung zwischen dem Deutschen Bundesjugendring DBJR und der Freien Deutschen Jugend FDJ in den 60er Jahren. In: Historische Jugendforschung, N. F. 1(2006), 2004, S. 294–316.

2 Vgl. Informationen 371/64 u. 393/64.

3 Franz Amrehn, Jg. 1912, CDU-Politiker, 1954–63 Bürgermeister (d. h. Stellvertreter des Regierenden Bürgermeisters) von Westberlin, 1961–69 Landesvorsitzender der CDU in Westberlin, 1963–67 Vorsitzender der CDU-Fraktion im Abgeordnetenhaus.

4 Willy Brandt, Jg. 1913, SPD-Politiker, 1957–66 Regierender Bürgermeister von Westberlin, 1966–69 Bundesaußenminister, 1969–72 Bundeskanzler, 1964–87 Vorsitzender der SPD.

näherung«.[5] Brandt habe zugleich damit den Versuch verbunden, die Ergebnisse der Diskussionen mit Jugendlichen der DDR zur Bekräftigung seiner politischen Konzeption und zur »Einkreisung« der Haltung der Bundesregierung beispielsweise in der Passierscheinfrage[6] zu benutzen. Von der Westberliner CDU sei der Besuch im demokratischen Berlin nicht propagiert, aber auch nicht verhindert worden, und es seien den Jugendlichen ebenfalls Diskussionsrichtlinien gegeben worden.

Führende CDU-Kreise schätzten ein, dass sich die Jugendorganisationen von SPD, FDP und CDU trotz entgegengesetzter Forderungen von Jugendlichen aus sogenannten Vertriebenenverbänden (und auch entgegen den Forderungen auf einer Hetzkundgebung im Westberliner Studentenhaus am 17.5. nach Anwendung von »OAS«-Methoden[7]) an eine gemeinsame Festlegung hielten, zum Deutschlandtreffen keine provokatorischen Störaktionen besonders an der Staatsgrenze der DDR durchzuführen. Diese Einschätzung wird dadurch bestätigt, dass es lediglich am 17.5. an der Ecke Scharnhorst-/Boyenstraße (in unmittelbarer Nähe der Staatsgrenze)[8] zu einem Lautsprecheraufruf kam, Westberliner Bürger und Teilnehmer des Deutschlandtreffens sollten sich zu beiden Seiten der Staatsgrenze versammeln, der keinen Widerhall fand.

Im Einzelnen wurde zur Organisierung der Diskussionseinsätze westdeutscher Jugendlicher bekannt, dass von den rund 10 000 Quartieren, in de-

5 Charakteristik des ostpolitischen Konzeptes, das Willy Brandt und sein damaliger Sprecher Egon Bahr entwickelt hatten, und das Bahr am 15. Juli 1963 auf einer Tagung der Evangelischen Akademie in Tutzing in dieser Weise formulierte, vgl. http://www.fes.de/archiv/adsd_neu/inhalt/stichwort/tutzinger_rede.pdf (Zugriff: 12.4.2016).

6 Zwischen der Regierung der DDR und dem Senat von Westberlin wurde erstmals am 17.12.1963 eine Vereinbarung über die Ausgabe von Passierscheinen für Bürgerinnen und Bürger mit dem ständigen Wohnsitz in Westberlin für den Besuch des Ostsektors der Stadt für den Zeitraum vom 19.12.1963 bis zum 5.1.1964 getroffen. Allerdings erlaubte das Passierscheinabkommen ihnen zwar den Besuch im Osten, den Ostberlinerinnen und Ostberlinern blieb der Weg nach Westen aber auch weiterhin versperrt. Vgl. Alisch, Steffen: Berlin ↔ Berlin. Die Verhandlungen zwischen Beauftragten des Berliner Senats und Vertretern der DDR-Regierung zu Reise- und humanitären Fragen 1961–1972. Berlin 2000 (Arbeitspapiere des Forschungsverbundes SED-Staat; 31/2000); Huhn, Eckart: Die Passierscheinvereinbarungen des Berliner Senats mit der Regierung der DDR 1963 bis 1966. Deutsch-Deutsche Verhandlungen zur Überwindung der politischen Sprachlosigkeit und der Milderung menschlicher Härten als Folge des Mauerbaus. Ludwigsfelde 2011; Kunze, Gerhard: Grenzerfahrungen. Kontakte und Verhandlungen zwischen dem Land Berlin und der DDR 1949–1989. Berlin 1999 (Studien des Forschungsverbundes SED-Staat an der Freien Universität Berlin).

7 Anspielung auf die terroristischen Methoden, die die Organisation de l'armée secrète der französischen Kolonialarmee in Algerien sowohl gegen die algerische Unabhängigkeitsbewegung als auch in Frankreich beim Versuch, die Regierung Charles de Gaules zu stürzen, anwendete.

8 Dieser Ort befindet sich an einer äußerst abgelegenen Stelle im Stadtbezirk Mitte, der von Ostberlin aus nur nach Passage der Scharnhorststraße zwischen den gut bewachten Gebäuden des Regierungskrankenhauses und des VP-Krankenhauses erreichbar war.

nen die Jugendlichen organisiert untergebracht werden sollten, nur ca. 2000 in Anspruch genommen worden seien. Von den z.B. in den Westberliner Messehallen am Funkturm vorbereiteten 5000 Quartieren wurden nur ca. 300 benutzt. Allgemein war festzustellen, dass die Jugendlichen es vorzogen, nicht die vom Senat bzw. anderen Organen (Parteien, Organisationen) vorbereiteten Quartiere zu benutzen, offensichtlich, um der damit verbundenen Kontrolle und politischen Beeinflussung (Vorbereitung und Schulung für Diskussionen in der Hauptstadt der DDR) zu entgehen. So wurden z.B. auch die in Westberlin eingerichteten sogenannten Kontakt- oder Informationsbüros, wo die Jugendlichen über das Deutschlandtreffen, andere politische Probleme und das Auftreten in der Hauptstadt der DDR »beraten« werden sollten, kaum von westdeutschen und ausländischen Jugendlichen aufgesucht.

Nach den vorliegenden Informationen ist weiter einzuschätzen, dass es den Westberliner Organen auch nicht gelang, die westdeutschen Jugendlichen unter Kontrolle zu bringen und – wie geplant war – sie vom Besuch der Hauptstadt der DDR abzuhalten bzw. sie nur organisiert und zielgerichtet am Deutschlandtreffen teilnehmen zu lassen.

Die nach Westberlin anreisenden westdeutschen Jugendlichen erhielten Merkblätter des Senators für Jugend und Sport und des Westberliner Presse- und Informationsamtes, in denen Hinweise für Diskussionen im demokratischen Berlin gegeben und sie auf die Möglichkeit von Aussprachen in Westberlin mit Bundestagsabgeordneten und Senatsvertretern aufmerksam gemacht wurden. Sie erhielten ebenfalls zahlreiche Hetzschriften gegen das Deutschlandtreffen und die Berliner Staatsgrenze. Die Instruierung der zu organisierten Einsätzen im demokratischen Berlin gewonnenen Jugendlichen erfolgte an mehreren Stellen Westberlins, u.a. auch im Presse- und Informationsamt des Senats und besonders im Jugendgästehaus in der Kluckstraße.

Die Instruierung erfolgte besonders zu den Themen »Freizügigkeit«, Staatsgrenze der DDR, Lebensstandardvergleiche, Haltung der KP Chinas,[9] »Wiedervereinigung«. Als »Kardinalfrage« wurde herausgestellt, warum im Westen »alles funktioniere« und in der DDR nicht, um die Jugendlichen der DDR »in ihren wachsenden Zweifeln zu bestärken«. Auf der Grundlage der in den ersten Tagen gewonnenen Erfahrungen wurde den Jugendlichen in der Kluckstraße am 18.5. der Hinweis gegeben, sie könnten »über alle Probleme offen sprechen«, dürften aber keine »Mauerstürmerei« in die Diskussionen tragen.

Verschiedentlich wurde bekannt, dass es auch an der Auswertung der im demokratischen Berlin geführten Diskussionen mangelte. Die Jugendlichen

9 Seit Juni 1963 war aus innen- und außenpolitischen Differenzen in der Politik der kommunistischen Parteien Chinas und der Sowjetunion eine offene politische Polemik geworden (Brief der KP Chinas an die KPdSU »Vorschlag der Kommunistischen Partei Chinas zur generellen Linie der internationalen kommunistischen Bewegung«), die 1966 zum Abbruch der Beziehungen zwischen beiden Parteien führte und zur weltweiten Spaltung des Kommunismus in einen moskautreuen und einen maoistischen Flügel.

kehrten z. T. nicht – obgleich ihnen teilweise die Beförderung mit senatseigenen Fahrzeugen zugesichert worden war – zu den sogenannten Kontaktstellen und Informationszentren zurück, wo sofortige Auswertungen und Neuinstruierungen unter Mitwirkung speziell ausgesuchter politischer Referenten erfolgen sollten. Der Besucherdienst des sogenannten Bundeshauses versuchte deshalb zur Überwindung dieser »Schwächen« alle Gruppen westdeutscher Jugendlicher zu registrieren, um einen zentralen Überblick über ihr Auftreten im demokratischen Berlin zu erhalten. Im Auftrage Brandts sollte am 19.5. eine zentrale Auswertung der Diskussionseinsätze erfolgen.

Erste Diskussionsgruppen in den Straßen des demokratischen Berlin bildeten sich in den Abendstunden des 16.5., nachdem es bereits auf der Eröffnungskundgebung zu öffentlichen Debatten mit LSD-Mitgliedern[10] gekommen war. Der organisierte Charakter des Auftretens der westdeutschen Jugendlichen trat in den beiden folgenden Tagen immer deutlicher hervor. Mit Pkw wurden besonders am 18.5. Verbindungen zwischen einzelnen Diskussionsgruppen aufrechterhalten und westdeutsche Gesprächspartner ausgewechselt. Häufig hielten sich zumeist weibliche Personen im Hintergrund, um offensichtlich als Augenzeugen von eventuellen Zwischenfällen zu fungieren. Es wurde auch festgestellt, dass sich westdeutsche Teilnehmer an Diskussionsgruppen als negativ auftretende DDR-Bürger ausgaben.

Im zunehmenden Maße versuchten die westdeutschen Jugendlichen, den positiv auftretenden Kräften auszuweichen und sich an politisch labilere Jugendliche und andere Bürger der DDR zu wenden. Ihr Auftreten wurde zum Teil provokatorisch, wenn die positiven Kräfte sich, besonders in den späten Nachtstunden, stellenweise zurückgezogen hatten.

Es ist jedoch einzuschätzen, dass die positiven Kräfte im Wesentlichen alle Diskussionsgruppen auf Straßen und Plätzen beherrschten. In einigen Einzelfällen wurde bekannt, dass negativ auftretende Jugendliche der DDR sich als westdeutsche Bürger ausgaben.

Örtliche Schwerpunkte der Diskussionsgruppen waren vor allem der neue Teil der Karl-Marx-Allee, S-Bahnhof Friedrichstraße und Unter den Linden. Es gelang besonders am 18.5., die Gruppen mit einem Durchschnitt von ca. 15 bis 20 Personen relativ klein zu halten. Zu großen Ansammlungen aus den Diskussionsgruppen heraus und zu besonderen Vorkommnissen kam es nicht.

Die westdeutschen Jugendlichen entfachten die Diskussionen teilweise mit provozierenden Äußerungen und auch durch andere Methoden wie beispielsweise das Anbieten von Zigaretten. Sie traten in der Mehrzahl in kleinen

10 Liberaler Studentenbund Deutschlands (LSD), von 1950 bis 1969 der offizielle Hochschulverband der FDP.

Gruppen auf, deren einzelne Mitglieder erst nacheinander in die Debatten eingriffen und besonders Außenstehende einzubeziehen versuchten.

In der Organisierung ihres Einsatzes wurde von Anfang an auf die Auswahl »zuverlässiger« Personen orientiert. Es traten vor allem Studenten, Journalisten und andere politisch, juristisch und ökonomisch vorgebildete Personen auf. Es traten auch einige Ausländer in Erscheinung. Es wurde bekannt, dass sowohl westdeutsche und Westberliner Studentenorganisationen als auch der französische Geheimdienst in Westberlin lebende Ausländer aufforderten, mit Teilnehmern des Deutschlandtreffens Verbindung aufzunehmen und sie ideologisch zu beeinflussen.

In wachsendem Maße versuchten die westdeutschen Gesprächspartner, in den Diskussionen einen ständigen Kontakt herzustellen und Adressen auszutauschen. Es wurde z.T. versprochen, Gesprächspartner aus der DDR mit westlicher Literatur zu versorgen, um »zu prüfen«, ob es Informationsfreiheit nur während des Deutschlandtreffens gegeben habe.

Die von den westdeutschen Gesprächspartnern vorgebrachten Argumente entsprachen im Wesentlichen ihrer bekannt gewordenen Instruierung. Allgemein versuchten sie, die Diskussionen vor allem auf innere Fragen der DDR zu lenken und Merkmale des Lebensstandards sowie die Frage einer angeblichen Unterdrückung demokratischer Freiheiten in der DDR in den Vordergrund zu stellen. Besonders am 18.5. tauchten in verstärktem Umfang Forderungen nach Wehrdienstverweigerung in der DDR und spezielle ökonomische Fragen (Verleumdung der VVB als »Staatskonzerne«) auf. Eine große Rolle spielten in den Diskussionen Bildungs-und Informationsmöglichkeiten.

Im Wesentlichen ging es bei allen Diskussionen vor allem um folgende Themen: Freiheitsbegriff (besonders Reiseverkehr, Berufswahl), Staatsgrenze der DDR, Fragen der Spaltung und der Wiedervereinigung Deutschlands, Fragen der wirtschaftlichen Entwicklung und der angeblichen Überlegenheit der westlichen Wirtschaftsordnung, Rolle Westberlins. Es tauchten aber auch Fragen angeblicher Widersprüche zwischen der DDR und »liberalen Auffassungen« in andern sozialistischen Staaten und besonders Fragen der Auseinandersetzungen mit der Führung der KP Chinas auf.

2. Zum Verhalten der offiziellen westdeutschen und Westberliner Teilnehmer und der Delegation in der DDR studierender Ausländer

Das Verhalten der offiziell angemeldeten Teilnehmer-Delegationen Westdeutschlands, Westberlins und der in der DDR studierenden Ausländer wird allgemein durch gewonnene positive Eindrücke charakterisiert.

Die Mehrzahl der 4747 offiziellen Teilnehmer am Deutschlandtreffen aus Westdeutschland war von der Eröffnungsveranstaltung und von der Demonstration sehr beeindruckt und bekundete eine positive Einstellung zur DDR und zur Durchführung des Deutschlandtreffens. Es war das ehrliche

Bemühen zu erkennen, sich über die Politik der DDR Klarheit zu verschaffen, was sich auch in einer Vielzahl von ihnen gestellter Fragen widerspiegelte.

Im Mittelpunkt der von ihnen geführten Diskussionen standen insbesondere solche Fragen wie

- Wege zur Herstellung sachlicher Beziehungen zwischen beiden deutschen Staaten;
- Wege zur Wiedervereinigung und zur Lösung des Westberlinproblems;
- Maßnahmen zur Erhaltung des Friedens, der Verhinderung der Atombewaffnung in beiden deutschen Staaten und zur Gewährleistung demokratischer Verhältnisse in Westdeutschland.

In dem Zusammenhang verdient erwähnt zu werden, dass sich viele westdeutsche offizielle Teilnehmer daran beteiligten, die »Argumente« der von Westberlin aus organisiert und zielgerichtet auftretenden Diskussionsgruppen zu zerschlagen und deren Absichten, westdeutsche Teilnehmer vom Besuch von Veranstaltungen abzuhalten, zu verhindern.

Daneben traten unter den westdeutschen Teilnehmern jedoch auch verschiedene Unklarheiten auf, die im Wesentlichen in solchen »Argumenten« zum Ausdruck kamen wie im

- Zweifel am Sinn und Zweck der Sicherungsmaßnahmen vom 13.8.1961 (»Entfremdung« und »Vertiefung der Spaltung« zwischen beiden deutschen Staaten);
- Bedenken, ob die konsequente Politik der DDR – teilweise als »starr« bezeichnet – der Einheit Deutschlands förderlich ist;
- Bedenken über die Handhabung der Auswahl für Studium und Qualifizierung dahingehend, ob nicht zu sehr die Orientierung auf Arbeiter und politische Einstellung statt des tatsächlichen Könnens und Wissens im Vordergrund stehen;
- in Fragen, warum die Werktätigen in der DDR nicht streiken dürfen, wie es um die Rolle der Gewerkschaften und um die freie Berufswahl stehe;
- in Äußerungen, wonach in der NVA sich ebenfalls Offiziere der ehemaligen faschistischen Wehrmacht befinden, demzufolge nicht nur einseitig über die Bundeswehr geschrieben werden dürfe.

Eine zwölf Jugendliche umfassende Gruppe westdeutscher Kriegsdienstgegner hatte versucht, eine eigene Demonstration zu veranstalten, stieß jedoch bei daraufhin angesprochenen anderen westdeutschen Teilnehmern auf Ablehnung.

Die Mehrzahl der mit Unklarheiten in Erscheinung getretenen offiziellen westdeutschen Teilnehmer wurde zugleich aber auch von der Jugendgesetzgebung, den Bildungs-, Studien- und Qualifizierungsmöglichkeiten, den Bedingungen in den Betrieben usw. sehr beeindruckt. Sie brachten auch ihr Erstaunen darüber zum Ausdruck, dass Genosse Walter Ulbricht unter der

Bevölkerung und insbesondere unter der Jugend eine so große Popularität habe und sie selbst so ehrlich und offen ihre Meinung sagen können.

Die gleichen sowohl positiven Ansichten wie auch Unklarheiten gab es auch in der 954 [Mitglieder] umfassenden offiziellen Westberliner Teilnehmerdelegation. Hier muss jedoch stärker zwischen den der SED bzw. FDJ angehörenden Teilnehmern auf der einen und den nichtorganisierten bzw. anderen Organisationen angehörenden Teilnehmern auf der anderen Seite differenziert werden. Während bei den Erstgenannten die klare und prinzipienfeste Einstellung überwog, gab es beim anderen Teil viele Unklarheiten, wobei hinzukommt, dass das Motiv ihrer Teilnahme häufig darin bestand, Verwandte zu besuchen. Diese Jugendlichen verhielten sich jedoch auch aufgeschlossen. Dabei ist jedoch zu beachten, dass die organisierte Einflussnahme auf diese Kreise nur teilweise gewährleistet war, da sie sich zersplitterten und in kleineren Gruppen im demokratischen Berlin bewegten. Ein Teil meldete sich zwar im Objekt an, hielt sich aber dort nicht auf.

Schwierigkeiten gab es insbesondere mit den vom Förderungsausschuss in Westberlin geworbenen Jugendlichen, die es ablehnten, an bestimmten Veranstaltungen teilzunehmen, Veranstaltungen (Kirchenbesuche usw.) nach eigenem Wunsch besuchen wollten usw. Einzelne reisten täglich ein und aus.

Von den Westberliner Teilnehmern wurde die Begeisterung der Hauptstadt der DDR für die Teilnahme der Westberliner an der Demonstration (etwa 350 bis 400) als besonders positiv empfunden.

Von den zur Teilnahme am Deutschlandtreffen offiziell angemeldeten 788 in der DDR studierenden Ausländern beteiligten sich rd. 700 an der Demonstration. Der überwiegende Teil dieser Studenten trat positiv in Erscheinung. Sie waren auch von der Größe des Treffens sehr beeindruckt.

Im Zusammenhang insbesondere mit dem Auftreten und der Haltung der westdeutschen Delegation muss noch einmal darauf hingewiesen werden, dass westdeutsche Grenzkontrollorgane (Bundesgrenzschutz, Zoll und auch Angehörige des »Bundesamtes für Verfassungsschutz«) eine Vielzahl von Maßnahmen durchführten, um die Teilnahme vieler westdeutscher Jugendlicher am Deutschlandtreffen zu verhindern. Zu ihren Praktiken gehörten insbesondere die direkte Zurückweisung westdeutscher Gruppen an den westdeutschen Grenzkontrollpunkten und -bahnhöfen, die Registrierung der Teilnehmer am Deutschlandtreffen, schikanöse Befragungen und Untersuchungen, das Zerreißen von Aufenthaltsgenehmigungen usw.

Es wurden Beispiele bekannt, dass westdeutsche Jugendliche aufgrund dieser Maßnahmen auf die Teilnahme am Deutschlandtreffen verzichteten und wieder die Heimreise antraten.

3. Feindliche Handlungen im Innern der DDR während des Deutschlandtreffens

Unter Berücksichtigung der großen Konzentration von Jugendlichen in der Hauptstadt der DDR und der Anwesenheit vieler westdeutscher, Westberliner und ausländischer Jugendlicher und anderer Personen sind die feindlichen Handlungen während des Deutschlandtreffens (und auch in den Tagen unmittelbar vorher) sehr gering gewesen.

Zu Aktionen ernsthafteren Charakters, die auf organisiertes Vorgehen feindlicher Elemente hinweisen, kam es lediglich in zwei Fällen.[11] Es handelt sich dabei um die Verbreitung selbstangefertigter Hetzflugblätter am 18.5.1964. 26 mittels Linolschnitt hergestellte Hetzflugblätter wurden Unter den Linden und auf mehreren Bahnhöfen der S-Bahnstrecke Ostkreuz – Bernau gestreut. 850 mittels Druckkasten in fünf verschiedenen Texten angefertigte Hetzflugblätter wurden im Gelände der Pionierrepublik Wuhlheide[12] abgelegt. Sie enthielten Hetze gegen den antifaschistischen Schutzwall, gegen den Vorsitzenden des Staatsrates und gegen die Verhältnisse in der DDR überhaupt und riefen teilweise zum Widerstand auf. Hetzflugblätter der zuletzt erwähnten Aktion in der Wuhlheide waren mit »Widerstandsbewegung P. Fechter«[13] unterzeichnet und es besteht der begründete Verdacht, dass sie von Westberlin aus eingeschleust wurden.

Andere Formen feindlicher Handlungen bestanden im Anschmieren von Hakenkreuzen und im Abreißen und Zerstören von Fahnen und Plakaten. Textliche Hetzlosungen wurden nicht festgestellt. Aber auch diese Handlungen hatten keinen großen Umfang. Sie und auch die Verbreitung selbstangefertigter Hetzflugblätter lagen im Gegenteil zahlenmäßig noch unter solchen u. ä. Erscheinungen, wie sie beispielsweise am 1. und 8. Mai[14] oder anderen Staatsfeiertagen und politischen Anlässen in Erscheinung traten. Diese Feststellung gewinnt noch an Bedeutung, da auch bei derartigen Anlässen diese Handlungen stetig zurückgegangen sind und auf einzelne Vorkommnisse beschränkt blieben. Hinzu kommt, dass der größte Teil der Täter, die Fahnen und Plakate zerstörten oder abrissen, in betrunkenem oder angetrunkenem Zustand und aus Übermut handelte. Gleichfalls angetrunken waren die meisten Personen, die hetzerisch und provokatorisch mit Anpöbeleien und Tät-

11 Vgl. Information 400/64.

12 1951 eingerichtete und nach Ernst Thälmann benannte Sport- und Erholungseinrichtung der Pionierorganisation der FDJ in Berlin-Köpenick, heute Freizeit- und Erholungszentrum (FEZ) Wuhlheide.

13 Peter Fechter, Jg. 1944, Maurer, wurde am 17.8.1962 beim Versuch die Mauer zu überwinden angeschossen und verblutete, nachdem er schwer verwundet ohne jegliche Hilfeleistung über eine Stunde hilflos im Todesstreifen liegen gelassen wurde. Vgl. Keil, Lars-Broder; Kellerhoff, Sven Felix; Schmid, Thomas (Hg.): Mord an der Mauer. Der Fall Peter Fechter. Köln 2012.

14 Bis 1967 und einmalig 1985 war der 8. Mai als Tag der Befreiung in der DDR arbeitsfreier gesetzlicher Feiertag.

lichkeiten gegenüber Teilnehmern des Deutschlandtreffens auftraten. In einigen Fällen wurden solche Handlungen von kleineren Gruppen Berliner Jugendlicher begangen, die aber mehr den Charakter rowdyhafter Ausschreitungen trugen und nicht so sehr bewusste feindliche oder terroristische Handlungen darstellten. So wurden auch in den meisten Fällen die deshalb festgenommenen Personen wieder entlassen, teilweise wurden E-Verfahren ohne Haft eingeleitet bzw. weitere Überprüfungsmaßnahmen eingeleitet, um eventuell von einzelnen Personen verfolgte feindliche Absichten noch aufzuklären.

Kennzeichnend für den relativ geringen Umfang feindlicher Handlungen ist auch die Tatsache, dass es während des Deutschlandtreffens nach den bisherigen Überprüfungen lediglich einen Versuch einer Teilnehmerin gab, illegal die Grenze nach Westberlin zu durchbrechen, was verhindert wurde.

Schleusungsversuche von Teilnehmern am Deutschlandtreffen wurden nicht festgestellt.

Aufgrund der umfassenden vorbeugenden Arbeit und der bei feindlichen Handlungen sofort eingeleiteten operativen Maßnahmen wurde ferner erreicht, dass von der Gesamtheit der feindlichen Handlungen keine wesentliche Beeinflussung der Teilnehmer und keinerlei Beeinträchtigung des ordentlichen Ablaufs des Deutschlandtreffens ausging und eventuell feindliche Elemente ermuntert worden wären. Das trifft auch für die ihrem Inhalt und Ausgangspunkt nach nicht feindlichen demonstrativen Vorkommnisse am 17.5. zu (Proteste gegen das Nichtauftreten einer Braunschweiger Combo und wegen der Räumung des Strausberger Platzes).[15]

Die, wie der Verlauf des Deutschlandtreffens beweist, erfolgreiche Absicherung und vorbeugende Arbeit basierte neben dem koordinierten Zusammenwirken der einzelnen Sicherheitsorgane auch auf der großen Einsatzbereitschaft aller Mitarbeiter.

4. Zu einigen Problemen der Einreise westdeutscher, Westberliner und ausländischer Bürger in die Hauptstadt der DDR und dem West-West-Verkehr durch die DDR während des Deutschlandtreffens

Die vorgenannten Einschätzungen über die reibungslose Absicherung des Deutschlandtreffens treffen auch für den von den Kontrollkräften der DDR in dieser Zeit abgewickelten Reiseverkehr zwischen Westdeutschland und Westberlin und zwischen Westberlin und der Hauptstadt der DDR zu. In dieser Zeit (vom 15.5.1964, 0.00 Uhr, bis 18.5.1964, 24.00 Uhr) wurden an den KPP der Staatsgrenze West und der Staatsgrenze Berlin insgesamt 265 796 Personen mit 47 755 Pkw und 1 564 Bussen abgefertigt.

In der Hauptstadt der DDR reisten in der Zeit des Deutschlandtreffens insgesamt 64 562 Personen (Vorjahr 42 210, d. h. 1964 53 % mehr) ein, davon

15 Vgl. Information 399/64.

- Westdeutsche mit TAG: 44 820,
- Westdeutsche mit AG (einschließlich der 4 747 offiziellen westdeutschen Teilnehmer): 7 376,
- Westberliner mit AG, PM 128, X 123[16]: 1 818 (einschließlich der 452 offiziellen Westberliner Teilnehmer),
- Ausländer: 10 548.

Im gleichen Zeitraum wurden bei der Einreise 8 563 Pkw [und] 114 Busse auf den KPP abgefertigt.

Schwerpunkt war der 17.5.1964 mit 20 805 Einreisenden, davon allein 17 240 westdeutsche Bürger, und der 18.5.1964 mit 16 876 Einreisenden, davon 13 712 westdeutsche Bürger. Der Hauptverkehr konzentrierte sich auf die Zeit von 10.00 bis 12.00 Uhr und 14.00 bis 16.00 Uhr, wobei im erstgenannten Zeitraum täglich ca. 30 % aller Personen einreisten.

Die Abfertigungszeiten waren trotz dieser wesentlich höheren Personenbewegung im Allgemeinen normal und bewegten sich zwischen fünf und zehn Minuten; in Spitzenzeiten stiegen sie auf ca. 15 Minuten an.

Im West-West-Verkehr reisten in dieser Zeit von Westberlin nach Richtung Westdeutschland insgesamt 101 622 Personen (Vorjahr 145 847), davon
- Westdeutsche: 43 297,
- Westberliner: 55 640,
- Ausländer: 2 685.

Insgesamt passierten 21 470 Pkw [und] 732 Busse die KPP in dieser Richtung. Hauptreisetag war der 15.5. mit 37 160 Personen und 6 305 Kfz.

Von Westdeutschland nach Westberlin reisten 99 612 Personen (Vorjahr 112 877), davon
- Westdeutsche: 49 766,
- Westberliner: 45 575,
- Ausländer: 4 271

mit insgesamt 17 722 Pkw und 718 Bussen. Hauptreisetag in dieser Richtung war der 16.5.1964 mit 34 316 Personen und 5 915 Kfz.

In beiden Richtungen traten keinerlei Stauungen und Wartzeiten auf. Die Abfertigungszeit überschritt in keinem Fall 20 Minuten und lag im Durchschnitt bei zehn bis 15 Minuten. Zu besonderen Vorkommnissen kam es nicht.

Die Gewährleistung der maximalen Sicherheit und eines reibungslosen Kontrollablaufs war nur möglich durch den zusätzlichen Einsatz von Kontrollkräften des MfS und durch die Umstellung des gesamten Dienstes auf den KPP an den Staatsgrenzen West und Berlin auf den Zwölfstundendienst

16 X 123: Ein- und Ausreise mit Visum.

und darüber hinaus. Diese Maßnahmen wurden ergänzt durch die Einführung neuer Arbeits- und Kontrollmethoden.

Durch diese zusätzlich eingeleiteten Maßnahmen und den selbstlosen persönlichen Einsatz aller eingesetzten Mitarbeiter konnten Warte- und Standzeiten vermieden, trotz verstärktem Reiseverkehr und größerer Mängel in den Reisedokumenten der westdeutschen und Westberliner Teilnehmer des Deutschlandtreffens Unsicherheitsfaktoren beseitigt und die vom Gegner geplante Ausschleusung von neun Personen in Verstecken in Lkw und Pkw und mittels gefälschten Pässen verhindert werden.

26. Mai 1964

Einzelinformation Nr. 424/64 über die Haltung des begnadigten Heinz Brandt und einiger führender politischer Kreise Westdeutschlands

Quelle: BStU, MfS, ZAIG 900, Bl. 1–3 (8. Expl.); BStU, MfS, HA XX 1615, Bl. 142–144 (7. Expl.).
Serie: Informationen.
Verteiler: Ulbricht, Honecker, Stoph, Norden, Warnke, Glückauf – MfS: Schröder/HA XX, Ablage.
Verweise: Informationen 436/64, 448/64 und 459/64.

Nachdem Heinz Brandt[1] seine Begnadigung[2] bekannt gegeben worden war,[3] beteuerte er, dass er in Zukunft in Westdeutschland – wohin er zurückkehren will – nichts unternehmen und allem entgegentreten wolle, was in Form politischer, geheimdienstlicher oder pressemäßiger Maßnahmen oder Kampagnen darauf abzielen sollte, seine Person, seine Inhaftierung und Begnadigung zu politischen Aktionen gegen die DDR, gegen Entspannungs-, Annäherungs- und Kontaktbestrebungen auszunutzen. Wie intern bekannt ist, hat Heinz Brandt nach seiner Entlassung diese Ansicht auch dem Vorsitzenden der IG Metall Otto Brenner[4] mitgeteilt, der sie vollinhaltlich auch als seine eigene Meinung akzeptiert habe. Brenner habe dabei besonders dem Vorschlag Heinz Brandts zugestimmt, ihn weitgehendst vor der Presse und vor westlichen Geheimdiensten abzuschirmen.

Außerdem habe Brenner auch die sinngemäße Zustimmung gegeben, dass durch die Zusammenhänge um Heinz Brandt keinesfalls den »Ultras«[5] Wasser auf die Mühle gegossen, die politische Rolle der IG Metall als »progressivste Kraft« beeinträchtigt und Akte der Entspannung gefährdet werden dürften. (Heinz Brandt hat außerdem seine Ehefrau beauftragt, in diesem Sin-

1 Heinz Brandt, Jg. 1909, Gewerkschaftsredakteur bei der westdeutschen IG Metall, 1961 vom MfS in die DDR entführt, 1964 nach internationalen Protesten u. a. durch amnesty international freigelassen und in die Bundesrepublik zurückgekehrt.

2 Heinz Brandt war 1958 in die Bundesrepublik geflohen, dort Redakteur bei der IG Metall, 1961 durch das MfS betäubt und aus Westberlin entführt, 1962 zu 13 Jahren Zuchthaus verurteilt. Brandt lehnte in der Folge zwei Angebote ab, unter der Voraussetzung öffentlicher Reuebekenntnisse und der Rückholung seiner Familie aus der Bundesrepublik in die DDR entlassen zu werden. Aufgrund einer internationalen Kampagne von amnesty international, Protesten französischer und belgischer Résistancekämpfer und Prominenter wie Bertrand Russell musste er 1964 in die Bundesrepublik entlassen werden. Dort arbeitete er bis 1974 wieder als Redakteur der Gewerkschaftszeitung der IG Metall.

3 Heinz Brandt wurde am 23.5.1964 aus der Haft in die DDR entlassen und erhielt am 28.5.1964 die Genehmigung, wieder in die Bundesrepublik zu seiner Familie auszureisen.

4 Otto Brenner, Jg. 1907, Gewerkschafter, 1956–72 Vorsitzender der IG Metall.

5 In der SED-Propaganda verwendete Pauschalbezeichnung für konservativen Parteien der Bundesrepublik nahestehende Politiker.

ne nochmals an Brenner heranzutreten, um noch mehr Garantien zu haben, dass seine Angelegenheit nicht politisch hochgespielt wird.) Brenner versprach deshalb Brandt, zu seiner Unterstützung den Rechtsanwalt Dr. Posser[6] zu schicken, der am 25.5.1964 auch in der Hauptstadt der DDR eintraf. Dr. Posser habe nach seinen eigenen Angaben von Brenner den Auftrag, Brandt vor der Presse und vor den westlichen Geheimdiensten oder anderen Stellen abzuschirmen und ihn bei der Ausreise behilflich zu sein. Auch Dr. Posser bestätigte, dass Brenner und Brandt interessiert daran seien, keinen Anlass zur Belebung des »kalten Krieges« zu geben und dass Brenner die Meinung vertrete, der Gnadenakt gegenüber Heinz Brandt sei ein Ausdruck der »neuen Politik« der DDR und diene der Entspannung und der Annäherung zwischen beiden deutschen Staaten.

Dr. Posser teilte Heinz Brandt im Auftrage Brenners ferner mit, dass nach der Übersiedlung Brandts nach Westdeutschland eine Beratung im engsten Kreise (genannt wurden Brenner, Dr. Posser, Heinz Brandt, Thönnessen[7] und Opel[8]) stattfinden wird, in der die weitere Verhaltenslinie festgelegt würde. Dieser Vorschlag Brenners fand auch die volle Zustimmung Heinz Brandts. Er erklärte aber, dass er selbst in diesem Kreise keinerlei Angaben machen werde, die in irgendeiner Form zu Entstellungen führen oder gegen die DDR und gegen Annäherungsbestrebungen überhaupt missbraucht werden könnten.

Wie weiter intern bekannt wurde, herrscht in maßgeblichen Kreisen des Westberliner Senats die Meinung, man könne die Erklärung Herbert Wehners[9] – die im Gegensatz zur Haltung Brenners und Heinz Brandts steht (Begnadigung sei »Erfolg der Proteste der freien Welt«, weiteres Hochspielen der Hetze um »politische Häftlinge«) – nicht akzeptieren, weil sie der weiteren politischen Entwicklung schaden würde.

Für den Fall, dass von Wehner und anderen Kreisen versucht werden sollte, Brandt zu Aktionen gegen die DDR auszunutzen, wurden vom MfS bereits geeignete operative und propagandistische Gegenmaßnahmen vorbereitet, die diese Kreise selbst wirksam treffen würden.

6 Diether Posser, Jg. 1922, SPD-Politiker und Rechtsanwalt, Anwalt in mehreren politischen Prozessen (Verteidiger von Victor Agartz, Heinz Renner, Karl Schabrod).

7 Werner Thönnessen, Jg. 1928, Gewerkschafter, 1961–72 Sekretär des Vorstandes und Leiter der Pressestelle der IG Metall.

8 Fritz Opel, Jg. 1922, Gewerkschafter, Sekretär des Vorstandes der IG Metall.

9 Herbert Wehner, Jg. 1906, KPD (bis 1942), SPD (ab 1946), 1949–66 Vorsitzender des Bundestagsausschusses für Gesamtdeutsche und Berliner Fragen, 1964–66 stellv. Vorsitzender der SPD-Bundestagsfraktion.

9. Juni 1964

Einzelinformation Nr. 458/64 über die Haltung Prof. Havemanns

Quelle: A: BStU, MfS, ZAIG 31290, Bl. 1–6 (5. Expl.); B: ZAIG 848, Bl. 47–53 (6. Expl.).
Serie: Informationen.
Verteiler: Ulbricht, Honecker, Hager – MfS: Mielke, HA XVIII (nur A), HA XX (nur B), Ablage.
Datum: ZAIG 31290: 9.6.1964, ZAIG 848: 18.6.1964.
Vermerk: Im Verteiler von A hinter den Namen Ulbricht, Honecker, Hager und Mielke: »Moskau«.
Bemerkungen: Vom 29.5. bis 13.6.1964 befand sich eine große Delegation der SED- und DDR-Staatsführung auf einer Rundreise durch die UdSSR, zu der neben Walter Ulbricht auch Erich Mielke, nicht aber Kurt Hager oder Erich Honecker gehörten. Erich Honecker ist zumindest zur Unterzeichnung des Vertrages über Freundschaft, gegenseitigen Beistand und Zusammenarbeit zwischen der DDR und der UdSSR, die am 12.6.1964 in Moskau stattfand, ebenfalls nach Moskau geflogen, während das Kommuniqué über den Aufenthalt Hagers nichts verrät (Vgl. ND v. 14.6.1964). Das Exemplar für die HA XVIII der Ausfertigung A war das einzige, das bereits am 9.6.1964 an den Empfänger ging. Ausfertigung B enthält zusätzliche Passagen, deren Positionierung im Text in Ausfertigung A mit Bleistift angezeichnet war. Ulbricht, Honecker und Hager erhielten Ausfertigung B am 18. bzw. 19.6.1964 (BStU, MfS, ZAIG 6085, Bd. b, Bl. 403 u. 405).
Verweise: Informationen 124/64, 225/64, 233/64, 277/64, 315/64, 317/64, 813/64 und 31/65.

Dem MfS liegen eine Reihe weiterer interner und zuverlässiger Informationen zur Haltung Prof. Havemanns[1] vor. Im Wesentlichen zeigt sich darin die Haupttendenz alles zu tun, um international »seinen Fall«, seine Ansichten weiter hochzuspielen und Rückwirkungen auf die DDR hervorzurufen, Überlegungen und Spekulationen anzustellen, welches taktische Vorgehen und Verhalten zweckmäßig sei, um diese Bestrebungen am wirksamsten zu unterstützen. Dabei kalkuliert er in diesem Zusammenhang ganz offensichtlich schon weitere Auseinandersetzungen mit ihm in der DDR ein (Entfernung aus der DAW).

Im Einzelnen ist für sein Verhalten charakteristisch: Havemann hat sich mit dem Wuppertaler Rechtsanwalt Dr. jur. Hermann Rebensburg[2] erneut

1 Robert Havemann, Jg. 1910, Physikochemiker, seit 1932 für die KPD aktiv, 1945–64 Professor für Physikalische Chemie in Berlin, 1950–64 SED, 1961–66 korrespondierendes Mitglied der Deutschen Akademie der Wissenschaften, 1964 aus der SED ausgeschlossen und als Universitätsprofessor fristlos entlassen wegen seiner philosophischen Vorlesungen, 1966 auch als Arbeitsstellenleiter der Deutschen Akademie der Wissenschaften entlassen und als deren Mitglied gestrichen, wurde zum bekanntesten Dissidenten in der DDR.

2 Hermann Rebensburg, Rechtsanwalt aus Wuppertal, arbeitete gemeinsam mit Diether Posser, Gustav Heinemann in zahlreichen politischen Prozessen als Verteidiger von Kommunis-

schriftlich konsultiert und ihn um seinen Besuch gebeten, der am 6., 7. und 8.6.1964 in seiner Wohnung in Berlin, Strausberger Platz, auch stattfand. Dabei geht es ihm u.a. um die Einrichtung eines Kontos in Westdeutschland, was nach Ansicht Rebensburgs auch ohne Schwierigkeiten möglich sei.

Havemann hat vom Rowohlt-Verlag am 28.5.1964 ein Vorausexemplar des Buches (seine Vorlesungsreihe mit einem persönlichen Vorwort von ihm)[3] erhalten und bat gleichzeitig um weitere ständige Zustellung einzelner Exemplare dieses Buches.

Der Rowohlt-Verlag hat bereits Verbindungen mit dem französischen Verlag Gallimard[4] und dem italienischen Verlag Einaudi[5] aufgenommen und beabsichtigt, über seine Auslandsbüros auch Verlage in den übrigen Ländern für eine Herausgabe dieses Buches zu interessieren. Havemann hat dazu – da diese Veröffentlichungen seinen ursprünglichen Vorstellungen weitgehendst entsprechen – den Rowohlt-Verlag autorisiert und ihn ferner gebeten, zwecks Veröffentlichungen in Österreich Kontakt mit einem Tony Scholl[6] aus Wien aufzunehmen. Außerdem bat er den Verlag, den Studenten aus Wien bei Vorbestellung eine besonders schnelle Lieferung zu ermöglichen.

Besonders befriedigt zeigte sich Havemann über die wahrscheinlichen Veröffentlichungen in Frankreich und Italien, weil nach seiner Ansicht gar nicht die Veröffentlichungen in Westdeutschland das Wesentlichste seien, sondern eben die im Ausland. Havemann halte es für sicher, dass dann alle eventuell gegen ihn gerichteten Maßnahmen auch im Ausland großen Staub aufwirbeln und zu stärkeren Protesten führen würden. Das alles diene dazu, die »Weltwirkung seiner Sache« zu vergrößern. Es ginge dann nicht mehr, nur mit dem »Interview« zu argumentieren, sondern »alle Leute« wüssten Bescheid und würden sich selbst überzeugen wollen, was er geschrieben habe.

Havemann befindet sich dabei in völliger Übereinstimmung mit Stefan Heym[7] und beide unternehmen deshalb auch gemeinsame Anstrengungen

ten, Kriegsdienstgegner u. a. Zugleich war Rebensburg, wie er Posser gegenüber bekannt haben soll, V-Mann des Verfassungsschutzes. Vgl. Schmidt-Eenboom, Erich: Der Staatsfeind im Innern. Über den Umgang westdeutscher Nachrichtendienste mit Opponenten. In: Horch und Guck, 2007, H. 57, S. 49–53.

3 Havemann, Robert: Dialektik ohne Dogma? Naturwissenschaft und Weltanschauung. Reinbek 1964.

4 Eine französische Ausgabe der Havemannschen Vorlesungen ist nicht erschienen.

5 Einaudi verlegte die italienische Ausgabe der Havemannschen Vorlesungen: Havemann, Robert: Dialettica senza dogma. Marxismo e szienze naturale. Torino 1965.

6 Tony Scholl, Jg. 1941, 1964–66 Sprecher der Vereinigung demokratischer Studenten in Österreich. Der Kontakt zu Tony Scholl wurde durch Ernst Fischer, Mitglied des ZK der KP Österreichs, und Stephanie Eisler, der Witwe Hanns Eislers, vermittelt. Telefonat mit Tony Scholl, 30.11.2016. Vgl. Information 277/64.

7 Stefan Heym, Jg. 1913, Schriftsteller. Sein Romanmanuskript über den Aufstand des 17.6.1953 »Der Tag X« wurde 1964/65 diskutiert, durfte aber nicht erscheinen (Erstveröffentlichung in der Bundesrepublik 1972 unter dem Titel »Fünf Tage im Juni«, in der DDR 1990), 1979 Ausschluss aus dem Schriftstellerverband und Verurteilung zu einer Geldstrafe wegen nicht genehmigter Veröffentlichungen in der Bundesrepublik.

dazu. Heym versucht alles, um den »Fall Havemann« in diesem Sinne voranzubringen. Heym hat während seines jüngsten Aufenthaltes in der VR Ungarn seiner eigenen Darstellung nach überall entsprechend »berichtet«. Es bestünde in Ungarn ein riesenhaftes Interesse an Havemanns Ansichten und Auftreten und man habe dort die Empfindung, dass Havemann die ganze »ideologische Frage« endlich in Gang gebracht habe. Heym sei bereits unmittelbar nach seiner Ankunft in Ungarn von allen Seiten – angefangen von früheren Mitarbeitern[8] Rákosis[9] – über Havemann befragt worden. Heym ließ auch durchblicken, dass eines der beiden von ihm nach Ungarn mitgenommenen Manuskripte Havemanns sich beim ungarischen Ministerium für Kultur befände und es dort »entsprechenden Vorbereitungen« diene. Heym habe außerdem »ausgezeichnete Veröffentlichungen von Lukács«[10] mitgebracht. (Heym seien außerdem in Ungarn in einer Fernsehsendung folgende zwei Fragen gestellt worden: 1. Was er tun würde, wenn er drei Tage lang Generalsekretär der Schriftsteller in der DDR sein könnte? 2. Was er schreiben würde, wenn er schreiben könnte, was er wolle? Heym habe darauf geantwortet, dass der Generalsekretär der Schriftsteller in der DDR keine Macht hätte und dass zweitens er schreibe was er will; nur gedruckt würde es nicht immer. Das sei die Frage.)

Für das weitere Vorgehen Havemanns und Heyms ist aufschlussreich, dass Heym beabsichtigt, in die Schweiz (Zürich/Basel/Bern) zu fahren. Er will dort ebenfalls Manuskripte Havemanns mitnehmen und offensichtlich für die Popularisierung der Angelegenheit Havemann wirken. Zwischen Ha-

8 Ob Heym in Budapest mit András Hegedüs, unter Rákosi nach dem ersten Sturz von Imre Nagy im stalinistischen Sinne restaurativer Ministerpräsident Ungarns 1955–56, sprach, der nach seiner Rückkehr 1958 in den Jahren 1963–68 als Direktor der soziologischen Forschungsgruppe der Ungarischen Akademie der Wissenschaften kritische Forschungen sowohl selbst durchführte als auch beförderte und nach seinem Protest gegen die Okkupation der ČSSR 1968 aus dieser Position entlassen und schließlich 1973 aus der Partei ausgeschlossen wurde, war nicht zu ermitteln.

9 Mátyás Rákosi, Jg. 1892, ungarischer Kommunist, 1944–48 Generalsekretär der Ungarischen Kommunistischen Partei, 1948–56 Erster Sekretär der Partei der ungarischen Werktätigen, 1952–53 Ministerpräsident Ungarns, 1956 zwangsweise in die UdSSR exiliert.

10 Im Original: »Lukacsz«. Georg Lukács, Jg. 1885, Philosoph, 1918 Mitbegründer der ungarischen KP, Staatssekretär in der Räterepublik, nach 1919 Exil in Österreich, Deutschland, der UdSSR, 1945 Rückkehr nach Ungarn, Professor an der Universität Budapest, 1956 Minister in der Revolutionsregierung unter Imre Nagy, Internierung in Rumänien, 1957 Entlassung und Rückkehr nach Ungarn, 1967 Wiederaufnahme in der USAP. Galt bis 1956 als der maßgebliche marxistische Literaturwissenschaftler in der DDR. Von 1956 bis 1973 wurden seine Werke dort nicht gedruckt und totgeschwiegen. Dagegen begann der Luchterhand Verlag in der Bundesrepublik mit der Herausgabe der Werke Lukács': 1963 erschienen in dieser als Bd. 11 und 12 das Alterswerk »Die Eigenart des Ästhetischen«, die erst 1981 in der DDR veröffentlicht wurde. Daneben besorgte Peter Christian Ludz Auswahlbände mit den wichtigen Schriften zur Literatursoziologie. Eventuell bezieht sich Heym auch auf den Band »Wider den mißverstandenen Realismus«, der bereits 1958 im Hamburger Claasen Verlag herausgegeben wurde.

vemann und Heym wurde vereinbart, dass Havemann unbedingt Heym in der Schweiz über die weitere Entwicklung telefonisch verständigt. Dabei ginge es gar nicht so sehr um den Stand der Veröffentlichungen durch den Rowohlt-Verlag oder andere Verlage, sondern in erster Linie um Reaktionen und Maßnahmen, die man möglicherweise gegen Havemann ergreife und darum, welche Erfolge ihre »Gegenmaßnahmen« hätten. In diesem Zusammenhang wurden Vorstellungen erörtert, dass man im Falle einer Entlassung Havemanns einige Professoren zu Protestschreiben gewinnen müsste. Gedacht wurde dabei u. a. an die Prof. Thilo[11] und Mothes[12] und an den westdeutschen Publizisten Dr. Arno Peters[13]/München. Havemann selbst äußerte dazu, »bevor er selbst fallen sollte«, werde er ihnen (der Partei) »auf den Wecker fallen«. Nach seiner Einschätzung befände sich die Partei in einer sehr schwierigen Lage. Die Partei habe sich sicher überlegt, dass es im Falle seiner Rehabilitierung einen »Erdrutsch« geben würde. Auf der anderen Seite komme es bei einem nochmaligen Vorgehen zu einem Massenprotest, der – nach Ansicht des Gesprächspartners Havemanns Dr. Herward Pietsch[14] – die beste Reklame für sein Buch sei. Dr. Pietsch schätzte in diesem Zusammenhang auch ein, dass es für die Partei kompliziert sei, eine Teilnahme Havemanns an der jährlich stattfindenden Zusammenkunft der Nobelpreisträger (in Lindau/Bodensee)[15] richtig abzuwägen. Der Partei wäre klar, dass Havemann bei einer Teilnahme automatisch im Mittelpunkt dieser Zusammenkunft stehen und entsprechend informieren würde und dass dort alle Leute versammelt wären, die für Havemann wirksam werden könnten. Das hieße, dass bei einem nochmaligen Vorgehen gegen Havemann sich aus den jetzt noch einzelnen und unorganisierten richtige organisierte Proteste entwickeln könnten. Aus diesen Gründen sei eine Teilnahme Havemanns, der ja mit Sicherheit in die DDR zurückkehren würde, unzweckmäßig. Andererseits gäbe es aber offensichtlich den Wunsch, Havemann loszuwerden.[16]

11 Erich Thilo, Jg. 1898, Chemiker, 1950–67 Direktor des Instituts für Anorganische Chemie der Humboldt-Universität; 1957 Vorsitzender des Direktoriums des Forschungszentrums Adlershof der Akademie.

12 Kurt Mothes, Jg. 1900, Biologe, 1954–74 Präsident der Deutschen Akademie der Naturforscher Leopoldina in Halle.

13 Arno Peters, Jg. 1916, Historiker, Kartograf, Pionier der nicht eurozentristischen Historiografie und Kartografie.

14 Herward Pietsch, Jg. 1929, Chemiker, 1945 KPD, 1946 SED, Schüler, wissenschaftlicher Mitarbeiter und Freund Havemanns. Seit Gründung der Arbeitsstelle für Photochemie der DAW dort Abteilungsleiter, 1964 Friedrich-Wöhler-Preis der Chemischen Gesellschaft. Nach der Auflösung der Forschungsstelle für Photochemie ans Direktorat Forschung und Entwicklung des Fotochemischen Kombinats Wolfen versetzt. Später Professor und Forschungsdirektor der Filmfabrik Wolfen (ORWO).

15 Auf den seit 1951 stattfindenden Lindauer Nobelpreisträgertagungen treffen sich jährlich herausragende Nachwuchswissenschaftler und Nobelpreisträger zu einem Generationen übergreifenden Gedankenaustausch.

16 Zwischen diesem und dem folgenden Absatz befindet sich ein handschriftliches Zeichen (ein Kreuz im Kreis, von dem ein Pfeil auf den Leerraum zwischen den Absätzen zeigt), das da-

Wie dazu weiter bekannt wurde, ist es zwischen Havemann und dem westdeutschen Publizisten Dr. Arno Peters/München am 14.6.1964 zu folgenden Abmachungen gekommen. Havemann hat den Peters für die Ende Juni in Lindau stattfindende Zusammenkunft der Nobelpreisträger interessiert und ihn aufgefordert, zu einem Vortrag von Max Born[17] (über Symbole und Naturwissenschaft) dort hinzufahren. Ferner wies Havemann ihn darauf hin, dass er zu dieser Tagung eingeladen sei, aber keine Genehmigung für diese Reise bekommen habe. Peters schlug daraufhin vor zu versuchen, eine Einladung durch die DFU[18] möglich zu machen.

Im Auftrage Havemanns soll Peters Prof. Heisenberg[19] befragen, was er von den Vorlesungen Havemanns hält.[20] Peters will Prof. Heisenberg außerdem mitteilen, dass Havemann zu dieser Tagung eingeladen sei, aber dazu keine Genehmigung in der DDR erhalte. Peters hofft, Heisenberg könnte in dieser Angelegenheit vielleicht etwas unternehmen.

Peters hat Havemann außerdem daraufhin angesprochen, dass er in seiner Eigenschaft als Publizist an einer Veröffentlichung einer »Zuschrift« von Havemann interessiert sei.[21] Havemann hat ihm dies zugesagt.[22]

Unabhängig davon spekuliert Havemann darauf, dass »eines Tages auch Pauling[23] und Schweitzer[24] und wie sie alle hießen« aktiver würden. Schweitzer habe allerdings einen Fehler gemacht, dass er geschrieben habe »auf Ha-

rauf hindeutet, dass hier eine Einfügung erfolgen solle, die sich aber nicht in der Ausfertigung A (BStU, MfS, ZAIG 31290) befindet. Die Einfügung umfasst die folgenden drei Absätze bis »Havemann hat ihm dies zugesagt.«

17 Max Born, Jg. 1882, Chemiker, Atomphysiker, 1954 Nobelpreisträger für Physik.

18 Deutsche Friedens-Union. 1960 gegründete Partei, die links von der SPD Kriegsgegner und Abrüstungsbefürworter sammeln wollte. Sie stellte zugleich – obgleich nicht in jedem Falle willentlich – einen legalen Partner der verbotenen KPD in der Bundesrepublik dar. Ihre Wahlergebnisse vermochten bei den Bundestagswahlen 1961 und 1965 keine 2 % der Wählerstimmen zu erreichen.

19 Werner Heisenberg, Jg. 1901, Atomphysiker, 1932 Nobelpreisträger für Physik, Entdecker der nach ihm benannten Unschärferelation. Mit ihm führte Havemann 1958 politische und philosophische Gespräche, vgl. Havemann, Robert: Drei Gespräche mit Werner Heisenberg. In: Theuer, Werner; Florath, Bernd: Robert Havemann. Bibliographie. Hg. v. d. Robert-Havemann-Gesellschaft. Berlin 2007, S. 280–304.

20 Havemanns Vorlesungen aus dem Herbst-/Wintersemester 1963/64 über »naturwissenschaftliche Aspekte philosophischer Probleme« führten im März 1964 zu dessen Ausschluss aus der SED und fristlosen Entlassung als Professor an der Humboldt-Universität. Sie erschienen anschließend als Buch unter dem Titel »Dialektik ohne Dogma?« im Rowohlt Verlag in Reinbek bei Hamburg. Vgl. Information 124/64.

21 Gemeint ist wohl eine Zuschrift für die von Peters herausgegebene Zeitschrift »Periodikum für wissenschaftlichen Sozialismus«.

22 Ende der Einfügung in Ausfertigung B.

23 Linus Pauling, Jg. 1901, Chemiker, Atomwaffengegner, 1954 Nobelpreis für Chemie, 1962 Friedensnobelpreis.

24 Albert Schweitzer, Jg. 1875, Humanist, Arzt, Theologe, Musiker, 1952 Friedensnobelpreis, 1924–65 Leiter des von ihm 1913 begründeten Hospitals in Lambaréné (Gabun).

vemanns Bitte hin«. Es hätte mehr gewirkt, wenn Schweitzer das anders formuliert hätte. Pauling sei in dieser Beziehung schlauer gewesen.[25]

(Die dem MfS bereits bekannte Tatsache, dass die von Pauling und Schweitzer eingegangenen Stellungnahmen von Havemann organisiert waren, wird dadurch nochmals eindeutig bestätigt, wie zugleich auch die Absicht, besonders führende Wissenschaftler des Auslandes für sich auszunutzen.)

Am 28.5.1964 ist Havemann erstmals wieder öffentlich auf einer Diskussion der Hochschulgruppe des Kulturbundes im Klub der Kulturschaffenden aufgetreten. Unter den Teilnehmern befanden sich Dozenten, wissenschaftliche Mitarbeiter aus Universität und Akademie, Assistenten und Studenten älterer Semester aus allen Fakultäten und Fachrichtungen. Havemann weilte auf Einladung von Prof. Dr. Schottlaender[26] (Direktor des Instituts für Altertumskunde der Humboldt-Universität) dort, der auch das Hauptreferat unter dem Thema »Wer sind wir? Gedanken zur Natur des Menschen« hielt. Unter anderem trugen Schottlaenders Ausführungen starke Züge der Havemannschen Entfremdungstheorie. Nach zwei Koreferaten, die nicht direkt gegen die Thesen Schottlaenders zielten, führte Havemann in einem ausführlichen Diskussionsbeitrag diese Thesen Schottlaenders weiter aus und vertrat seine alte feindliche Theorie, u. a.

- im Sozialismus entstünde eine grundsätzlich neue Form der Entfremdung des Menschen;
- es bestünde ein tiefer Widerspruch zwischen dem Sozialismus, den wir wollen, und dem, was bis jetzt entstanden ist usw.

In der anschließenden Diskussion traten mehrere Teilnehmer gegen die »zu große Abstrahierung des Entfremdungsbegriffes« auf. Ein Diskussionsredner, der in kompromissloser Form gegen die Theorien Havemanns und Schottlaenders auftrat, wurde von Havemann und Schottlaender durch Zwischenrufe und Fangfragen aus dem Konzept gebracht. Unter anderem forderte Havemann ihn in beiliegender Form auf: »Sprechen Sie doch endlich einmal wie ein Mensch und nicht wie Sie müssen!«

Abschließend wird noch auf einige Ansichten Havemanns aufmerksam gemacht, die er zu andern Anlässen entwickelte. Unter anderem erklärte er zu den Auseinandersetzungen mit den Führern der KP Chinas:[27] »So wie die

25 Sowohl Albert Schweitzer als auch Linus Pauling hatten, nachdem sie Robert Havemann über die Vorgänge in Ostberlin unterrichtet hatte, gegen dessen Entlassung in Briefen an die Humboldt-Universität und das Staatssekretariat für Hoch- und Fachschulwesen protestiert.

26 Rudolf Schottlaender, Jg. 1900, Philosoph, Altphilologe, 1959–65 Professor für lateinische Literatur an der Humboldt-Universität.

27 Seit Juni 1963 war aus innen- und außenpolitischen Differenzen in der Politik der kommunistischen Parteien Chinas und der Sowjetunion eine offene politische Polemik geworden (Brief der KP Chinas an die KPdSU »Vorschlag der Kommunistischen Partei Chinas zur ge-

chinesische Politik in der Erklärung der Sowjetunion dargestellt wird, so wird sie von den Chinesen natürlich nicht dargestellt. Es ist eben hauptsächlich die Meinung nur einer Seite. Die Chinesen haben natürlich auch eine Menge vorzubringen, was nicht ganz unberechtigt ist. Er halte die Position der Chinesen zwar nicht für richtig, wäre aber der Meinung, die Chinesen hätten ein Recht dazu. Es sei nicht notwendig, dass sich die ›Chinesen und Russen‹ einig sind. Seiner Meinung nach dürften in einer großen politischen Bewegung gegensätzliche Meinungen bestehen, sie müssten sogar bestehen. Wenn aber jeder behaupte, dass er der einzige ist, der Recht hat, wäre das Quatsch. Beide hätten nicht Recht, das solle man ruhig zugeben. Zum Beispiel wäre mit ihm selbst auch nicht so ein Krach, wenn es in der Partei nicht Leute gäbe, die der Meinung sind, nur was sie sagen wäre richtig.«

In einem anderen Zusammenhang entwickelte Havemann Vorstellungen, dass es möglich sein müsste, eine internationale Fraktion zu bilden, z. B. mit Fischer,[28] Garaudy,[29] Goldstücker[30] und all den anderen Leuten, also nicht innerhalb der DDR etwa, sondern im großen Rahmen. Fraktionelle Auseinandersetzungen habe es schon immer gegeben und er denke an Auseinandersetzungen über grundlegende Fragen, nicht mit dem Ziel, die Partei zu zerstören, sondern »ihr neue Kräfte zu verleihen«, sie »attraktiv« zu machen. Man dürfe nicht glauben, dass eine fraktionelle Spaltung eine Schwächung bedeute. Wenn das so wäre, sei er auch dagegen.

Im Interesse der Sicherheit der Quelle ist diese Information nur zur persönlichen Kenntnisnahme bestimmt.

nerellen Linie der internationalen kommunistischen Bewegung«), die 1966 zum Abbruch der Beziehungen zwischen beiden Parteien führte und zur weltweiten Spaltung des Kommunismus in einen moskautreuen und einen maoistischen Flügel.

28 Ernst Fischer, Jg. 1899, österreichischer Philosoph und Literaturwissenschaftler, Mitglied des ZK der KP Österreichs. 1969 aus der KPÖ ausgeschlossen.

29 Roger Garaudy, Jg. 1913, Philosoph, Mitglied des ZK der FKP, 1945–51 und 1956–58 für die FKP Abgeordneter der französischen Nationalversammlung, 1962–68 Direktor des Centre d'Études et de Recherches Marxistes in Paris. Nach dem Protest gegen den Einmarsch der Warschauer-Pakt-Truppen in die ČSSR 1968 Ausschluss aus der FKP 1970.

30 Eduard Goldstücker, Jg. 1913, Literaturhistoriker, Diplomat, 1931 Mitglied der KSČ, 1939 Emigration nach Großbritannien, Promotion in Oxford, 1950–51 Botschafter der ČSR in Israel, 1951 im stalinistischen Schauprozess gegen Rudolf Slanský zu lebenslanger Haft verurteilt, 1955 rehabilitiert, 1958–68 Professor an der Karls-Universität Prag, 1963 Organisator der Kafka-Konferenz in Liblice, nach der Okkupation des Landes 1968 erneut Emigration nach Großbritannien.

16. Juni 1964

Einzelinformation Nr. 487/64 über Spekulationsverbrechen des Inhabers des Modehauses Bormann, Magdeburg, Heinz Bormann, geboren 19. Juli 1918

Quelle: BStU, MfS, ZAIG 907, Bl. 1–9 (7. Expl.).
Serie: Informationen.
Verteiler: Honecker, Mittag – MfS: HA IX, Ablage.

Durch die Festnahme des ehemaligen Angestellten der Firma Bormann,[1] Magdeburg, [Vorname 1, Name 1], geboren [Tag, Monat] 1940, sowie durch anderes vorliegendes Material wurde dem MfS bekannt, dass der Leiter und Inhaber des Modehauses Bormann seit mehreren Jahren in umfangreiche Spekulationsverbrechen verwickelt ist.

Nach bisher vorliegenden unvollständigen Hinweisen führte Bormann folgende Spekulationshandlungen durch:

1. Von der Großhandelsfirma [Vorname 1 Name 2], Berlin-Charlottenburg, mit der Bormann seit 1954 geschäftliche Beziehungen unterhält, kaufte Bormann seit dieser Zeit bis zum 13.8.1961 mindestens 50 Fernsehapparate westdeutscher Herkunft mit Zahlungsmitteln der BdL auf und führte sie illegal in die DDR ein. Die Firma [Name 2] gewährte Bormann 30 % Rabatt, wobei Bormann selbst einschätzte, dass sich dieses Fernsehgeschäft »sehr gelohnt« habe. Diese Transaktionen hätten einen Wertumfang von ca. 50 000 DM-BdL gehabt. Insgesamt soll Bormann – auch durch die Vermittlung anderer Westberliner und westdeutscher Unternehmen – ca. 100 Fernsehapparate illegal in die DDR eingeführt haben. Mit einigen dieser Fernsehgeräte seien nach vorliegenden Informationen u. a. Prof. Dieckmann,[2] Prof. Correns[3] und der ehemalige Minister Merkel[4] beliefert worden. Spekulationen mit Fernsehgeräten hat Bormann auch nach dem 13.8.1961 weitergeführt, wobei er u. a. eine »Saba-Fernseh-

1 Das 1945 von Heinz Bormann (Jg. 1918) in Schönebeck/Elbe gegründete Textilunternehmen konnte Eigenkreationen erfolgreich international vermarkten. 1956 wurde der Privatbetrieb durch staatliche Investitionen zu einem halbstaatlichen Betrieb, dessen Geschäftsführung aber weiterhin bei Bormann lag. Im Rahmen der Verstaatlichungskampagne 1972 wird auch der Betrieb Bormanns enteignet. Vgl. Roter Dior. In: Der Spiegel v. 20.10.1965, S. 59; Köpp, Ulrike: Heinz Bormann – der Dior der DDR. In: Utopie kreativ, H. 123 (2001), S. 42–51.

2 Johannes Dieckmann, Jg. 1893, 1949–69 stellv. Vorsitzender der LDPD, Präsident der Volkskammer der DDR.

3 Erich Correns, Jg. 1896, Chemiker, 1949 Nationalpreis der DDR, 1950–81 Präsident des Nationalrats der Nationalen Front, 1951 ordentliches Mitglied der Deutschen Akademie der Wissenschaften, 1957 Mitglied des Forschungsrats.

4 Curt-Heinz Merkel, Jg. 1919, 1946 SED, 1956–59 stellv. Minister für Außen- und Innerdeutschen Handel, 1959–63 Minister für Handel und Versorgung, 1963 Wirtschaftsstudium in Leipzig, ab 1969 Direktor der HO Berlin.

truhe« Modell 1961/62, vollautomatisch, im Werte von 3000 DM-BdL für 12000 DM an den Inhaber einer Skifirma in der DDR vermittelte.

2. Seit dem 13.8.1961 kaufte Bormann erhebliche Mengen Feingold »Degussa«-Barren von 100 und 500 g bei »Degussa«, Westberlin, zum Zwecke der illegalen Einfuhr in die DDR auf, die er zunächst bei der Firma [Name 2], Westberlin, (vormals [Vorname 2 Name 1]) hinterlegte und durch verschiedene Mittelspersonen, vor allem Ausländer, in die DDR bringen ließ. (Bei der Ehefrau des Inhabers der Firma [Name 2], [Vorname 2 Name 2], geborene [Name 1], handelt es sich um die Schwester des inhaftierten [Vorname 1 Name 1].) Nachweislich wurden allein 1962 auf diese Weise 1,9 kg Gold im Werte von 9000 DM-BdL eingeführt, wovon der inzwischen inhaftierte ehemalige Angestellte der Firma Bormann, [Vorname 1 Name 1], im Auftrage von Bormann 1,5 kg an die Firma [Name 3], Berlin, verkaufte. ([Name 3] befindet sich seit November 1963 wegen Schmuggels mit Feingold in Haft.) Der inhaftierte [Name 1] hat im Laufe der Jahre 1961 bis 1963 mindestens 15 Barren à 100 Gramm »Degussa«-Feingold im Auftrag von Bormann in die DDR eingeführt und an die Firma [Name 3] für ca. 50000 DM weiterverkauft. Außerdem kaufte Bormann persönlich – nach einer vorliegenden Ankaufsbescheinigung vom 3.1.1963 – über 2 kg Gold im Werte von 9880 DM-BdL sowie nach einem sichergestellten Begleitschreiben in weiteren drei Fällen Gold bei »Degussa« auf. Nach verschiedenen Hinweisen (u.a. Aussagen der Frau [Name 2]) sollen die durch Bormann illegal in die DDR eingeführten Goldmengen noch weit höher liegen.

3. Bormann führte darüber hinaus weitere Waren aus Westberlin bzw. dem kapitalistischen Ausland ein, die er z.T. für sich verbrauchte oder weiterveräußerte. In Westberlin kaufte Bormann 1962 einen Ozelot-Pelzmantel im Werte von 6000 DM-BdL, den er bei der Firma [Name 2] hinterlegte und durch einen Ausländer illegal in die DDR bringen ließ. Ferner kaufte Bormann nach dem 13.8.1961 in Westberlin größere Mengen an Kleiderstoffen, Schuhen, Mode- und Kosmetikartikeln, die er ebenfalls bei der Firma [Name 2] deponierte und von Ausländern illegal in die DDR einführen ließ. In ähnlicher Weise wurde von der Ehefrau des Bormann bei Einkäufen in Westberlin verfahren. Umfangreiche Spekulationsgeschäfte wurden von Bormann während der Leipziger Messen getätigt. Von dem französischen Aussteller [Vorname Name 4] bezog Bormann mindestens drei Nerzmäntel (Imitationen) im Werte von je 1200 DM, die er an den Franzosen mit je 200 DM-BdL bar bezahlte und z.T. an Angestellte seiner Firma weiterverkaufte. Angeblich soll auch der ehemalige Minister Merkel für seine Ehefrau einen solchen Mantel durch Vermittlung Bormanns erhalten haben. Während der Frühjahrsmesse 1964 kaufte Bormann von dem französischen Aussteller [Name 5] einen anthrazitfarbenen Anzugstoff, den angeblich der Präsident des Nationalrates erhalten sollte. Bormann bestellte bei dem Franzosen weitere Stoffe für die Herbstmesse

1964.[5] Über verschiedene französische Aussteller bezog Bormann während der Leipziger Messen 1963/64 ferner Genuss- und Lebensmittel im Werte von insgesamt ca. 12 000 DM und 5 425,55 DM-BdL. Dabei bezahlte er an den Franzosen [Vorname Name 4] 5 425,35 bar in Westmark-Beträgen. An die Aussteller [Vorname Name 6], Amsterdam, und [Name 7], Westdeutschland, zahlte Bormann auf deren Wunsch zum Teil in Zahlungsmitteln der DNB im Umrechnungskurs 1:4. Den Transport der während der Leipziger Messen angekauften Westwaren nach Magdeburg ließ Bormann in von ihm verplombten und als Modekollektion getarnten Schrankkoffern vornehmen. Zur Abdeckung der Transporte war durch Bormann erklärt worden, bei eventuellen Kontrollen durch AZKW oder VP anzugeben, bei dem Inhalt der Schrankkoffer handele es sich um Eigentum französischer Aussteller, das aus Sicherheitsgründen bis zur nächsten Messe bei Bormann eingelagert werde. Darüber hinaus hat Bormann offensichtlich auch mit noch anderen Geschäftsleuten des kapitalistischen Auslandes Spekulationsgeschäfte betrieben. So veranlasste Bormann z. B. seinen ehemaligen Angestellten [Vorname 1 Name 1] anlässlich einer Geschäftsreise in die VR Polen, 200 DM-BdL an den Holländer [Name 8] zu übergeben. (Da [Name 8] nicht angetroffen wurde, übergab [Name 1] später diesen Betrag dem staatlichen Beauftragten der Firma Bormann, [Name 9].)

4. Nach bisherigen Ermittlungen gelangte Bormann durch die Ausfuhr von Zahlungsmitteln der DDR in den Besitz größerer Mengen Beträge DM-BdL. Bormann brüstete sich gegenüber [Vorname 1 Name 1] u. a. damit, er bekäme die DM der VEB zu einem günstigen Kurs – 1:2, höchstens 1:2,5 – umgetauscht, da das Geld eine Institution erhalten würde, die Zahlungsmittel der DDR dringend benötige.
   Die Westmarksummen, mit denen Bormann seine Waren bar bezahlte, führten der westdeutsche Bürger [Vorname Name 10], wohnhaft in Halver (Westfalen), [Straße, Nr.], und andere Mittelspersonen illegal in die DDR ein.
   Bormann forderte telegraphisch in verschlüsselter Form die Beträge bei [Name 10] in Westdeutschland an. Vermutlich unterhält Bormann ein Konto in Westdeutschland. Durch Bormann selbst wurden 1963 mindestens dreimal 10 000 DM-BdL bei der Westberliner Firma [Name 2] hinterlegt. Durch Mittelspersonen – vorwiegend Ausländer – wurden die Beträge bei [Name 2] abgeholt und Bormann überbracht. An [Vorname 2 Name 2], geborene [Name 1], übergab Bormann nach Erhalt des Geldes sogenannte Übergabelegitimationen. Nach diesen Übergabelegitimationen tritt als Hinterleger der Summen auch der westdeutsche Caritas-Verband in Erscheinung. In diesem Zusammenhang ist zu beachten, dass Bormann enge Beziehungen zu [Vorname Name 11], geboren [Tag, Monat]

5 Die Leipziger Herbstmesse 1964 fand vom 3. bis 13.9.1964 statt.

1912, wohnhaft in Magdeburg, [Straße, Nr.], Geistlicher Rat im Katholischen Erzbistum Magdeburg und Stellvertreter des Erzbischofs, gleichzeitig Finanzdirektor und Vorsitzender des Caritas-Verbandes, unterhält. ([Name 11] ist mit weiteren Vertretern der katholischen Kirche gelegentlich Gast im Hause Bormann.) Bei eventuellen Kontrollen durch Organe der DDR und bei deren Fragen nach der in Westberlin bzw. während der Leipziger Messen eingekauften Westwaren und der von Bormann gezahlten Westmarkbeträge sollte auf Anweisung Bormanns von seinen Mittelspersonen ausgesagt werden, dass dies von seinem Schwager [Name 12], wohnhaft in Klette-Köln (Essen), [Straße, Nr.], stamme. (Diese Absprache war u. a. auch für eventuelle Zwischenfälle zwischen Bormann und [Vorname Name 4] getroffen worden.) Neben umfangreichen Beträgen DM-BdL verfügt Bormann auch über Zahlungsmittel anderer Währungen. So besorgte er für sich im Februar 1964 durch Mittelsmänner aus Westberlin einen Scherkopf für seinen Rasierapparat, den er mit acht US-Dollar bezahlte.

5. Neben der illegalen Einfuhr von Gebrauchswaren sowie Lebens- und Genussmitteln westlicher Herkunft in die DDR verbringt Bormann auch Wertgegenstände aus der DDR nach Westberlin, insbesondere von republikflüchtigen Personen. 1963 ließ Bormann durch einen Ausländer (Sekretär der Handelsmission der VAR) einen Koffer mit Silberbestecken eines republikflüchtigen Ehepaares aus Magdeburg zu deren Tochter nach Westberlin verbringen. Bei der Firma [Name 2], Westberlin, wurden durch Bormann und dessen Ehefrau weitere Koffer mit Silbersachen deponiert. Zum Teil waren vietnamesische Silberwaren in Koffern zwischen Kleidern und Lederwaren versteckt nach Westberlin eingeschleust worden. Nach Bormanns Äußerungen würden vietnamesische Silberwaren in der DDR und in Westberlin zu gleichen Preisen gehandelt.

Bormann ist über die Verhaftung seines ehemaligen Angestellten [Vorname 1 Name 1] stark beunruhigt. Mit der Ehefrau des [Name 1] nahm er nach der Verhaftung ihres Ehemannes persönlich Kontakt auf, wobei der Wert darauf legte, von keiner anderen Person gesehen zu werden. Bormann informierte sich bei [Vorname 3 Name 1] eingehend über den Stand der Untersuchungen gegen [Vorname 1, Name 1] und versuchte sie zu beeinflussen, seinen Namen und den von [Name 2] unbedingt aus den Untersuchungsvorgängen herauszuhalten. Er halte es für richtig, wenn [Vorname 1 Name 1] ein bis zwei Jahre »absitzen« würde; nach der Haftentlassung würde er sich für ihn verwenden. Er sei jedoch nur dazu in der Lage, falls sein Name nicht angegeben würde. Bormann beauftragte Frau [Name 1], alles über die Aussagen ihres Mannes in Erfahrung zu bringen und bot ihr einen Magdeburger Rechtsanwalt als Verteidiger ihres Mannes an. Bei Abschluss des Gesprächs vereinbarte Bormann weitere Zusammenkünfte mit Frau [Name 1], um sich laufend über neue Momente der Untersuchung informieren zu lassen.

Bei Bormann handelt es sich um einen in moralischer Hinsicht äußerst hemmungslosen Charakter. Mit dem 1961 wegen gewerbsmäßiger Abtreibung und Verbrechens gegen das Handelsschutzgesetz zu zehn Jahren Zuchthaus verurteilten Hallenser Arzt Dr. [Name 13] war Bormann eng befreundet. Bormann führte [Name 13] Ausländer zum Zwecke der Warenspekulation, aber auch Frauen für von [Name 13], Bormann u. a. veranstaltete Orgien zu. Dabei betätigte sich Bormann als Kuppler, indem er zu diesen Ausschweifungen Mannequins seiner Firma vermittelte. An einen Bekannten, den Libanesen [Name 14], Vertreter des libanesischen Reisebüros, vermittelte Bormann Mädchen im Alter von 14 bis 15 Jahren. [Name 13] soll auch an den von Bormann geschwängerten Frauen unerlaubte Abtreibungen vorgenommen haben.

Bormann beseitigte bei Verhaftung des [Name 13] entsprechende Beweise gegen ihn und beauftragte Mittelsmänner, Hypothekenpfandbriefe des [Name 13] in Westberlin einzulösen. Obwohl Bormann das Urteil gegen [Name 13], das auch auf Einzug dessen genannten Vermögens lautete, bekannt war, verblieb er im Besitz des ihm vorher übergebenen Inhabersparbuches von [Name 13].

Zwischen Bormann und der Frau [Name 13], die inzwischen aus der Haft entlassen ist, bestehen intime Verbindungen.

Nach den dem MfS vorliegenden Hinweisen verfügen Bormann und dessen Ehefrau nicht über die notwendigen fachlichen Voraussetzungen zur Führung eines Modehauses. 1956 stand die Firma bereits vor dem Konkurs. Daraufhin entschloss sich Bormann zur Aufnahme einer staatlichen Beteiligung 50:50. Die staatliche Beteiligung betrug 1962 62 %, und zurzeit zieht Bormann eine weitere Erhöhung der staatlichen Beteiligung in Betracht. Die Produktion ist unrentabel und teuer, da technisch-wissenschaftliche Kennziffern fehlen und die Organisation große Mängel aufweist. Die Kosten der Modeschauen sowie der Beteiligung an der Leipziger Messe stehen in keinem Verhältnis zum Ergebnis. Das Modeatelier verursacht jährlich 80 bis 90 TDM Unkosten. Der vorgesehene Gewinn von 3 % wird nicht erzielt, sodass der Staat Stützungen zahlt. 1963 betrugen die Verluste der Firma Bormann 40 TDM.

Bormann überlässt die betrieblichen Geschäfte vollständig dem Prokuristen [Name 9], während er alle Gelegenheiten zur Repräsentation und zu Auslandsreisen wahrnimmt. Aus dem Betrieb versucht er möglichst viele persönliche Vorteile zu gewinnen. (Zum Beispiel bezahlt der Betrieb an betriebsfremde Personen Lohn – Hausangestellte – und bucht die Unkosten für Privatfahrzeuge und andere private Auslagen Bormanns.)

Aufgrund der dem MfS vorliegenden umfangreichen Hinweise über das Verhalten von Bormann wird es als notwendig erachtet, gegen ihn ein Ermittlungsverfahren einzuleiten. Da Bormann aufgrund seiner Stellung im gesellschaftlichen Leben der DDR, durch Verbindungen ins sozialistische und kapitalistische Ausland sowie andere Beziehungen über größeren Einfluss verfügt, wird vorgeschlagen, das Ermittlungsverfahren beim MfS zu führen, ohne dies ihm gegenüber zu erkennen zu geben. (Die Mitarbeiter des MfS könnten als VP-Angehörige auftreten und das E-Verfahren führen.)

Dies erscheint auch dadurch zweckmäßig, weil im Interesse der Weiterführung des Geschäftes (Export 1964: 58 000 Stück Kleider in sozialistische Länder, für ca. 112 000 VE in kapitalistische Länder) über ein gegen Bormann eröffnetes E-Verfahren offiziell vorerst nichts bekannt werden sollte und weil in dem genannten Material eine Reihe Personen – vor allem Ausländer – eine wesentliche Rolle spielen, die eventuell auch im Zusammenhang mit anderen gegen die DDR gerichteten feindlichen Handlungen stehen können.

Da durch die Festnahme des eingangs erwähnten [Vorname 1 Name 1] offensichtlich eine Unsicherheit bei Bormann hervorgerufen wurde, wäre es notwendig, die Einleitung eines E-Verfahrens gegen Bormann möglichst schnell zu entscheiden und Bormann bis zu diesem Zeitpunkt unter entsprechender Legendierung Auslandsreisen – insbesondere nach Westberlin, Westdeutschland und ins kapitalistische Ausland – nicht zu gestatten.

25. Juni 1964

Einzelinformation Nr. 514/64 über Verhalten des 1. Stellvertreters des Vorsitzenden des Staatlichen Rundfunkkomitees, Genossen Grimmer, im Zusammenhang mit Festnahmen von Mitarbeitern des Staatlichen Rundfunkkomitees und in der offiziellen Zusammenarbeit mit dem Ministerium für Staatssicherheit

Quelle: BStU, MfS, ZAIG 912, Bl. 1–7 (6. Expl.).
Serie: Informationen.
Verteiler: Kein Nachweis für externe Verteilung – MfS: Mielke, HA XX, Ablage.
Bemerkungen: Der ursprünglich vorgesehene externe Verteiler ist ausradiert und überschrieben und daher nicht mehr lesbar.

Am 9.11.1963 wurde die Sekretärin des Genossen Grimmer,[1] [Name 1, Vorname] wegen des dringenden Verdachts der Spionagetätigkeit festgenommen. Die gegen sie geführte Untersuchung ergab, dass die [Name 1] seit 1954 glaubhafte Kenntnis von der Spionagetätigkeit ihres Bekannten [Vorname Name 2], Diplomingenieur im Rundfunk- und Fernsehtechnischen Zentralamt, für den westdeutschen Geheimdienst hatte. In seinem Auftrage gab sie ihm mündlich wiederholt vertrauliche Informationen aus dem Staatlichen Rundfunkkomitee, u. a. etwa 25 Charakteristiken von Mitarbeitern des Staatlichen Rundfunkkomitees und Mitteilungen über geplante Dienstreisen bestimmter Mitarbeiter nach Westdeutschland, an denen der westdeutsche Geheimdienst äußerst stark interessiert war. Diese Angaben leitete [Name 2] auftragsgemäß an den Bundesnachrichtendienst weiter.

Genosse Grimmer war vor der Inhaftierung der [Name 1] von Mitarbeitern des MfS über deren geplante Festnahme unterrichtet worden. Außerdem wurde das Staatliche Rundfunkkomitee am 13.11.1963 durch ein Schreiben des Staatsanwaltes offiziell von der erfolgten Verhaftung der [Name 1] in Kenntnis gesetzt.

Nach der Verhaftung der [Name 1] zog Genosse Grimmer in verschiedenen Äußerungen die Richtigkeit der gegen sie beim MfS vorhandenen Beweise in Zweifel. In diesem Zusammenhang brachte er – zur Bestätigung seiner Ansichten – zum Ausdruck, dass er eine gute Menschenkenntnis habe und sich sehr täuschen müsste, wenn die [Name 1] eine Agentin wäre. Seine ablehnende Haltung zur Verhaftung der [Name 1] begründete er weiter damit, dass sich die [Name 1] als Genossin ganz normal verhalten habe und auch ihre unklaren politischen Fragen zum Ausdruck brachte. Sie habe nie versucht zu liebdienern, um dadurch bestimmte Informationen zu erlangen. Bezeichnend für das Verhalten des Grimmer sind weiter auch Äußerungen, »dass er

1 Reginald Otto Grimmer, Jg. 1926, 1955–62 stellv. Leiter der Abt. Agitation des ZK der SED, 1962–68 stellv., 1968–71 Vorsitzender des Staatlichen Rundfunkkomitees der DDR.

lange genug im ZK tätig gewesen sei und manchen Fehler der Staatssicherheit habe korrigieren müssen«. Er befürchte, dass ihm mit der [Name 1] das Gleiche passieren könnte.

Offensichtlich aus dieser Einstellung heraus lehnte Genosse Grimmer es ab, eine für den Staatsanwalt bestimmte Beurteilung über die [Name 1] zu unterschreiben, mit der Begründung, die ganze Sache nicht zu sehr »hochzuspielen«.

Durch Aussagen der [Name 1] ist bekannt, dass das Verhalten des Genossen Grimmer ihr gegenüber oftmals sehr vertraulich war. Das sei darin zum Ausdruck gekommen, dass er Einzelheiten aus seiner privaten Sphäre mitteilte, zweideutige Witze erzählte oder solche Fragen an sie stellte, mit wem sie schlafe, ob sie nicht auch einmal einen Mann haben müsste usw. (Während der Untersuchungen bezeichnete die [Name 1] den Genossen Grimmer als »mein Regi« – Reginald ist sein Vorname.)

Dem MfS liegen weiter Hinweise vor, wonach Genosse Grimmer mit vertraulichen Materialien wiederholt leichtfertig umgegangen ist. Dadurch erhielt die [Name 1] von internen Vorgängen Kenntnis, wie z. B. über eine geheim zu haltende Kaderanalyse vom Radio Berlin International mit der Einschätzung der politischen Vergangenheit, der politischen Zuverlässigkeit und der moralischen Eigenschaften der einzelnen Mitarbeiter sowie über Aussprachen mit der Schauspielerin Irmgard Düren[2] hinsichtlich einer von ihr beabsichtigten Reise ins kapitalistische Ausland.

Am 5.12.1963 wurde Genosse Grimmer von Mitarbeitern des MfS davon in Kenntnis gesetzt, dass der Sportreporter Hempel[3] von dem beim MfS wegen Spionage und Hetze einsitzenden freiberuflichen Sportjournalisten [Name 3, Vorname] belastet wird. [Name 3] gibt an, dass Hempel seine Dienstreisen nach Westdeutschland und in das kapitalistische Ausland dazu ausnutzt, um mit republikflüchtigen Bekannten und anderen Personen zusammenzutreffen, so u. a. mit den ehemaligen Fußballspielern des ASK Vorwärts Assmy[4] und Fritzsche[5] sowie mit dem Chefredakteur der Westberliner »Nachtdepesche« und Mitarbeiter des »Ostbüros der SPD« Werner Nieke.[6]

2 Irmgard Düren, Jg. 1930, Schauspielerin, moderierte von 1960 bis 1975 die Musikwunschsendung »Wünsch dir was« im DDR-Fernsehen.

3 Wolfgang Hempel, Jg. 1927, Sportjournalist beim Deutschlandsender.

4 Im Original: »Asmy«. Horst Assmy, Jg. 1933, Fußballspieler, 1954–59 ZSKA Vorwärts Berlin (102 Spiele, 27 Tore), Nationalspieler der DDR (12 Spiele, 4 Tore), 1959 nach Westberlin (Tennis Borussia), 1961/62 Schalke 04 (20 Spiele, 9 Tore), 1962–65 KSV Hessen Kassel (57 Spiele, 11 Tore).

5 Rolf Fritzsche, Jg. 1933, Fußballspieler, 1955–59 ZSKA Vorwärts Berlin, 1955 zwei Länderspiele für die DDR, 1959 Übersiedlung nach Westberlin zu Tennis Borussia, 1961/62 FK Pirmasens (28 Spiele, 24 Tore), 1961 zwei Spiele für die DFB-Auswahl, 1962/63 Hamburger SV, 1963–70 KSV Hessen Kassel.

6 Werner Nieke, Jg. 1912, 1947–70 Leiter der Ostzonenredaktion, 1955–70 stellv. Chefredakteur der Westberliner Zeitung »Telegraf« und 1954–70 Chefredakteur der »nacht-depesche«.

Grimmer erklärte daraufhin den Mitarbeitern des MfS, Hempel nie mehr ins Ausland fahren zu lassen. In der Aussprache mit Hempel wollte er ihm vorschlagen, zu dieser Angelegenheit eine Stellungnahme zu schreiben.

Am 7.12.1963 übergab Genosse Grimmer dem MfS eine schriftliche Erklärung des Hempel. Über die vorangegangene Aussprache mit ihm erklärte er, dass Hempel alles bestreitet und einen Eid darauf leisten wolle, niemals mit republikflüchtigen Sportlern im Westen zusammengetroffen zu sein. In einer später mit Hempel durchgeführten zeugenschaftlichen Vernehmung über die Aussagen des [Name 3] gab dieser an, über die gegen ihn ausgesprochenen Belastungen vom Genossen Grimmer falsch informiert worden zu sein. Hempel erklärte, Genosse Grimmer habe ihm mitgeteilt, dass er sich nach Angaben von [Name 3] mehrfach in Westberlin und Westdeutschland mit republikflüchtigen Sportlern getroffen und außerdem versucht habe, Sportler zum illegalen Verlassen der DDR zu verleiten (für die letztere Anschuldigung gibt es keinerlei Hinweise; Genosse Grimmer hat derartige Angaben vom MfS auch nicht erhalten). Hempel sagt weiter aus, aufgrund der schwerwiegenden Beschuldigungen durch Grimmer, Versuche unternommen zu haben, Sportler der DDR zum illegalen Verlassen der DDR zu verleiten, habe er die in Wirklichkeit zu Recht bestehenden Aussagen über Treffen mit den genannten Personen bewusst abgestritten.

Wie dem MfS weiter bekannt wurde, äußerte sich Genosse Grimmer in einer Komiteesitzung am 18.12.1964 vor allen anwesenden Komiteemitgliedern wie folgt zu diesen Vorgängen um den Sportreporter Hempel: Das MfS sei vor längerer Zeit zu ihm gekommen und habe ihm mitgeteilt, dass Hempel nicht mehr in das kapitalistische Ausland fahren solle. Auf seine Frage, wie es mit Reisen in das sozialistische Ausland aussehe, sei ihm die Entscheidung überlassen worden. Er habe daraufhin angeordnet, dass Hempel auch nicht mehr in das sozialistische Ausland fahren dürfe. Der Grund dieser Verfügung sei darin zu sehen, dass der Sportjournalist inhaftiert wurde und in der Vernehmung ausgesagt habe, Hempel habe sich in Westdeutschland mit republikflüchtigen Sportlern getroffen. Nachdem Hempel und der Leiter der Sportredaktion, Genosse Kupfer,[7] zu ihm gekommen seien, habe er Hempel den Grund gesagt. Hempel hätte alles als Lüge bezeichnet. Hempel hätte daraufhin mit dem Stellvertretenden Minister für Staatssicherheit auf dem Dynamo-Sportplatz gesprochen, der ihm eine kurzfristige Klärung zugesagt habe (ein derartiges Gespräch hat nicht stattgefunden). Inzwischen seien nun Wochen vergangen und nichts habe sich in der Angelegenheit getan. Das MfS könne nicht walten wie es wolle, denn auch das Komitee sei in Misskredit gebracht worden. Immer mehr setze sich bei ihm die Meinung durch, dass Hempel Unrecht geschehe.

Genosse Grimmer erklärte in diesem Zusammenhang weiter, dass er sich das mit Hempel nicht länger gefallen lasse und sich beschweren werde. So

7 Wolfhard Kupfer, Jg. 1929, Journalist, 1959–70 Leiter der Sportredaktion von Radio DDR.

könne man nicht mit Menschen arbeiten. Durch die Verhaftung der [Name 1] sei er gehandicapt und könne deshalb nicht persönlich zum Genossen Mielke gehen. Deshalb wolle er Prof. Kaul[8] zu ihm schicken. Wenn das nicht helfe, werde er zum Genossen Honecker gehen, den er schon persönlich kenne und der für derartige Fragen zuständig sei. Für ihn sei es eine Frage des Prinzips, »denn wenn er sich die Handlungsweise des MfS gefallen lasse, wären wir dort, wo wir früher waren«.

Am 20.5.1964 wurde vom MfS der Redakteur beim Staatlichen Rundfunkkomitee (Radio DDR – Redaktion Zeitgeschehen) [Name 4, Vorname] wegen Vorbereitung zur Republikflucht festgenommen. [Name 4] unterhielt seit Ende 1961 Verbindungen zu einer Westberliner Schleusergruppe und hatte mit Kurieren dieser Gruppe wiederholt Zusammenkünfte, bei denen Möglichkeiten seiner Ausschleusung besprochen wurden. Er hatte außerdem Kenntnis von den Fluchtvorbereitungen und der 1964 erfolgten Ausschleusung des Prof. Katner[9] und seiner Familie aus Leipzig.

Von der Festnahme des [Name 4] ist Genosse Grimmer am 20.5.1964 offiziell vom MfS in Kenntnis gesetzt und unmittelbar danach darüber informiert worden, dass seine Verhaftung wegen Vorbereitung zur Republikflucht erfolgte. Das Staatliche Rundfunkkomitee erhielt außerdem durch den Generalstaatsanwalt eine Mitteilung über die Inhaftierung des [Name 4].

Trotz dieser Kenntnis trat Genosse Grimmer den im Staatlichen Rundfunkkomitee kursierenden Gerüchten über die Verhaftung [Name 4] nicht mit der nötigen Konsequenz entgegen. Er äußerte sinngemäß, dass sich schon noch herausstellen werde, »ob an der ganzen Sache etwas dran sei«. Er vertrat die Meinung, dass er den Gerüchten nicht wirksam entgegentreten könne, da er vom MfS über die Gründe der Inhaftierung ungenügend unterrichtet worden sei.

Nach vorliegenden Informationen erklärte Genosse Grimmer in der Komiteesitzung am 9.6.1964 vor allen Komiteemitgliedern, dass er die Genossen des MfS »überrumpelt« habe. Vom ZK der SED hätte er erfahren, dass es sich im Fall [Name 4] um ein Staatsverbrechen handelt, während die Genossen des MfS von einem Passvergehen gesprochen hätten (wie bereits erwähnt,

8 Friedrich Karl Kaul, Jg. 1906, Rechtsanwalt, einer der wenigen Anwälte aus der DDR, die auch an Gerichten der Bundesrepublik und Westberlins zugelassen waren und so in zahlreichen politischen Strafverfahren im Interesse der DDR agieren konnten.

9 Wilhelm Katner, Jg. 1903, Medizinhistoriker, 1959–61 Professor am Karl-Sudhoff-Institut der Universität Leipzig, 1961 wegen eines Witzes über Ulbricht in seiner Vorlesung entlassen. 1963 leitender Arzt in Löbnitz. Katner floh im April 1964 in die Bundesrepublik, die Flucht seiner Familienangehörigen misslang im Mai. Zwischen dem Bundesministerium für gesamtdeutsche Fragen und der DDR wurde ihre Freilassung ausgehandelt, wobei für die Angehörigen von Katner an die DDR Kadmium im Wert von einer Million DM geliefert wurde. Vgl. Hammer, Elke-Ursel (Hg.): »Besondere Bemühungen« der Bundesregierung. Bd. 1: 1962 bis 1969: Häftlingsfreikauf, Familienzusammenführung, Agentenaustausch. München 2012, S. 171 f. u. 198. Vgl. Information 276/64.

wurden derartige Angaben nicht gemacht, sondern eindeutig erklärt, dass [Name 4] wegen Vorbereitung zur Republikflucht inhaftiert wurde).

Nachdem Genosse Grimmer am 20.5.1964 von der Verhaftung des [Name 4] informiert worden war, beauftragte er seine persönliche Referentin mit der Beschaffung der Kaderakte. Da die Kaderakte das MfS am 16.5.1964 durch den Kaderleiter zur Einsichtnahme erhalten hatte, rief Genosse Grimmer den Kaderleiter, Genossen Lange, zu sich. Genosse Grimmer forderte in einem äußerst erregten Zustand von Genossen Lange Rechenschaft, weshalb er nicht davon unterrichtet worden sei, dass das MfS die Akte geholt habe. Auf den Hinweis, dass das MfS und andere Institutionen oft Kaderunterlagen anfordern und er darin nichts Besonderes sehe, erhielt Genosse Lange die Anweisung, dem Genossen Grimmer alle drei Tage vorzulegen, welche Akten vom MfS angefordert wurden. Später erweiterte er diese Anweisung auch auf Aktenanforderungen durch andere Organe wie Ministerrat, Volkspolizei usw. sowie auf eine sofortige Informierung bei Anforderungen von Akten durch das MfS.

Das bei den o.g. Vorgängen charakterisierte Verhalten des Genossen Grimmer zur Tätigkeit des MfS zeigt sich auch bei anderen Gelegenheiten in der ständigen offiziellen Zusammenarbeit mit ihm. Aus seinem gesamten Auftreten ist ersichtlich, dass er den zuständigen Mitarbeitern des MfS Misstrauen entgegenbringt und in einer der Tätigkeit des MfS abträglichen Form ihre Qualifikation anzweifelt. In einer Kollegiumssitzung am 10.3.1964 z.B. informierte Genosse Grimmer die anwesenden Komiteemitglieder über ein Gespräch mit dem Minister für Staatssicherheit am 9.3.1964, bei dem angeblich Übereinstimmung erzielt worden sei, dass die für das Staatliche Rundfunkkomitee zuständigen Mitarbeiter des MfS für diese Arbeit nicht die entsprechende Qualifikation besitzen und durch andere Mitarbeiter ersetzt werden (dieses Gespräch hat stattgefunden, aber nicht den von Genossen Grimmer angegebenen Inhalt gehabt). Zur »Beweisführung« führte Genosse Grimmer an, dass die Varianten zur Überwachung bzw. Festnahme der ehemaligen Sekretärin [Name 1] durch die Mitarbeiter des MfS mehrmals geändert worden seien. Ausführlich ließ er sich vor allen Komiteemitgliedern darüber aus, welche Legende für die Festnahme der [Name 1] die Mitarbeiter des MfS mit ihm vereinbart hatten und welche Maßnahmen er treffen sollte, damit die [Name 1] und eventuell Mittäter nicht vorher gewarnt werden. Diese Darlegungen über die aus berechtigten operativen Gründen erfolgten Veränderungen des Planes zur Festnahme der [Name 1] erfolgten in einer Form, die die Tätigkeit der Mitarbeiter des MfS lächerlich erscheinen ließ.

Diese Verhaltensweise zeigt Genosse Grimmer auch bei anderen Anlässen, bei denen über die Tätigkeit des MfS und ihre Mitarbeiter gesprochen wird.

Juni 1964

Einzelinformation Nr. 517/64 über einige Differenzen zwischen dem Ministerium für Post- und Fernmeldewesen und der Zollverwaltung der DDR hinsichtlich von Verlusten bei Postsendungen aus Westdeutschland und Westberlin

Quelle: BStU, MfS, ZAIG 913, Bl. 1–25 (1. Expl.).
Serie: Informationen.
Verteiler: Kein Nachweis für externe Verteilung – MfS: Ablage.
Datum: Datierung und Einsortierung durch den Bearbeiter: 26.6.1964 (nach ZAIG-Postausgangsbuch, BStU, MfS, ZAIG 6085b, Bl. 412 f.).
Vermerk: Handschriftlich auf dem Dokumentenkopf: »Nicht rausgegangen! Mit Anlagen ablegen!«
Bemerkungen: Kein Verteilervorschlag überliefert.
Anlage 1: Nicht überschriebener und nicht gezeichneter Kommentar zur Information.
Anlage 2: Verluste und Beraubungen bei Postsendungen aus Westdeutschland und Westberlin (Gerhard Strauch).
Anlage 3: Vermerk über geführte Ermittlungen zu Organisationssendungen.

Dem MfS wurde bekannt, dass bei einer Reihe von leitenden Mitarbeitern des Ministeriums für Post- und Fernmeldewesen bzw. bei Leitern der Hauptpostämter der Bezirke Unzufriedenheit über eine ihrer Meinung nach ungerechtfertigte und – wie von einigen Mitarbeitern der Deutschen Post formuliert wird – ungesetzliche Beschlagnahme von Postsendungen aus Westdeutschland und Westberlin durch die Zollverwaltung besteht.

In einem Bericht vom 7.4.1964 des Sektors Kontrolle des Ministeriums für Post- und Fernmeldewesen an den Minister für Post- und Fernmeldewesen wird Bezug genommen auf Eingaben von Bürgern der DDR an das Ministerium für Post- und Fernmeldewesen bzw. an die Hauptpostämter über abhandengekommene oder beraubte Sendungen aus Westdeutschland und Westberlin.

In diesem Material, das inzwischen dem Minister für Post- und Fernmeldewesen vorgelegen hat, soll vor allem bewiesen werden, dass das derzeitige Verfahren der Zollverwaltung bei der Beschlagnahme von Postsendungen aus Westdeutschland und Westberlin nicht die Billigung von leitenden Mitarbeitern des Ministeriums für Post- und Fernmeldewesen sowie darüber hinaus großer Teile der Bevölkerung der DDR findet und dazu geeignet sei, das Vertrauen der Bevölkerung in die Zuverlässigkeit der Deutschen Post zu verringern. Unverständnis, so heißt es in dem Bericht vom 7.4.1964, bestehe vor allem bei den Mitarbeitern der Deutschen Post über die Verfahrensweise der Zollverwaltung, bestimmte Postsendungen ohne Beschlagnahmeprotokoll und ohne Benachrichtigung des Empfängers einzuziehen. Damit gerate die Deutsche Post bei der Bevölkerung unverschuldet in den Verdacht, dass sich die Quote der Unzuverlässigkeit und der Beraubungen auf dem Postwege ständig erhöhe. Dabei gehen die Anschuldigungen von Mitarbeitern der Deutschen Post gegen die Zollverwaltung der DDR so weit, dass verschiedentlich von Verletzungen der sozialistischen Gesetzlichkeit gesprochen wird.

Im Zusammenhang mit diesen bei Mitarbeitern der Deutschen Post wiederholt auftretenden Diskussionen und den schriftlichen Darlegungen des Sektors Kontrolle des MfPF vom 7.4.1964 erscheinen folgende Hinweise von Bedeutung: Nach dem 13.8.1961 beschäftigte sich die Parteiführung wiederholt mit den Problemen der Verhinderung des Missbrauchs des Postweges durch die westdeutschen und Westberliner militaristischen und revanchistischen Kräfte. Nachdem sich bereits im Oktober 1961 das Politbüro konkret mit diesen Fragen beschäftigt hatte,[1] wurden am 8.11.1961 Beschlüsse durch das Sekretariat des Zentralkomitees gefasst, in denen u.a. festgelegt wurde, dass bei der Beschlagnahme von Postsendungen aus Westdeutschland und Westberlin grundsätzlich keine Beschlagnahmeprotokolle versandt werden.[2] (Dieser Beschluss war gleichzeitig eine Bestätigung der inhaltlich gleichen Weisung des Ersten Stellvertreters des Vorsitzenden des Ministerrates Genossen Stoph[3] vom 8.9.1961, der eine Beratung mit dem Staatssekretär für Post- und Fernmeldewesen Genossen Serinek[4] und dem Leiter der Zollverwaltung vorausgegangen war.) Seit dem 8.9.1961 wurden somit keine Protokolle für beschlagnahmte Sendungen aus Westdeutschland und Westberlin weder an den Absender noch an den Empfänger versandt.

Diese Maßnahme trug dazu bei, die gegnerischen Versuche, Pakete und Päckchen organisiert in die DDR einzuschleusen, zu erschweren. Dem Gegner wurde die Möglichkeit genommen, durch eine Auswertung der übersandten Beschlagnahmeprotokolle die Methoden der Kontrolle, die Beschlagnahmegründe und die Anzahl der von der Zollverwaltung nicht erkannten organisierten Sendungen festzustellen. Andererseits führte das Nichtversenden von Beschlagnahmeprotokollen vor allem bei der Beschlagnahme von nichtorganisierten Sendungen zu einer großen Zahl von Nachfragen und Beschwerden bei der Deutschen Post.

1 Sitzung des Politbüros vom 12.9.1961, TOP 16. Zum Paket- und Päckchenverkehr zwischen der DDR und Westdeutschland sowie Westberlin; Sitzung vom 24.10.1961, TOP 7. Grundsätze des Zollgesetzes der Deutschen Demokratischen Republik; Sitzung vom 28.11.1961, TOP 5. Entwurf eines Zollgesetzes. Vgl. BArch DY 30/J IV 2/2/790, 796, 804.

2 Sitzung des Sekretariats des ZK der SED vom 8.11.1961, TOP 8. Bericht des Amtes für Zoll und Kontrolle des Warenverkehrs über die Kontrolle des Paket- und Päckchenverkehrs. Vgl. BArch DY 30/J IV 2/3/774.

3 Willi Stoph, Jg. 1914, Partei- und Staatsfunktionär, 1931 KPD, 1946 SED, 1953–89 Mitglied des Politbüros der SED, 1962 1. Stellv., 1964–73 und 1976–89 Ministerpräsident der DDR

4 Richard Serinek, Jg. 1917, SPD-Politiker, 1956–72 Staatssekretär und 1. Stellv. des Ministers für Post- und Fernmeldewesen der DDR.

Deshalb wandte sich der Staatssekretär für Post- und Fernmeldewesen Genosse Serinek am 4.12.1962 an den Genossen Stoph mit dem Vorschlag, bei einer Beschlagnahme von nichtorganisierten Sendungen, d.h. von sogenannten Privatsendungen, dem Empfänger in der DDR Protokolle zuzusenden, wobei in dem Schreiben ausdrücklich betont wurde, dass es hinsichtlich des Protokollversandes bei beschlagnahmten organisierten Sendungen bei der alten Regelung bleiben müsse.

Dieser Vorschlag des Genossen Serinek wurde vom Ersten Stellvertreter des Vorsitzenden des Ministerrates gebilligt. Die entsprechenden Weisungen der Zollverwaltung und des Ministeriums für Post- und Fernmeldewesen traten am 20.2.1963 in Kraft. Bis zum 20.2.1963 wurden demnach entsprechend dem vorherigen Beschluss des Sekretariats des ZK und der Weisung des Genossen Stoph in keinem Falle Beschlagnahmeprotokolle versandt.

Die von Mitarbeitern des Ministeriums für Post- und Fernmeldewesen, der BPF und HPÄ zum Teil in missbilligender Weise diskutierten Beispiele über die Nichtübersendung von Beschlagnahmeprotokollen durch die Zollverwaltung erstrecken sich aber, soweit das von der Leitung der Zollverwaltung überprüft werden konnte, noch heute ausschließlich auf Vorgänge, die vor dem 20.2.1963 lagen. Die Auffassungen bei der Deutschen Post werden häufig durch Unwissenheit über die damals geltenden Bestimmungen und die nach dem 20.2.1963 getroffenen Regelungen verstärkt.

Bei Analysierung der bei einigen leitenden Mitarbeitern des Ministeriums für Post- und Fernmeldewesen und seiner untergeordneten Dienststellen vorhandenen Diskussionen und Vorstellungen zu diesem Problem muss jedoch auch eingeschätzt werden, dass offensichtlich bei einigen Genossen und Mitarbeitern der Deutschen Post eine ablehnende Haltung gegen die Regelung, die, wie oben dargelegt, von der Partei- und Staatsführung getroffen wurde, besteht. Bereits im September 1961, als der Vorschlag hinsichtlich des Nichtversendens von Beschlagnahmeprotokollen auf Initiative der Zollverwaltung unterbreitet wurde, waren Widerstände seitens der Deutschen Post dagegen aufgetreten, die sich – den Diskussionen zufolge – bis zu den Hauptpostämtern fortsetzen und ziemlich verbreitet sind. Demgegenüber ist aber aus den Argumenten der Mitarbeiter insbesondere der untergeordneten Dienststellen der Deutschen Post zu erkennen, dass vor allem die bestehende politische Notwendigkeit, die organisierte Einfuhr von Paketen und Päckchen zu verhindern, nicht beachtet wird.

In den Argumenten von Mitarbeitern der Deutschen Post wird besonders hervorgehoben, dass die DDR das Land mit den größten »Verlusten« an Kleingutsendungen sei. Diesen Diskussionen wird aber auch nicht gegenübergestellt, dass sich z.B. westdeutsche Behörden damit brüsten, Postsendungen aus der DDR würden waggonweise aus dem Verkehr gezogen.[5]

5 Zur Postkontrolle und zu Beschlagnahmungen von Postsendungen aus der DDR vgl. Foschepoth, Josef: Überwachtes Deutschland, Post- und Telefonüberwachung in der alten Bundesrepublik. Göttingen 2012.

Besonders im Bericht des Sektors Kontrolle des Ministeriums für Post- und Fernmeldewesen vom 7.4.1964 wird betont, dass die Zahl der gemeldeten Verluste oder Beraubungen – 6 508 gewöhnliche Pakete und 1 116 gewöhnliche Päckchen im 2. Halbjahr 1963 – gegenüber der Gesamtzahl der Sendungen aus Westdeutschland und Westberlin – ca. 28 Millionen gewöhnliche Paket- und Päckchensendungen im 2. Halbjahr 1963 – ziemlich hoch sei. Von Mitarbeitern der Deutschen Post wird mehrfach auch in schriftlicher Form angezweifelt, dass diese große Anzahl von Sendungen aus Westdeutschland und Westberlin tatsächlich in Verlust geraten sein können. (Zum Beispiel wird vom Leiter des HPA Karl-Marx-Stadt in diesem Zusammenhang in einer Zuschrift an den Sektor Kontrolle des MfPF von einer bestehenden Verletzung der sozialistischen Gesetzlichkeit gesprochen.) Durch die Zollverwaltung ist dem MfS bekannt, dass jedoch allein im Zeitraum des 2. Halbjahres 1963 134 630 Pakete und Päckchen als nachweisbare Organisationssendungen beschlagnahmt werden mussten.

In den Kritiken der Mitarbeiter der Deutschen Post, insbesondere auch in dem Material des Sektors Kontrolle des MfPF, spielt ferner die angeblich von Mitarbeitern der Zollverwaltung ungenügend vorgenommene Abgrenzung zwischen Organisationssendungen und Privatsendungen eine große Rolle. Es wird angeführt, dass vermutlich durch die Zollverwaltung aus Unkenntnis Privatsendungen als Organisationssendungen behandelt würden, somit keine Beschlagnahmeprotokolle angefertigt werden und der angeblich berechtigten Beschwerdeführung der Empfänger in der DDR Vorschub geleistet werde.

Diese Kritiken der Mitarbeiter der Deutschen Post sind z. T. zutreffend, soweit es sich um Postsendungen handelt, die vor dem 20.2.1963 beschlagnahmt wurden.[6] (Wie angeführt, wurden bis zum 20.2.1963 in keinem Falle Beschlagnahmeprotokolle versandt.) Es ist jedoch festzustellen, dass die Mitarbeiter der Deutschen Post nicht in der Lage sein können, aufgrund der bei ihnen eingehenden Beschwerden einzuschätzen, ob es sich um eine Privatsendung oder tatsächlich um eine Organisationssendung gehandelt hat, zumal die Organisationssendungen vom Gegner so abgedeckt sind, dass sie für Uneingeweihte immer den Anschein einer harmlosen Privatsendung erwecken müssen. Durch diese Unkenntnis der Situation erweisen sich auch überwiegend die Kritiken von Mitarbeitern der Deutschen Post an der Arbeit der Zollverwaltung bei genauer Überprüfung als vollkommen unberechtigt.

So wird unter zahlreichen gleichgelagerten Beispielen in den Materialien der Deutschen Post das Beispiel der Frau [Vorname Name 1], Zwickau, [Straße], angeführt, die von einem [Vorname Name 2], Hamburg 39, [Straße, Nr.], Pakete erhält. Es wird behauptet, bei dem Absender [Name 2] handele es sich um eine Privatadresse; der Einzug des Paketes als Organisationssendung sei zu Unrecht erfolgt. [Name 2] erhalte abgetragene Kleidung von der in Ham-

6 Anstreichung am Rande, vgl. Anlage 1.

burg wohnenden Schwester der [Name 1] und revanchiere sich dafür mit einem monatlichen Lebensmittelpaket nach Zwickau. In Wirklichkeit verbirgt sich aber hinter dieser Sendung der *Konsumverband* Hamburg 7, der insgesamt ca. 20 verschiedene Absender – darunter den Absender des [Name 2] – benutzt. Circa 230 Sendungen dieser Organisation, meistens Lebensmittel und Wurst, wurden bisher beschlagnahmt.

Dem MfS ist bekannt, dass durch die Zollverwaltung Anstrengungen unternommen werden, die Bekämpfung der Einfuhr von Organisationssendungen wirkungsvoller vorzunehmen und gleichzeitig Fehlentscheidungen auszuschalten. So arbeiten in allen Postzollämtern erfahrene Mitarbeiter zur Aufklärung der Organisationssendungen. Die Erfahrungen dieser Mitarbeiter sowie die Untersuchungsergebnisse der Zollfahndung bilden die Grundlage für die Entscheidung über Beschlagnahme von Organisationssendungen. Dabei wurde festgestellt – und das ist für die Mitarbeiter der Deutschen Post äußerlich nicht erkennbar –, dass die Organisationen in Westdeutschland in äußerst starkem Maße Mittelsmänner eingesetzt haben, die den Paketen den »privaten Anschein« geben sollen (u. a. Einsatz von Schulklassen, Altersheimen u. Ä.). Der Leiter der Zollverwaltung schätzte in einem Bericht ein, dass durch die vielfältigen Methoden des Gegners, Organisationssendungen in die DDR einzuschleusen, die Anstrengungen zur Bekämpfung noch verstärkt werden müssen, zumal es nach durchschnittlichen Berechnungen erst gelungen sei, lediglich ein Drittel der organisiert eingeführten Pakete und Päckchen festzustellen.

Neben der Kritik des MfPF und dessen Dienststellen, Privatsendungen würden durch die Zollverwaltung als Organisationssendungen ohne Beschlagnahmeprotokoll einbehalten, spielt in ihren Diskussionen sowie auch im Material des Sektors Kontrolle vom 7.4.1964 die angeblich ungerechtfertigte Beschlagnahme von Literatur aus Westdeutschland und Westberlin eine wesentliche Rolle. Häufig wird dabei ebenfalls auf Beispiele zurückgegriffen, die vor dem 20.2.1963 lagen, für die also weisungsgemäß kein Beschlagnahmeprotokoll verwandt wurde. Es wird aber seitens der Deutschen Post auch häufig die Vermutung ausgesprochen, andere, nicht im Empfängerbereich liegende Postzollämter, denen z. B. über eine Sondergenehmigung für bestimmte Empfänger nichts bekannt sei, würden die Sendungen unprotokolliert aus dem Verkehr ziehen. Daraus resultiere, dass trotz Sondergenehmigungen bestimmte Personen nicht in den Besitz des an sie adressierten Materials kämen und Beschwerden bei der Deutschen Post einbrächten, ohne dass von der Post ein bindender Bescheid über den Verbleib der Sendung erteilt werden könne.

Im Gegensatz zu diesen Kritiken besteht bei der Zollverwaltung für die Behandlung von Literatursendungen an Inhaber mit Sondergenehmigungen seit Jahren ein festes System. Danach befindet sich in jedem Zollamt für jeden Inhaber einer Sondergenehmigung eine Karteikarte, sodass auch in einem nichtzuständigen Postzollamt keine Beschlagnahme erfolgen kann.

Auf der Grundlage eines Beschlusses des Sekretariats des ZK vom 10.7.1963[7] bzw. einer dazu erlassenen Verfügung des Ersten Stellvertreters des Vorsitzenden des Ministerrates Genossen Stoph wurde mit Wirkung vom 21.10.1963 von der Zollverwaltung die Dienstanweisung Nr. 20/63 erlassen, die die erlaubte Einfuhr von Literatur und sonstigen Druckerzeugnissen aus Westdeutschland, Westberlin und dem kapitalistischen Ausland im Postverkehr festlegt.[8] Nach dieser Dienstanweisung wird in den Postzollämtern gearbeitet. Ungesetzliche Regelungen sind danach ausgeschlossen.[9]

Ferner wird der Zollverwaltung seitens des Ministeriums für Post- und Fernmeldewesen vorgeworfen, durch die angeblich nicht immer zuverlässigen Unterlagen und Angaben der Zollverwaltung an die Dienststellen der Deutschen Post könne nicht in jedem Fall konkret eingegrenzt werden, was tatsächlich »echte Verluste« (Diebstahl usw.) seien, bzw. was von der Zollverwaltung beschlagnahmt wurde. In dem Material des Sektors Kontrolle des MfPF wird eingeschätzt, die Angaben der Zollverwaltung über beschlagnahmte Sendungen seien nicht umfassend und nicht zuverlässig, da gegenwärtig nur bei ca. 50 % der der Zollverwaltung zur Prüfung übergebenen Nachforschungsvorgänge eine Beschlagnahme festgestellt werde, obwohl der Prozentsatz nach Meinung des MfPF wesentlich höher liegen müsste. Diese verbleibenden Sendungen – also durchschnittlich ebenfalls 50 % – müssten als tatsächliche Verluste bei der Deutschen Post ausgewiesen werden und seien auf keinen Fall praktisch vertretbar. Die Meinung, dass die Zollverwaltung unzuverlässig arbeite, wird noch unterstrichen durch die Angaben des MfPF, wonach die Zollverwaltung in bestimmten Zeitabständen bis zu 90 % der Nachfrageschreiben als sichergestellt beantwortet, gleich darauf jedoch für den nachfolgenden Zeitabschnitt den gleichen Prozentsatz als Postverluste meldet.

Dem MfS ist bekannt, dass bei der Zollverwaltung teilweise die exakte Nachprüfung durch den derzeitigen Arbeitsablauf noch nicht restlos geklärt ist. Die beschlagnahmenden Postzollämter fertigen danach für jede beschlagnahmte Sendung eine Karteikarte an, die der für den Empfänger zuständigen Bezirksverwaltung zugeleitet wird. Ebenfalls der zuständigen Bezirksverwaltung werden seitens der Hauptpostämter die bei ihnen eingehenden Nachfrageschreiben der Bevölkerung zugeleitet. Die Bezirksverwaltungen prüfen anhand der Nachfrageschreiben, ob das genannte Paket durch die Zollverwaltung beschlagnahmt worden ist und bringen in einem solchen Fall ein ört-

7 Auf der Sitzung des Sekretariats des ZK der SED vom 10.7.1963 gibt es keinen derartigen Tagesordnungspunkt. Auf der Sitzung vom 15.5.1963 wurde als TOP 3 ein »Plan der Maßnahmen zur Verbesserung der Arbeit der Zollverwaltung der DDR« behandelt.

8 Vgl. Anordnung über die Erteilung von Sondergenehmigungen zum Empfang von Literatur aus Westdeutschland, Westberlin und dem kapitalistischen Ausland v. 13.6.1963. In: GBl. der DDR, Teil II, 59 v. 4.7.1963, S. 414 f.

9 Anstreichung am Rande, vgl. Anlage 1.

lich vereinbartes Zeichen auf dem Nachfrageschreiben an. Die Deutsche Post vermerkt aufgrund des Bescheides der Bezirksverwaltung des Zolls auf dem Nachfrageschreiben, dass die Sendung nicht nachweisbar ist und sendet das Nachfrageschreiben an die Absendestelle zurück. An dieser Arbeitsmethode, die auch in einer Verfügung des Staatssekretariates für Post- und Fernmeldewesen vom 1.11.1961 festgelegt ist, gibt es keine Beanstandungen. Jedoch treten im Arbeitsablauf innerhalb der Zollverwaltung insbesondere zwei Mängel in Erscheinung:

- Nachfrageschreiben gehen bei den zuständigen Bezirksverwaltungen schneller ein als die Karteikarten von dem beschlagnahmenden Postzollamt;
- Karteikarten werden von den Postzollämtern verspätet an die zuständigen Bezirksverwaltungen abgesandt. Das betrifft insbesondere Leipzig und Berlin, weil dort die Kerbungen für die Kerblochkartei der Zollverwaltung vor der Absendung an die zuständige Bezirksverwaltung vorgenommen werden müssen.

Durch diese Mängel wird der Deutschen Post des Öfteren mitgeteilt, dass die in den Nachfrageschreiben genannten Postsendungen von der Zollverwaltung nicht beschlagnahmt wurden, obgleich dies doch der Fall war. Diese dargestellte Arbeitsweise erschwert tatsächlich bei der Deutschen Post die exakte Übersicht über die wirklich in Verlust geratenen Sendungen und erhöht die Quote der bei der Deutschen Post auftretenden Verluste beträchtlich.

Im Zusammenhang mit den hier dargestellten bestehenden Differenzen zwischen dem Ministerium für Post- und Fernmeldewesen und der Zollverwaltung sowie der noch bestehenden Mängel und zur Beseitigung derselben, wären u. E. folgende Maßnahmen erforderlich:

- Durch die Zollverwaltung sollte die Möglichkeit geprüft werden, den Umlauf der erwähnten Karteikarten für beschlagnahmte Sendungen zu beschleunigen und eine exakte Auskunft bei Anfragen durch die Deutsche Post über beschlagnahmte Sendungen zu erteilen.
- Zur Regelung der bestehenden Differenzen und der noch offenstehenden Fragen wäre es notwendig, eine entsprechende Beratung zwischen den leitenden Genossen des Ministeriums für Post- und Fernmeldewesen und der Zollverwaltung – eventuell unter Vorsitz des Staatssekretärs für Post- und Fernmeldewesen Genossen Serinek – zu organisieren.[10]
- Unter den Mitarbeitern des Ministeriums für Post- und Fernmeldewesen sowie der dem Ministerium untergeordneten Dienststellen müsste durch Aussprachen Klarheit über den Charakter und die Aufgaben der Zollverwaltung geschaffen werden. Schwerpunkt sollte dabei auf die vielfältigen Methoden des Gegners, organisierte Sendungen in die DDR einzuschleu-

10 Anstreichung am Rande, vgl. Anlage 1.

sen, gelegt werden. Es wäre zu empfehlen, dass leitende Mitarbeiter der Zollverwaltung entsprechende Vorträge vor leitenden Genossen der Bezirksdirektion halten. (Seitens der Zollverwaltung wurde dieser Vorschlag bereits mehrmals unterbreitet, jedoch wurde seitens der Dienststellen der Deutschen Post davon kein Gebrauch gemacht.)

– Zahlreiche Zuschriften von Hauptpostämtern, z.B. an den Sektor Kontrolle des MfPF, lassen die Schlussfolgerung zu, dass interne Verfahrensweisen der Zollämter bei der Deutschen Post im breiten Maße bekannt geworden sind. Deshalb sollte in den vorher erwähnten Beratungen auch in Erwägung gezogen werden, wie eine stärkere Konspiration gewährleistet werden kann.

Anlage 1 zur Information Nr. 517/64

[Kommentar zur Information]

Zu dem Inhalt der beiliegenden Information habe ich keine Einwände.

Jedoch schlage ich vor, auf Seite 5 den Abschnitt 5 »Diese Kritiken der Mitarbeiter der Deutschen Post sind z.T. …« zu streichen. Der zur Streichung vorgeschlagene Absatz steht nicht im logischen Zusammenhang mit dem Vorhergesagten. Die Abgrenzung zwischen Org-Sendungen und Privatsendungen hat nichts mit den Festlegungen vom 20.2.1963 zu tun. Diese Festlegungen betreffen die Form der Behandlung der Beschlagnahmeprotokolle. Wie im Material dargelegt, wurden vor dem 20.2.1963 bei Organisationssendungen wie auch bei Privatsendungen Beschlagnahmeprotokolle weder an die Absender noch Empfänger gesandt.

Auf Seite 8 schlage ich im Absatz 2 vor, den Satz »Ungesetzliche Regelungen sind danach ausgeschlossen« zu streichen. Die Streichung halte ich deshalb für erforderlich, weil das falsche Verhalten eines Kontrolleurs an einem Postzollamt trotz richtiger Weisungen möglich ist. Diese Formulierung ist zu absolut. Der Inhalt dieses Absatzes ist nach meiner Auffassung ausreichend.

Auf Seite 10, Absatz 4, ist vorgeschlagen, eine Beratung eventuell unter dem Vorsitz des Staatssekretärs für Post- und Fernmeldewesen, Genossen Serinek, zu organisieren. Nach meinen Informationen ist Genosse Serinek noch nicht im Dienst. Er befindet sich auf Schule. Staatssekretär ist der Genosse Martin Franke.[11]

11 Martin Franke, Jg. 1913, 1962–78 stellv. Minister für Post- und Fernmeldewesen, 1963–64 Staatssekretär und 1. Stellv. des Ministers.

Anlage 2 zur Information Nr. 517/64

Verluste und Beraubungen bei Postsendungen aus Westdeutschland und Westberlin

Zu dem Material habe ich folgende Bemerkungen:

1. Nach dem 13.8.1961 beschäftigte sich die Parteiführung wiederholt mit den Problemen der Verhinderung des Missbrauchs des Postweges durch die westdeutschen und Westberliner militaristischen und revanchistischen Kräfte. Nachdem sich im Oktober 1961 bereits das Politbüro mit diesen Fragen befasst hatte, wurden am 8.11.1961 konkrete Beschlüsse durch das Sekretariat des ZK gefasst.[12] Unter anderem ist dort festgelegt worden, dass bei der Beschlagnahme von Postsendungen aus Westdeutschland und Westberlin grundsätzlich keine Beschlagnahmeprotokolle versandt werden. Dieser Beschluss war gleichzeitig eine Bestätigung der inhaltlich gleichen Weisung des Ersten Stellvertreters des Vorsitzenden des Ministerrates, Genossen Stoph, vom 8.9.1961. Diese Weisung wurde vom Genossen Stoph nach Beratung mit dem Staatssekretär für Post- und Fernmeldewesen, Genossen Serinek, und dem Leiter der Zollverwaltung getroffen. Die Initiative zu diesem Vorschlag ging vom Leiter der Zollverwaltung aus. Seit dem 8.9.1961 wurden somit keine Protokolle für beschlagnahmte Sendungen aus Westdeutschland und Westberlin versandt. Diese Maßnahme trug dazu bei, die Versuche Pakete und Päckchen organisiert in die DDR einzuschleusen, zu erschweren. Dem Gegner wurde es unmöglich gemacht, durch eine Auswertung der übersandten Beschlagnahmeprotokolle die Methoden der Kontrolle, die Beschlagnahmegründe und die Anzahl der von uns nicht erkannten organisierten Sendungen festzustellen.

Andererseits führte das Nichtversenden von Beschlagnahmeprotokollen vor allem bei der Beschlagnahme von nichtorganisierten Sendungen zu einer großen Zahl von Nachfragen und Beschwerden bei der Deutschen Post.

Deshalb wandte sich der Staatssekretär für Post- und Fernmeldewesen, Genosse Serinek, am 4.12.1962 an den Genossen Stoph mit dem Vorschlag, bei einer Beschlagnahme von nichtorganisierten Sendungen, d. h. von sogenannten Privatsendungen, Protokolle dem Empfänger in der DDR zuzusenden. In dem Schreiben wurde ausdrücklich betont, dass es hinsichtlich des Protokollversandes bei beschlagnahmten organisierten Sendungen bei der alten Regelung bleiben muss. Der Erste Stellvertreter des Vorsitzenden des Ministerrates billigte diesen Vorschlag. Das kommt in dem folgenden Schreiben der Arbeitsgruppe des Ersten Stellvertreters des Vorsitzenden des Ministerra-

12 Sitzung des Sekretariats des ZK der SED v. 8.11.1961, TOP 8. Bericht des Amtes für Zoll und Kontrolle des Warenverkehrs über die Kontrolle des Paket- und Päckchenverkehrs; BArch DY 30/J IV 2/3/774.

tes vom 31.1.1963 an den Genossen Serinek zum Ausdruck: »Werter Genosse Serinek! | Der Erste Stellvertreter des Vorsitzenden des Ministerrates hat mich beauftragt, Ihnen mitzuteilen, dass er mit dem in Ihrem Schreiben vom 4.12.1962 dargelegten Vorschlag, | bei Beschlagnahmen, die Sendungen betreffen, die aufgrund persönlicher Beziehungen verschickt wurden, die Empfänger in der DDR durch Zusendung eines Beschlagnahmeprotokolls von der Beschlagnahme zu unterrichten, | einverstanden ist. Die im Zusammenhang damit notwendigen Maßnahmen sind zwischen den zuständigen Vertretern des Ministeriums für Post- und Fernmeldewesen und der Zollverwaltung zu regeln. | Mit sozialistischem Gruß | gez. *Pickny*«

Die entsprechenden Weisungen des Ministeriums für Post- und Fernmeldewesen und der Zollverwaltung traten ab 20.2.1963 in Kraft.

Zur Verdeutlichung des gesamten Problems halte ich es für erforderlich, einige Zahlen zur Einfuhr von Paketen und Päckchen aus Westdeutschland und Westberlin und zur Beschlagnahme von organisierten Sendungen zu geben. So wurden im 2. Halbjahr 1963 insgesamt ca. 28 Millionen Pakete und Päckchen aus Westdeutschland und Westberlin in die DDR eingeführt. Davon wurden insgesamt 134 630 Pakete und Päckchen als Organisationssendungen beschlagnahmt.

2. In dem Material des Ministeriums für Post- und Fernmeldewesen spielt die angeblich ungenügende Abgrenzung zwischen Organisationssendungen und Privatsendungen durch die Zollverwaltung eine große Rolle.

a) Es wird in dem Bericht und den anliegenden Materialien eine Reihe von Beispielen angeführt zu Sendungen, die vor dem 20.2.1963 beschlagnahmt wurden. So wird auf Seite 5 des Berichtes angeführt, dass eine am 17.1.1963 in Erfurt beschlagnahmte Sendung keine Organisationssendung gewesen sei und deshalb dem Empfänger ein Beschlagnahmeprotokoll hätte zugeleitet werden müssen. Aber bekanntlich wurden bis zum 20.2.1963 entsprechend dem Beschluss des Sekretariats des ZK und der Weisung des Ersten Stellvertreters des Vorsitzenden des Ministerrates in *keinem* Falle Beschlagnahmeprotokolle versandt.
b) Durch die Zollverwaltung wurde eine ganze Reihe von Maßnahmen eingeleitet, um die Bekämpfung der Einfuhr von organisierten Sendungen wirkungsvoller zu gestalten und gleichzeitig Fehlentscheidungen auszuschalten.
   - In allen Postzollämtern bestehen spezielle Einheiten, die sich aus erfahrenen Mitarbeitern zusammensetzen, welche ausschließlich dieses Gebiet des Postverkehrs bearbeiten.
   - In der Abteilung Zollfahndung der Hauptverwaltung wurde ein spezielles Sachgebiet gebildet, das für die Aufklärung im Zusammenhang mit festgestellten Organisationssendungen verantwortlich ist. Durch die Mitarbeiter dieses Sachgebietes erfolgen Ermittlungen über solche Personen, die von revanchistischen und militaristischen Organisatio-

nen in Westdeutschland Pakete erhalten, als auch – im Rahmen der Möglichkeiten – Ermittlungen über die Absenderkreise und Untersuchungen über die Methoden des Gegners.

- Die Erfahrungen, die in den speziellen Einheiten an den Postzollämtern gesammelt werden und die Untersuchungsergebnisse der Zollfahndung bilden die Grundlage für die Entscheidung über die Beschlagnahme von organisierten Sendungen. Die in dem Bericht angeführte Methode, dass Sendungen allein aufgrund der äußeren Merkmale beschlagnahmt werden, ist seit einigen Jahren überholt. Die Organisationen in Westdeutschland haben in äußerst starkem Maße Mittelsmänner eingesetzt, die den Paketen den Anschein geben sollen, als ob sie von einem privaten Absender zum Versand gebracht werden. Uns sind Beispiele bekannt, dass dafür Schulklassen, Altersheime usw. eingesetzt werden. Das Bundesverwaltungsamt in Köln hat zum Beispiel ebenfalls Mittelsleute in Westdeutschland eingesetzt, die vom Bundesverwaltungsamt Geld erhalten und von diesem Geld Pakete an solche Personen in die DDR verschicken, die unter das westdeutsche 131er-Gesetz[13] fallen. Die Mittelsleute in Westdeutschland sind gegenüber dem Bundesverwaltungsamt abrechnungspflichtig. Die Pakete selbst sind an der äußeren Verpackung nicht zu erkennen. Die Grundlage für das Erkennen solcher Sendungen können lediglich die operativen Hilfsmittel der Zollfahndung geben.

In den Materialien, insbesondere den Anlagen 2 und 3,[14] wird eine Reihe von Beispielen aufgeführt über angebliche Fehlentscheidungen der Zollverwaltung. Ich habe eine Reihe dieser Beispiele prüfen lassen:

- In der Anlage 2 wird unter Ziffer 4 dargelegt, dass eine Reihe Sendungen aus dem Gebiet Sonthofen, die für Empfänger besonders in Gehlenau bestimmt waren, von der Zollverwaltung beschlagnahmt wurden. Unsere Ermittlungen haben ergeben, dass der Absender dieser Sendungen ein gewisser [Vorname Name 3], Sonthofen, [Straße, Nr.], ist. [Name 3] ist Inhaber der Firma »Ergee« Feinstrumpfwerke. [Name 3] war vorher Besitzer des jetzigen VEB Feinstrumpfwerke Gehlenau. Er wurde 1955 republikflüchtig und hat einen Teil der Fachkräfte aus den volkseigenen Strumpffabriken der DDR abgeworben und zum illega-

13 Das Gesetz zur Regelung der Rechtsverhältnisse der unter Artikel 131 des Grundgesetzes (GG) fallenden Personen vom 11.5.1951 regelte die in Artikel 131 benannten Ansprüche von Beschäftigten des NS-Regimes, »die am 8. Mai 1945 im öffentlichen Dienste standen, aus anderen als beamten- oder tarifrechtlichen Gründen ausgeschieden sind und bisher nicht oder nicht ihrer früheren Stellung entsprechend verwendet werden«. Sie wurden entweder wieder eingestellt oder konnten Pensionsansprüche geltend machen. Vgl. Perels, Joachim: Die Übernahme der Beamtenschaft des NS-Regimes. Benachteiligung der Entlassenen und Privilegierung der Amtsinhaber der Diktatur. In: Kritische Justiz 37(2004), 2, S. 186–193.

14 Diese Anlagen sind nicht überliefert.

len Verlassen der DDR verleitet. [Name 3] schickt mithilfe von Angestellten und Arbeitern seines Betriebes in Westdeutschland Pakete an seine ehemaligen Angestellten und Arbeiter in der DDR. Die Kosten für diese Sendungen kann [Name 3] in Westdeutschland von der Steuer absetzen. Dieser Organisationsversand wurde im I. Quartal 1964 erkannt. Bisher wurden ca. 250 Sendungen eingezogen. Interessant ist dabei, dass diese Pakete mit verschiedenen Absendern und verschiedenen Absendeorten zum Versand kommen. Trotzdem tragen sie gleiche Handschriften und haben andere gleiche Merkmale. Der Organisationsversand wurde durch legendierte Befragungen bei Bürgern in Gehlenau bewiesen. Die befragten Bürger gaben an, dass sie jährlich ein solches Paket bisher bekommen haben. Interessant ist ferner, dass die Empfänger ziemlich genau unterrichtet sind, wieviel Sendungen nach Gehlenau gehen sollen. Offensichtlich ist auch, dass die Nachfrageschreiben von Sonthofen aus organisiert wurden.

- In der Anlage 3 Ziffer 1 wird das Beispiel der Frau [Vorname Name 1] Zwickau, [Straße], angeführt, die von einem [Name 2], Hamburg 39, [Straße, Nr.], Pakete erhält. In dem Material wird dargelegt, dass es sich um eine Privatsendung handelt, mit der Begründung, dass der Absender [Name 2] von der in Hamburg lebenden Schwester der Empfängerin abgetragene Kleidung erhält und dafür monatlich ein Lebensmittelpaket an die Empfängerin schickt. In Wirklichkeit verbirgt sich hinter diesen Sendungen der Konsumverband Hamburg 7. Bisher wurden ca. 230 Sendungen dieser Organisation beschlagnahmt. Die Organisation benutzt ca. 20 Personen als Absender; die Empfänger wohnen vornehmlich in den südlichen Bezirken der DDR. Die Päckchen beinhalten im Wesentlichen Wurst und Lebensmittel.
- In der Anlage 3 Ziffer 3 wird als fehlerhafte Entscheidung der Zollverwaltung die Beschlagnahme von vier Sendungen mit dem Absender [Vorname Name 4], Bremen, genannt. Hinter dem Absender [Vorname Name 4] verbirgt sich die Versandfirma [Vorname Name 5], Bremen, [Straße, Nr.]. Sendungen von Versandhäusern in die DDR sind aber verboten. Außerdem bedienen sich Organisationen solcher Versandhäuser, da sie dort bestimmte Waren zu Großhandelspreisen einkaufen können. Bei Sendungen dieser Versandfirma wird selten der Name [Vorname Name 4] als Absender verwandt. So war als Absender in dem ebenfalls unter Ziffer 3 genannten Beispiel der Beschlagnahme des Paketes an [Vorname Name 6], Torgau, [Straße, Nr.], nicht, wie in dem Material gesagt [Vorname Name 4], sondern ein gewisser [Name 7], Wuppertal, angegeben.

Eine Reihe weiterer Beispiele füge ich als Anlage bei.

Aus diesen Darlegungen ist ersichtlich, dass die in dem Material enthaltene Beweisführung über mangelnde Abgrenzung zwischen organisierten Sendungen und Privatsendungen durch die Zollverwaltung nicht den Tatsachen entspricht. Dieses nichtsachliche Herangehen zeigt sich auch, indem man sich auf den Leiter des Postzollamtes Plauen, Genossen Goldacker, beruft (siehe Anlage 2 Ziffer 1). Am 7.2.1964 soll angeblich eine Aussprache mit dem Genossen Goldacker stattgefunden haben, in der Auswirkungen der Maßnahmen der Zollverwaltung behandelt wurden. Es wird dargelegt, dass der Genosse Goldacker von »diesen Auswirkungen« noch nichts gehört hatte und er gebeten wurde, seine vorgesetzte Dienststelle zu informieren. Nach meinen Informationen wurde keine solche Aussprache geführt, vielmehr fragte der Üwa-Beauftragte der Deutschen Post wegen einer beschlagnahmten Postsendung an. Unsere Nachprüfungen haben uns auch gezeigt, dass meine Weisungen über eine klare Beweisführung bei Organisationssendungen im Wesentlichen eingehalten werden. Gleichzeitig ist festzustellen, dass es uns bisher erst gelungen ist, ca. ein Drittel der organisiert eingeführten Pakete und Päckchen festzustellen. Es ist also notwendig, die Anstrengungen zur Bekämpfung dieser Art der Feindtätigkeit zu verstärken.

3. In dem Bericht der Abteilung Kontrolle des Ministeriums für Post- und Fernmeldewesen wird auf Seite 4 besonders auf die Behandlung von Literatur eingegangen. Zu diesen Bemerkungen ist Folgendes zu sagen:

- Bei der Beschlagnahme und Entnahme von Literatur wurde, wie bei allen Sendungen, bis 20.2.1963 keine Benachrichtigung gegeben.
- Für die Behandlung von Sendungen, die an Inhaber von Sondergenehmigungen gerichtet sind, gibt es seit vielen Jahren bereits ein festes System. Für jeden Inhaber einer Sondergenehmigung befindet sich an *jedem* Postzollamt eine Karteikarte. Aus diesem Grunde ist die Feststellung im Bericht »Wir vermuten, dass diese Sendungen von anderen Postzollämtern geprüft und aus dem Verkehr gezogen werden, zumal dort über das Vorliegen einer Sondergenehmigung nichts bekannt ist« von einer Unkenntnis der Sachlage ausgegangen.
- In dem Bericht bezieht sich der Sektor Kontrolle des Ministeriums für Post- und Fernmeldewesen auf einen Bericht der Bezirksdirektion Leipzig vom 22.3.1962. Zu diesem Zeitpunkt, d. h. vor über zwei Jahren, hatte die Zollverwaltung Weisungen, die Literatureinfuhr äußerst streng zu kontrollieren. In diesem Zusammenhang bestand die Weisung, auch technisch-wissenschaftliche Literatur, wie zum Beispiel Lehrbücher, mit Ausnahme der Sendungen für Inhaber von Sondergenehmigungen, nicht zur Einfuhr zuzulassen. In der Zwischenzeit ist eine neue derartige Regelung für die Einfuhr von Literatur getroffen worden. Die Grundlage ist ein Beschluss des Sekretariats des ZK vom

10.7.1963,[15] der seinen Niederschlag in einer entsprechenden Verfügung des Ersten Stellvertreters des Vorsitzenden des Ministerrates, Genossen Stoph, gefunden hat.

In der Zollverwaltung wurde dazu die Dienstanweisung Nr. 20/63, die ich als Anlage beifüge,[16] erlassen. Nach dieser Dienstanweisung wird gearbeitet, sodass die Argumente in dem Bericht erst recht nicht für die Zeit nach dem Inkrafttreten dieser Dienstanweisung zutreffen.

4. Ein echtes Problem ist die Nachprüfung der eingehenden Nachfrageschreiben anhand der Karteien der Zollfahndung unter dem Gesichtspunkt, ob die Sendungen beschlagnahmt wurden oder nicht. Das Verfahren ist in Abstimmung mit dem Ministerium für Post- und Fernmeldewesen derzeitig wie folgt geregelt:

– Die beschlagnahmenden Postzollämter fertigen für jede beschlagnahmte Sendung eine Karteikarte. Diese Karteikarte wird der für den Empfänger zuständigen Bezirksverwaltung zugeleitet.
– Eingehende Nachfrageschreiben werden von den Hauptpostämtern diesen Bezirksverwaltungen zugeleitet. Die Bezirksverwaltungen prüfen, ob das in dem Nachfrageschreiben genannte Paket durch die Zollverwaltung beschlagnahmt worden ist und bringen in einem solchen Falle ein örtlich vereinbartes Zeichen auf dem Nachfrageschreiben an. Die Deutsche Post vermerkt dann, dass die Sendung nicht nachweisbar ist und sendet das Nachfrageschreiben an die Absendestelle zurück. Dazu gibt es eine Verfügung des Staatssekretärs für Post- und Fernmeldewesen vom 1.11.1961, die ich als Anlage beifüge.[17] Bei diesem Verfahren gibt es innerhalb der Zollverwaltung insbesondere zwei Mängel:
  a) Nachfrageschreiben gehen schneller ein, als die Karteikarten von den beschlagnahmenden Postzollämtern zur zuständigen Bezirksverwaltung gehen können.
  b) Karteikarten werden von den Postzollämtern verspätet an die zuständigen Bezirksverwaltungen abgesandt. Das betrifft insbesondere Leipzig und Berlin, weil dort die Kerbungen für die Kerblochkartei der Zollverwaltung vor der Absendung an die zuständige Bezirksverwaltung vorgenommen werden müssen.

  Durch diese Mängel wird der Deutschen Post öfter mitgeteilt, dass die in den Nachfrageschreiben genannten Postsendungen von der Zollver-

15 Sitzung des Sekretariats des ZK der SED v. 10.7.1963, TOP 13. Richtlinien für die Kontrolle der Literatur, die in Form von Tausch- und Geschenksendungen aus Westdeutschland, Westberlin und dem kapitalistischen Ausland in die DDR eingeführt wird; BArch DY 30/J IV 2/3/897.

16 Diese Anlage ist in der Akte nicht überliefert.

17 Diese Anlage ist in der Akte nicht überliefert.

waltung nicht beschlagnahmt wurden, obgleich dies doch der Fall war. Daraus ist zu erklären, dass – wie im Material angeführt – bei einer nochmaligen Nachfrage der Deutschen Post das ursprünglich als nichtbeschlagnahmt angegebene Paket doch von der Zollverwaltung beschlagnahmt wurde. Das erschwert natürlich die exakte Übersicht bei der Deutschen Post über die tatsächlich in Verlust geratenen Sendungen.

Ich bin einverstanden, dass unter den von mir dargelegten Gesichtspunkten eine prinzipielle Beratung zwischen verantwortlichen Genossen des Ministeriums für Post- und Fernmeldewesen und der Zollverwaltung stattfindet. In diesem Zusammenhang halte ich es aber für notwendig, noch auf zwei Gesichtspunkte hinzuweisen:

1. Mir scheint, dass bei der Deutschen Post bei einigen Genossen eine ablehnende Haltung gegen die Regelung, die – wie oben dargelegt – von der Partei- und Staatsführung getroffen wurde, besteht. Bereits im September 1961, als der Vorschlag hinsichtlich des Nichtversendens der Beschlagnahmeprotokolle gemacht wurde, waren solche Widerstände zu spüren. Offensichtlich hat sich eine solche Auffassung bis zu den Hauptpostämtern fortgesetzt. So wird in den Schreiben der Hauptpostämter vom Februar und März dieses Jahres, die dem Bericht des Sektors Kontrolle als Anlage beigefügt wurden, verschiedentlich von Verletzungen der sozialistischen Gesetzlichkeit gesprochen. Die Gesichtspunkte, die zu diesem Verfahren führten, nämlich die organisierte Einfuhr von Paketen und Päckchen zu verhindern, werden außer Acht gelassen. An einer Stelle wird betont, dass die DDR das Land mit den größten Verlusten an Kleingutsendungen sei, aber man erinnert sich nicht daran, dass sich westdeutsche Stellen damit brüsten, dass Postsendungen aus der DDR waggonweise aus dem Verkehr gezogen wurden. Solche Meldungen der Westpresse sind auch bei uns veröffentlicht worden. Mir scheint, dass die verantwortlichen Stellen des Ministeriums für Post- und Fernmeldewesen in dieser Richtung einiges zur Erziehung ihrer Genossen tun müssen. Wir haben dem MPF schon verschiedentlich angeboten, dazu Vorträge in Besprechungen leitender Genossen der Bezirksdirektionen zu halten. Leider ist davon noch kein Gebrauch gemacht worden.
2. Die Schreiben der Hauptpostämter zeigen, dass das interne Verfahren in breitem Maße bekannt geworden ist. Deshalb sollte anlässlich der im Bericht vorgeschlagenen Beratung auch die Frage behandelt werden, wie eine stärkere Geheimhaltung gesichert werden kann.

[gez.] Strauch,[18] 22.4.1964

18 Gerhard Strauch, Jg. 1924, seit 1951 hauptamtlicher Mitarbeiter des MfS, 1954 als OibE Leiter der politischen Hauptverwaltung der Transportpolizei, 1959 als OibE stellv. 1963–89 Leiter der Zollverwaltung der DDR.

Anlagen[19]
1/ Beispiele über Organisationssendungen
2/ Dienstanweisung 20/64 der Zollverwaltung
3/ Verfügung v. 1.11.1961 des Staatssekretärs für Post- und Fernmeldewesen

Anlage 3 zur Information Nr. 517/64

Vermerk über geführte Ermittlungen zu Organisationssendungen

1. Empfänger: [Name 8], Zwickau, [Straße, Nr.] – Absender: [Name 8], Bad Pyrmont, [Straße, Nr.]. Insgesamt wurden dem Empfänger [Name 8] drei Pakete beschlagnahmt.
- 23.10.1962: PZA Leipzig – ein Paket Nahrungs- und Genussmittel in einer Serie von sieben Sendungen.
- 22.11.1963: PZA Leipzig – ein Paket Nahrungs- und Genussmittel in einer Serie von 14 Sendungen. Organisiert wird der Versand vom berüchtigten Rheinischen Hilfswerk Bad Pyrmont.
- Am 27.8.1963: PZA Plauen – eine Einzelsendung mit Literatur beschlagnahmt.

2. Empfänger: [Vorname 1 Name 9], Zwickau, [Straße, Nr.] – Absender: [Vorname 1 u. Vorname 2 Name 10], Köln-Raderthal, [Straße, Nr.]. Insgesamt wurden dem Empfänger fünf Sendungen beschlagnahmt.
- 10.11.1962: PZA Magdeburg – ein Paket Nahrungs- und Genussmittel.
- 15.10.1963: PZA Leipzig – ein Paket Nahrungs- und Genussmittel in einer Serie von sieben Sendungen.
- 16.1.1964: PZA Plauen – ein Paket Nahrungs- und Genussmittel in einer Serie von zwei Sendungen.
- 17.2.1964: PZA Plauen – ein Paket Nahrungs- und Genussmittel in einer Serie von zwei Sendungen. Beim Absender [Name 10] muss es sich um ein Versandgeschäft handeln. Sämtliche Sendungen wurden wegen Firmenversand beschlagnahmt. Das PZA Plauen stützt sich auf Beweismittel vom PZA Leipzig und Magdeburg.
- 24.12.1963: PZA Dresden – eine Einzelsendung wegen sechs Dosen beschlagnahmt. Als Absender tritt ein gewisser [Vorname 2 Name 9], Düsseldorf, [Straße, Nr.], in Erscheinung.

3. Empfänger: [Vorname 1 Name 11], Zwickau, [Straße, Nr.] – Absender: [Vorname Name 12], Berlin-Charlottenburg, [Straße, Nr.]. Insgesamt wurden dem Empfänger [Name 11] vier Sendungen beschlagnahmt.
- 12.10.1962: PZA Berlin – eine Sendung Seifen- und Kurzwaren in eine Serie von 36 Sendungen.

19 Die Anlagen 2 und 3 sind nicht überliefert. Anlage 1 ist hier Anlage 3.

- 1.2.1964: PZA Berlin – eine Sendung Seifen- und Kurzwaren in einer Serie von fünf Sendungen.
- 14.2.1964: PZA Berlin – ein Sendung Seifen- und Kurzwaren in einer Serie von acht Sendungen. Als Organisator tritt die evangelische Kirche Westberlin in Erscheinung. Andere Absender in den gleichen Serien, die genannt wurden, treten auch bei anderen Organisations-Sendungen bzw. -Serien der evangelischen Kirche Westberlin in Erscheinung.
- Eine Sendung von [Vorname 2 Name 11], Bischofshain, [Straße, Nr.] wurde vom PZA Leipzig wegen Einfuhr von Medikamenten beschlagnahmt.

19. August 1964

Einzelinformation Nr. 668/64 über die Olympia-Ausscheidungen und Fragen des gesamtdeutschen Sportverkehrs

Quelle: BStU, MfS, ZAIG 833, Bl. 52–56 (5. Expl.).
Serie: Informationen.
Verteiler: Honecker, Neumann/SKfKS (über HA XX), Ewald/DTSB (durch Carlsohn) – MfS: Schröder/HA XX/6, Ablage.

Es liegen zuverlässig eine Reihe von Angaben aus führenden westdeutschen Sport- bzw. Parteikreisen vor. Sie betreffen die Olympia-Ausscheidungen, insbesondere die bevorstehenden Leichtathletik-Wettkämpfe in Westberlin und Jena, sowie Fragen einer Aufhebung des Düsseldorfer Beschlusses vom 16.8.1961 über den gesamtdeutschen Sportverkehr.[1]

Aus Kreisen des Sportbeirats beim SPD-Parteivorstand wurde bekannt, dass der Vorstand des westdeutschen Leichtathletik-Verbandes (DLV) bereits im vorigen Monat bei einer Beratung und Auswertung der bisherigen Olympia-Ausscheidungen die Aufgabe stellte, alle Kräfte für die bevorstehenden Ausscheidungen in Westberlin und Jena zu sammeln, um möglichst viele westdeutsche Leichtathleten in die sogenannte gemeinsame deutsche Mannschaft zu bringen. Besonders durch die Erfolge der Sprinter der DDR sei der DLV rechtzeitig gewarnt worden.

Die genannten SPD-Kreise schätzten ein, dass für die DDR trotz ihrer bisherigen günstigen Positionen die Ausscheidungen in Westberlin sehr schwer würden. Die Atmosphäre in Westberlin sei stark angeheizt worden. Der DLV-Vorstand habe Maßnahmen eingeleitet, um Zwischenfälle zu vermeiden, die den Ablauf der Wettkämpfe stören könnten. So sei beispielsweise auch ein vorgesehenes Treffen ehemaliger DDR-Sportler in Westberlin abgesagt worden.

Dennoch müsse die DDR besonderes Augenmerk auf ihre jungen Sportler richten, die zum ersten Mal nach Westberlin kämen. Es gebe eine Reihe von westdeutschen Leichtathletik-Funktionären, auf deren mögliche Versuche, mit Sportlern der DDR »Kontakte« anzuknüpfen, besonders geachtet werden müsse. Als Beispiel führten die erwähnten SPD-Kreise die Vertreter von Bayer/Leverkusen (Cheftrainer Bertel Sumser[2] und seine Assistenz Rolf

1 Am 16.8.1961 hatten der Vorstand des DSB und das Präsidium des NOK der Bundesrepublik als Reaktion auf den Bau der Berliner Mauer den gesamten Sportverkehr mit der DDR abgebrochen. Der Versuch, diesen Boykott des DDR-Sports auch auf internationaler Ebene scheiterte allerdings in den meisten Fällen. Vgl. DzD, IV. Reihe, Bd. 7, S. 59.

2 Im Original: »Summser«. Bertel Sumser, Jg. 1913, Leichtathletik-Trainer, 1954–74 Cheftrainer bei Bayer Leverkusen, 1956–62 Bundestrainer für Mittel- und Kurzstreckenlauf (u. a. Trainer des 100-m-Olympiasiegers von 1960, Armin Hary).

Bäslack[3]) an, die vor allem »Interesse« für die Sprinter aus Leipzig zeigen könnten.

Für die Ausscheidungen in Jena habe der DLV seine Vereine aufgefordert, die westdeutschen Aktiven durch Entsendung von Delegationen »moralisch« zu unterstützen und gleichzeitig »menschliche Begegnungen« mit Sportlern der DDR zu suchen. Der DLV-Geschäftsführer sei an das Westberliner Reisebüro »Helios« herangetreten, eine Gesellschaftsreise für westdeutsche Leichtathleten als Zuschauer nach Jena vom 28. bis 30.8.[1964] zu organisieren.

Im Zusammenhang damit wurde bekannt, dass Minister Lemmer[4] anlässlich der westdeutschen Leichtathletik-Meisterschaften in Westberlin eine Unterredung mit DLV-Präsident Dr. Danz[5] hatte. Lemmer habe dabei den DLV für [seine] gute Arbeit und besonders für sein Beharren auf [die] Durchführung der Meisterschaften und der Ausscheidungskämpfe in Westberlin gelobt und erklärt, es sei gerade mithilfe der Ausscheidungskämpfe möglich, vor allem junge Sportler der DDR zu beeinflussen und auf sie eine »emotionale« Wirkung zu erzielen. Dr. Danz habe dazu bemerkt, dass der DLV zwar die »menschlichen Begegnungen« der Sportler begrüße, aber keinen Sportler der DDR auffordern könne, sich »frei« (für die Bundesrepublik) zu entscheiden.

Zum bisherigen Abschneiden der westdeutschen Sportler in den Olympia-Ausscheidungen äußerten führende Kreise der westdeutschen Vereinigung der Freunde der Leichtathletik,[6] die der FDP nahestehen, die Ursachen dafür lägen nicht in der Einschätzung von Daume,[7] dass der DSB und das westdeutsche NOK keine Weisungsbefugnis hätten. Der Leistungssport in der Bundesrepublik müsse eine entsprechende staatliche Anerkennung finden. Auch eine verstärkte Einflussnahme des Ministeriums »für gesamtdeutsche Fragen« ändere nichts an den Grundproblemen. Der westdeutsche Sport benötige vor allem eine stärkere ökonomische Unterstützung und eine breitere Massenbasis. Ein Prozent der westdeutschen Rüstungskosten würde ausreichen, um dem westdeutschen Sport für die Olympischen Spiele 1968 »eine solidere Grundlage« zu geben.

Die genannten Kreise wandten sich gegen die ständigen Störungen und die sogenannten Proteste durch die westdeutsche Seite bei den bisherigen Ausscheidungen, die keine gute Visitenkarte für den westdeutschen Sport ge-

3 Im Original: »Beslack«. Rolf Bäslack, Leichtathletik-Trainer, 1951 DDR-Meister über 400 m, Jugendtrainer bei Bayer Leverkusen.

4 Ernst Lemmer, Jg. 1898, CDU-Politiker, 1964/65 Bundesminister für Vertriebene, Flüchtlinge und Kriegsgeschädigte.

5 Max Danz, Jg. 1908, 1949–70 Vorsitzender des Deutschen Leichtathletikverbandes.

6 1962 gegründeter Förderverein zur Unterstützung der Jugendarbeit in der Leichtathletik.

7 Willi Daume, Jg. 1913, 1950–70 Präsident des Deutschen Sportbundes, 1956–91 Mitglied des IOC.

wesen seien. Durch unsachliche Polemiken und Kritiken der westdeutschen Presse seien die noch ausstehenden Ausscheidungen wie beispielsweise in der Leichtathletik zu einer reinen Prestigefrage geworden. Dadurch seien bereits die Nerven einiger westdeutscher Leichtathleten so stark angegriffen worden, dass sie zu einer maximalen Leistung nicht mehr fähig seien.

Die genannten Kreise teilten auch mit, dass Daume anlässlich der Trauerfeierlichkeiten für Ritter von Halt[8] in München mit IOC-Präsident Brundage[9] zusammengetroffen und mit ihm Probleme der sogenannten gemeinsamen deutschen Mannschaft aus der Sicht seiner kürzlich in Moskau geführten Gespräche erörtert habe. Im Zusammenhang damit wurde bekannt, dass Daume in Moskau die Angelegenheit der Verurteilung der ehemaligen Berliner Dynamo-Sportlerin Schneider[10] zur Sprache gebracht und gebeten habe, sowjetische Sportfunktionäre sollten sich beim DTSB für eine »Überprüfung« des Urteils einsetzen.

Zur Frage des gesamtdeutschen Sportverkehrs wurde aus Kreisen des Sportbeirats beim SPD-Parteivorstand bekannt, dass dieses Gremium ungefähr vier Wochen vor den Olympischen Spielen in Tokio[11] mit einer Grundsatzerklärung dazu an die Öffentlichkeit treten wolle. Auf einer Aussprache zwischen Vertretern des Sportbeirats, den SPD-Innenministern von vier Bundesländern und Vertretern des Westberliner Senats im Juli dieses Jahres in Westberlin seien folgende Vorschläge diskutiert und präzisiert worden:

1. Der Sportverkehr zwischen Westdeutschland und der DDR sei wieder aufzunehmen. Dabei sei die Frage einer Einbeziehung des Westberliner Sports nicht als unabdingbar hinzustellen.
2. Die »Verfassungsfeindlichkeit« des DTSB in Westdeutschland sei für ungültig zu erklären, und die entsprechende Strafrechtsnovelle der Bundesrepublik sei zu überprüfen, um einen reibungslosen Sportverkehr von Verein zu Verein sicherzustellen.

Nach Auffassung der Kreise des Sportbeirats zeige im Parteivorstand vor allem Willy Brandt[12] ein größeres Verständnis für die Probleme des gesamtdeutschen Sportverkehrs. Wegen der »gemeinsamen menschlichen Berüh-

8 Ferdinand Karl Ritter von Halt, Jg. 1891, Sportfunktionär, 1961–64 Ehrenpräsident des NOK der Bundesrepublik. Ritter von Halt war am 5.8.1964 verstorben.

9 Avery Brundage, Jg. 1887, 1952–72 Präsident des Internationalen Olympischen Komitees.

10 Renate Schneider, Jg. 1939, Turnerin, Olympiateilnehmerin 1960 (6. im Teammehrkampf, 48. im Einzelmehrkampf), 1956 DDR-Meisterin im Pferdsprung, 1957/58 3. im Mehrkampf, im November 1963 vom Bezirksgericht Potsdam wegen der Weitergabe von Informationen über die DDR-Olympiavorbereitung zu sechs Jahren Zuchthaus verurteilt. Vgl. k. u. [Klaus Huhn]: Wie Gehlen für Tokio rüstet. In: ND v. 2.11.1963, http://zefys.staatsbibliothek-berlin.de/ddr-presse/ergebnisanzeige/?purl=SNP2532889X-19631102-0-8-85-0 (26.1.2017).

11 Die Spiele der XVIII. Olympiade fanden vom 10. bis 24.10.1964 in Tokio statt.

12 Willy Brandt, Jg. 1913, SPD-Politiker, 1957–66 Regierender Bürgermeister von Westberlin, 1966–69 Bundesaußenminister, 1969–72 Bundeskanzler, 1964–87 Vorsitzender der SPD.

rungspunkte« plädiere besonders der hessische Ministerpräsident Zinn[13] für eine Aufhebung des Düsseldorfer Beschlusses. Der Frankfurter SPD-Funktionär [Name 1], ein persönlicher Freund von Zinn, sei einer der Initiatoren der geplanten Initiative des Sportbeirats.

Der Sportbeirat selbst sei der Meinung, dass der Düsseldorfer Beschluss unklug war und in seinen Auswirkungen nur der DDR zugutegekommen ist. Die Position des DSB in der Frage des gesamtdeutschen Sportverkehrs sei allerdings sehr stark. Deshalb müsse vor allem erreicht werden, dass die Forderung nach Einbeziehung des Westberliner Sports in den Hintergrund tritt. Nur so könne der westdeutsche Sport »wieder in die Offensive kommen«.

Der DSB-Funktionär [Name 2] habe in einer Unterredung mit Vertretern des SPD-Sportbeirats die Konzeption des DSB gegen eine Wiederaufnahme des gesamtdeutschen Sportverkehrs zu rechtfertigen versucht und behauptet, die Verantwortung für den Düsseldorfer Beschluss trage zu einem wesentlichen Teil Willy Brandt. Er sei es gewesen, der nach dem 13.8.1961 an die CDU appelliert habe, sogenannte Gegenmaßnahmen zu ergreifen. Kreise des Sportbreirats schätzten ein, dass die CDU jetzt versuche, Brandt im Hinblick auf die Bundestagswahlen die Schuld am Abbruch des Sportverkehrs in die Schuhe zu schieben.

Führende Kreise des westdeutschen Verbandes für Modernen Fünfkampf äußerten sich ebenfalls zur Frage einer Aufhebung des Düsseldorfer Beschlusses. Sie betonten, dass sich Westdeutschland dadurch selbst den schlechtesten Dienst erwiesen, alle Möglichkeiten von Kontakten verbaut und sich den »Schwarzen Peter« zugespielt habe. Zur Haltung von Daume äußerten diese Kreise, dass er selbst einsehe, wie unsinnig dieser Beschluss war, selbst aber ihn nicht aufheben könne, ohne sein Gesicht zu verlieren. Es biete sich vielleicht dahingehend ein Ausweg an, dass Daume vorübergehend zurücktritt, sein Nachfolger die notwendigen Maßnahmen zur Wiederaufnahme des Sportverkehrs ergreift und Daume dann seine Funktion wieder übernimmt und die neue Situation akzeptiert. (Dabei ist allerdings zu beachten, dass der Präsident des westdeutschen Verbandes für Modernen Fünfkampf selbst auf die Funktion Daumes spekuliert.) In den Äußerungen der genannten Kreise zeigte sich auch das Bestreben, vor allem deshalb Stellung gegen den Düsseldorfer Beschluss zu beziehen, um der DDR vor der Öffentlichkeit den sogenannten Schwarzen Peter zuzuschieben, indem sie auf Abwerbung von DDR-Sportlern bei Wiederherstellung des Sportverkehrs spekulieren, was, nach ihrer Auffassung, die DDR dazu bewegen könnte, ihrerseits den Sportverkehr zu unterbinden.

Die Information darf im Interesse der Sicherheit der Quelle nicht publizistisch ausgewertet werden.

13 Georg-August Zinn, Jg. 1901, SPD-Politiker, 1950–69 hessischer Ministerpräsident.

1. September 1964

Einzelinformation Nr. 699/64 über Ansichten von Leistungssportlern über Probleme des Sports in der DDR

Quelle: BStU, MfS, ZAIG 833, Bl. 61–73 (4. Expl.).
Serie: Informationen.
Verteiler: Neumann/SKfKS, Ewald/DTSB, Hellmann/ZK – MfS: Schröder/HA XX/6, Ablage.

Die Vorbereitungen und Ausscheidungen auf die Olympischen Spiele in Tokio[1] stehen im Mittelpunkt der Diskussionen unter Leistungssportlern. In den Aussprachen mit den Leistungssportlern wurden aber auch Fragen der Trainingsmethoden, der materiellen Zuwendungen und persönliche Probleme angesprochen.

Nach den vorliegenden Informationen ist einzuschätzen, dass bei unseren Leistungssportlern insgesamt die Einstellung vorhanden ist, während der Ausscheidungskämpfe gegen Westdeutschland gute Leistungen zu bringen und für Tokio Plätze in der gesamtdeutschen Mannschaft zu erkämpfen.[2] Von Aktiven wurde dabei mehrfach zum Ausdruck gebracht, es sei notwendig, in Tokio bessere Platzierungen zu erreichen als in Innsbruck, um den sportlichen Leistungen der DDR national und international mehr Ansehen zu verleihen. Im Interesse der Entwicklung des Sports in der DDR sei es ferner notwendig, gegenüber den Sportlern Westdeutschlands zahlenmäßig mehr Plätze zu erhalten.

Weiter ist einzuschätzen, dass die Sportler immer mehr zu der Erkenntnis kommen, dass eine gesamtdeutsche Mannschaft für Tokio keine reale Grundlage habe, was insbesondere aus dem Ablauf der bisherigen Wettkämpfe zwischen den Mannschaften der DDR und Westdeutschlands zu erkennen gewesen sei.

Typisch für die Meinung einer Reihe Aktiver zu diesem Problem ist die Äußerung des Leitathleten Dietmar *Schröder*[3]/SC Einheit Dresden, der u. a. anführte, er habe bisher häufig das Gemeinsame in der gesamtdeutschen Mannschaft gesehen, wie es die westdeutsche Sportführung stets betont habe, und die Argumente der DDR-Sportführung lediglich als politisches Motiv betrachtet; ihm sei nach den Ausscheidungen aber klar geworden, dass die gesamtdeutsche Mannschaft tatsächlich nur auf dem Papier existiert. Häufig

1 Die Spiele der XVIII. Olympiade fanden vom 10. bis 24.10.1964 in Tokio statt.

2 Bei den Sommerspielen in Tokio 1964 trat noch eine gemeinsame deutsche Mannschaft an, während bereits in Mexiko und Grenoble 1968 zwei selbstständige Teams, indes noch nicht mit eigener Hymne und Flagge, antraten.

3 Dietmar Schröder, Jg. 1939, Leichtathlet, 1957 Bezirksmeister Dresden im Diskuswerfen und im Werferfünfkampf.

zeigten sich zwischen den DDR- und westdeutschen Sportlern krasse Meinungsgegensätze, die auch zu Spannungen unmittelbar während der Spiele führen könnten. So seien z. B. die Hockeyspieler der DDR sehr aufgebracht gewesen, als sie von den westdeutschen Spielern als »Kommunistenschweine« beschimpft und gefragt worden seien, ob sie eine »ordentliche« Kleidung hätten, da nach dem Spiel ein Bankett stattfinde. Abwerbungsversuche seitens Westdeutscher würden von vielen DDR-Sportlern stark verurteilt; sie würden die bestehenden Spannungen zwischen den DDR-Sportlern und den Aktiven Westdeutschlands nur noch verstärken.

Als außerordentlich belastend werden von einer Reihe Aktiven die schweren Ausscheidungskämpfe gegen Westdeutschland vor der Olympiade angesehen. Die Kämpfe, bei denen jeder Sportler alles geben müsste, erforderten viel Kraft und Nerven, was sich während der Olympiade negativ auswirken könnte. Diese Meinung sei auch bei westdeutschen Sportlern vorhanden, wie aus Gesprächen mit diesen zu erkennen gewesen sei.

In Aussprachen mit Aktiven des SC Einheit Dresden – Gewichtheben – und des SC Karl-Marx-Stadt wurde von ihnen die Republikflucht des TSC-Gewichthebers *Rauscher*[4] stark verurteilt. Sportfreund Werner *Arnold*[5] äußerte in diesem Zusammenhang, westdeutsche Trainer und Funktionäre hätten während der Gewichtheber-Ausscheidungen in Westdeutschland ihr Erstaunen über das Erscheinen von *Rauscher* in Westdeutschland nicht unterdrücken können. *Rauscher* habe bereits während der Kämpfe in Moskau mit Westdeutschen Verbindung aufgenommen und ihnen gegenüber die Absicht geäußert, bei Gelegenheit in Westdeutschland zu verbleiben. Von den Westdeutschen sei angenommen worden, dass die DDR-Funktionäre über die Absicht *Rauschers* informiert gewesen seien. Sportfreund Werner *Dittrich*[6] ist der Ansicht, dass *Rauscher* in absehbarer Zeit in die DDR zurückkehrt. *Rauscher* versuche lediglich, da er sich in der DDR häufig vor körperlicher Arbeit gedrückt habe, in Westdeutschland billig zu leben; er müsse jedoch bald einsehen, dass ihm dies dort auch nicht gelingt.[7]

4 Dieter Rauscher, Jg. 1941, Gewichtheber, 1962–63 DDR-Meister (Federgewicht), 1964 Flucht in die Bundesrepublik, 1965–67 Deutscher Meister (Federgewicht), Olympiateilnehmer 1968, 1969–71 Deutscher Meister (Leichtgewicht).

5 Werner Arnold, Jg. 1931, Gewichtheber, 1960 Olympiateilnehmer, 1957–61, 1965 DDR-Meister (Schwergewicht).

6 Werner Dittrich, Jg. 1937, Gewichtheber, 1960, 1964, 1972 Olympiateilnehmer, 1965 Vizewelt- und -europameister.

7 Über seine Arbeitsbedingungen erzählte Rauscher später dem Sportjournalisten Willi Knecht: »Die Arbeitszeit hat geschwankt. Grundsätzlich dreimal in der Woche je vier Stunden … Dafür bekam ich vom VEB Motoren- und Maschinenbau einen monatlichen Lohn von 534,50 Mark.« – »Rente auf Lebenszeit – je nach Farbe«. In: Der Spiegel v. 18.10.1971, S. 174.

Verurteilt wird auch der Republikverrat von Dieter *Wiedemann*,[8] insbesondere der[9] Radsportler Manfred *Weißleder*[10]/SC Karl-Marx-Stadt – Radsport – äußerte, dass sich *Wiedemann* bereits seit längerer Zeit mit dem Gedanken der Republikflucht getragen haben müsse; rückschließend könnte man dies aus seinem Verhalten entnehmen. Danach befragt, ob *Wiedemann* eventuell über erhaltene materielle Zuwendungen sprechen würde, äußerte *Weißleder*, er halte *Wiedemann* nicht für solch einen Schurken, er würde seine ehemaligen Sportkameraden nicht in Verruf bringen. *Wiedemann* würde aber in Westdeutschland eine größere Perspektive als Radrennfahrer, eventuell sogar als Profi, sehen. Demgegenüber äußerte der Radsportler Immo *Rittmeyer*[11] vom SC Karl-Marx-Stadt zur Republikflucht *Wiedemanns*, vermutlich habe sich Wiedemann nicht mehr länger gefallen lassen wollen, dass er hier [das] 5. Rad am Wagen spielen sollte. *Wiedemann* sei im Zusammenhang mit der letzten Friedensfahrt noch verärgert gewesen, weil er, *Hoffmann*[12] und *Appler*[13] nach Meinung *Wiedemanns* für die DHfK hätten fahren müssen. Dadurch sei sein 3. Platz gefährdet gewesen.

Mitglieder vom SC Empor Rostock trafen während des internationalen Wettkampfes in Moskau mit den republikflüchtigen Wasserspringern *Barendt*[14] und *Konzorr*[15] zusammen. Die Sportfreundin Christiane *Lanzke*[16] – Wasserspringerin – äußerte, *Barendt* habe sich anmaßend und überheblich benommen und provozierende Fragen gestellt. *Konzorr* habe sich dagegen zurückhaltend verhalten und es sei zu spüren gewesen, dass er ähnlich wie vor seiner Republikflucht im DDR-Kollektiv zu den westdeutschen Clubkameraden keinen richtigen Kontakt findet. Einige Wassersportler hät-

8 Dieter Wiedemann, Jg. 1941, Radsportler, 1960 DDR-Meister im Straßenmannschaftsfahren, 1962, 1964 Teilnehmer an der Friedensfahrt (17, 3. Platz in der Gesamtwertung), blieb 1964 bei einer Olympiaausscheidung in Gießen in der Bundesrepublik, 1965 Teilnahme Tour de Suisse (10.), 1967 Tour de France (52.).

9 Im Original: »durch die«.

10 Manfred Weißleder, Jg. 1939, Radsportler, 1960 DDR-Meister 100 km-Mannschaftszeitfahren, 1960, 1961 Friedensfahrtteilnehmer (vier Etappensiege), 1962 DDR-Vizemeister.

11 Im Original: »Rittmeier«. Immo Rittmeyer, Jg. 1936, Radsportler, 1964 Olympiateilnehmer.

12 Günter Hoffmann, Jg. 1939, 1962 3. der DDR-Rundfahrt, 1964 2. der Friedensfahrt, 1964 Olympiateilnehmer (78. im Straßeneinzel), 1965 3. DDR-Rundfahrt, 1965 und 1967 DDR-Meister 100 km-Mannschaftszeitfahren, 1966 DDR-Vizemeister Straßeneinzel.

13 Lothar Appler, Jg. 1941, Radsportler, 1961–63, 1966 DDR-Meister im Vierermannschaftsfahren, 1962 Sieger der Ägyptenrundfahrt, 1963–66 Teilnahme an der Friedensfahrt (1963 ein Etappensieg), 1967 wegen Insubordination aus den Clubmannschaften verbannt, dennoch 1968, 1970 DDR-Vizemeister im Vierermannschaftsfahren mit der BSG Post Berlin.

14 Im Original: »Bahnert«. Herbert Barendt, Jg. 1935, Wasserspringer, 1957 Übersiedlung in die Bundesrepublik, 1957–62 Deutscher Meister im Turm- und Kunstspringen.

15 Klaus Konzorr, Jg. 1940, Wasserspringer, Olympiateilnehmer 1964, 1968, 1972, 1962–64, 1966/ 67 und 1971 Deutscher Meister im Turmspringen.

16 Christiane Lanzke, Jg. 1947, Wasserspringerin, Schauspielerin, 1962 Vizeeuropameisterin Kunstspringen, Olympiateilnehmerin 1964 (9. Kunstspringen, 5. Turmspringen).

ten den Eindruck gewonnen, dass er sich in Westdeutschland nicht wohl fühlt und gern zurückkäme; seine Überheblichkeit ließe dies aber nicht zu.

In einigen Aussprachen äußerten sich Leistungssportler unzufrieden über die Leitungstätigkeit im Sport. Es sei nach ihrer Meinung insbesondere ein Mangel, dass die Trainer zu wenig auf persönliche Belange der Sportler eingingen.

Ferner erweise es sich häufig als mangelhaft, dass Trainer Kritiken oder Hinweise von Sportlern nicht beachten und stets ihre eigene Meinung durchzusetzen versuchten, auch wenn sie im krassen Gegensatz zu den Ansichten der Aktiven stünde. So äußerte z. B. der Sportfreund *Barthels*[17]/SC Empor Rostock – Fußball –, er würde am liebsten den Club wechseln, da es dauernd Reibereien zwischen Sportlern und Trainer gebe. Der Trainer nehme keinerlei Kritik an, und wage es ein Sportler, ihn zu kritisieren, würde er immer den Kürzeren ziehen, wobei er auf das Beispiel des Sportfreundes *Bialas*[18] verwies. Sportfreund *Madeja*[19] dagegen verstehe es, sich beim Trainer »Liebkind« zu machen und könne sich alles erlauben, ohne zur Rechenschaft gezogen zu werden.

Dagegen äußerte sich die Wasserspringerin Ingrid Engel-Krämer[20] anerkennend über ihren Trainer beim SC Empor Rostock, der sich auch um ihren Beruf, ihr Studium usw. kümmern und Hilfe leisten würde. Sie fühle sich in Rostock wohler als in Dresden. Ihr Dresdner Trainer Kunert[21] habe ihr auch vor Kurzem anlässlich eines zufälligen Treffens wieder ähnlich wie in Dresden Vorwürfe über ein Pausieren im Training gemacht. Ihre kürzliche Krankheit sei aber noch auf die nervlichen Belastungen, denen sie in Dresden ausgesetzt gewesen sei, zurückzuführen gewesen. Nach Unterredungen mit ihrem Trainer Kinast[22] sei sie davon abgegangen, Medizin zu studieren. Sie will späterhin ihre Kenntnisse dem Nachwuchs als Sportlehrerin zur Verfügung stellen.

In Gesprächen mit Leistungssportlern spielen die materiellen Zuwendungen immer wieder eine Rolle. Während von einem großen Teil der Aktiven und Trainer die jetzige Verfahrensweise anerkannt wird, äußern sich einige, die Verteilung des materiellen Anreizes erfolge in den Clubs nicht zugkräftig

17 Wolfgang Barthels, Jg. 1940, Fußballspieler, 1954–70 SC Empor Rostock, 221 Oberligaspiele (45 Tore), 1963/64 zwei Spiele mit der Nationalmannschaft (2 Tore).

18 Arthur Bialas, Jg. 1930, Fußballspieler, 1954–62 SC Empor Rostock, 152 Oberligaspiele (79 Tore), 1962 Oberliga-Torschützenkönig, 1961 ein Länderspiel.

19 Günter Madeja, Jg. 1939, Fußballspieler, 1961–68 SC Empor/FC Hansa Rostock, 68 Oberligaspiele (13 Tore), 1964/65 Nachwuchs-Nationalmannschaft (2 Spiele).

20 Ingrid Krämer, Jg. 1943, Wasserspringerin, Olympiasiegerin 1960 und 1964.

21 Im Original: »Kuhnert«. Reinhard Kunert, Cheftrainer der Wasserspringer beim SC Einheit Dresden. Seine Assistentin Eveline Sibinski hatte das Training von Ingrid Krämer übernommen.

22 Max Kinast, Jg. 1929, Trainer, 1955–90 betreute er die Wasserspringer und Wasserspringerinnen des SC Empor Rostock.

genug und errege immer wieder den Unwillen der Sportler. Der materielle Anreiz müsse vielmehr so verteilt werden, dass er auch einen wirklichen Ansporn sowohl für das Training als auch für die Spiele bedeute.

Nach Meinung des Trainers Fritzsch[23]/SC Empor Rostock – Fußball – sei das ungenügende Abschneiden seiner Mannschaft in Warschau auf ungenügende materielle Zuwendungen zurückzuführen. Seiner Ansicht nach müssten die Sportler im Betrieb ein entsprechendes Grundgehalt bekommen und sich weitere Geldmittel durch Leistungen während des Trainings bzw. während der Spiele hinzuverdienen können. Dem Trainer sollte – nach Meinung des Trainers *Fritzsch* – ein monatlicher Betrag von ca. 5 000 Mark zur Verfügung stehen, mit dem er arbeiten könne. Aktive stellten bei Auslandsspielen – darunter auch in der VR Polen und in der ČSSR – immer wieder fest, dass in diesen Ländern höhere Zuwendungen gezahlt würden.

Ähnlich äußerte sich auch der Radsportler Erhard *Pesch*[24]/SC Leipzig im Zusammenhang mit dem ungenügenden Abschneiden unserer Radsportler in Gießen. Die Zeiten der westdeutschen Radsportler seien vermutlich deshalb besser gewesen, weil sie größere finanzielle Zuwendungen erhielten.

Ungenügend seien die Sportler über die bestehenden Differenzierungsmöglichkeiten der finanziellen Zuwendungen unterrichtet. Sie seien vollkommen von den Entscheidungen der Trainer abhängig und manchmal verwundert, wie die Aufteilung der geldlichen Mittel erfolgen würde. Jeder Sportler hoffe, dass er gut eingestuft würde, könnte selbst aber vorher den Betrag abschätzen.

Sportfreund Manfred *Kaiser*[25]/BSG Wismut Aue – Fußball – äußerte, es sei unter den jetzigen Umständen kaum möglich, dass unsere Mannschaften ähnlich wie die Profimannschaften bis zur Selbstaufopferung kämpfen würden. Die Lohntüte stimme bei unseren Spielern immer, ob sie gut oder schlecht gespielt hätten, und für das, was es zusätzlich gäbe, lohne es sich nicht, bis »zum Umfallen« zu kämpfen. Die Mittel seien zu gering und könnten keine Rolle des Anreizes zur Leistungssteigerung spielen.

Über die Höhe der Prämie für den Deutschen Meistertitel beklagte sich Sportfreund *Scherbarth*[26]/BSG Chemie Leipzig. Für 26 schwere Spiele hätten die Aktiven allgemein mehr erwartet.

Unzufrieden äußern sich einige Fußballspieler über angebliche Versprechungen der Trainer bzw. Sportfunktionäre hinsichtlich materieller Zuwendungen, sobald bestimmte Leistungen erreicht würden. Sind dann entspre-

23 Walter Fritzsch, Jg. 1920, Fußballtrainer, 1959–65 SC Empor Rostock.

24 Erhard Pesch, Jg. 1941, Radsportler, 1962 DDR-Meister im 1000 m-Zeitfahren, DDR-Vizemeister im Tandem, 3. im Sprint.

25 Manfred Kaiser, Jg. 1925, Fußballspieler, 1955–65 SC Wismut Karl-Marx-Stadt/Aue, 349 Oberligaspiele (36 Tore), 1955–64 Nationalmannschaft (31 Spiele).

26 Dieter Scherbarth, Jg. 1939, Fußballspieler, 1957–63 SC Lok Leipzig, 1963–76 Chemie Leipzig.

chende Resultate erreicht worden, würden die Versprechungen zurückgenommen. (Unter anderem Meinung von Sportfreund Urbanczyk,[27] Kleiminger,[28] Heinsch,[29] Körner,[30] Vogel,[31] Fräßdorf,[32] Liebrecht,[33] Stöcker[34] und Seehaus.[35]) Sportfreund *Kleiminger* war erbost, weil er nicht wie vom DFV versprochen, eine 100%ige Zuwendung erhalten hatte.

Einige Bemerkungen zu Gesprächen mit Leistungssportlern über die Arbeit der Sektionen und Verbände: Einige Trainer und Aktive der Sektion *Fußball* halten es nicht für richtig, dass in Vorbereitung der Olympischen Spiele bzw. der Weltmeisterschaften in der DDR die Punktespiele durchgeführt werden. Es sei richtiger, die Spiele unter Freundschaftsspielen laufen zu lassen, zumal die Nationalspieler bestrebt seien, nicht ihre besten Leistungen zu zeigen oder nicht verletzt zu werden, um die Teilnahme an den Spitzenausscheidungen nicht infrage zu stellen.

Unter Nachwuchsspielern besteht teilweise Unzufriedenheit über angeblich ungenügende Möglichkeiten zur Qualifizierung. Sportfreund Horst *Kirsch*[36] vom SC Motor Jena – Fußball – erklärte, dass talentierte jugendliche Nachwuchsspieler in der DDR keine Möglichkeiten erhielten, sich systematisch auf den Einsatz in der Oberliga vorzubereiten; auch die Reservemannschaft habe nur ungenügend Qualifikationsmöglichkeiten. Er würde es be-

27 Klaus Urbanczyk, Jg. 1940, Fußballspieler, 1959–72 SC Chemie Halle/HFC Chemie (250 Oberligaspiele, 12 Tore), 1961–69 Nationalmannschaft/Olympiaauswahl (61/17 Spiele), 1964 Olympiateilnehmer (Bronze).

28 Heino Kleiminger, Jg. 1939, Fußballspieler, 1956–69 SC Empor/FC Hansa Rostock (186 Oberligaspiele, 62 Tore), 1963–64 Olympiaauswahl (4 Spiele, 5 Tore).

29 Jürgen Heinsch, Jg. 1940, Fußballspieler, Torwart, 1958–71 SC Empor Rostock (176 Oberligaspiele), 1963–65 Nationalmannschaft (5 Spiele).

30 Gerhard Körner, Jg. 1941, Fußballspieler, ASK Vorwärts Berlin (ab 1971: Frankfurt) (297 Oberligaspiele, 52 Tore), 4 Meisterschaften, 1962–69 Nationalmannschaft/Olympiaauswahl (33/10 Spiele, 4 Tore), 1964 Olympiateilnahme (Bronze).

31 Eberhard Vogel, Jg. 1943, Fußballspieler, 1961–70 FC Karl-Marx-Stadt, 1970–82 SC Carl Zeiss Jena (440 Oberligaspiele, 188 Tore), 1962–76 Nationalmannschaft (74 Spiele, 25 Tore), 1964, 1972 Olympiateilnehmer (2× Bronzemedaille).

32 Otto Fräßdorf, Jg. 1942, Fußballspieler, Verteidiger, 1961–71 ASK Vorwärts Berlin (183 Oberligaspiele, 31 Tore), 4 Meisterschaften, 1963–68 Nationalmannschaft (15 Spiele in der Olympiaauswahl, 33 Spiele in der A-Mannschaft, 4 Tore), 1964 Olympiateilnehmer (Bronze).

33 Kurt Liebrecht, Jg. 1936, Fußballspieler, 1956–68 Lok Stendal (196 Oberligaspiele, 32 Tore), 1960–65 Nationalmannschaft (16 Spiele).

34 Hermann Stöcker, Jg. 1938, Fußballspieler, 1956–69 SC Aufbau/1. FC Magdeburg (185 Oberligaspiele, 41 Tore), 1963–65 Nationalmannschaft/Olympiaauswahl (6/13 Spiele, 4 Tore).

35 Klaus-Dieter Seehaus, Jg. 1942, Fußballspieler, 1961–74 SC Empor/FC Hansa Rostock (261 Oberligaspiele, 4 Tore), 1963–69 Nationalmannschaft (10 Spiele), 1964 Olympiateilnehmer (Bronze).

36 Horst Kirsch, Jg. 1933, Fußballspieler, 1954–63 SC Motor Jena (135 Oberligaspiele, 43 Tore).

fürworten, wenn man im Fußball – ähnlich wie im Handball vorgeschlagen – eine Juniorenliga schaffen könnte.

Sportfreund Günter *Gleis*[37]/SC Turbine Erfurt erwähnte, in der Mannschaft kursieren Gerüchte über den Aufbau einer Organisationsform auf der Basis von Betriebssportgemeinschaften im Gegensatz zu der jetzt praktizierten Form der Konzentrierung des Fußballs in den Clubs. Die Sportler verhielten sich zunächst zurückhaltend und warteten die kommende Entwicklung ab.

Sportlerinnen des SC Chemie Halle – Sektion *Turnen* – äußerten sich über die Ergebnisse der Ausscheidungskämpfe zufrieden; das gestellte Ziel sei erreicht worden. Das westdeutsche Publikum wird als objektiv eingeschätzt; an den Leistungen der westdeutschen Turnerinnen sei durch das Publikum Kritik geübt worden.

Durch die Punktrichter sei reell bewertet worden. Das wäre umso erfreulicher, da bisher bei der Bewertung häufig der Name des Sportlers mit ausschlaggebend gewesen sei. Demgegenüber ist der Sportfreund Klaus *Milbradt*[38]/SC DHfK Leipzig der Ansicht, dass die Bewertung bei den Turnern nicht objektiv erfolgte. Das sei umso erstaunlicher, da drei Schiedsrichter aus dem sozialistischen Ausland beteiligt gewesen seien.

In einer Aussprache mit Barbara *Stolz*[39] beklagte sie sich über die ungenügenden Trainingsbedingungen in Halle. Die Turnerinnen würden zwar deshalb ihr eisernes Training nicht vernachlässigen, zögen jedoch Vergleiche zu den besseren Voraussetzungen z. B. in Berlin und Leipzig.

Die Sportfreundin Ute *Starke*[40] begrüßte, dass der Wunsch der Turnerinnen berücksichtigt worden sei, nicht mehr so viel Lehrgänge durchzuführen. Ein Lehrgang würde für die Turnerinnen außer der Festigung des Kollektivs keinen weiteren Nutzen bringen, da die Umstellung an den Geräten vom intensiven Training ablenken würde.

In einem Gespräch mit den Genossen [Name], DHfK Leipzig, brachte dieser seine Bedenken zum Start des Sportfreundes Förster[41] in Westdeutschland zum Ausdruck. Förster verhalte sich moralisch nicht einwandfrei (er unterhalte Verhältnisse zu anderen Frauen, [Passage mit schutzwürdigen Informationen nicht wiedergegeben] u. a.), was nachteilige Auswirkungen haben

37 Günter Gleis, Jg. 1936, Fußballspieler, 1957–61 SC Turbine Erfurt, (29 Oberligaspiele).

38 Klaus Milbradt, Jg. 1940, Turner, 1959, 1961, 1964 DDR-Meister am Pauschenpferd, 1961 DDR-Meister am Barren.

39 Barbara Stolz, Jg. 1941, Turnerin, 1964 Olympiateilnehmerin (4. im Mannschaftsmehrkampf, 44. im Einzelmehrkampf).

40 Ute Starke, Jg. 1939, Turnerin, 1960, 1964, 1968 Olympiateilnehmerin (1964 4., 1968 Bronze im Mannschaftsmehrkampf, 1964 6. im Pferdsprung).

41 Lothar Förster, Turner, 1964 DDR-Meisterschaft (2. Pferdsprung, Barren, 3. Ringe), 1965 DDR-Meisterschaft (2. Mehrkampf, 3. Pferdsprung, Barren), 1966 DDR-Meisterschaft (3. Pferdsprung), 1967 Europameisterschaft (17. Mehrkampf), Internationaler rumänischer Meister (Mehrkampf), 1968 DDR-Meisterschaft (2. Ringe).

kann. Andere Turner seien über den Einsatz *Försters* ebenfalls sehr verwundert gewesen.

Unter Aktiven der Sektion *Leichtathletik* wird vereinzelt darüber gesprochen, die Funktionäre sollten endlich von ihren Forderungen abgehen, bereits vor den entscheidenden Wettkämpfen Höchstleistungen zu verlangen. Durch eine vorherige Verausgabung der Kräfte würden die Leistungen während der entscheidenden Kämpfe nur verschlechtert. Es wäre richtiger, die Funktionäre würden von dem indirekten Drängen in die Sportler Abstand nehmen, sonst werde der notwendige Leistungsstand aus Nervosität nicht erreicht.

Auch Manfred *Matuschewski*[42] teilte diese Meinung und äußerte, er habe sein Training in dieser Saison ganz auf die Olympischen Spiele abgestimmt und könne demzufolge jetzt noch nicht in guter Form sein. Ihn mache aber nervös, öfters in der Tagespresse genannt zu werden, weil er seine Olympianorm noch nicht erfüllt hat.

Sportfreund Gerhard *Hönicke*[43]/SC Karl-Marx-Stadt – Marathon – brachte zum Ausdruck, die guten Leistungssteigerungen beim SC Karl-Marx-Stadt seien durch eine Umstellung des Trainings erreicht worden. (Training nicht nur auf Wald- und Feldwegen, sondern auch auf normalen Straßen.) Es sei zu wünschen, dass auch weiterhin individuell im Training gearbeitet wird und Anregungen der Aktiven beachtet würden.

Vom Sportfreund Klaus *Moser*[44]/SC Leipzig – Geher – wird ebenfalls die Durchführung eines individuellen Trainings begrüßt. Dadurch seien gute Leistungssteigerungen erreicht worden. Günstig hätte sich auch die Absage von Lehrgängen ausgewirkt, welche die Sportler häufig infolge »Vermassung« des Trainings in den Leistungen zurückgebracht hätten. Die Individualität sei auf den Lehrgängen nicht gegeben.

Der Sportfreund Eckhard *Thorun*[45]/SC Leipzig – *Ringen* – erklärte in einer Aussprache auf die Frage, ob es während der Ausscheidungskämpfe Abwerbungsversuche gegeben habe, dass die Aktiven *Metz*[46] und *Vesper*[47] sowie er angesprochen wurden, in Westdeutschland zu bleiben und in München weiterzuringen. Er selbst sei von dem Sohn eines Inhabers einer großen Fleischerei in München angesprochen worden, dessen Vater bereits 1960 versucht hätte, ihn zur Republikflucht zu überreden. Der in West-

42 Manfred Matuschewski, Jg. 1939, Leichtathlet, Olympiateilnehmer 1960, 1962, 1966 Europameister über 800 m.

43 Gerhard Hönicke, Jg. 1930, Leichtathlet, 1960, 1964 Olympiateilnehmer.

44 Klaus Moser, Jg. 1930, 1962 Deutsche Bestleistung im Marathonlauf, 1960 3. in der DDR-Meisterschaft über 10 000 m.

45 Eckhard Thorun, Jg. 1938, Ringer, 1958–67 DDR-Meister (klassisch) im Fliegen-, resp. Bantamgewicht.

46 Lothar Metz, Jg. 1939, Ringer, 1960, 1964, 1968, 1972 Olympiateilnehmer (1960 2., 1964 3., 1968 Goldmedaille), 1959–61, 1963, 1965–68 DDR-Meister.

47 Rudolf Vesper, Jg. 1939, Ringer, 1968 Olympiateilnehmer (Goldmedaille im Weltergewicht), 1963, 1967 Vizeweltmeister, 9× DDR-Meister.

deutschland lebende Bruder des *Thorun* sei von dem Fleischer angesprochen worden, seinen Bruder zum Verbleiben in Westdeutschland zu überreden, habe dieses Ansinnen jedoch abgelehnt. *Thorun* äußerte, er habe nicht die Absicht, seine Kameraden zu verraten.

Zur Arbeit der Punktrichter während der Ausscheidungen in Hof äußerten sich die Ringer ungehalten. Außer dem bulgarischen Punktrichter hätten die übrigen offensichtlich für Westdeutschland gewertet; sie seien unsicher gewesen und hätten beim Publikum gut ankommen wollen. Bedauern wurde von Ringern über die Reaktion des Publikums während der Ausscheidungskämpfe in Zwickau zum Ausdruck gebracht. Die Stimmung in Zwickau sei für unsere Sportler nicht so gut gewesen wie die Stimmung in Hof für die Westdeutschen.

Sportfreund *Luschnig*,[48] Nationalmannschaft – *Freistil* – äußerte sich erfreut, dass er nicht gegen den Republikflüchtigen *Kämmerer*[49] kämpfen musste. Er ist der Ansicht, dass die DDR-Sportler mit *Kämmerer* kein Wort wechseln sollten. Von unserem Verbandstrainer wüsste er, dass *Kämmerer* mit seinem Einsatz in Westdeutschland nicht zufrieden sein soll. Westdeutsche Trainer hätten sich unseren Ringern gegenüber geäußert: »Den könnt ihr wieder mitnehmen, den wollen wir nicht haben.«

Aussprachen mit *Hockeyspielern* des SC Leipzig ergaben, dass die Sportfreunde über die errungenen Tokiofahrkarten außerordentlich erfreut sind. Als Ursache ihres Erfolges sehen die Aktiven das Zusammenwachsen der Nationalmannschaft zu einem Kollektiv. Noch vor Monaten hätten sich sowohl die Leipziger als auch die Jenaer Sportler sehr reserviert verhalten, wodurch zu Beginn der Saison die Leistungen auch noch nicht die Höchstform erreicht hätten. Aktive rechnen auf einen 4. Platz in Tokio. Nach Meinung einiger Aktiver der Sektion seien die Spieler auch ideologisch gut auf ihren Einsatz vorbereitet – das sei schon in Westdeutschland bewiesen worden –, und mit einer Republikflucht aus ihren Reihen sei angeblich nicht zu rechnen.

Aktive der Sektion *Boxen* sprachen sich erfreut über die Haltung des Westberliner Publikums während der Ausscheidungen aus. Im Vergleich zu den Ausscheidungen 1960, wo es noch Äußerungen wie »Kommunistenschweine« u. Ä. gegen unsere Sportler gegeben habe, sei die Atmosphäre jetzt besser gewesen. Die Aktiven führen dies auf das Passierscheinabkommen 1963[50] zurück. Unzufrieden bzw. erstaunt sind einige Boxer über die Nomi-

48 Christian Luschnig, Jg. 1938, Ringer, Olympiateilnehmer im Freistilringen (Federgewicht).

49 Fred Kämmerer, Jg. 1931, Ringer, 8× DDR-Meister, 1956, 1960 Olympiateilnehmer (1956 5., 1960 9. im Bantamgewicht/klassisch), 1963 12. der Weltmeisterschaft (Freistil), floh im August 1963 mit seiner Familie in einem frisierten Kleinbus in die Bundesrepublik, 1964, 1965 deutscher Vizemeister.

50 Zwischen der Regierung der DDR und dem Senat von Westberlin wurde erstmals am 17.12.1963 eine Vereinbarung über die Ausgabe von Passierscheinen für Bürgerinnen und Bürger mit dem ständigen Wohnsitz in Westberlin für den Besuch des Ostsektors der Stadt

nierung des Boxers *Behrendt*[51] zu den Ausscheidungen. Die Niederlage *Behrendts* hätte man vorher berechnen können, da er jahrelang kein intensives Training durchgeführt habe. Andere trainierte Boxer hätten dagegen bei einer Nominierung mehr Chancen gehabt.

Sportler der Sektion *Radsport* sind äußerst ungehalten über das Angebot Westdeutschlands, die offenen Ausscheidungen im Bahnradsport auf einer sportlich ungeeigneten Bahn in Westdeutschland auszutragen. Die von Westdeutschland vorgeschlagene Bahn müsse bestimmte Tücken aufweisen, da Westdeutschland dort noch keinen Länderkampf verloren hätte. Bedenken bestehen bei Bahnradsportlern hinsichtlich des Nachwuchses. Talentierte junge Radfahrer äußerten sich bei Befragen häufig, der Anschaffungswert von 600 Mark für ein Rennrad sei zu hoch. Nach Meinung Aktiver müsse der Verband in naher Zukunft mehr unternehmen, um Nachwuchssportler heranzubilden.

Der Sportfreund Helmut *Hochschild*[52]/SC Leipzig ist verärgert über die Mitteilung seitens des Verbandes, er sei angeblich für die Vierermannschaft nicht mehr geeignet. Die Behandlung durch den Verband habe ihn schockiert.[53]

Radsportler äußern sich ziemlich deprimiert über das ungenügende Ergebnis während der Ausscheidungen in Gießen. Manfred *Weißleder* ist der

für den Zeitraum vom 19.12.1963 bis zum 5.1.1964 getroffen. Allerdings erlaubte das Passierscheinabkommen ihnen zwar den Besuch im Osten, den Ostberlinerinnen und Ostberlinern blieb der Weg nach Westen aber auch weiterhin versperrt. Vgl. Alisch, Steffen: Berlin ↔ Berlin. Die Verhandlungen zwischen Beauftragten des Berliner Senats und Vertretern der DDR-Regierung zu Reise- und humanitären Fragen 1961–1972. Berlin 2000 (Arbeitspapiere des Forschungsverbundes SED-Staat; 31/2000); Huhn, Eckart: Die Passierscheinvereinbarungen des Berliner Senats mit der Regierung der DDR 1963 bis 1966. Deutsch-Deutsche Verhandlungen zur Überwindung der politischen Sprachlosigkeit und der Milderung menschlicher Härten als Folge des Mauerbaus. Ludwigsfelde 2011; Kunze, Gerhard: Grenzerfahrungen. Kontakte und Verhandlungen zwischen dem Land Berlin und der DDR 1949–1989. Berlin 1999 (Studien des Forschungsverbundes SED-Staat an der Freien Universität Berlin).

51 Wolfgang Behrendt, Jg. 1936, Boxer, Fotograf, 1956 Olympiateilnahme (Goldmedaille im Bantamgewicht), unterlag 1960 und 1964 bei den Qualifikationskämpfen zur Olympiade, 1963–91 Sportfotograf.

52 Helmut Hochschild, Jg. 1941, Radsportler, 1962 3. der DDR-Meisterschaft über 4000 m Einzelverfolgung, 1963–64 2. der DDR-Meisterschaft über 4000 m Mannschaftsverfolgung.

53 In einem Schreiben vom 10.5.2017 teilt Helmut Hochschild zum Hintergrund dieses Vorgangs mit, dass er sich in der Olympiavorbereitung zwar regulär für die Vierermannschaft der DDR qualifiziert hatte, aber dennoch nicht für Tokio nominiert wurde, weil, anstatt den Olympiavierer aus den vier besten Fahrern der DDR zusammenzusetzen, die komplette TSC-Mannschaft zum innerdeutschen Vorentscheid geschickt wurde, wo sie gegen den westdeutschen Vierer ausschied. Durch diese administrative Entscheidung gegen Hochschild wurde sein sportliches Engagement schlagartig entwertet, »da die ganzen Jahre, die ich auf dieses Ziel hingearbeitet hatte, nun sinnlos waren«. Hochschild wurde überdies unterstellt, dass er nicht von den Ausscheidungsrennen in der Bundesrepublik zurückkehren würde.

Ansicht, dass durchaus noch zwei Plätze zu erobern gewesen seien, einige Fahrer hätten aber den Anschluss verpasst.

Siegfried *Kettmann*[54] vom SC DHfK Leipzig führt die Ursachen des mangelhaften Ergebnisses in Gießen auf eine ungenügende Taktik zurück. Bereits einen Tag vor dem Rennen hätte der westdeutsche Trainer in der westdeutschen Sportpresse seine Taktik bekannt gegeben, die darin bestanden habe, dass sich je ein westdeutscher Fahrer an einen DDR-Fahrer hängt. Diese Variante wäre von unseren Verantwortlichen bei der Festlegung der Taktik ungenügend berücksichtigt worden.

In der Sektion *Wasserspringen* wird über den Ausschluss der Sportfreundin *Niemeyer*[55]/TSC diskutiert, wobei übereinstimmend die Herausnahme der Sportfreundin *Niemeyer* aus den Ausscheidungen mit Westdeutschland befürwortet wird. Nicht einverstanden sind mehrere Aktive mit den Ausschluss der N. aus dem Club. Sportfreundin *Niemeyer* habe im Club seit zehn Jahren trainiert, man solle sie im Kollektiv belassen und ihr die Möglichkeit einräumen, sich zu bewähren. An eine mögliche Republikflucht der N. wird in den meisten Fällen nicht geglaubt.

Aktive der Sektion *Rudern*/SC Aufbau Magdeburg beklagten sich über mangelnde Unterstützung des Clubs und des Verbandes bei der Instandhaltung ihrer Boote. Günter *Micka*[56] führte aus, dass ihre Sektion seit November 1963 sechs Zweier und zwei Viererboote in der Yachtwerft Berlin-Köpenick, Werk II, hatte, um die Ausleger erneuern zu lassen. Während die Boote der Sektionen Berlin und Potsdam prompt bearbeitet worden wären, habe Magdeburg Mitte Mai 1964 die Boote unbearbeitet wieder zurücknehmen müssen, da angeblich zur Durchführung der Reparatur Ersatzteile gefehlt hätten.

Der Sportfreund Jürgen *Bremer*[57]/SC DHfK Leipzig, Sektion *Kanu*, äußerte hinsichtlich der Zukunft der Disziplin Wildwasserrennen Bedenken. Obwohl die DDR augenblicklich noch eine führende Position einnehme, zeichne sich ein Rückgang der Leistungen ab. Zurückzuführen sei dies auf mangelnde Trainingsmöglichkeiten infolge Fehlens geeigneter Wildwasser. Nachdem die Mulde als Naturschutzgebiet gesperrt worden sei, wären unsere Wildwasserspezialisten lediglich auf Auslandsstarts angewiesen. Aktive

54 Siegfried Kettmann, Jg. 1941, Radsportler, 1963 Teilnehmer an der DDR-Rundfahrt, 1966–78 Trainer beim SC DHfK Leipzig, 1978–92 Sportwissenschaftler, 1992–2009 Radsportberater.

55 Bärbel Niemeyer, Wassersportlerin, 1965 DDR-Vizemeisterin, 1966 DDR-Meisterin im Turmspringen.

56 Günter Micka, Ruderer, 1963 3. der DDR-Meisterschaft im Vierer ohne Steuermann.

57 Jürgen Bremer, Jg. 1940, Kanusportler, 1963 Weltmeister K1 Faltboot Slalom, 1967 Weltmeister K1 Slalom, K1 Mannschaft, 1971 Vizeweltmeister K1 Mannschaft, 1972 Olympiateilnehmer.

äußern die Ansicht, der Verband würde auf diese Disziplin keinen Wert legen, da über die Zukunft des Trainings noch nichts verlautet wäre.

In einer Aussprache mit dem Aktiven Wolfgang *Weidner*[58]/SC Traktor Oberwiesenthal – *Rennschlittensport* – brachte er Unzufriedenheit über seinen weiteren Einsatz zum Ausdruck. Der Verbandstrainer des Schlittensports *Geinitz*[59] habe ihm bereits im Vorjahr die Zusage gegeben, dass er seine Tätigkeit als Trainer in der neu eingerichteten KJS in Oberwiesenthal aufnehmen könne. Wie ihm jetzt bekannt geworden sei, wäre jedoch bereits der Sportfreund Walter *Jentzsch*[60] als Trainer für Schlittensport eingesetzt und diese Planstelle somit vergeben worden. Sportfreund *Weidner* könne nicht verstehen, dass *Jentzsch*, der bisher nicht aktiv im Schlittensport, sondern in der Disziplin Turnen tätig war, theoretische Kenntnisse über den Schlittensport besitzen und fähig sein soll, Nachwuchssportler dieser Disziplin zu trainieren. Ihm sei bekannt, dass die Trainerräte nicht immer verantwortungsbewusst ihre Entscheidungen treffen, und der Verband müsse hier – nach Meinung *Weidners* – eine Überprüfung durchführen.

58 Wolfgang Weidner, Rennrodler, 1962, 1963 DDR-Vizemeister im Doppelsitzer, später Trainer, u. a. von Hans Rinn.

59 Im Original: »Gainitz«. Werner Geinitz, Trainer u. a. der DDR-Rennrodler Ortrun Enderlein und Thomas Köhler.

60 Im Original: »Jentsch«. Walter Jentzsch, Jg. 1940, Trainer u. a. der DDR-Rennrodler Ortrun Enderlein und Thomas Köhler.

4. September 1964

Einzelinformation Nr. 723/64 über die innerkirchliche Situation nach dem Gespräch des Vorsitzenden des Staatsrates der DDR, Genossen Walter Ulbricht, mit dem Evangelischen Landesbischof von Thüringen, Mitzenheim, auf der Wartburg

Quelle: BStU, MfS, ZAIG 939, Bl. 1–7 (6. Expl.).
Serie: Informationen.
Verteiler: Ulbricht, Stoph, Verner, Honecker – MfS: Schröder/HA XX/4, Ablage.
Verweise: Informationen 661/64 und 700/64.

Nach vorliegenden Informationen zuverlässiger Quellen haben das Gespräch zwischen dem Vorsitzenden des Staatsrates, Genossen Walter Ulbricht, und dem evangelischen Landesbischof von Thüringen, Mitzenheim,[1] am 18. August 1964 auf der Wartburg[2] und die Verbreitung und Veröffentlichung der Kanzelabkündigung[3] des Landesbischofs Mitzenheim anlässlich des 50. bzw. 25. Jahrestages des Beginn des Ersten und Zweiten Weltkrieges vom 6.8.1964 zu folgender Situation innerhalb der evangelischen Kirchenleitungen der DDR geführt:

Die in der »Konferenz der evangelischen Kirchenleitungen in der DDR«[4] bisher führenden Personen, der Vorsitzende der Konferenz Landesbischof Krummacher/Greifswald,[5] sein Stellvertreter Bischof Noth/Dresden[6] und der Verwalter des Bischofsamtes der Landeskirche Berlin-Brandenburg, Jacob/Cottbus,[7] wurden durch das Gespräch auf der Wartburg und die Kanzelabkündigung von Bischof Mitzenheim völlig überrascht. Obwohl Bischof Krummacher sofort nach Bekanntwerden dieser Tatsachen mit allen Bischöfen in der DDR telefonisch in Verbindung trat, gelang es ihm nicht, eine einheitliche Position und ein einheitliches Handeln der übrigen Bischöfe in der

1 Moritz Mitzenheim, Jg. 1891, evangelischer Pfarrer, 1947–70 Landesbischof der Evangelisch-lutherischen Kirche Thüringen.

2 Vgl. Humanistische Verantwortung an nationaler Stätte. In: ND v. 23.8.1964.

3 Vgl. Bischofswort für den Frieden; Kanzelabkündigung D. Dr. Moritz Mitzenheims. In: ND v. 21.8.1964, http://zefys.staatsbibliothek-berlin.de/ddr-presse/ergebnisanzeige/?purl=SNP2532889X-19640821-0-4-57-0 (25.1.2017).

4 Die Konferenz der Kirchenleitungen (KKL) – bis 1969 meist als Kirchliche Ostkonferenz bezeichnet – setzte sich aus Mitgliedern der Kirchenleitungen der einzelnen Landeskirchen zusammen. Mit Bildung des Bundes der Evangelischen Kirchen in der DDR (BEK) war sie mit der Synode dessen oberstes Leitungsorgan.

5 Friedrich-Wilhelm Krummacher, Jg. 1901, evangelischer Pfarrer, 1955–72 Bischof der Pommerschen Evangelischen Kirche in Greifswald, 1960–68 Vorsitzender der Konferenz der Evangelischen Kirchenleitungen in der DDR, 1961 Mitglied des Rates der EKD.

6 Gottfried Noth, Jg. 1905, evangelischer Pfarrer, 1953–71 Landesbischof der Evangelisch-lutherischen Landeskirche Sachsen.

7 Günter Jacob, Jg. 1906, evangelischer Pfarrer, 1949 Synodaler der EKD, 1963–66 Verwalter des Bischofsamtes für den Ostteil von Berlin und für die Mark Brandenburg.

DDR zu erreichen. (Bischof Krummacher schätzte auf der internen Besprechung seines Konsistoriums am 25.8.1964 ein, dass nur Landesbischof Noth/Dresden fest auf seiner Seite stehe. Bischof Mitzenheim dagegen wäre es gelungen, Bischof Jänicke/Magdeburg[8] auf seine Position zu ziehen.)

Alle Bischöfe wären sich bei der gegenseitigen Konsultation darin einig gewesen, dass die theologische und politische Aussage der Kanzelabkündigung von Landesbischof Mitzenheim sowie der Inhalt des Gesprächs auf der Wartburg nicht anzufechten seien. (Selbst in der Leitung der katholischen Kirche wurde eingeschätzt, dass Landesbischof Mitzenheim einen Blick für die Perspektive besitze, was aber bisher unterschätzt wurde.)

Die internen Erklärungen von Bischof Krummacher und vom Verwalter des Bischofsamtes der Kirchenleitung Berlin-Brandenburg Jacob, dass sie einer gemeinsamen Kanzelabkündigung in Form der von Landesbischof Mitzenheim veröffentlichten zugestimmt hätten, wenn er sich vorher mit ihnen beraten hätte, werden jedoch selbst in diesen beiden Kirchenleitungen als unglaubwürdig angesehen.

Die Auswirkungen des Auftretens von Bischof Mitzenheim auf die Kirchenleitungen in der DDR finden ihren sichtbaren Ausdruck auch in den unterschiedlichen kirchlichen Verlautbarungen der Bischöfe Krummacher, Jänicke, Noth und Jacob nach der Kanzelabkündigung von Bischof Mitzenheim.

Bischof Krummacher und Bischof Noth gaben zur Wiederkehr des Jahrestages des Ausbruchs des Ersten und Zweiten Weltkrieges lediglich theologische Anweisungen an ihre Geistlichen, ohne auf die politische Aussage der Kanzelabkündigungen der Bischöfe Mitzenheim und Jänicke einzugehen. Bischofsverwalter Jacob gab in einer Kirchenleitungssitzung am 27.8.1964 nur eine mündliche Weisung, anlässlich des Jahrestages in Predigten die Notwendigkeit zur Buße herauszustellen.

Nach dem Gespräch auf der Wartburg ist in den führenden Kirchenkreisen der DDR allgemein die Tendenz erkennbar, Überlegungen darüber anzustellen, wie der »Vorsprung« von Bischof Mitzenheim wieder eingeholt bzw. die eigene Position aufgewertet werden kann.

Im Konsistorium Greifswald wurde im Zusammenhang mit solchen Überlegungen eingeschätzt, dass Bischof Krummacher durch seine ständige zögernde Politik den Anschluss an die durch Bischof Mitzenheim ausgelöste Bewegung verpasst habe. Bischof Krummacher will aber trotzdem versuchen, eventuell anlässlich der bevorstehenden Einweihung der Erdölförderung in Grimmen ein Gespräch mit dem Vorsitzenden des Staatsrates zu führen. Bischof Jacob führte im internen Kreis ebenfalls Beratungen durch, wie er den »Vorsprung Mitzenheims ausgleichen« könne. Jacob äußerte sich im internen Kreis, dass auch er einem Gespräch mit dem Vorsitzenden des Staatsrates zu-

8 Johannes Jänicke, Jg. 1900, evangelischer Pfarrer, 1955–68 Bischof der Kirchenprovinz Sachsen.

stimmen würde und dafür nach einer passenden Gelegenheit suche. Er schätzte sich in diesem Zusammenhang als viel geeigneter für ein solches Gespräch ein. Er habe zwar nicht die Absicht, sich »einkaufen« zu lassen, mit ihm könne man jedoch über alle Fragen real sprechen und verhandeln. So würde er auch bei einem solchen Gespräch seine Meinung offen darüber darlegen, dass die Normalisierung des Reiseverkehrs zwischen beiden deutschen Staaten nicht nur von der Anerkennung der DDR durch Bonn abhänge, sondern dass dazu vielmehr z. B. die Erhöhung des Lebensstandards in der DDR notwendig sei, um das jetzt noch vorhandene Gefälle zwischen Ost und West auszugleichen. Das wäre nach seiner Ansicht auch die wichtigste Voraussetzung zur Beseitigung der Gefahr von Republikfluchten.

Wie Bischof Jacob bei dieser Gelegenheit weiter erklärte, habe er schon seit Anfang des Jahres 1964 ernsthafte Bemühungen unternommen, um mit Bischof Mitzenheim in zweiseitige Verhandlungen zu kommen. Es hätten bereits auch Aussprachen stattgefunden, aber diese müssten nun forciert werden. Er, Jacob, habe auch sofort nach Erhalt der Kanzelabkündigung von Bischof Mitzenheim diesem einen sehr positiven und zustimmenden Brief geschrieben. Er hätte sich jedoch gezwungen gesehen, nach der Veröffentlichung des Schreibens von Bischof Mitzenheim an die übrigen Bischöfe der DDR in der Presse diesem in einem zweiten Brief sein Befremden auszudrücken. Bischof Jacob brachte dabei zum Ausdruck, Mitzenheim könne sich nicht vorstellen, in welche Lage die anderen Bischöfe durch diese Veröffentlichung gekommen seien. Alle Verlautbarungen der anderen Bischöfe nach der Veröffentlichung des internen Schreibens von Bischof Mitzenheim an die Bischöfe müssten von der Öffentlichkeit als ein Nachtrab hinter Bischof Mitzenheim gewertet werden. Jacob gab dabei zu verstehen, dass er sich zurzeit überlege, welche Initiative er entwickeln könne, ohne in den Verruf zu kommen, Bischof Mitzenheim zu kopieren.

Jacob erwägt aus diesem Grunde in der westdeutschen Zeitschrift »Stern« einen Artikel zu veröffentlichen, in dem er

- die Legende vom Kirchenkampf in der DDR zerstören,
- die positiven Wandlungen innerhalb der evangelischen Kirche in Berlin-Brandenburg darlegen und
- als Bischof der DDR die staatliche Anerkennung der DDR von Westdeutschland fordern will. (Jacob steht in entsprechenden Verhandlungen mit dem Mitarbeiter der Zeitschrift »Stern«, Leo.)

Seine Hauptsorge ist dabei, dass dieser Artikel nicht als Nachtrag des Wartburg-Gespräches gewertet wird, sondern die organischen Veränderungen in der DDR erkennen lasse. Dieser Schritt wäre nicht ganz originell, aber weil er öffentlich erfolgt, sicherlich von großer Wirkung.

Jacob erklärte weiter, er werde sich auch von den westlichen kirchlichen Stellen nicht davon abhalten lassen, Gespräche mit Bischof Mitzenheim und

Bischof Jänicke zu suchen. Das wäre schon deshalb notwendig, weil seine Lage in Berlin-Brandenburg viel komplizierter als die eines anderen Bischofs sei und für ihn 1965 die Frage seiner Wiederwahl als Bischofs stehe. Offensichtlich aus diesen Erwägungen heraus nahm Jacob auch gegen die Predigt von Bischof Dibelius[9] in Westberlin anlässlich des Jahrestages des Beginns der Weltkriege Stellung. Jacob bezeichnete diese Rede als eine schamlose Kriegspredigt.

Zur Haltung von Landesbischof Mitzenheim wurde dem MfS bekannt, dass dieser im engeren Kreis seiner Mitarbeiter zum Ausdruck gebracht hat, die Reaktion der anderen Bischöfe der DDR und vor allen Dingen die Reaktion von Bischof Jänicke in Magdeburg habe ihm die Bestätigung gegeben, dass sein Weg der richtige ist. Mitzenheim ist der Meinung, dass er einen großen Durchbruch innerhalb der evangelischen Kirche in der DDR erreicht habe. Davon zeugten auch die vielen zustimmenden Erklärungen, die er im Ergebnis der Veröffentlichung des Wartburg-Gespräches von Geistlichen erhalten habe. Die vereinzelten anonymen Schriften, in denen er wegen des Wartburg-Gespräches verleumdet werde, könnten deshalb keineswegs seine positive Haltung beeinflussen.

Am 25.8.1964 kam es zu einem Treffen von Mitzenheim und Jänicke. Bischof Jänicke informierte dabei Mitzenheim über den Brief, den er an Bundeskanzler Erhard[10] gesandt hat (siehe unsere Einzelinformation Nr. 709/64 vom 30.8.1964). Bischof Mitzenheim war mit dem Inhalt des Briefes voll einverstanden. Beide Bischöfe legten an diesem Tag ihr gemeinsames Auftreten am 30.8.1964 zum Friedensgottesdienst in der Herderkirche in Weimar fest. Während dieses Gespräches machte Bischof Jänicke Bischof Mitzenheim Vorhaltung darüber, dass er den internen Brief an die Bischöfe habe veröffentlichen lassen. Bischof Mitzenheim erklärte daraufhin, dass diese Veröffentlichung ohne sein Wissen geschehen sei. Im weiteren Verlauf der Zusammenkunft informierte Bischof Mitzenheim Bischof Jänicke über das Gespräch mit dem Vorsitzenden des Staatsrates auf der Wartburg und schilderte dabei besonders seine eigenen Eindrücke. Besondere Bedeutung haben für ihn, Mitzenheim, die Darlegungen gehabt, dass alle Menschen zum Sozialismus kommen, auch die christlichen Menschen aufgrund ihrer humanistischen[11] Ideale und ihrer Friedensliebe. Das habe ihm das wichtigste Moment des Gespräches gegeben. Nach seiner Meinung ist damit ausgesprochen worden, dass die christlichen Bürger nicht Menschen zweiter Klasse seien, son-

9 Otto Dibelius, Jg. 1880, evangelischer Pfarrer, 1945–66 evangelischer Bischof von Berlin-Brandenburg, seit 1957 Einreiseverbot in die DDR, seit 1961 auch für Ostberlin, sodass er das Bischofsamt faktisch nur in Westberlin ausüben konnte. 1954 Präsident des Ökumenischen Rates der Kirchen.

10 Ludwig Erhard, Jg. 1897, Politiker, für die CDU 1949–63 Bundesminister für Wirtschaft, 1963–66 Bundeskanzler, 1966–67 CDU-Vorsitzender.

11 Im Original: »humanischen«.

dern in die große Bewegung der sozialistischen Gesellschaft in der DDR eingereiht wurden.

Die Anregung des Staatsratsvorsitzenden, ein hoher kirchlicher Würdenträger müsste auch im Präsidium des Nationalrates der Nationalen Front die Gleichstellung der Christen in unserer Gesellschaft repräsentieren, hat bei Bischof Mitzenheim ein sehr positives Echo ausgelöst. Er hat jedoch Bedenken, dass dann, wenn er Mitglied des Präsidiums des Nationalrates wäre, seine weiteren öffentlichen kirchlichen Verlautbarungen als »politisch abgestempelt« gelten könnten. In der Auswertung des Wartburg-Gespräches mit seinen engsten Mitarbeitern ist Bischof Mitzenheim auf die von ihm selbst vorgetragenen Wünsche der Kirche – Reisewünsche älterer DDR-Bürger, die nicht nach Westdeutschland übersiedeln wollen, und die sogenannten Ost-West-Heiraten – nur am Rande eingegangen. Er erwähnte lediglich, beim gemeinsamen Mittagessen diese beiden Fragen vorgetragen zu haben. Bischof Mitzenheim war mit der vom Vorsitzenden des Staatsrates gegebenen Antwort zufrieden und machte das nicht zu einem besonderen Punkt der Auswertung. Auch in den anderen Kirchenleitungen wurden diese Fragen in Auswertung des Wartburg-Gespräches bisher nicht behandelt.

Dagegen hob Bischof Mitzenheim in der Auswertung des Wartburg-Gespräches hervor, dass die Vermittlung dieses Gespräches nicht über die CDU, sondern über die Kanzlei des Staatsratsvorsitzenden direkt erfolgt sei. Nach seiner Meinung wäre ein Gespräch auf dieser Ebene wirkungsvoller.

Generalsuperintendent Jacob schätzt diese Lösung – Zustandekommen des Gespräches ohne Mitwirkung der CDU – als sehr wichtig ein. Nach seiner Meinung löse man sich damit offensichtlich langsam von der Vorstellung, dass die CDU auch für die Kirche spreche. Darin sehe er einen wesentlichen Unterschied zwischen dem Gespräch auf der Wartburg und dem Gespräch mit Prof. Emil Fuchs,[12] das von der CDU arrangiert und durch Unterschriftensammlung vorbereitet worden sei.

Die Information darf im Interesse der Sicherheit der Quelle nicht publizistisch ausgewertet werden.

12 Emil Fuchs, Jg. 1874, Theologe und Politiker, 1948 Professor für systematische Theologie in Leipzig, Mitbegründer der Christlichen Friedenskonferenz, 1959 Emeritierung.

11. September 1964

Einzelinformation Nr. 758/64 über das illegale Verlassen der DDR-Delegation der 3. Internationalen Konferenz für die friedliche Nutzung der Atomenergie in Genf durch Prof. Heinz Barwich

Quelle: BStU, MfS, ZAIG 942, Bl. 6–13 (10. Expl.).
Serie: Informationen.
Verteiler: Kein Nachweis für externe Verteilung – MfS: Schröder, Maye/HA XVIII/5, Ablage.
Vermerk: Handschriftlich über dem Verteiler: »nicht rausgegangen«.
Bemerkungen: Nicht realisierter externer Verteilervorschlag (im Dokumentenkopf): Ulbricht, Honecker, Stoph, Hager, Neumann, Apel, Mittag.
Verweis: Information 730/64.

Ergänzend zu unserer Information Nr. 730/64 vom 8.9.1964 wurde dem MfS Folgendes bekannt: Die inoffizielle Beobachterdelegation der DDR, die an der 3. Internationalen Konferenz für die friedliche Nutzung der Atomenergie[1] in Genf teilnahm, ist am 10.9.1964 in Berlin wieder eingetroffen mit Ausnahme von Prof. Barwich,[2] der sich am Sonntag, dem 6.9.1964 in Genf von der Delegation unter verschiedenen Vorwänden entfernt hat und nicht wieder zurückkehrte.

Aus dem Verhalten von Prof. Barwich unmittelbar vor dem Abflug der DDR-Delegation nach Genf (z. B. Verabschiedung von seiner Ehefrau) sowie während der Reise nach Genf waren keine Besonderheiten zu erkennen, die zu der Schlussfolgerung einer beabsichtigten Republikflucht hätten führen können. Prof. Barwich unterhielt sich mit Mitgliedern der Delegation sehr aufgeschlossen, wobei er noch erwähnte, dass er 1962 oder 1963 bei einem Rückflug von Wien in die DDR über Westberlin geflogen sei und in der DDR schon geglaubt worden wäre, er sei überfällig; ein solcher Schritt käme jedoch für ihn nicht infrage. Auch während des Zwischenaufenthaltes der Delegation in Prag vom 28. zum 29.8.1964 wurden zum Verhalten Prof. Barwichs keine besonderen Feststellungen getroffen. Bei der Weiterreise nach Zürich stellte jedoch Prof. Barwich fest und teilte dies auch einigen Mitgliedern der Delegation mit, dass er einen Beutel mit Schmuck – später erklärte

1 Die UNESCO richtete Konferenzen für friedliche Nutzung der Atomenergie in Genf aus. Die erste fand im August 1955 statt und führte letztlich zur Gründung der Internationalen Atomenergieorganisation (IAEO).

2 Heinz Barwich, Jg. 1911, Physiker, 1934 Promotion bei Gustav Hertz, bleibt Mitarbeiter bei Hertz nach dessen Entfernung aus dem Hochschuldienst, 1945–55 mit Hertz Forschungen im sowjetischen Atomwaffenprogramm, 1953 Stalinpreis, 1956 Professor für Reaktortechnik an der TH Dresden, Direktor des Zentralinstituts für Kernforschung in Rossendorf, 1959 Nationalpreis der DDR, 1961–64 Vizedirektor des Vereinigten Instituts für Kernforschung in Dubna, kehrte 1964 nicht von der Teilnahme an der Genfer Atomkonferenz in die DDR zurück, politisches Asyl in den USA. Vgl. Barwich, Heinz: Das rote Atom. München 1967.

er, dass es sich lediglich um Manschettenknöpfe und Ringe handelte, die er von seiner Frau geschenkt bekommen habe – im Hotel in Prag versehentlich zurückgelassen habe. Von Genf aus telefonierte Prof. Barwich sofort nach der Ankunft nach Prag mit der Bitte, ihm seine persönlichen Gegenstände nach Genf nachzusenden, was vom Prager Hotel aus auch kurze Zeit danach erfolgte.

Das Verhalten Prof. Barwich in Genf war anfänglich ebenfalls als normal einzuschätzen. Festzustellen war jedoch, dass Prof. Barwich kein besonderes Interesse an einer intensiven Mitarbeit auf der Konferenz zeigte. Obwohl sich Prof. Barwich vor Antritt der Fahrt nach Genf mit den Problemen in der DDR auf dem Gebiet der Kernforschung näher vertraut gemacht hatte, war aber augenscheinlich, dass er sich während seines Aufenthaltes in Genf nicht zu diesen Problemen äußerte. Als er von Prof. Steenbeck[3] – Vizepräsident der Deutschen Akademie der Wissenschaften zu Berlin und Mitglied der DDR-Delegation in Genf – wiederholt in dieser Richtung angesprochen wurde, gab er zu den aufgeworfenen Fragen keine konkrete Stellungnahme ab. (Dem MfS wurde bekannt, dass sich Prof. Barwich nach seiner Rückkehr aus Dubna [Juni 1964] mit einem streng geordneten Arbeitsprogramm beschäftigte. Dabei verschaffte er sich insbesondere einen genauen Überblick über den Stand der wissenschaftlichen Arbeiten in allen Bereichen des Zentral-Instituts für Kernphysik Rossendorf und nahm eine Überprüfung der Arbeiten am Atomkraftwerk I[4] vor. Weiterhin führte er Besprechungen zu Problemen der zweiseitigen Zusammenarbeit SU – DDR auf dem Gebiet der Kernenergie mit dem Genossen Wyschofsky[5], Plankommission, durch, die u. a. auch im Detail alle Probleme aus einem diesbezüglichen Brief des Genossen Walter Ulbricht beinhalteten.)

Während der täglichen Besprechungen der Mitglieder der DDR-Delegation in Genf trat Prof. Barwich vom ersten Tage an nicht als Delegationsleiter auf, sondern überließ die Initiative Prof. Steenbeck. Auf größeren Konferenzen ging es Prof. Barwich nach Feststellungen von DDR-Delegationsmitgliedern mehr um repräsentative Gespräche als um eine wissenschaftliche Mitarbeit.

Festgestellt wurde, dass Prof. Barwich im Verlaufe seines Aufenthaltes in Genf großes Interesse zeigte, mit führenden Wissenschaftlern – vor allem aus der Sowjetunion – näheren Kontakt zu halten, was ihm auch infolge seiner langjährigen Tätigkeit in Dubna gelang. In Gesprächen, die sich mehrfach auf

3 Max Steenbeck, Jg. 1904, Physiker, 1956 Professor in Jena, 1957 Mitglied, 1965–78 Vorsitzender des Forschungsrates der DDR, 1959, 1971 Nationalpreis der DDR.

4 Atomkraftwerk Rheinsberg, das seit 1960 gebaut wurde und 1966 als erstes Kernkraftwerk der DDR ans Netz ging. Barwich hatte sich engagiert gegen die Errichtung eines zu dieser Zeit geplanten zweiten Reaktors in Rheinsberg ausgesprochen.

5 Günther Wyschofsky, Jg. 1929, SED-Funktionär, 1962–65 Stellv. des Vorsitzenden der staatlichen Plankommission.

Stunden erstreckten, wurde beobachtet, dass sich Prof. Barwich mehrfach stenografische Notizen über detaillierte Angaben zu Problemen der Kernforschung machte. Während eines Empfangs, den die sowjetische Delegation in Genf gab, unterhielt sich Prof. Barwich längere Zeit mit mehreren führenden sowjetischen Wissenschaftlern, die er zum Teil aus seiner Tätigkeit als Vizepräsident in Dubna kannte und mit denen er einen herzlichen Kontakt unterhielt. Besonders war Prof. Barwich an Gesprächen mit dem sowjetischen Wissenschaftler Arzimowitsch,[6] Spezialist für Kernfusion, interessiert, wobei er die Gespräche mit ihm über Fachprobleme mitstenografierte. Ferner traf Prof. Barwich in Genf mit einer Reihe republikflüchtiger Wissenschaftler sowie ehemals in der SU tätiger und jetzt in Westdeutschland beschäftigter Spezialisten zusammen.

Bereits am ersten Tage des Aufenthaltes der Delegation in Genf begrüßte Prof. Barwich sehr herzlich den republikflüchtigen ehemaligen Mitarbeiter des Zentral-Instituts für Kernphysik[7] Rossendorf, Dr. Thümmler.[8] Von weiteren zahlreichen Gesprächspartnern Prof. Barwichs wurden ferner die ehemaligen SU-Spezialisten Prof. [Vorname Name 1] (Radio-Chemiker, 1956 aus der DDR flüchtig, gegenwärtig in München), Dr. [Name 2] (1955 mit Rückkehr aus der UdSSR nach Westdeutschland republikflüchtig, gegenwärtig wissenschaftlicher Mitarbeiter im Reaktor-Zentrum Karlsruhe) und Dr. [Name 3] (1955 mit Rückkehr aus der UdSSR nach Westdeutschland republikflüchtig, gegenwärtig bei Degussa/Hanau/Main), die in Westdeutschland leben, erkannt.

In verschiedenen Gesprächen mit Mitgliedern der DDR-Delegation brachte Prof. Barwich nach diesen Zusammenkünften mit westdeutschen Wissenschaftlern zum Ausdruck, dass die ehemaligen SU-Spezialisten nach ihrer Flucht nach Westdeutschland dort in guten Verhältnissen und Positionen leben und es in fachlicher Hinsicht zu etwas gebracht hätten.

(Im Zusammenhang mit der Republikflucht der Familie des Prof. Barwich aus Dresden nach Westdeutschland erscheint jetzt auch von Bedeutung, dass Prof. Barwich bereits der ersten Zusammenkunft der DDR-Delegation am 1.9.1964 fernblieb unter der Begründung, dringend mit seiner Ehefrau telefonieren zu müssen. Zu diesem Zeitpunkt befanden sich die gefälschten Reise-

6 Lew A. Arzimowitsch, Jg. 1909, Physiker, arbeitete führend im sowjetischen Atomprogramm an der elektromagnetischen Isotopentrennung, parallel zur Arbeitsgruppe von Hertz und Barwich, ab 1950 Entwicklung der Technologie der Kernfusion, 1953 ordentliches Mitglied der Akademie der Wissenschaften der UdSSR, Stalinpreis, 1953–73 Professor für Atomphysik an der Lomonossow-Universität, 1963–73 Stellv. Vorsitzender des sowjetischen Pugwash-Komitees.

7 So im Original. Der korrekte Name lautete: Zentralinstitut für Kernforschung Rossendorf.

8 Im Original: »Tümmler«. Fritz Ernst Thümmler, Jg. 1924, Chemiker, 1956–51 Bereichsleiter am Zentralinstitut für Kernforschung Rossendorf, 1961–64 Gruppenleiter am Max-Planck-Institut Stuttgart, 1963/64 Dozent an der TH Stuttgart, 1964–87 Direktor des Instituts für Materialforschung im Kernforschungszentrum Karlsruhe.

pässe der Familie Barwich zum illegalen Verlassen der DDR bereits in deren Besitz.)

Für Sonntag, 6.9.1964, war von den Delegationsmitgliedern der DDR-Delegation ein gemeinsamer Ausflug in die Umgebung von Genf vereinbart worden. Prof. Barwich lehnte unter den verschiedensten Vorwänden eine Teilnahme ab, wobei er einigen Delegationsmitgliedern zu verstehen gab, dass er im Interesse weiterer Verhandlungen während der Konferenz dringende schriftliche Ausarbeitungen zu erledigen habe, anderen erklärte er, sich mit Mitgliedern anderer Delegationen zwecks wissenschaftlichen Meinungsaustausches treffen zu wollen und Prof. Steenbeck gegenüber äußerte er, dass er »nach außerhalb« zu fahren beabsichtige, wobei er eine Teilnahme am gemeinsamen Ausflug stets konsequent ablehnte. Bei einem anderen Teilnehmer der Delegation dagegen erkundigte sich Prof. Barwich, ob Prof. Steenbeck – mit dem er gemeinsam in einem Hotel wohnte – auch tatsächlich am Ausflug teilnehme.

Am Morgen des 7.9.1964 wurde Prof. Steenbeck durch das Hotelpersonal mitgeteilt, dass Prof. Barwich am 7.9.1964, gegen 3.00 Uhr, von außerhalb telefoniert und um Mitteilung an Prof. Steenbeck gebeten habe, dass er durch das Verpassen des Zuges erst am Morgen des 7.9.1964 wieder in Genf eintreffe. (Der Inhalt dieses Telefongespräches trug offensichtlich schon der Tatsache Rechnung, dass zwar die Republikflucht seiner Ehefrau und seiner künftigen Schwiegertochter geglückt war, aber nicht die seiner beiden Kinder, die inzwischen durch das MfS festgenommen worden waren.)

Auch durch das Nichterscheinen Prof. Barwichs zu einer für den 7.9.1964 vorgesehenen Zusammenkunft der Delegation wurde von Prof. Steenbeck festgestellt, dass Prof. Barwich im Verlaufe des 7.9.1964 nicht nach Genf zurückkehrte. Als am Abend des 7.9.1964, gegen 22.30 Uhr, der Präsident der 3. Internationalen Konferenz für die friedliche Nutzung der Atomenergie Prof. W. Jemeljanow[9] (UdSSR) im Hotel Prof. Barwichs erschien und diesen zu sprechen wünschte, war Prof. Barwich immer noch nicht anwesend. Weitere Überprüfungen Prof. Steenbecks in der Nacht und am Morgen des 8.9.1964 beim Pförtner des Hotels sowie über Hoteltelefon im Hotel-Zimmer des Prof. Barwich erbrachten ebenfalls keine Ergebnisse. Daraufhin wurde am Morgen des 8.9.1964 zunächst von Prof. Steenbeck und kurz darauf durch Prof. Steenbeck gemeinsam mit einem Mitglied der DDR-Delegation das Hotelzimmer von Prof. Barwich besichtigt, wobei festgestellt wurde, dass sämtliche persönlichen Gegenstände von Prof. Barwich ausgeräumt waren. Prof. Barwich hatte im Zimmer lediglich einige Tagungsunterlagen der DDR-Delegation – die jedoch unvollständig und offensichtlich durch Prof.

9 Wasilij Semjonowitsch Jemeljanow, Jg. 1901, Metallurge, Politiker, 1962–65 stellv. Vorsitzender des Staatlichen Komitees des Ministerrats der UdSSR für die Nutzung der Atomenergie.

Barwich aussortiert worden waren – sowie einige Zeitungen »Die Kernenergie« und Prospekte, die Prof. Barwich in Genf an interessierende Persönlichkeiten übergeben sollte, zurückgelassen.

Nach dieser Feststellung, die den Beweis erbrachte, dass Prof. Barwich überfällig war, wurde durch Prof. Steenbeck in Gegenwart von Mitgliedern der DDR-Delegation aus dem Postfach des Prof. Barwich die inzwischen eingegangene persönliche Post von Prof. Barwich herausgenommen. Ein am 5.9.1964 in Frankfurt/M. an Prof. Barwich aufgegebenes Telegramm enthielt folgenden Text: »Können wir uns in Basel treffen, Haus Morgensonne«, Unterschrift: »Gretel«, Absender: »Badenweiler«.

Durch Prof. Steenbeck wurden am 9.9.1964 während einer Zusammenkunft alle Mitglieder der DDR-Delegation von den wesentlichsten Fakten informiert und auf ein einheitliches Auftreten und Verhalten hingewiesen. Die Delegationsmitglieder verurteilten während dieser Besprechung geschlossen das Verhalten von Prof. Barwich. (Während dieser Zusammenkunft äußerte das Mitglied der DDR-Delegation Dr. [Name 4] die Absicht, einen Tag vor der Abreise der Delegation nach Zürich zu fliegen, um dort ein mit Schulfreunden vereinbartes Treffen durchzuführen. Prof. Steenbeck lehnte infolge des illegalen Verlassens der Delegation durch Prof. Barwich diesen Antrag zunächst ab, stimmte aber später zu, da Dr. [Name 4] bereits im Besitz der Flugkarten war und bereits weitere Vorbereitungen getroffen hatte, sodass eine Zurücknahme der Vereinbarungen nicht mehr möglich war. Dr. [Name 4] kehrte mit der Delegation in die DDR zurück.)

Am Nachmittag des 9.9.1964 wurde durch Prof. Steenbeck und einige Mitglieder der DDR-Delegation ein schriftlicher Bericht über die Vorfälle um Prof. Barwich gefertigt und gemeinsam mit den noch vorhandenen schriftlichen Unterlagen Prof. Barwichs (Telegramm, ein Brief an Prof. Barwich, eine vom Pförtner geschriebene Mitteilung an Prof. Steenbeck über den Telefonanruf Prof. Barwichs) dem zuständigen Vertreter der DDR, Genossen Beling,[10] zur Weiterleitung an das MfAA übergeben.

Dieser Bericht ist am 10.9.1964 durch Genossen Beling an das MfAA weitergeleitet worden. (Prof. Jemeljanow wurde durch Prof. Steenbeck von dem Sachverhalt ebenfalls in Kenntnis gesetzt.)

In einer Aussprache mit Prof. Steenbeck sofort nach Rückkehr der Delegation aus Genf wurden von ihm folgende Angaben über die eventuellen Umstände des illegalen Verlassens der DDR-Delegation durch Prof. Barwich gemacht: Bei einem früheren Gespräch über Republikfluchten von Wissenschaftlern hätte Prof. Barwich erklärt, dass er in einem solchen Falle nach dem »Osten« flüchten würde. Nach Ansicht Prof. Steenbecks war die Annahme der Delegierung nach Dubna 1960 für Prof. Barwich offensichtlich

10 Walter Beling, Jg. 1899, SED-Funktionär, 1959–65 Leiter der Ständigen Vertretung der DDR bei der Wirtschaftskommission der UNO für Europa (ECE) in Genf.

bereits eine solche »Flucht«. Prof. Barwich sei mit den Arbeitsverhältnissen, vermutlich aus charakterlichen Eigenschaften, nicht zufrieden und opponiere dagegen. Auch in Dubna habe Prof. Barwich keine Befriedigung gefunden. Prof. Steenbeck schlussfolgerte dies aus einem Besuch von Prof. Barwich Ende 1960, nachdem Prof. Barwich bereits ein halbes Jahr als Vizepräsident in Dubna tätig war. Prof. Steenbeck hätte bei diesem Besuch den Eindruck gewonnen, dass Prof. Barwich zu den dort tätigen Wissenschaftlern nicht den richtigen Kontakt gefunden hätte. Unter anderem habe Prof. Barwich während des damaligen Besuchs in Dubna gebeten, sich zu Besichtigungen einer Reihe von Instituten, die Prof. Steenbeck gestattet wurden, anschließen zu dürfen, da er offensichtlich vordem noch nicht die Möglichkeit dazu erhalten hatte.

In Genf hatte Prof. Steenbeck mit Prof. Barwich ein Gespräch über eine eventuelle Aufnahme Prof. Barwichs als Mitglied der Deutschen Akademie der Wissenschaften. Er bezog sich dabei auf eine vorangegangene Aussprache mit Prof. Hertz, in dem dieser erklärt hatte, Prof. Barwich solle in diesem Falle mehr durch Veröffentlichungen in Erscheinung treten, weil dann seine Aufnahme schneller erwirkt werden könne. Prof. Barwich brach daraufhin die Unterhaltung in einer solchen Form ab, die bei Prof. Steenbeck zu der Schlussfolgerung führte, dass Prof. Barwich nicht über entsprechendes wissenschaftliches Material zur Veröffentlichung verfüge.

Auch in anderen Gesprächen über die weitere Entwicklung der wissenschaftlichen Arbeit in Rossendorf legte sich Prof. Barwich in keiner Weise fest und brach diesbezüglich Diskussionen sofort ab, was sowohl bei Prof. Steenbeck als auch bei anderen Teilnehmern der DDR-Delegation zu der Schlussfolgerung führte, dass sich Prof. Barwich nicht im Detail über diese Fragen im Klaren ist. In diesem Zusammenhang äußerte sich ein weiteres Mitglied der DDR-Delegation, seiner Ansicht nach habe sich Prof. Barwich seit seiner Rückkehr aus der SU noch nicht ernsthaft mit der Perspektive der Kernforschung in der DDR beschäftigt.

Prof. Steenbeck ist bei Berücksichtigung der demnach mangelnden wissenschaftlichen Kenntnisse Prof. Barwichs der Auffassung, dass Prof. Barwich auch im kapitalistischen Ausland der Wissenschaft nichts Wesentliches bieten könne. Um bestehen zu können, wäre es seiner Meinung nach durchaus möglich, dass sich Prof. Barwich auch des Verrates von internen und streng geheimen Fakten bedienen wird. Im Gegensatz dazu vertrat Prof. Jemeljanow in einer Aussprache mit Prof. Steenbeck in Genf die Ansicht, dass er ihm den Verrat von internen Angaben nicht zutraue.

Die weiteren vom MfS eingeleiteten Maßnahmen zur näheren Aufklärung gehen von der Festlegung aus, Prof. Barwich nach wie vor eine Rückkehr in die DDR offenzuhalten.

5. Oktober 1964

Einzelinformation Nr. 847a/64 über die Ermordung eines Angehörigen der NVA/Grenze durch Westberliner Banditen am 5. Oktober 1964 auf dem Grundstück Strelitzer Straße 55 (Nähe Bernauer Straße) [1. Fassung]

Quelle: BStU, MfS, ZAIG 835, Bl. 22–24 (6. Expl.); ZAIG 10757, Bl. 43–45 (3. Expl.).
Serie: Informationen.
Verteiler: Kein Nachweis für externe Verteilung – MfS: Ablage.
Vermerk: Das 6. Exemplar ist auf allen Seiten kreuzweise durchgestrichen. (siehe Faksimile von Blatt 1) Das 3. Exemplar enthält eine Streichung auf dem 2. Blatt, die hier in einer Anmerkung gekennzeichnet wird.
Bemerkungen: Die Information scheint komplett verworfen worden zu sein. Statt ihrer wurde die hier als Nr. 847a/64 wiedergegebene Information gefertigt und versandt. Der Verteiler des 6. (Ablage-)Exemplar enthält drei offene Positionen sowie Beater und Schröder als interne Adressaten. Nach ZAIG-Postausgangsbuch (BStU, MfS, ZAIG 6085b) sind diese Exemplare aber nicht ausgegeben worden.
Verweise: Informationen 847b/64 und 1157/64.

Am 5.10.1964, gegen 0.15 Uhr, wurde der Uffz. *Schultz*, Egon,[1] geboren 4.1.1943, seit 2.11.1963 Angehöriger der 1. Kompanie/GR 33 (Wehrpflichtiger, später Soldat auf Zeit), Kandidat der SED seit 28.8.1964, Mitglied der FDJ, vorher Lehrer an der 2. Oberschule Rostock, bei einem Feuergefecht von Westberliner Banditen ermordet.

Im Verlaufe ständig erfolgender Überprüfungen und Kontrollen aller Objekte und Örtlichkeiten, die vom Gegner für Tunnelbauten ausgenutzt wurden bzw. geeignet wären, wurde vom MfS am 4.10.1964 auch die Umgebung und das Haus Strelitzer Straße 55 überprüft, zumal Hinweise vorlagen, dass in der Nacht vom 3. zum 4.10.1964 eine Anzahl von Bürgern der DDR republikflüchtig geworden sein soll und die Flucht aller Wahrscheinlichkeit nach nur durch einen Tunnel erfolgt sein konnte.

Bei dieser Kontrolle stießen zwei Mitarbeiter des MfS im Hause Strelitzer Straße 55 (außerhalb des Sperrgebietes, wo bereits am 8.1.1964 in unmittelbarer Nähe ein Tunnel entdeckt worden war)[2] auf zwei unbekannte männliche Personen, von denen sie offensichtlich für Bürger gehalten wurden, die ebenfalls geschleust werden sollten. Da die beiden Personen nicht konkret ausgemacht werden konnten und die Lage im Grundstück Strelitzer Straße 55 völlig unübersichtlich war, erschien eine sofortige Festnahme nicht zweckmäßig.

1 Egon Schultz, Jg. 1943, Grenzsoldat, kam am 5.10.1964 im Feuergefecht mit den Fluchthelfern des Tunnels 57 durch die Schüsse eines anderen DDR-Grenzers ums Leben; vgl. Baade, Michael: Der Tod des Grenzsoldaten. Egon Schultz, der Tunnel und die Propagandalüge. Berlin 2014; Ders.: Mein Freund Egon. Leben und Sterben von Egon Schultz. Die wahre Geschichte. Rostock 2012.

2 Vgl. Information 19/64.

Von den Mitarbeitern des MfS wurde deshalb vorgetäuscht, noch weitere »Flüchtlinge« holen zu müssen. Während ein Mitarbeiter das Haus sicherte, begab sich der andere Mitarbeiter zum Führungspunkt der 1. Kompanie/33. GR und bat um Verstärkung. Vom Polit-Stellvertreter der 1. Kompanie wurde daraufhin die Reservegruppe unter Führung von Uffz. Schultz sowie eine Kradstreife – insgesamt sechs Mann – angewiesen, die Mitarbeiter des MfS zu unterstützen.

Beim erneuten Betreten des Hauses Strelitzer Straße 55 stießen der Mitarbeiter des MfS sowie die Reservegruppe im Treppenhaus unmittelbar am Hinterausgang zum Hof wiederum auf einen der »Fluchthelfer«, der daraufhin das Haus durch denselben Ausgang sofort verließ und seitlich davonlief. Als der Mitarbeiter des MfS dem Banditen folgte, wurde auf ihn nach Betreten des Hinterhofes von links Pistolenfeuer eröffnet, sodass er hinter einer Mauernische in Deckung gehen musste. Er forderte deshalb die Einsatzgruppe des Uffz. Schultz auf, ebenfalls das Feuer zu eröffnen. Bei dem Versuch, die Banditen unter Beschuss zu nehmen, wurde Uffz. Schultz beim Verlassen des Gebäudes durch den bereits genannten Hinterausgang von zwei Schüssen getroffen,[3] ohne selbst zum Schießen zu kommen.[4]

Trotz Eröffnung des Feuers durch andere Gruppenangehörige gelang den Banditen die Flucht nach Westberlin durch einen nach Beendigung des Feuergefechts festgestellten Tunnel, der in einer auf dem Hinterhof befindlichen Toilette endete und vermutlich mit dem am 8.1.1964 entdeckten Tunnel in Verbindung steht. (Nähere Überprüfungen werden noch geführt). Uffz. Schultz erlag noch am Tatort seinen schweren Verletzungen.

Von den Angehörigen der NVA-Grenze wurden neun Schüsse aus MPi abgegeben. Nach bisherigen Ermittlungen wurden fünf Hülsen von Pistolenmunition gefunden, die nach bisherigen Feststellungen aus den Waffen der Banditen stammen.

In einer Wohnung sowie einem Büroraum des Grundstückes Strelitzer Straße Nr. 54 wurde je ein Einschuss festgestellt. (Entsprach Schussrichtung der Banditen.)

Weitere Untersuchungen erfolgen durch das MfS. Die militärische Sicherung des Tatortes erfolgt durch Angehörige des GR 33.

3 Die tödlichen Schüsse auf Schultz wurden allerdings von einem anderen Grenzsoldaten abgegeben.

4 Der hier hervorgehobene Satz ist im nicht ausgegebenen 3. Exemplar der Information nicht schlechthin gestrichen, sondern unleserlich gemacht worden.

6. Oktober 1964

Einzelinformation Nr. 847b/64 über die Ermordung eines Angehörigen der NVA-Grenze durch Westberliner Banditen am 5. Oktober 1964 auf dem Grundstück Strelitzer Straße 55 (Nähe Bernauer Straße) [2. Fassung]

Quelle: BStU, MfS, ZAIG 835, Bl. 18–21 (6. Expl.).
Serie: Informationen.
Verteiler: Ulbricht, Honecker, Stoph – MfS: Beater, Schröder/HA XX, Ablage.
Vermerk: Nicht auflösbarer stenografischer Vermerk im Verteiler hinter Adressaten Ulbricht, Honecker und Stoph.
Bemerkungen: Laut Postausgangbuch der ZAIG wurden die drei Exemplare für Ulbricht, Honecker und Stoph durch Mielke persönlich überbracht.
Verweise: Informationen 847a/64 und 1157/64.

Am 5.10.1964, gegen 0.15 Uhr, wurde der Uffz. *Schultz*, Egon,[1] geboren 4.1.1943 (Wehrpflichtiger, als Soldat auf Zeit verpflichtet), seit 8.11.1963 Angehöriger der NVA, zuletzt Gruppenführer im 3. Zug der 1. Kompanie/GR 33, seit 28.8.1964 Kandidat der SED, Mitglied der FDJ, vorher Lehrer an der 2. Oberschule Rostock, auf dem Grundstück Strelitzer Straße 55 (außerhalb des Sperrgebietes) von Westberliner Banditen ermordet.

Das Vorkommnis hat sich wie folgt ereignet: Dem MfS lagen Hinweise darüber vor, dass von einer Westberliner Menschenhändlerzentrale[2] erneut an einem Tunnelprojekt zur Ausschleusung von Bürgern der DDR gearbeitet wird. Da von den Quellen keine Angaben über die Lage des im Bau befindlichen Tunnels und über den Zeitpunkt der beabsichtigten Ausschleusung gemacht werden konnten, wurde im Zusammenhang mit anderen Aufklärungsmaßnahmen festgelegt, erneut alle Objekte und Örtlichkeiten an der Staatsgrenze nach Westberlin, die vom Gegner für Tunnelbauten ausgenutzt wurden bzw. dazu geeignet wären, einer zielgerichteten operativen Überprüfung und Kontrolle zu unterziehen (obwohl diese Objekte und Örtlichkeiten in Zusammenarbeit mit der NVA/Grenze bereits einer ständigen Überprüfung und Kontrolle unterliegen).

Bei dieser Durchführung dieser Kontrollen stießen zwei Mitarbeiter des MfS am 4.10.1964, gegen 23.50 Uhr, im Hausflur des Hauses Strelitzer Straße 55 (bewohntes Wohnhaus außerhalb des Sperrgebietes; am 8.1.1964 war dort

1 Egon Schultz, Jg. 1943, Grenzsoldat, vgl. Baade, Michael: Der Tod des Grenzsoldaten. Egon Schultz, der Tunnel und die Propagandalüge. Berlin 2014; Ders.: Mein Freund Egon. Leben und Sterben von Egon Schultz. Die wahre Geschichte. Rostock 2012.

2 Als »kriminelle Menschenhändlerorganisationen, -zentralen bzw. -banden« wurden im Jargon des MfS Fluchthilfegruppen bezeichnet, die sämtlich als geheimdienstgesteuerte, »paramilitärisch organisiert« vorgehende kriminelle Feindorganisationen bekämpft wurden. Vgl. Detjen, Marion: Ein Loch in der Mauer. Die Geschichte der Fluchthilfe im geteilten Deutschland 1961–1989. Berlin 2005.

in unmittelbarer Nähe auf einem Kohlenplatzgelände ein Tunnel vor der beabsichtigten Ausschleusung von Bürgern der DDR entdeckt worden)[3] auf zwei unbekannte männliche Personen, von denen sie offensichtlich für Bürger gehalten wurden, die ebenfalls geschleust werden sollten. Da die Lage im Grundstück völlig unübersichtlich war, infolge der Dunkelheit im Hausflur die beiden Personen nicht konkret ausgemacht werden konnten und auch keine Feststellung möglich war, ob es sich dabei um Hausbewohner handelt oder um Bürger der DDR, die eventuell republikflüchtig werden wollten oder um Westberliner Verbrecher, erschien eine sofortige Festnahme, die nur unter Schusswaffenanwendung möglich gewesen wäre, nicht zweckmäßig. Von den Mitarbeitern des MfS wurde deshalb vorgetäuscht, noch weitere »Flüchtlinge« holen zu müssen, die in der Nähe warten würden. Die unbekannten Personen gingen darauf ein und erklärten, dass sie sich aber beeilen sollen.

Während ein Mitarbeiter das Haus sicherte, begab sich der andere Mitarbeiter zum Führungspunkt der 1. Kompanie GR 33 (Arkonaplatz) und bat um Verstärkung. Vom Polit-Stellvertreter der 1. Kompanie wurden daraufhin die Reservegruppe unter Führung von Uffz. Schultz (mit Maschinenpistolen bewaffnet) sowie eine Kradstreife – insgesamt sechs NVA-Angehörige – angewiesen, die Mitarbeiter des MfS zu unterstützen.

Mit der Reservegruppe begaben sich die beiden Mitarbeiter des MfS erneut in das Grundstück Strelitzer Straße 55. Sie durchliefen den Hausflur bis zum Treppenausgang zum Hof, der unverschlossen war. Bis zu diesem Zeitpunkt waren sie keiner Person begegnet. Als der Mitarbeiter des MfS, der die Gruppe anführte, als erster den Hinterhof des genannten Grundstückes betrat, wurde er aus der linken Seite des Hofes sofort von einer männlichen Person angesprochen, die Schuhe auszuziehen und mitzukommen. Die Person selbst konnte er infolge der Dunkelheit nicht ausmachen. Der Mitarbeiter des MfS hat sofort, nachdem er von der unbekannten männlichen Person angesprochen wurde, die anderen Genossen aufgefordert, mit ihm gemeinsam die Person festzunehmen. Im gleichen Moment wurde von der linken Seite des Hofes aus auf den Mitarbeiter und den ihm unmittelbar folgenden Uffz. Schultz aus einer Pistole geschossen. Uffz. Schultz wurde – direkt am Hinterausgang des Gebäudes, ohne selbst zum Schießen zu kommen – durch die von den Banditen abgegebenen Pistolenschüsse tödlich verletzt.[4] (Nach der gerichtsmedizinischen Obduktion hat Schultz mehrere Anschüsse erhalten, die von einer Pistole bisher unbekannten Systems, Kaliber 7,65 mm, stammen. Diese Einschüsse – u. a. Brustweichteile und Lunge – führten zu einer Verblutung infolge Zerstörung eines größeren Brustabschnittes der Körper-

3 Vgl. Information 19/64.

4 Die tödlichen Schüsse auf Schultz wurden allerdings von einem anderen Grenzsoldaten abgegeben.

schlagader und damit zum sofortigen Tod. Ein Projektil des obengenannten Kalibers konnte bei der Obduktion sichergestellt werden.)

Der in unmittelbarer Nähe des Schultz befindliche Mitarbeiter des MfS bemerkte zu diesem Zeitpunkt, dass sich zumindest zwei unbekannte Personen im Hofgelände aufhielten, die unter Abgabe weiterer Schüsse die Flucht in Richtung Grenze ergriffen. Der Mitarbeiter des MfS forderte dazu auf, sofort das Feuer auf die Flüchtigen zu eröffnen. Von einem unmittelbar an der Tür, aber noch im Hausflur befindlichen NVA-Angehörigen wurden, ohne jedoch das Ziel auszumachen, neun Schuss aus der MPi in das Hofgelände abgegeben.

Die unmittelbar nach diesem Feuerwechsel geführten Suchmaßnahmen ergaben, dass in einer alten Toilette auf dem Hinterhof des Grundstückes ein Tunnel endete, durch den auch die Banditen geflüchtet sind. Der Tunnel verläuft in einer Tiefe von ca. 8 m und in einer Länge von ca. 150 m vom Hof der Strelitzer Straße 55 zum Keller einer nicht mehr in Betrieb befindlichen Bäckerei in der Bernauer Straße 97. (Französischer Sektor)

Bei der Durchsuchung des Tunnels wurde eine Pistole »Mauser«, Kaliber 6,35 mm, Nr. 31378, mit eingeführtem Magazin mit sieben Schuss sichergestellt. Diese Pistole war geladen, gespannt und entsichert. Im Hofraum wurden sechs Patronenhülsen vom Kaliber 7,65 mm vorgefunden, die offensichtlich aus der Waffe des Verbrechers stammen, der Uffz. Schultz tödlich verletzte. Die Untersuchung der Hülse hat ergeben, dass diese aus der Nachkriegsproduktion der westdeutschen Firma Gentschow in Durlach/Baden stammen.

Die genaue Anzahl der durch den Tunnel geschleusten Personen konnte noch nicht ermittelt werden. Nach bisherigen Feststellungen ist jedoch die von der Westpresse veröffentlichte Zahl erheblich überhöht und entspricht daher keineswegs den Tatsachen[5] (entsprechende Überprüfungsmaßnahmen zur Ermittlung der geschleusten Personen und zur Aufklärung der von der Westseite an der Provokation beteiligten Personen und ihrer Sicherung durch die Westberliner Polizei und andere Organe werden gegenwärtig noch geführt.)

Durch den Generalstaatsanwalt wurde ein Ermittlungsverfahren gegen die Täter eröffnet, auf dessen Grundlage der Westberliner Staatsanwalt um Auslieferung der an der Ermordung des Uffz. Schultz beteiligten Personen ersucht wird.

5 Auf welche Publikationen die ZAIG sich hier bezieht, konnte nicht zweifelsfrei festgestellt werden.

16. Oktober 1964

Einzelinformation Nr. 916/64 über die jüngsten Beschlüsse des ZK der KPdSU und des Obersten Sowjets der UdSSR

Quelle: BStU, MfS, ZAIG 957, Bl. 1–5 (7. Expl.).
Serie: Informationen.
Verteiler: Ulbricht, Honecker, KGB Karlshorst – MfS: Mielke, Wolf, Ablage.
Vermerk: Handschriftlich über dem Verteiler: »siehe auch 919 + 933«.
Bemerkungen: Das für den im Verteiler an dritter Stelle vorgesehenen Empfänger Norden vorgesehene Exemplar ging an Mielke und wurde nicht an Norden gesandt.
Verweise: Informationen 919/64 und 933/64.

Die Veröffentlichung der jüngsten Beschlüsse des Plenums des ZK der KPdSU und des Präsidiums des Obersten Sowjets der UdSSR[1] hat nach den bisher vorliegenden Berichten unter allen Teilen der Bevölkerung der DDR sehr breite Diskussionen ausgelöst.

In vielen Gesprächen in Verkehrsmitteln und an Arbeitsplätzen wurde heute bereits in den frühen Morgenstunden über die Veröffentlichung diskutiert, wobei teilweise die in den letzten Tagen sehr regen Diskussionen über die Olympischen Spiele[2] in den Hintergrund traten.

Sehr häufig wird von der Bevölkerung zum Ausdruck gebracht, dass die plötzliche Veröffentlichung zur Entbindung des Genossen Chruschtschow[3] von seinen Obliegenheiten eine große Überraschung für die Bevölkerung der DDR bedeuten würde, da es bisher in den Publikationsorganen keinerlei Hinweise oder Andeutungen zu diesem vorgesehenen bedeutenden Schritt gegeben habe.

In diesem Zusammenhang wird im breiten Umfang von der Bevölkerung die Richtigkeit der veröffentlichten Gründe über die Entbindung des Genossen Chruschtschow von seinen Obliegenheiten angezweifelt. Über den Ernst des Gesundheitszustandes des Genossen Chruschtschow sei früher nichts veröffentlicht worden, und es sei auch nicht bekannt, das Genosse Chruscht-

1 Am 16.10.1964 druckte das »Neue Deutschland« die 15-Zeilenmeldung der sowjetischen Nachrichtenagentur TASS ab, dass Chruschtschow »auf eigene Bitte seiner Obliegenheiten entbunden« wurde. ND v. 16.10.1964, http://zefys.staatsbibliothek-berlin.de/ddr-presse/ergebnisanzeige/?purl=SNP2532889X-19641016-0-1-5-0 (26.1.2017).

2 Die Spiele der XVIII. Olympiade fanden vom 10. bis 24.10.1964 in Tokio statt. Am 16.10.1964 vermeldete das »Neue Deutschland« den Gewinn von vier Silbermedaillen für die DDR: Ingrid Engel-Krämer im Turmspringen, Frank Wiegand im 400 m Freistilschwimmen in Europarekordzeit, Dieter Lindner im 20 km Gehen und Achim Hill im Rudereiner, http://zefys.staatsbibliothek-berlin.de/ddr-presse/ergebnisanzeige/?purl=SNP2532889X-19641016-0-1-187-0 (26.1.2017).

3 Der Sturz Chruschtschows am 14.10.1964 ist umfassend dokumentiert in: Artisow, Andrej; Naumow, Wladimir u. a. (Hg.): Nikita Chruschtschow 1964. Stenogrammy plenuma ZK KPSS i drugie dokumenty. Moskwa 2007 (Rossija XX wek. Dokumenty).

schow krankheitshalber seine Funktion längere Zeit nicht hätte ausführen können; es könne sich demnach um keine ernstzunehmende Krankheit handeln. Er habe sich auch, wie aus Fernsehaufzeichnungen erkenntlich gewesen sei, noch mit den drei sowjetischen Kosmonauten[4] optimistisch unterhalten; wobei keinerlei Krankheitserscheinungen beim Genossen Chruschtschow festgestellt worden seien. Ferner sei sein »Rücktrittsgesuch« aus Altersgründen unglaubhaft. Es handle sich beim Genossen Chruschtschow zwar um einen an Jahren älteren Staatsmann und Parteifunktionär,[5] der sich jedoch in seinem Verhalten und in seinem Arbeitselan ein jugendliches Auftreten bewahrt habe. Es gebe in anderen Ländern noch ältere Staatsmänner, die ihre Aufgaben ebenfalls noch erfüllen würden, ohne dass an deren Funktionsentbindung gedacht würde.

Auf diese Einschätzung Bezug nehmend, wird in den Diskussionen erklärt, die »wahren« Gründe für die Funktionsentbindung des Genossen Chruschtschow seien bisher noch nicht veröffentlicht worden. Dabei wird die Erwartung ausgesprochen, dass in den nächsten Tagen entsprechende Hinweise erfolgen werden, die Aufschluss über die »wahren« Ursachen geben.

Mehrfach wird kritisiert, dass eine solche »glaubwürdige« Veröffentlichung nicht sofort erfolgt sei. Die knappen Informationen unserer Publikationsorgane würden lediglich bewirken, dass sich die Bevölkerung der DDR – da sie an weiteren Einzelheiten interessiert sei – auf westlichen Wellenlängen informieren würde, in dem Glauben, dort schneller unterrichtet zu werden.

Häufig wird in diesem Zusammenhang auch hervorgehoben, dass Genosse Chruschtschow ein sehr beliebter und großer Staatsmann mit vielen Verdiensten sei, der wesentlich zur Erhaltung des Friedens und zur Durchsetzung der Politik der friedlichen Koexistenz beigetragen habe.

Allgemein besteht auch Unverständnis darüber, dass weder vom Plenum des ZK der KPdSU noch vom Präsidium des Obersten Sowjets – den Veröffentlichungen in unseren Publikationsorganen zufolge – dem Genossen Chruschtschow für seine Verdienste, die er unzweifelhaft habe, der Dank oder zumindest Anerkennung ausgesprochen worden sei. Schon allein diese Tatsache lasse Bedenken an der richtigen Darstellung der Gründe für die

4 Am 12./13.10.1964 fand der erste bemannte Flug des neuen sowjetischen Raumschifftyps Woschod mit drei Mann Besatzung (Wladimir Komorow, Boris Jegorow, Konstantin Feoktistow) statt. Am 12.10.1964 übertrug der Rundfunk ein Gespräch zwischen Chruschtschow und Mikojan mit den Kosmonauten an Bord der Kapsel während einer der 16 Erdumkreisungen. Nach ihrer Landung blieb ein Anruf Chruschtschows indes aus. Sie wurden am 19.10.1964 von Leonid Breschnew empfangen. Vgl. Sapis rasgowora N. S. Chruschtschowa i A. I. Mikojana s ekipaschem kosmitscheskogo korablja »Woschod«. In: Tomilina, Natalja (Hg.): Nikita Sergejewitsch Chruschtschow. Dwa zweta wremeni. Dokumenty is litschnogo fonda N. S. Chruschtschowa. Moskwa 2009 (Rossija XX wek. Dokumenty), Bd. 2, S. 434 f.

5 Chruschtschow hatte im April 1964 sein 70. Lebensjahr vollendet.

Funktionsentbindung aufkommen und lasse die Schlussfolgerung zu, dass dem Genossen Chruschtschow eventuell sein Ersuchen zur Entbindung »anheim« gestellt wurde.

Wiederholt trat in den Diskussionen der Bevölkerung das Argument auf, der wiederholte Funktionswechsel der führenden Staatsmänner in der SU sei dem Prestige der UdSSR und des ganzen sozialistischen Lagers abträglich. Auf der einen Seite werde von einer einheitlichen kollektiven Leitung gesprochen, auf der anderen Seite erfolgten jedoch solche Entscheidungen, die den Argumenten westlicher Politiker Auftrieb verleihen und zum andern die einfachen Menschen in den sozialistischen Staaten irreführen würden.

Im Ergebnis dieser »Einschätzungen« durch die Bevölkerung werden vielfach Spekulationen über die »wirklichen« Gründe, die zur Entbindung des Genossen Chruschtschow von seinen Obliegenheiten geführt haben könnten, angestellt. Dabei treten in der Hauptsache folgende Tendenzen in Erscheinung:

- Die Funktionsentbindung des Genossen Chruschtschow erfolgte aufgrund seiner China-Politik, die zu unbeweglich gewesen sei und zu keinen positiven Ergebnissen geführt habe.[6] Die Ablösung erfolge auf Betreiben der chinesischen Führer.[7] Genosse Chruschtschow würde »geopfert«, um eine Übereinstimmung der KPdSU mit China herbeiführen zu können.
- Staatsfunktionäre der SU seien mit der Deutschlandpolitik des Genossen Chruschtschow nicht einverstanden gewesen, insbesondere nicht mit der von ihm vorgesehenen Reise nach Westdeutschland.[8] In Verbindung mit

6 Seit Juni 1963 war aus innen- und außenpolitischen Differenzen in der Politik der kommunistischen Parteien Chinas und der Sowjetunion eine offene politische Polemik geworden (Brief der KP Chinas an die KPdSU »Vorschlag der Kommunistischen Partei Chinas zur generellen Linie der internationalen kommunistischen Bewegung«), die 1966 zum Abbruch der Beziehungen zwischen beiden Parteien führte und zur weltweiten Spaltung des Kommunismus in einen moskautreuen und einen maoistischen Flügel.

7 Die KP Chinas wünschte die Ablösung Chruschtschows zweifellos, allerdings verband sie damit auch einen allgemeinen Kurswechsel der KPdSU auf ihre Position: »Chruschtschows Sturz war ein gewaltiger Sieg des Marxismus-Leninismus. Es bedeutete jedoch weder das Verschwinden des Chruschtschowschen Revisionismus noch das Ende des Kampfes gegen den Chruschtschowschen Revisionismus.« – Den Kampf gegen den Chruschtschow-Revisionismus bis zum Ende führen – zum zweiten Jahrestag der Veröffentlichung des Dokumentes »Ein Vorschlag zur Generallinie der internationalen kommunistischen Bewegung«. Peking 1965, S. 7.

8 Am 27.7.1964 fand ein Gespräch des Bundeskanzlers Erhard mit dem sowjetischen Botschafter Smirnow statt, bei dem ein Gespräch Erhards mit dem Chefredakteur der sowjetischen Regierungszeitung »Iswestija« und Schwiegersohn Chruschtschows, Alexej Adshubej, ohne die Anwesenheit des sowjetischen Botschafters besprochen wurde. In diesem Gespräch wurde auch die Möglichkeit eines Besuches Chruschtschows in Bonn angesprochen. Vgl. AAPD, 1964, S. 879–883; vgl. Kosthorst, Daniel: Sowjetische Geheimpolitik in Deutschland? Chruschtschow und die Adschubej-Mission 1964. In: Vierteljahrshefte für Zeitgeschichte 44(1996)2, S. 257–293.

dieser Auffassung wird diskutiert, dass auch der Schwiegersohn des Genossen Chruschtschow, Genosse Adshubej,[9] von seiner Funktion abgelöst worden sei, vermutlich deshalb, weil er den Besuch des Genossen Chruschtschow in Westdeutschland vorbereitet habe. Ein Besuch eines führenden Staatsmannes der SU in Westdeutschland sei durch die Ereignisse nun wohl hinfällig geworden.

- Genosse Chruschtschow sei für die in der SU bestehenden wirtschaftlichen Schwierigkeiten verantwortlich zu machen. Er habe deshalb auch an der ZK-Tagung der KPdSU nicht teilgenommen und sei deshalb kritisiert worden.[10]

Weiter werden eine Reihe pessimistischer Stimmungen bekannt, die im Wesentlichen Folgendes beinhalten:

- Wird der Kurs der Politik der KPdSU beibehalten, oder welche Veränderungen sind zu erwarten. Verbunden damit sind auch Befürchtungen, dass es infolge einer möglichen Umstellung der Politik der UdSSR zu Komplikationen in der Weltpolitik kommen könnte, die sich auch in der DDR auswirken würden.
- Der Zeitpunkt für die Funktionsentbindung des Genossen Chruschtschow sei sehr ungünstig gewählt, da die Wahlen in den USA[11] bevorstünden und diese Veränderungen von den reaktionären Kreisen um Goldwater[12] ausgenutzt werden könnten.
- Der überraschende Funktionswechsel ließe befürchten, dass die bevorstehende Konferenz der kommunistischen und Arbeiterparteien in Moskau[13] ungenügend vorbereitet und nicht die erwarteten Ergebnisse brin-

9 Alexej I. Adshubej, Jg. 1924, 1959–64 Chefredakteur der sowjetischen Regierungszeitung »Iswestija«. Außenpolitischer Berater Chruschtschows. Seit 1949 mit Chruschtschows Tochter Rada verheiratet. Adshubej wurde noch auf demselben ZK-Plenum als Chefredakteur der »Iswestija« entlassen.

10 Die Tagung des ZK war am 12.10.1964 vom Präsidium des ZK bei Abwesenheit Chruschtschows einberufen worden. Chruschtschow wurde am 13.10.1964 zur Präsidiumssitzung einbestellt und auf der ZK-Tagung am 14.10.1964 ohne Diskussion abgesetzt. Laut Protokoll des ZK-Plenums nahm er daran teil. Vgl. Protokol N° 17 sasedania plenuma Zentral'nogo Komiteta Kommunistitscheskoj Partii Sowjetskogo Sojusa ot 14 oktjabrja 1964 goda. In: Artisow, Andrej; Naumow, Wladimir u. a. (Hg.): Nikita Chruschtschow 1964. Stenogrammy plenuma ZK KPSS i drugie dokumenty. Moskwa 2007 (Rossija XX wek. Dokumenty), S. 240; vgl. auch Šubin, Aleksandr: Beschluß des Plenums des CK der KPSS »Über den Genossen Chruščev N. S.«, 14. Oktober 1964, http://1000dok.digitale-sammlungen.de/dok_0016_abs.pdf (Zugriff 23.6.2016).

11 Die 45. Präsidentschaftswahlen der USA fanden am 4.11.1964 statt. Lyndon B. Johnson, der das Amt nach der Ermordung Kennedys 1963 übernommen hatte, wurde mit 61 % der Stimmen und 486 gegen 52 Wahlmännerstimmen wiedergewählt.

12 Barry Goldwater, Jg. 1909, Politiker, 1953–65 und 1969–87 Senator für Arizona, kandidierte 1964 für die Republikanische Partei für das Amt des Präsidenten der USA.

13 Seit der öffentlich ausgetragenen Kontroverse zwischen den kommunistischen Parteien Chinas und der Sowjetunion über die Generallinie versuchte die KPdSU die nicht Mao Zedong

gen würde. Besonders hinsichtlich der China-Frage könne es, da die einheitliche Führung durch Genossen Chruschtschow fehle, zu weiteren Zerwürfnissen auch zwischen den übrigen kommunistischen Parteien kommen.

In anderen Diskussionen, die jedoch einen geringeren Umfang haben, wird die Frage aufgeworfen, in welchem Maße sich die Funktionsveränderungen in der SU auch in anderen sozialistischen Ländern durch »Ablösungen« und Funktionsumbesetzungen auswirken würden.

Im Allgemeinen wird die Entbindung des Genossen Chruschtschow von seinen Obliegenheiten von breiten Teilen der Bevölkerung der DDR bedauert. In den Diskussionen kommt vielfach eine Hochschätzung der Person des Genossen Chruschtschow und seiner Arbeit zum Ausdruck, wobei erklärt wird, Genosse Chruschtschow habe sich während seiner Besuche in der DDR große Sympathien unter der Bevölkerung erworben.

Nur vereinzelt äußern sich nach bisher vorliegenden Informationen Bürger der DDR erfreut über die Veröffentlichungen. In ihren Argumenten bringen sie zum Ausdruck, dass Genosse Chruschtschow ähnlich wie Stalin dem Personenkult verfallen gewesen sei und es deshalb an der Zeit sei, eine Änderung in der Funktionsbesetzung vorzunehmen.[14] In Einzelfällen werden in Arbeitsräumen Bilder des Genossen Chruschtschow entfernt.

folgenden Parteien auf einer internationalen Konferenz stärker auf die eigene Linie einzuschwören. Das Vorhaben stieß auf Widerspruch bei den Parteien Italiens, Rumäniens und der Unmöglichkeit, die in Äquidistanz zu Moskau und Beijing verharrenden Parteien wie die Vietnams, Kubas oder Großbritanniens auf ein solches Vorhaben einzuschwören. Ein Konsultativtreffen fand schließlich erst nach der Ablösung Chruschtschows im März 1965, auf der der Führungsanspruch Moskaus keinen Raum mehr im Abschlussprotokoll fand. Die beabsichtigte Internationale Konferenz der kommunistischen und Arbeiterparteien fand aufgrund der vielfältigen Gegensätze zwischen den Parteien erst 1969 in Moskau statt.

14 In der Rede Michail Suslows zur Begründung der Absetzung Chruschtschows ist in der Tat dieses Argument ganz zentral vorgebracht worden. Suslow gebrauchte in diesem Zusammenhang Formulierungen, die dem sogenannten Testament Lenins – dessen »Brief an den Parteitag« mit dem Vorschlag, Stalin von der Funktion des Sekretärs der KPR abzulösen (In: Lenin, W. I.: Werke. Bd. 36, 1974, S. 577–582) – entlehnt waren, er bezichtigte Chruschtschow des Personenkults, der Verletzung der Kollektivität der Führung, des Subjektivismus und der groben Zerstörung der Leninschen Normen der Parteiführung. Vgl. Protokol N° 17 sasedanija plenuma Zentral'nogo Komiteta Kommunistitscheskoj Partii Sowetskogo Sojusa ot 14 oktjabrja 1964 goda. In: Artisow, Andrej; Naumow, Wladimir u. a. (Hg.): Nikita Chruschtschow 1964. Stenogrammy plenuma ZK KPSS i drugie dokumenty. Moskwa 2007 (Rossija XX wek. Dokumenty), S. 241.

30. Oktober 1964

Einzelinformation Nr. 964/64 über eine Schlägerei zwischen deutschen und polnischen Bürgern im Kombinat Schwarze Pumpe am 28. Oktober 1964

Quelle: BStU, MfS, ZAIG 862, Bl. 12–15 (7. Expl.).
Serie: Informationen.
Verteiler: Honecker, Neumann, Mittag, Winzer – MfS: Damm/Abt. X, Schröder/HA XVIII, Ablage.

Am 28.10.1964 ereignete sich im Kulturhaus des Wohnlagers I des Kombinates Schwarze Pumpe in der Zeit von 20.00 bis 24.00 Uhr während einer Tanzveranstaltung, an der ca. 25 polnische Bürger aus dem Wohnlager teilnahmen, insgesamt fünf Schlägereien.

Die sofort eingeleiteten Ermittlungen haben Folgendes ergeben: Gegen 20.00 Uhr kam es bereits am Eingang des Kulturhauses, als ein DDR-Bürger im betrunkenen Zustand, ohne Eintritt zu zahlen, den Tanzsaal betreten wollte, zur ersten Schlägerei. Dabei wurde die Glastür am Eingang beschädigt. (Der polnische Bürger [Name 1, Vorname] zog sich dabei Schnittwunden zu.)

Gegen 21.30 Uhr kam es vor der Bar des Tanzsaales zu einer Auseinandersetzung zwischen dem polnischen Bürger [Name 2, Vorname], geboren am [Tag, Monat] 1936, und einem DDR-Bürger. Durch das Eingreifen des VP-Hauptwachtmeisters [Name 3] konnte die Auseinandersetzung geschlichtet werden.

Von demselben polnischen Bürger wurde gegen 23.00 Uhr, ebenfalls vor der Bar, der DDR-Bürger [Name 4, Vorname], geboren [Tag, Monat] 1945, angegriffen. Diese Schlägerei wurde ebenfalls durch das Eingreifen des genannten VP-Angehörigen beendet. [Name 4] verließ daraufhin die Veranstaltung.

Unmittelbar danach begann der polnische Bürger [Name 2] erneut auf einen bisher unbeteiligten DDR-Bürger einzuschlagen. Beide wurden wiederum durch den VP-Angehörigen [Name 3] getrennt. Daraufhin sollte [Name 2] von den VP-Angehörigen [Name 3] aus dem Saal verwiesen werden. Da er sich jedoch wehrte, machten die VP-Angehörigen vom Schlagstock Gebrauch, wodurch [Name 2] am Kopf verletzt wurde. Zwei VP-Angehörige, [Name 3] und [Name 5], brachten den [Name 2] gemeinsam an die Tür und forderten ihn auf, seine Unterkunft aufzusuchen. Inzwischen war der Sekretär des polnischen Jugendverbandes hinzugekommen. Dieser suchte zu verhindern, dass [Name 2] aus dem Saal verwiesen wird. Da der [Name 2] der Aufforderung, nach Hause zu gehen, nicht Folge leistete, außerdem die übrigen anwesenden polnischen Bürger aufmerksam geworden waren, sich um den [Name 2] versammelten und diesen unterstützten, kam es erneut zu

Auseinandersetzungen. Etwa sieben bis acht polnische Bürger versuchten den VP-Angehörigen [Name 3] mit Fußtritten zu treffen, dieser wehrte sich jedoch wiederum mit dem Schlagstock. Die Gruppe konnte nochmals zerstreut werden.

Kurz danach entwickelte sich vor dem Kulturhaus erneut eine Schlägerei zwischen polnischen und bisher unbeteiligten DDR-Bürgern, die von den polnischen Bürgern provoziert wurden. An dieser Schlägerei waren ca. 20 Personen beteiligt. Die anwesenden Volkspolizisten schlichteten diese Schlägerei. Dabei versuchten die polnischen Bürger nochmals, den VP-Hauptwachtmeister [Name 3] zusammenzuschlagen, was dieser wiederum durch Gebrauch seines Schlagstockes verhinderte. Nach dieser Auseinandersetzung schlug der polnische Bürger [Name 6] nochmals auf einen DDR-Bürger ein. Er wurde daraufhin der Wache zugeführt.

Bei der Schlägerei wurden die polnischen Bürger [Name 7], [Name 2] und [Name 1] verletzt. Nach Meinung des Arztes Dr. [Name 8] sind die Verletzungen der polnischen Bürger ungefährlich.

Die Ermittlungen zu den Ursachen der Auseinandersetzungen ergaben, dass der polnische Bürger [Name 2] als Initiator der Schlägerei anzusehen ist, wobei sein Auftreten erheblich davon beeinflusst wurde, dass er unter starkem Alkoholeinfluss stand. Gleichzeitig ist jedoch einzuschätzen, dass das Eingreifen des VP-Angehörigen [Name 3] im Saal unnötig hart war und eine Ausweitung der Schlägerei begünstigte. Auf diese Vorgänge wirkte weiter der Umstand ein, dass gegenwärtig von den polnischen Bürgern, die in kurzer Zeit in ihre Heimat zurückkehren werden, häufig Abschiedsfeiern organisiert werden, bei denen über das gewöhnliche Maß hinaus dem Alkohol zugesprochen wird. Bei den Tanzveranstaltungen im Wohnlager, bei denen nur ein geringer Prozentsatz weiblicher Personen anwesend ist, ereignen sich dann vielfach Auseinandersetzungen und Schlägereien.

Wie die Untersuchungen weiter ergaben, sind die polnischen Bürger [Name 2] und [Name 6] bereits mehrmals in Schlägereien verwickelt gewesen. Es wurden deshalb in Übereinstimmung mit den polnischen Betreuern Maßnahmen eingeleitet, die eine schnelle Rückführung beider Personen in die VR Polen gewährleisten.

Da derartige Abschiedsfeiern u. a. noch am 30.10.1964 im Café »Nowka« in Spremberg und am 31.10.1964 in der HO-Gaststätte »Schwarze Pumpe« stattfinden und bereits Äußerungen polnischer Bürger bekannt wurden, wonach »noch einmal abgerechnet werden soll«, wurden Maßnahmen zur Verhinderung weiterer Zwischenfälle eingeleitet.

Am 28.10.1964, in der Zeit von 21.00 bis 23.00 Uhr, ereignete sich im Kulturhaus Laubusch, Kreis Hoyerswerda, ebenfalls eine Schlägerei, an der insgesamt vier polnische Bürger und fünf Bürger der DDR beteiligt waren. Die DDR-Bürger wurden in der genannten Zeit nacheinander in die Schlägerei mit den polnischen Bürgern verwickelt. Der DDR-Bürger [Name 9] musste aufgrund von Verletzungen im Gesicht ins Krankenhaus eingeliefert werden.

Die übrigen DDR-Bürger haben ebenfalls Verletzungen und sind sämtlich arbeitsunfähig.

Ermittlungen zu den Ursachen ergaben, dass am 28.10.1964 Geld ausgezahlt wurde, was bei den polnischen Bürgern, die ebenfalls in Kürze in ihre Heimat zurückkehren, zum Anlass genommen wurde, übermäßig Alkohol zu sich zu nehmen. Im angetrunkenen Zustand kam es dann zu dieser Schlägerei.

Von verschiedenen polnischen Bürgern im Wohnlager Laubusch wurden ebenfalls weitere Schlägereien angekündigt. So hat der polnische Bürger [Name 10], der an dieser Schlägerei beteiligt war, dem VP-Angehörigen Leutnant [Name 11] vom BS-Amt angedroht, dass ihm das Gleiche geschehen würde. Weiterhin wurde von polnischen Bürgern geäußert, dass sie zwei Tage vor ihrer Rückreise nach Polen Laubusch noch einmal »auf den Kopf stellen« werden, wobei sie den genannten VP-Angehörigen, vier weitere Angehörige des BS-Amtes und den Wohnlagerleiter [Name 12] aufhängen wollen.

Entsprechende Sicherungsmaßnahmen wurden in Zusammenarbeit mit der Volkspolizei eingeleitet.

3. November 1964

Bericht Nr. 977b/64 über die Ursachen des Eisenbahnunfalles an der Ausfahrt des Bahnhofes Langhagen, [Kreis] Güstrow, [Bezirk] Schwerin, der Strecke Berlin – Rostock am 1. November 1964 [2. Fassung]

Quelle: BStU, MfS, ZAIG 827, Bl. 67–72 (8. Expl.).
Serie: Informationen.
Verteiler: Ulbricht, Honecker, Leuschner, Mittag – MfS: HA XIX, Schröder, Ablage.
Bemerkungen: Anonymisierung erfolgt analog zu Information 977a/64.
Verweis: Information 977a/64.

Die Untersuchungen zur Aufklärung der Ursachen für die Kollision des Schnellverkehrszuges D 1193 – Städteschnellverkehr Berlin – Rostock – mit dem Durchgangsgüterzug Nr. 7913 am 1.11.1964, gegen 20.21 Uhr, an der Ausfahrt des Bahnhofs Langhagen,[1] Kreis Güstrow, [Bezirk] Schwerin, erbrachten folgendes Ergebnis:

Der Bahnhof Langhagen liegt an der eingleisigen Hauptbahn Waren – Lalendorf der neuerbauten Abfuhrstrecke Rostock – Berlin.

Zur Durchfahrt sind auf dem Bahnhof Langhagen drei Gleise vorhanden, die mit elektrischen Ein- und Ausfahrtsignalen versehen sind. Ein weiteres Gleis dient zur Durchführung von Rangierfahrten und zur Bedienung der Ladestraße.

Am 1.11.1964, gegen 19.50 Uhr, spannte die Lok 50323, besetzt mit dem Lokführer [Name 2, Vorname] und dem Lokheizer [Name 3, Vorname] (Bw Güstrow), im VEB Kies- und Betonwerk Langhagen einen für den Überseehafen Rostock bestimmten Güterzug an, der aus zwölf sechsachsigen, mit Kies beladenen Rungenwagen bestand.

Unmittelbar danach wurde vom Lok-Personal gemeinsam mit dem Zugfertigsteller [Name 4] eine volle Bremsprobe durchgeführt. Das einwandfreie

1 Die DDR-Presse berichtete unmittelbar über das Ereignis. Vgl. Folgenschweres Eisenbahnunglück. In: ND v. 2.11.1964, http://zefys.staatsbibliothek-berlin.de/ddr-presse/ergebnisanzeige/?purl=SNP2532889X-19641102-0-1-13-0 (26.1.2017); Tatkräftige Hilfsmaßnahmen der Regierung. In: ND v. 3.11.1964, http://zefys.staatsbibliothek-berlin.de/ddr-presse/ergebnisanzeige/?purl=SNP2532889X-19641103-0-1-6-0 (26.1.2017): Strecke wieder frei/In Untersuchungshaft/Gespräche im Krankenhaus. In: ND v. 4.11.1964, http://zefys.staatsbibliothek-berlin.de/ddr-presse/ergebnisanzeige/?purl=SNP2532889X-19641104-0-2-21-0 (26.1.2017), http://zefys.staatsbibliothek-berlin.de/ddr-presse/ergebnisanzeige/?purl=SNP2532889X-19641104-0-2-22-0 (26.1.2017), http://zefys.staatsbibliothek-berlin.de/ddr-presse/ergebnisanzeige/?purl=SNP2532889X-19641104-0-2-23-0 (26.1.2017). In Auswertung des Unglücks gab das Ministerium für Verkehrswesen eigens eine Broschüre heraus: An Alle Eisenbahnerinnen und Eisenbahner. Broschüre zum Eisenbahnunglück von Langhagen am 1. November 1964. Berlin 1964. Vgl. auch Ritzau, Hans-Joachim; Höstel, Jürgen: Eisenbahnunfälle in Deutschland. Bd. 2: Die Katastrophenszenen der Gegenwart. Pürgen 1983, S. 177 f.

Funktionieren der Bremsanlage wurde festgestellt und durch den Zugfertigsteller [Name 4] auf dem Bremszettel bestätigt.

Gegen 20.15 Uhr erhielt das Lok-Personal vom Fahrdienstleiter des Bahnhofs Langhagen über den Zugfertigsteller [Name 4] die Genehmigung, den fertig gestellten Kieszug aus dem Kies- und Betonwerk in den Bahnhof Langhagen einzufahren. Das Einfahrtsignal für den Güterzug auf dem Bahnhof Langhagen stand bei Eintreffen desselben auf »Gelb-Gelb«, gleichbedeutend mit »Fahrt frei mit beschränkter Geschwindigkeit bis zum nächsten Signal«.

Der Dg 7913 fuhr daraufhin in den Bahnhof Langhagen – Gleis 4 – mit einer Geschwindigkeit von ca. 10 bis 15 km/h ein. In Höhe des Fahrdienstleiterraumes sprang der Zugfertigsteller [Name 4], nachdem vom Lok-Personal die Geschwindigkeit des Zuges bis auf Schritttempo vermindert worden war, von der Lok ab. Der Lokheizer fragte den [Name 4], ob sie gleich weiterfahren könnten. [Name 4] erwiderte jedoch, erst den Fahrdienstleiter fragen zu müssen. Zu diesem Zeitpunkt sah das Lok-Personal, in ungefährer Höhe des Stellwerkes vom Bahnhof Langhagen, dass sich das für ihren Zug zutreffende Ausfahrtsignal auf »Halt« befand. Gleiche Wahrnehmungen machten sie von den beiden anderen links von ihrem Gleis befindlichen Ausfahrtsignalen.

Der Zugfertigsteller [Name 4] teilte dann mit, dass sie »Halt« hätten, da für den Dg 7913 eine Kreuzung bevorstände. Dem Lokführer war – unabhängig von dem Hinweis des [Name 4] – ebenfalls bekannt, dass es zu einer Kreuzung mit dem Schnellverkehrszug D 1193 kommen musste, da die planmäßige Abfahrzeit für den Dg 7913 erst für 20.36 Uhr, also nach Durchfahrt des D-Zuges vorgesehen war.

Nachdem die Lok des Güterzuges den Fahrdienstleiterraum passiert hatte, fuhr der Zug mit einer Geschwindigkeit von 10 bis 15 km/h auf dem Gleis 4 des Bahnhofs Langhagen weiter. Der Lokführer beabsichtigte, den Zug in seiner vollen Länge auf das Gleis 4 des Bahnhofs Langhagen aufzufahren und dann erst zu halten und weitere Signale abzuwarten.

Die Lokomotive des Dg 7913 fuhr in Rückwärtsstellung mit Tender voraus, sodass der Lokführer nicht unmittelbar die Signalanlage des Gleises 4, die sich rechtsseitig befindet, beobachten konnte.

Über die weitere Fahrt gibt der Lokführer an, ungefähr 200 m vor dem Ausfahrtsignal von seinem Heizer verständigt worden zu sein, dass ihr Ausfahrtsignal auf »Freie Fahrt« gestellt worden sei. Der Lokführer will sich von dieser Feststellung seines Heizers überzeugt haben. Nach eigenen Angaben hat sich der Lokführer etwas höher gestellt und sich aus dem Fenster gebeugt, wobei er angeblich das für ihren Zug zutreffende Signal mit dem Signalbild »Grün-Gelb« – gleichbedeutend mit »Freie Ausfahrt mit beschränkter Geschwindigkeit im anschließenden Weichenbereich, dann Höchstgeschwindigkeit« – erkannt haben will.

Nach dem »Erkennen« des Signals »Freie Fahrt« durch den Lokführer erfolgte eine Beschleunigung des Zuges auf etwa 20–25 km/h.

Beim unmittelbaren Passieren des Ausfahrtsignals erkannte der Lokführer, auf seinem Posten links in der Lokomotive stehend, dass das Ausfahrtsignal für das Gleis 1 – der Hauptfahrtrasse, auf die er hätte fahren müssen – auf »Fahrt frei« gezogen war.

Unmittelbar nach dieser Feststellung, aufgrund der er zu der Einschätzung kam, dass die Signalgebung für den Dg 7913 nicht ordnungsgemäß erfolgt sei, will der Lokführer sofort die Bremsung eingeleitet haben. Der Lokheizer hat jedoch nach seinen Aussagen keine Bremsschaltung des Lokführers wahrgenommen. (Durch die Untersuchungen wurde festgestellt, dass lediglich die Zusatzbremse, die nur eine Bremsung der Lok bewirkt, bedient worden ist, jedoch keine Schnellbremsung erfolgte, durch die der gesamte Wagenzug gebremst wird. Eine Zugbremsung, wie sie in solchen Fällen anzuwenden ist, erfolgte vom Lokführer nicht. Die Zusatzbremse ist möglicherweise auch nur deshalb betätigt worden, weil die Überfahrt auf das Gleis 1 erfolgen sollte.)

Da auch die Weiche 4, die den Fahrweg vom Gleis 4 auf das Gleis überleitet, nicht umgelegt war, überfuhr der Dg 7913 die Weiche 4 und fuhr in das noch ca. 230 m lange Stumpfgleis auf. Der am Ende befindliche stählerne Bremsprellbock wurde umgefahren. Da am Prellbock das Gleis endete, drangen Tender und Lokomotive in das anschließende Erdreich ein. Die nachfolgenden Rungenwagen übten dabei einen so starken Druck aus, dass der Tender an der rechts befindlichen Böschung hochgeschoben wurde und die Lokomotive sich nach rechts drehend zur Seite neigte.

Die weiter nachdrückende Zuglast bewirkte in Verbindung mit der seitlichen Verschiebung der Lokomotive, dass der unmittelbar hinter der Lokomotive laufende Rungenwagen fast senkrecht aufkletterte. Dieser Wagen neigte sich dann auf die linke Seite, entlud den Kies und fiel mit dem Untergestell auf den zum gleichen Zeitpunkt auf dem Gleis 1 (Hauptfahrtrasse) mit etwa 100 km/h vorbeifahrenden Schnellzug D 1193. (Der Schnellverkehrszug D 1193, bestehend aus Lokomotive, Postwagen und sieben Reisezugwagen, verkehrt planmäßig von Berlin nach Rostock und passierte zu diesem Zeitpunkt, gegen 20.21 Uhr, den Bahnhof Langhagen. Das Ausfahrtsignal für den D 1193 zeigte ordnungsgemäß grünes Licht an – gleichbedeutend mit »Freie Fahrt«.) Infolge des Aufpralls des ersten Rungenwagens wurden der 3. und 4. Wagen des D 1193 leicht beschädigt, die nachfolgenden Wagen 5, 6 und 7 diagonal aufgerissen und vollkommen zertrümmert und der Wagen 8 abgerissen und stark zerstört. Der übrige Zugteil – Lokomotive, Postwagen und sechs Reisezugwagen, von denen die drei letztgenannten aufgerissen waren – erhielten dadurch Zwangsbremsung und kamen aber aufgrund der großen Geschwindigkeit erst 300 m hinter der Unfallstelle zum Halten.

Aufgrund des Bahnunfalles wurden insgesamt

- 36 Personen sofort tödlich verletzt,
- fünf Personen sind an ihren Verletzungen im Krankenhaus bisher erlegen,
- 74 Personen erlitten z. T. schwere Verletzungen und befinden sich in stationärer Behandlung in den Kreiskrankenhäusern Güstrow (48), Teterow

(17), Rostock (5), Neustrelitz (2) und Greifswald (2). Von diesen 74 Personen schweben nach bisherigen Informationen noch sechs in Lebensgefahr.

- 143 Fahrgäste konnten wegen leichterer Verletzungen nach ambulanter Behandlung in ihre Heimatorte entlassen werden.

Durch den Betriebsunfall wurden insgesamt vier Reisezugwagen total zerstört, eine Lokomotive stark beschädigt und ca. 300 m Oberbau beschädigt. Die Schadensumme beläuft sich nach vorläufigen Schätzungen der Experten auf ca. 1,2 Mio. MDN. Die Strecke Lalendorf – Waren musste bis zum 2.11.1964, 17.00 Uhr, in beiden Fahrtrichtungen gesperrt werden.

Aufgrund des festgestellten Tatbestandes erfolgte die Festnahme des Lokführers des Dg 7913 [Name 2, Vorname], geboren [Tag, Monat] 1920 in Kurtschow/Polen[2], wohnhaft Güstrow, [Straße, Nr.], Beruf Maschinenschlosser und Meister der volkseigenen Industrie (Lok), Lokführer bei der DR, Bw Güstrow seit 1948 mit viermonatiger Unterbrechung 1960, 1960 wegen fahrlässiger Transportgefährdung vom Kreisgericht Sternberg zu acht Monaten Gefängnis bedingt mit zweijähriger Bewährungszeit verurteilt wegen eines fahrlässig verursachten frontalen Güterzugzusammenstoßes auf dem Bahnhof Sternberg. Nach eigenen Angaben war er an weiteren zwei unverschuldeten Bahnbetriebsunfällen beteiligt. (1956 auf dem Bahnhof Teterow: Flankenfahrt mit Lok; 1962 auf dem Bahnhof Adamsdorf: Auffahrt auf abgestellten Zementwagen) und des Lokheizers [Name 3], geboren [Tag, Monat] 1944 in Stettin/Polen, wohnhaft Güstrow, [Straße, Nr.], ohne erlernten Beruf (mehrwöchige Ausbildung als Lokheizer), tätig als Lokheizer bei der DR, Bw Güstrow.

In der bisherigen Untersuchung wurde festgestellt, dass die beiden genannten Personen am Morgen des 1.11.1964, gegen 7.30 Uhr, in guter geistiger und körperlicher Verfassung ihren Dienst begonnen haben. Sie hatten vorher ausreichende Ruhe und auch genügend Schlaf.

Nach Übernahme der Lok Nr. 50323 im Bw Güstrow erfolgte eine Fahrt nach Rostock Überseehafen, danach erfolgte mit einem anderen Güterwagenpark die Rückfahrt über Güstrow nach Langhagen.

Der Lokführer [Name 2] gibt in der bisherigen Untersuchung an, während seiner gesamten Tätigkeit als Lokführer alle Strecken der Reichsbahnämter Güstrow, Rostock und z. T. auch des Reichsbahnamtes Wittenberge befahren zu haben und besonders im Bereich des Reichsbahnamtes Güstrow gute Kenntnisse über die Strecken und über die Lage sowie die Besonderheiten der einzelnen Bahnhöfe zu besitzen.

Die bisherigen Aussagen des Lokführers und des Lokheizers, wonach das Ausfahrtsignal des von ihnen befahrenen Gleises 4 auf »Grün-Gelb« – »Freie

2 Kurtschow, Landkreis Crossen, heute Korczyców (Kreis Krośnieński, Wojewodschaft Lebus).

Ausfahrt mit beschränkter Geschwindigkeit im anschließenden Weichenbereich, danach Höchstgeschwindigkeit« – gestanden haben soll, entsprechen nicht den Tatsachen.

Die Überprüfungen am Unfallort durch Experten, die technische Nachprüfung der Schaltstellungen im Weichen- und Signalsystem und vorliegende Zeugenaussagen ergaben einwandfrei, dass das Ausfahrtsignal des Gleises 4 rotes Licht – Haltestellung – anzeigte, während für den Schnellzug D 1193 auf dem Gleis 1 die Fahrstrecke gelegt war und das Ausfahrtsignal grünes Licht – »Fahrt-frei-Stellung« – anzeigte.

Weiter wurde nachgewiesen, dass der Lokführer [Name 2] – entgegen seinen bisherigen Aussagen – es bei Erkennen der Gefahr unterlassen hat, die Schnellbremse zu betätigen, durch die sämtliche Bremsen am gesamten Güterzug wirksam werden. Bei Betätigung der Schnellbremsung hätte möglicherweise der folgenschwere Unfall vermieden werden können.

Weitere Untersuchungen werden geführt.[3]

3 Gegen [Vorname Name 2] und [Vorname Name 3] wurde am 16.3.1965 ein Gerichtsverfahren eröffnet, in dem sie zu fünf bzw. dreieinhalb Jahren Haft verurteilt wurden. Vgl. Chudzinski, Michael: Zugunglück Langhagen vor Gericht. In: ND v. 17.03.1965, http://zefys.staatsbibliothek-berlin.de/ddr-presse/ergebnisanzeige/?purl=SNP2532889X-19650317-0-2-168-0 (26.1.2017); Urteil im Eisenbahnprozeß. In: ND v. 21.3.1965, http://zefys.staatsbibliothek-berlin.de/ddr-presse/ergebnisanzeige/?purl=SNP2532889X-19650321-0-2-42-0 (26.1.2017).

24. November 1964

Einzelinformation Nr. 1040/64 über Währungsspekulationen mit Mark der Deutschen Notenbank in Westdeutschland und Westberlin

Quelle: BStU, MfS, ZAIG 970, Bl. 1–11 (8. Expl.).
Serie: Informationen.
Verteiler: Kein Nachweis für externe Verteilung – MfS: Hüttner z. K., Beater, Schröder/HA XVIII, Ablage.
Vermerk: Handschriftlich über dem Verteiler: »nicht rausgegangen«.
Bemerkungen: Nicht realisierter externer Verteilervorschlag (im Dokumentenkopf): Ulbricht, Honecker, Stoph, Norden.

Über die in Westdeutschland und Westberlin betriebenen Währungsspekulationen mit Mark der Deutschen Notenbank liegt dem MfS eine größere Anzahl von Informationen und Untersuchungsergebnissen vor. Nach dem Bericht einer zuverlässigen Quelle, deren Angaben jedoch noch unvollständig sind, werden demnach allein in Westberlin, ohne Berücksichtigung der aus Westdeutschland eingeführten MDN-Beträge, jährlich ca. 18 bis 20 Mio. MDN zu Währungsspekulationen illegal gehandelt. Die in Westdeutschland gehandelten Summen MDN sind nach vorliegenden Hinweisen noch wesentlich höher. Ein erheblicher Teil der in Westberlin gehandelten Beträge MDN stammt aus Geldern der Lohnausgleichskasse des Westberliner Senats. Es handelt sich dabei um Beträge, die von Angehörigen der Deutschen Reichsbahn in Westberlin, die 40 % ihres Lohnes in MDN ausgezahlt erhalten, zum Umtausch gebracht werden (an Mitarbeiter der Reichsbahn in Westberlin wurden ausgezahlt: 1963 = 11 795 000 MDN, 1964/I.–III. Quartal: 11 617 000 MDN.)[1]

Im Zusammenhang mit den Forderungen der DDR, die Währungsspekulationen in Westberlin zu unterbinden, wurden aus dem Westberliner Senat Informationen bekannt, wonach insbesondere Kreise um Mattick[2] die Auffassung vertreten würden, bei Maßnahmen der DDR den Geldumtausch in den sogenannten Lohnausgleichskassen[3] einzustellen.

1 Gegen den Geldumtausch in Westberlin gab die DDR-Regierung wenige Tage vor dieser Information eine Erklärung ab, in der »entsprechende Maßnahmen« ankündigt wurden, um die illegale Ein- und Ausfuhr von Ostmark zu unterbinden. Stellungnahme der Regierung der Deutschen Demokratischen Republik zur Wiedererrichtung von Wechselstuben in Westberlin und zu deren offener Unterstützung durch den Westberliner Senat. Abgegeben vom Ersten Stellvertreter des Ministers für Finanzen, Horst Kaminsky, vor der Volkskammer am 19. November 1964. In: Dokumente zur Außenpolitik der Deutschen Demokratischen Republik 1964. Bd. XII, Berlin 1966, S. 494–497.

2 Kurt Mattick, Jg. 1908, SPD-Politiker, 1947–52, 1958–63 stellv. Landesvorsitzender der SPD Berlin, 1963–68 Landesvorsitzender, 1953–80 MdB

3 1949 durch die westlichen Besatzungsmächte eingerichtete Kasse, durch die für Arbeitneh-

Die Währungsspekulationen mit MDN in *Westberlin* werden von allen Banken, die ein Sortimentsgeschäft (Tausch von Währungen aller Länder) betreiben, durchgeführt. Dies trifft auf folgende Banken zu: Berliner Bank, Berliner Discontbank, Commerzbank, Bank für Handel und Gewerbe, Bank für Handel und Industrie, Volksbank, Weber-Bank, Deutsche Verkehrs-Kredit-Bank und die Sparkassen der Stadt Berlin (West).

Diese Banken unterhalten in ihren Filialen sogenannten »Ostkassen« und spezielle Wechselstellen, wie z. B. am Bahnhof Zoo, für den An- und Verkauf von MDN. Wechselstuben für den alleinigen An- und Verkauf von MDN, wie sie bis zum August 1961 existierten, gab es bis zum 2. Passierscheinabkommen[4] nicht mehr. Mit Beginn des 2. Passierscheinabkommens wurden von einigen Geschäftsleuten und anderen privaten Währungsspekulanten, so z. B. von dem bekannten Willi Momser,[5] erneut Wechselstuben für den alleinigen An- und Verkauf von MDN eingerichtet, so u. a. in dem Kaffeegeschäft MK in Berlin-Charlottenburg, Joachimsthaler Straße/Ecke Hardenbergstra-

merinnen und Arbeitnehmer, die im jeweils anderen Teil der Stadt lebten, Teile ihres Einkommens in die jeweils andere Währung umgetauscht wurde. Ursprünglich erhielten Ostberlinerinnen und Ostberliner, die in Westberlin arbeiteten 10 % ihres Einkommens in Westmark und 90 % in Ostmark ausgezahlt, während Westberlinerinnen und Westberliner, die im Osten arbeiteten, 60 % ihres in Ostmark erhaltenen Einkommens zum Kurs von 1:1 in Westmark umtauschen konnten. Die Umtauschrate für Westgrenzgänger verbesserte sich bis zum 13. August 1961 auf 40 % des Einkommens in Westmark. Vgl. Schütrumpf, Jörn: Das Grenzgängerproblem im Berliner Raum 1948/49 bis 1961, phil. Diss. Berlin 1986.

4 Zwischen der Regierung der DDR und dem Senat von Westberlin wurde erstmals am 17.12.1963 eine Vereinbarung über die Ausgabe von Passierscheinen für Bürgerinnen und Bürger mit dem ständigen Wohnsitz in Westberlin für den Besuch des Ostsektors der Stadt für den Zeitraum vom 19.12.1963 bis zum 5.1.1964 getroffen. Das 2. Passierscheinabkommen wurde nach mehrmonatigen Verhandlungen am 24.9.1964 unterzeichnet und vereinbarte Besuche für zwei Wochenenden Ende Oktober/Anfang November sowie über Weihnachten und Neujahr 1964/65. Allerdings erlaubte das Passierscheinabkommen ihnen zwar den Besuch im Osten, den Ostberlinerinnen und Ostberlinern blieb der Weg nach Westen aber auch weiterhin versperrt. Vgl. Alisch, Steffen: Berlin ↔ Berlin. Die Verhandlungen zwischen Beauftragten des Berliner Senats und Vertretern der DDR-Regierung zu Reise- und humanitären Fragen 1961–1972. Berlin 2000 (Arbeitspapiere des Forschungsverbundes SED-Staat; 31/2000); Huhn, Eckart: Die Passierscheinvereinbarungen des Berliner Senats mit der Regierung der DDR 1963 bis 1966. Deutsch-Deutsche Verhandlungen zur Überwindung der politischen Sprachlosigkeit und der Milderung menschlicher Härten als Folge des Mauerbaus. Ludwigsfelde 2011; Kunze, Gerhard: Grenzerfahrungen. Kontakte und Verhandlungen zwischen dem Land Berlin und der DDR 1949–1989. Berlin 1999 (Studien des Forschungsverbundes SED-Staat an der Freien Universität Berlin).

5 Zu Willi Momsers Wechselstube Chaussee-/Müllerstraße in Berlin-Wedding vgl. die Stellungnahme der Regierung der Deutschen Demokratischen Republik zur Wiedererrichtung von Wechselstuben in Westberlin und zu deren offener Unterstützung durch den Westberliner Senat. Abgegeben vom Ersten Stellvertreter des Ministers für Finanzen, Horst Kaminsky, vor der Volkskammer am 19. November 1964. In: Dokumente zur Außenpolitik der Deutschen Demokratischen Republik 1964. Bd. XII, Berlin 1966, S. 496.

ße, sowie in Geschäften in der Nähe der Grenzübergangsstellen Heinrich-Heine-Straße und Chausseestraße.

Wie von einer zuverlässigen Quelle bekannt wurde, sind die Westberliner Banken, z. B. die Commerzbank, mit der Wiederaufnahme der Tätigkeit dieser Wechselstuben nicht einverstanden. Es sollen Bestrebungen im Gange sein, diese privaten Wechselstubenbesitzer zur Einstellung ihrer Währungsgeschäfte zu veranlassen.

Der Umtauschkurs MDN : DM/West wird täglich nach Absprachen der Banken untereinander und in Zusammenarbeit mit dem Bankenaufsichtsamt des Westberliner Senats festgelegt. Die Festsetzung der Kurse soll im Wesentlichen dem jeweiligen Angebot und der Nachfrage nach MDN entsprechen. Tatsächlich übt jedoch der Westberliner Senat u. a. mithilfe seiner Lohnausgleichskasse einen wesentlichen Einfluss auf die Kursfestsetzung aus. So wurde bekannt, dass die Lohnausgleichskasse, deren monatlicher Umtauschbetrag 1,2 bis 1,3 Mio. MDN beträgt, die MDN-Beträge bei den Banken dann gegen DM/West eintauscht, wenn der Kurs sehr niedrig steht. Bei hohem MDN-Angebot stoppt die Lohnausgleichskasse den Umtausch in Westmark. Die damit vom Senat angestrebte »Kurspflege« stößt teilweise auf den Widerstand einflussreicher Währungsspekulanten, die aus spekulativen Gründen größere Beträge MDN aufkaufen und aus den von ihnen erzeugten Kursschwankungen ihre Gewinne schöpfen.

Mit Beginn der Besuche Westberliner Bürger in der Hauptstadt der DDR und der Reisen von im Rentenalter stehenden DDR-Bürgern nach Westberlin hat der illegale Handel mit MDN in Westberlin zugenommen. Der Schwindelkurs stieg von einem Umtauschverhältnis von 1 DM/West : 2,65 MDN auf 1 DM/West : 3,65 MDN. Gleichzeitig wurde festgestellt, dass die Westberliner Banken und Sparkassen ihre Wechselstellen personell verstärkten. Nach vorliegenden Überprüfungsergebnissen sind während des 2. Passierscheinabkommens verhältnismäßig hohe Beträge MDN (zwischen 20,00 und 50,00 sowie 100 und 200 MDN) zum Schwindelkurs gewechselt worden. Zum Beispiel kauften am 1.11.1964 in der Wechselstube am Bahnhof Zoo innerhalb einer Stunde 75 Personen Beträge zwischen 20,00 und 200 MDN, um diese in die Hauptstadt der DDR einzuführen. Auch in den folgenden Tagen wurden ähnliche Beobachtungen gemacht.

Weiter wurde festgestellt, dass im Verlaufe des Besuchszeitraumes vom 30.10. bis 12.11.1964 aus der Hauptstadt der DDR nach Westberlin zurückkommende Personen in zunehmendem Maße größere Beträge MDN in DM/West eintauschten. Zum Beispiel war am 3.11.1964 in der Wechselstelle am Bahnhof Zoo das Angebot an MDN größer als die Nachfrage. Beobachtungen zeigten, dass innerhalb von 25 Minuten 15 Personen Beträge von 400 bis 500 MDN zum Verkauf gegen DM/West anboten.

In einer Reihe von Fällen gab es Hinweise auf die Tätigkeit sogenannter ambulanter Währungsspekulationen, die in Westberlin in der Umgebung der Grenzübergangsstellen MDN zum Verkauf anboten.

In *Westdeutschland* wird MDN von fast allen Banken, Kreditinstituten und Sparkassen gehandelt. Nach vorliegenden Umtauschbescheinigungen tritt dabei insbesondere die Deutsche Verkehrs-Kredit-Bank/Aktiengesellschaft in Erscheinung, die auf großen Bahnhöfen und vor allem auf den westdeutschen Grenzbahnhöfen Wechselstellen unterhält. Wie bekannt wurde, führen Angestellte dieser Bank auch in den Zügen des innerdeutschen Reiseverkehrs Währungsspekulationen durch. Weiterhin wurden Währungsgeschäfte mit MDN unter anderem von der Commerzbank, der Deutschen Bank, der Dresdner Bank, der Kreditbank Essen, der Landesbank Saarbrücken, der Volksbank Schwäbisch-Hall, der Bayerischen Bank, der Deutschen Hypothek- und Wechselbank Bad Reichenhall und einer Vielzahl von Stadtsparkassen getätigt.

Dabei ist zu beachten, dass kleinere Bankfilialen und Sparkassen, die nicht im Besitz von MDN sind, Vorbestellungen annehmen und die verlangten Beträge MDN von den Großbanken beziehen.

Die in Westberlin und Westdeutschland zu Währungsspekulationen benutzten MDN sind (außer den an die Westberliner Reichsbahnangestellten[6] ausbezahlten MDN[7]) mit den verschiedensten Mitteln und Methoden illegal aus der DDR ausgeschleust worden.

Einen gewissen, wenn auch bei Weitem unvollständigen Überblick über das Ausmaß der illegalen Ein- und Ausschleusungen von MDN zeigen die Ergebnisse der von der Zollverwaltung an den KPP an der Staatsgrenze West und Westberlin durchgeführten Kontrollen. So wurden in der Zeit vom 1.1.1964 bis 30.9.1964 durch die Zollverwaltung 1 393 228,82 MDN (1963: 952 575,80 MDN) bei Kontrollen eingezogen.

Der größte Teil dieser Einziehungen von MDN erfolgte bei westdeutschen Bürgern, die mit Aufenthaltsgenehmigungen für die DDR über die KPP ein- bzw. ausreisten. Dabei wurden die Zahlungsmittel nur aufgrund stichprobenweiser Kontrollen, die nach Bekanntwerden begründeter Verdachtsmomente erst zu umfassenden Kontrollen führten, festgestellt.

Weitere Beträge MDN wurden in Brief- und Paketsendungen illegal nach Westberlin und Westdeutschland ausgeführt bzw. von dort illegal in die DDR eingeschleust. Aufgrund vorhandener Verdachtsmomente durchgeführte Kontrollen ergaben, dass sich allein in der Zeit vom 1.10.1964 bis

6 Die von der DDR betriebene Deutsche Reichsbahn verfügte aufgrund von Vereinbarungen der Siegermächte auch über das Verkehrsrecht in Westberlin, was die S-Bahn und den Fernverkehr betraf. Zum besonderen Status der Reichsbahn im Westteil der Stadt vgl. Ciesla, Burghard: Als der Osten durch den Westen fuhr. Die Die Geschichte der Deutschen Reichsbahn in Westberlin. Köln, Weimar, Wien 2006.

7 Die neuen Geldscheine der DDR-Notenbank mit der Währungsbezeichnung »Mark der Deutschen Notenbank« (MDN) waren erst am 1.8.1964 eingeführt worden. Die neuen Banknoten wurden sukzessive in Verkehr gebracht, die alten behielten ihre Gültigkeit bis zum 30.4.1965.

20.11.1964 in Briefsendungen von Bewohnern der Hauptstadt der DDR nach Westberlin und Westdeutschland Geldscheine im Werte von insgesamt 12 265 MDN befanden. Im gleichen Zeitraum wurden in Briefsendungen von Westberlin und Westdeutschland an Bürger der Hauptstadt Banknoten im Werte von 4 210 MDN festgestellt.

Alle über die Staatsgrenze der DDR ein- und ausreisenden westdeutschen und Westberliner Bürger sowie Ausländer wurden in Merkblättern der Zollverwaltung mit den für die Ein- und Ausfuhr von Zahlungsmitteln in der DDR geltenden gesetzlichen Bestimmungen vertraut gemacht und haben somit vom Verbot der Ein- und Ausfuhr von MDN Kenntnis. Bekannt ist auch, dass Personen, die in westdeutschen und Westberliner Wechselstellen MDN kaufen, auf dieses Verbot aufmerksam gemacht wurden, was oftmals mit entsprechenden Hinweisen verbunden ist, das Geld beim Grenzübertritt gut zu verstecken. Die Umtauschbescheinigungen über den Kauf und Verkauf von MDN sind mit folgendem Stempelaufdruck versehen. »Die Mitnahme von DM/Ost in die Ostzone ist seitens der dortigen Behörden verboten und strafbar«. In der Absicht, die gesetzlichen Bestimmungen der DDR zu umgehen und in Befolgung der in den Wechselstellen erhaltenen Hinweise versuchen westdeutsche und Westberliner Bürger Beträge MDN in raffinierten und teilweise eigens zu diesem Zweck hergerichteten Verstecken illegal in die DDR ein- bzw. aus der DDR auszuführen. Dabei wurden u. a. Banknoten MDN in doppelten Böden von Koffern und Einkaufstaschen, in Kleidungsstücken und Unterwäsche eingenäht, in Schuhen eingelegt oder eingeklebt sowie in Thermosflaschen und Kinderspielzeug versteckt vorgefunden. Die bei Kontrollen westdeutscher und Westberliner Bürger festgestellten Geldsummen betragen im Durchschnitt 150 bis 1 000 MDN. In einigen Fällen konnten sogar Beträge bis zu 11 000 MDN eingezogen werden.

So versuchte der Sekretär bei der Bundesbahn, [Name 1, Vorname] aus Schwitzingen, [Straße, Nr.], am 25.5.1964 in Kleidungsstücken und Wäsche versteckt illegal 1 000 MDN in die DDR einzuführen. Bei der kaufmännischen Angestellten [Name 2, Vorname] aus Reinfelden, [Straße, Nr.], wurden bei ihrer Einreise in die DDR 500 MDN im Hüfthalter versteckt vorgefunden. Die Angestellte [Name 3, Vorname] aus Pforzheim, [Straße, Nr.], versuchte am 23.5.1964 2 420 MDN, die sie in einem Taschentuch eingenäht am Körper sowie in ihrem Reisegepäck versteckt hatte, in die DDR einzuführen. Bei dem westdeutschen Bürger [Name 4, Vorname] aus Essen, [Straße, Nr.], sind bei der Einreise in die Hauptstadt der DDR 11 100 MDN, die er in Westberliner Wechselstellen zum Schwindelkurs erworben hatte, beschlagnahmt worden.

Am 21.11.1964 wurden bei dem über den KPP Friedrichstraße in die Hauptstadt der DDR einreisenden westdeutschen Bürger [Name 5, Vorname], Mitzingen, [Straße, Nr.], 5 700 MDN, die er illegal einzuführen versuchte, eingezogen. Am gleichen Tage sind bei dem über den KPP Heinrich-Heine-Straße einreisenden westdeutschen Kaufmann [Name 6, Vorname],

Frankfurt/M., [Straße, Nr.], bei einer Kontrolle seines Pkw in einem zusammengeklappten Herrenregenschirm 2 850 MDN gefunden worden.

Bei Kontrollen ausreisender westdeutscher Bürger wurden in den verschiedensten Verstecken Beträge zwischen 500 und 5 000 MDN festgestellt. So versuchte z. B. die westdeutsche Bürgerin [Name 7, Vorname], Wildbad, [Straße, Nr.], am 13.10.1964 über den KPP Friedrichstraße insgesamt 3 485 MDN illegal nach Westberlin auszuführen. Diese Zahlungsmittel waren von ihr an folgenden Stellen versteckt worden: unter den eingeklebten Sohlen der Schuhe, in den Ärmelaufschlägen des Pullovers, am unteren Saum des Hemdes eingenäht, zwischen Hemd und Büstenhalter, im Regenschirm und in der Brieftasche.

Bei der westdeutschen Bürgerin [Name 8, Vorname], Opladen/Köln, [Straße, Nr.], wurden am 15.4.1964 4 900 MDN, die sie im Mantel eingenäht hatte, beschlagnahmt.

Am 18.11.1964 versuchte die von einem Besuchsaufenthalt in der DDR kommende westdeutsche Bürgerin [Name 9, Vorname], Hannover, [Straße, Nr.], einen Pelzmantel im Werte von 710 MDN und einen Spannungsregler im Werte von 280 MDN illegal nach Westdeutschland auszuführen. Sie hatte diese Gegenstände in der DDR gekauft und zu diesem Zweck bei ihrer Einreise 990 MDN, die sie in Hannover zum Schwindelkurs erworben hatte, illegal eingeführt.

Weitere derartige Beispiele liegen in großer Anzahl vor.

Zu bemerken ist, dass auch bei DDR-Bürgern, die legal nach Westdeutschland verziehen, Geldbeträge MDN in der Bekleidung oder im Umzugsgut versteckt festgestellt wurden. Es handelte sich dabei im Durchschnitt um Summen zwischen 500 und 5 000 MDN und in einem Fall um 14 000 MDN, die in Schuhen versteckt waren.

Bei DDR-Bürgern im Rentenalter, die besuchsweise nach Westdeutschland oder Westberlin fahren, sind bei stichprobenweisen Kontrollen Beträge MDN zwischen 50,00 und 500 vorgefunden worden.

Größere Beträge MDN wurden insbesondere von ständig in der Hauptstadt der DDR verkehrenden Ausländern aus nichtsozialistischen Staaten und westdeutschen Bürgern illegal nach Westberlin ausgeführt. Diese Personenkreise führen Westwaren oder durch Kauf in Intershop-Läden erworbene Artikel in die Hauptstadt der DDR ein, um sie dort zu überhöhten Preisen zu verkaufen und den Erlös dieser Schiebergeschäfte in Westberlin zum Schwindelkurs in DM/West einzutauschen.

Derartige Schiebergeschäfte wurden u. a. mit Gold, Schmuckwaren, Briefmarken, Nylonmänteln, Nylonblusen und -hemden, Kfz-Ersatzteilen, Zigaretten und Kaffee getätigt. Der Westberliner Bürger [Name 10, Vorname], Berlin-Wittenau, [Straße, Nr.], hat z. B. 1963 und 1964 im Auftrage des Westberliner Geschäftsmannes [Name 11, Vorname], Inhaber des Textilgeschäftes »Zack-Berufskleidung« in Berlin-Schöneberg, [Straße, Nr.], Schiebergeschäfte organisiert. Fiedler führte eine größere Anzahl Nylonmäntel in die Hauptstadt der DDR ein und brachte den Erlös dafür nach Westberlin. Beim Versuch der illegalen Ausfuhr von 12200 MDN wurde er am 19.8.1964 festgenommen.

Ein erheblicher Teil der illegal nach Westberlin und Westdeutschland ausgeführten MDN-Beträge wird zur Finanzierung der Feind- und Störtätigkeit imperialistischer Geheimdienste und Untergrundorganisationen gegen die DDR verwandt.

So erhielten u.a. 15 in den letzten Monaten vom MfS festgenommene Spione imperialistischer Geheimdienste, insbesondere des westdeutschen und amerikanischen Geheimdienstes, als Bezahlung für ihre in der DDR betriebene Spionagetätigkeit insgesamt ca. 110500 MDN. Diese Geldbeträge wurden von den in Westdeutschland und Westberlin befindlichen Feindzentralen[8] illegal in die DDR eingeschleust. Die Übermittlung der Spionagegelder erfolgte teilweise durch Kuriere, bei deren Festnahme solche raffinierte Geldverstecke wie ausgehöhlte Schuhabsätze, Geheimfächer in Aktentaschen usw. festgestellt werden konnten. In anderen Fällen erhielten die Spione das Geld in Paketsendungen, wobei die Banknoten in den Karton des Verpackungsmaterials eingepresst bzw. in Geschenkartikeln wie Seife, Schokolade, Suppenwürfel versteckt waren.

Der Spion des Bundesnachrichtendienstes [Name 12, Vorname], wohnhaft Quappendorf, Kreis Seelow, erhielt z.B. nach dem 13.8.1961 bei einem Treffen mit einem Kurier in der Hauptstadt der DDR 500 MDN und später weitere 2900 MDN über sogenannte Tote Briefkästen an der Transitstrecke Westberlin – Hamburg. In diesen Verstecken war das Geld, in ausgehöhlten Holzgriffen von Schraubenziehern sowie in Druckzerstäubern für Rostschutzöl eingearbeitet, abgelegt worden.

Der Agent des Bundesnachrichtendienstes [Name 13, Vorname] aus Berlin N 58, [Straße, Nr.], erhielt für seine Spionagetätigkeit insgesamt 35000 MDN. Die Übermittlung des Geldes erfolgte unter anderem in Paketsendungen.

Dem amerikanischen Spion [Name 14, Vorname] aus Berlin-Köpenick, [Straße, Nr.], der für seine Feindarbeit insgesamt 8800 MDN erhielt, wurden in einem Fall von einem Kurier 800 MDN überbracht, die dieser in den ausgehöhlten Absätzen seiner Schuhe transportierte.

Der Agent [Name 15, Vorname], Berlin-Köpenick, [Straße, Nr.], bekam für seine Spionagetätigkeit vom französischen Geheimdienst 5000 MDN, davon 1000 MDN eingepresst in den Karton eines Geschenkpaketes von 2000 MDN in einem Suppenwürfel versteckt.

8 Als Feindzentralen, später als Feindobjekte, wurden vom MfS westliche Institutionen und Organisationen bezeichnet, denen subversive Aktivitäten gegen die DDR und/oder andere kommunistische Staaten unterstellt wurden. Vgl. Engelmann, Roger u.a. (Hg.): Das MfS-Lexikon. Begriffe, Personen und Strukturen der Staatssicherheit der DDR. 2., erw. Auf., Berlin 2012, S. 88.

Im Zusammenhang mit der Organisierung des Menschenhandels wurden nach vorliegenden Untersuchungsergebnissen ebenfalls größere Beträge MDN illegal aus der DDR ausgeführt. Dabei handelt es sich in der Regel um Gelder, die von den Menschenhändlerorganisationen[9] als Bezahlung für die Ausschleusung verlangt werden. So konnten im 1. Halbjahr 1964 allein bei acht DDR-Bürgern, die beim Versuch ihrer Ausschleusung aus der DDR festgenommen wurden, insgesamt 59250 MDN, die illegal nach Westberlin bzw. Westdeutschland ausgeführt werden sollten, beschlagnahmt werden. In sechs weiteren Fällen hatten die Täter bereits mithilfe von Kurieren von Schleuserorganisationen insgesamt 58000 MDN nach Westberlin verbracht.

Durchgeführte Überprüfungen haben ergeben, dass diese Beträge MDN entweder von den Menschenhändlerorganisationen in Westberlin zum Schwindelkurs in DM/West umgetauscht oder in einigen Fällen in der Hauptstadt der DDR zur Finanzierung ihrer Abwerbetätigkeit deponiert wurden. Zum Beispiel hatte die Girrmann-Gruppe[10] bei dem vom MfS festgenommenen [Name 16], wohnhaft Berlin N 18, [Straße, Nr.] einen Betrag von 2700 MDN hinterlegt. Von dieser Summe konnten die in die Hauptstadt der DDR einreisenden Kuriere dieser Schleuserorganisation ihre durch Taxifahrten, Telefongespräche und andere Abwerbemaßnahmen entstehenden Unkosten begleichen.

Bei der von dem USA-Bürger [Vorname Name 17] am 15.10.1964 organisierten Ausschleusung des DDR-Bürgers [Name 18, Vorname], wohnhaft Berlin-Friedrichshagen, [Straße, Nr.], wurde als Bezahlung für die Schleusung in einem Pkw-Versteck ein Betrag von 8200 MDN gefordert. Bei seiner Festnahme am KPP war [Name 18] im Besitz dieser Summe.

Die DDR-Bürgerin [Name 19, Vorname] übergab am 15.8.1964 dem Kurier einer Westberliner Schleuserorganisation 1000 MDN für die Beschaffung gefälschter westdeutscher Personaldokumente. Dieses Geld transportierte der Kurier in den Seitenwänden seines Pkw Opel Rekord versteckt nach Westberlin.

Der am 27. März 1964 festgenommene Kurier der Abwerbeorganisation Loeffler/David[11] [Name 20, Vorname] aus Berlin-Neukölln, [Straße, Nr.], erhielt von der von ihm am 14.3.1964 ausgeschleusten DDR-Bürgerin [Name 21] einen Betrag von 17000 MDN. Er versteckte dieses Geld im Kof-

9 Als »kriminelle Menschenhändlerorganisationen, -zentralen bzw. -banden« wurden im Jargon des MfS Fluchthilfegruppen bezeichnet, die sämtlich als geheimdienstgesteuerte, »paramilitärisch organisiert« vorgehende kriminelle Feindorganisationen bekämpft wurden. Vgl. Detjen, Marion: Ein Loch in der Mauer. Die Geschichte der Fluchthilfe im geteilten Deutschland 1961–1989. Berlin 2005.

10 Gemeint ist die Fluchthelfergruppe um Detlef Girrmann. Vgl. Detjen, Marion: Ein Loch in der Mauer. Die Geschichte der Fluchthilfe im geteilten Deutschland 1961–1989. Berlin 2005, S. 97–122.

11 Im Original: »David«. Gemeint ist die Fluchthelfergruppe um Wolfgang Loeffler und Horst Dawid. Vgl. Detjen: Das Loch in der Mauer, S. 122–124.

ferraum seines Pkw und brachte es illegal nach Westdeutschland, wo er es seinem Auftraggeber aushändigte.

Der vom MfS inhaftierte Westberliner Ingenieur [Vorname Name 22], wohnhaft Berlin-Wittenau, [Straße, Nr.], arbeitet als Kurier für die Schleuserorganisation [Name 23]. In dem gegen ihn durchgeführten Ermittlungsverfahren wurde bekannt, dass [Name 22] neben seiner Abwerbetätigkeit Schiebergeschäfte mit Gold und Zigaretten durchführte und dabei etwa 12 000 MDN illegal nach Westberlin ausführte.

Abkürzungen

AAPD	Akten zur auswärtigen Politik der Bundesrepublik Deutschland
Abt. X	Abteilung X – Internationale Verbindungen
Abt.	Abteilung
ABV	Abschnittsbevollmächtigter (DVP)
AG	Arbeitsgruppe
AG	Aufenthaltsgenehmigung
AGL	Abteilungsgewerkschaftsleitung
AGM	Arbeitsgruppe des Ministers
AIM	Archivierter Inoffizieller Mitarbeiter
AOP	Archivierter Operativer Vorgang
APF	Abteilung Passkontrolle und Fahndung
APO	Abteilungsparteiorganisation
APuZ	Aus Politik und Zeitgeschichte
ASK	Armeesportklub
ASTA	Allgemeiner Studentenausschuss
AZKW	Amt für Zoll und Kontrolle des Warenverkehrs
BArch	Bundesarchiv
Basa	Bahnselbstanschlussanlage
BdL/BDL	Bank deutscher Länder
BdL	Büro der Leitung
BdVP	Bezirksbehörde der Deutschen Volkspolizei
BEK	Bund der Evangelischen Kirchen (in der DDR)
BEWAG	Berliner Elektrizitätswerke AG
BF	Bildung und Forschung (Abteilung beim BStU)
BGS	Bundesgrenzschutz
BL	Bezirksleitung
BND	Bundesnachrichtendienst
BPF	Bezirksdirektion des Post- und Fernmeldewesens
BRD	Bundesrepublik Deutschland
BS	Betriebsschutz
BSG	Betriebssportgemeinschaft
BStU	Bundesbeauftragte(r) für die Unterlagen des Staatssicherheitsdienstes der ehemaligen Deutschen Demokratischen Republik
BVG	Berliner Verkehrs-Gesellschaft (später -Betriebe)
Bw	Bahnbetriebswerk
CDU	Christlich Demokratische Union Deutschlands
CIA	Central Intelligence Agency
ČSR	Tschechoslowakische Republik
ČSSR	Tschechoslowakische Sozialistische Republik
CSU	Christlich-Soziale Union
DAK	Deutsche Akademie der Künste
DAW	Deutsche Akademie der Wissenschaften
DBJR	Deutscher Bundesjugendring
DDR	Deutsche Demokratische Republik
DEFA	Deutsche Film AG

DELV	Deutscher Eislauf-Verband
DFB	Deutscher Fußballbund
DFU	Deutsche Friedensunion
DFV	Deutscher Fußball-Verband
DGB	Deutscher Gewerkschaftsbund
Dg	Durchgangsgüterzug
DHfK	Deutsche Hochschule für Körperkultur
DLV	Deutscher Leichtathletik-Verband
DM	Deutsche Mark
DNB	Deutsche Notenbank
DPA	Deutscher Personalausweis
DR	Deutsche Reichsbahn
DSB	Deutscher Sportbund
DT 64	Deutschlandtreffen 1964 (Jugendradio)
DTSB	Deutscher Turn- und Sportbund
DzD	Dokumente zur Deutschlandpolitik. Hg. v. Bundesministerium für gesamtdeutsche Fragen/Bundesministerium für innerdeutsche Beziehungen/Bundesministerium des Innern/Bundesarchiv. Frankfurt/M., Berlin, München 1961ff.
ECE	Europäische Wirtschaftskommission der UN
EDV	Elektronische Datenverarbeitung
EKD	Evangelische Kirche in Deutschland
ESG	Evangelische Studentengemeinde
EV	Eislaufverein
FC	Fußballclub
FDGB	Freier Deutscher Gewerkschaftsbund
FDJ	Freie Deutsche Jugend
FDP	Freie Demokratische Partei
FEZ	Freizeit- und Erholungszentrum
FKP	Französische Kommunistische Partei
FU	Freie Universität (Westberlin)
GBl.	Gesetzblatt
Gen.	Genosse
Gewi	Gesellschaftwissenschaft/ten
GG	Grundgesetz
GH	Großhandel
GI	Geheimer Informator
GM	Geheimer Mitarbeiter
GO	Grundorganisation
GR	Grenzregiment
GST	Gesellschaft für Sport und Technik
HA I	Hauptabteilung I – Militärabwehr
HA II	Hauptabteilung II – Spionageabwehr
HA III	Hauptabteilung III – Volkswirtschaft bis 1964, ab 1971 Funkaufklärung und Funkabwehr
HA IX	Hauptabteilung IX – Strafrechtliche Ermittlungen (Untersuchungsorgan)
HA V	Hauptabteilung V – Staat, Kirche, Untergrund, Parteien bis 1964

HA VII	Hauptabteilung VII – Bereich Inneres, MdI, Volkspolizei, Strafvollzug
HA XIII	Hauptabteilung XIII – Verkehrswesen
HA XIX	Hauptabteilung XIX – Verkehr, Post, Nachrichten
HA XVIII	Hauptabteilung XVIII – Volkswirtschaft
HA XX	Hauptabteilung XX – Staat, Kirche, Untergrund, Parteien
HBV	Gewerkschaft Handel, Banken und Versicherungen
HFC	Hallescher Fußballclub
Hg.	Herausgeber/herausgegeben …
HJ	Hitlerjugend
HO	(staatliche) Handelsorganisation
HPA	Hauptpostamt
HPÄ	Hauptpostämter
HV A	Hauptverwaltung A (Aufklärung)
IAEO	Internationale Atomenergie Organisation
IG	Industriegewerkschaft
IM	Inoffizieller Mitarbeiter
IOC	International Olympic Committee
K-Reihe	ZAIG-Ablage K (Verschiedenes)
Kfz	Kraftfahrzeug
KGB	Komitet Gossudarstwennoj Besopasnosti (pri Sowjete Ministrow SSSR) – (russ.) Komitee für Staatssicherheit (beim Ministerrat der UdSSR)
KJS	Kinder- und Jugendsportschule
KKL	Konferenz der Evangelischen Kirchenleitungen
KPÖ	Kommunistische Partei Österreichs
KPD	Kommunistische Partei Deutschlands
KPdSU	Kommunistische Partei der Sowjetunion
KP	Kommunistische Partei
KPP	Kontrollpassierpunkt
KPR	Kommunistische Partei Russlands
KSČ	Komunistická strana Československa (Kommunistische Partei der Tschechoslowakei)
KSV	Kommunistischer Studentenverband
KZ	Konzentrationslager
LArch	Landesarchiv
LDPD	Liberal-Demokratische Partei Deutschlands
Lkw	Lastkraftwagen
LPG	Landwirtschaftliche Produktionsgenossenschaft
LSD	Liberaler Studentenbund Deutschlands
MdB	Mitglied des Bundestages
MdI	Ministerium des Innern
MDN	Mark der Deutschen Notenbank
MfAA	Ministerium für Auswärtige Angelegenheiten
MfPF	Ministerium für Post- und Fernmeldewesen
MfS	Ministerium für Staatssicherheit
MK	Minister für Kohle und Energie
MPF	Minister für Post- und Fernmeldewesen

MPi	Maschinenpistole
NÖS	Neues Ökonomisches System
NATO	North Atlantic Treaty Organization
NAW	Nationales Aufbauwerk
ND	Neues Deutschland
NOK	Nationales Olympisches Komitee
NSDAP	Nationalsozialistische Deutsche Arbeiterpartei
NS	Nationalsozialismus/nationalsozialistisch
NVA	Nationale Volksarmee
NVR	Nationaler Verteidigungsrat
OAS	Organisation de l'armée secrète (franz. Untergrundbewegung im Algerienkrieg)
OG	Operativgruppe
Oltn.	Oberleutnant
ORWO	Original Wolfen – Filmfabrik
PAN	Polska Akademia Nauk (Polnische Akademie der Wissenschaften)
PA	Personalausweis
PdVP	Präsidium der Deutschen Volkspolizei
Pkw	Personenkraftwagen
PM	Pass- und Meldebescheinigung
PVAP	Polnische Vereinigte Arbeiterpartei
PZA	Postzollamt
RBD	Reichsbahndirektion
RGW	Rat für Gegenseitige Wirtschaftshilfe
RIAS	Rundfunk im amerikanischen Sektor
SBZ	Sowjetische Besatzungszone
SC	Sportclub
SdM	Sekretariat des Ministers – für Staatssicherheit
SED	Sozialistische Einheitspartei Deutschlands
SEW	Sozialistische Einheitspartei Westberlins
SFB	Sender Freies Berlin (Westberlin)
SKfKS	Staatliches Komitee für Körperkultur und Sport
SPD	Sozialdemokratische Partei Deutschlands
SS	Schutzstaffel
StEG	Strafrechtsergänzungsgesetz
StUG	Gesetz über die Unterlagen des Staatssicherheitsdienstes der ehemaligen Deutschen Demokratischen Republik
SU	Sowjetunion
SV	Sportvereinigung
TAG	Tagesaufenthaltsgenehmigung
TASS	Telegrafnoje Agenstwo Sowjetskowo Sojusa (Nachrichtenagentur der SU)
TBK	Toter Briefkasten
TDM	Tausend Deutsche Mark
TH	Technische Hochschule
TOP	Tagesordnungspunkt
TPS	Tagespassierschein
TSC	Turn- und Sportclub

TSG	Turn- und Sportgemeinschaft
TU	Technische Universität
UdSSR	Union der Sozialistischen Sowjetrepubliken
Uffz.	Unteroffizier
UFJ	Untersuchungsausschuss freiheitlicher Juristen
UKW	Ultrakurzwelle
UNESCO	United Nations Educational, Scientific and Cultural Organization
UNO	United Nations Organization
USAP	Ungarische Sozialistische Arbeiterpartei
USA	United States of America
US	United States
VAR	Vereinigte Arabische Republik
VEB	Volkseigener Betrieb
VEG	Volkseigenes Gut
VE	Verrechnungseinheit
VPKA	Volkspolizeikreisamt
VP	Volkspolizei
VR	Volksrepublik
VVB	Vereinigung Volkseigener Betriebe
VVN	Vereinigung der Verfolgten des Naziregimes
VW	Volkswagen
ZAIG	Zentrale Auswertungs- und Informationsgruppe
ZIG	Zentrale Informationsgruppe
ZK	Zentralkomitee
ZSKA	Zentraler Sportklub der Armee

Gesamtübersicht der Dokumente 1964

Alle im folgenden Verzeichnis aufgelisteten Dokumente befinden sich neben den übrigen Texten dieses Buches in der unter http://www.ddr-im-blick-1964.de aufzurufenden Online-Datenbank und sind dort über verschiedene Ansichts-und Suchfunktionen erschlossen. Die im Verzeichnis fett hervorgehobenen und mit einer Seitenzahl versehenen Dokumente sind im vorliegenden Buch abgedruckt.

Januar 1964

Juni 1964

Juli 1964

2. Juli 1964	Einzelinformation Nr. 538/64 über eine Desertion mit schwerem Grenzdurchbruch im Abschnitt Greven des Bereichs der Grenzkompanie Gallin/Wittenburg
3. Juli 1964	Einzelinformation Nr. 544/64 über die Grenzverletzung WD/DDR durch den Angehörigen der amerikanischen Besatzungsmacht in Westdeutschland [Name, Vorname] am 2. Juli 1964
7. Juli 1964	Einzelinformation Nr. 545/64 über eine Entgleisung von 13 Wagen eines Güterzuges auf der Strecke Halle – Magdeburg und eine damit verbundene Zuggefährdung des D 159
10. Juli 1964	Einzelinformation Nr. 554a/64 über einen schweren Verkehrsunfall an einem unbeschrankten Bahnübergang des Haltepunktes Nennigmühle in Wernsdorf, Kreis Marienberg, [Bezirk] Karl-Marx-Stadt
10. Juli 1964	Einzelinformation Nr. 558/64 über einen Großbrand in der LPG Typ III »Roter Stern« in Schmargendorf, Kreis Angermünde, Bezirk Frankfurt/O.
10. Juli 1964	Einzelinformation Nr. 560/64 über das Auftreten des norwegischen Schlagersängers Jan Rohde und eine damit verbundene Zusammenrottung von Jugendlichen vor dem VPKA in Rostock
11. Juli 1964	Einzelinformation Nr. 562/64 über eine Demarche der westdeutschen Botschaft in Damaskus anlässlich der Syrienreise einer DDR-Delegation
13. Juli 1964	Einzelinformation Nr. 563/64 über provokatorisches Verhalten von Angehörigen der in Westberlin stationierten Besatzungsmächte bei Fahrten mit Militärfahrzeugen in das demokratische Berlin in der Zeit von Mai bis Juni 1964
14. Juli 1964	Einzelinformation Nr. 564/64 über die II. Allchristliche Friedensversammlung in Prag
14. Juli 1964	Einzelinformation Nr. 566/64 über den Unfall mit tödlichem Ausgang der österreichischen Sportlerin Reinitzer, Holle beim Fallschirmspringen in der Flugsportschule Schönhagen, Kreis Luckenwalde
14. Juli 1964	Einzelinformation Nr. 568/64 über die Festnahme des Bürgers der VAR [Name 1, Vorname] sowie der westdeutschen Bürger [Name 2, Vorname] und [Name 3, Vorname] wegen versuchter Schleusung von Bürgern der DDR nach Westberlin
15. Juli 1964	Einzelinformation Nr. 569/64 über einige Mängel in der Kaderarbeit, Leitungstätigkeit und auf dem Gebiet der inneren Sicherheit und Wachsamkeit im Zentralamt für Fernleitungsanlagen (ZAF), die spionage- und verbrechensbegünstigende Umstände darstellen
15. Juli 1964	Einzelinformation Nr. 570/64 über provokatorisches Verhalten durch die Besatzung des amerikanischen Militärfahrzeuges BC 106 im demokratischen Berlin am 12. Juli 1964
16. Juli 1964	Einzelinformation Nr. 579/64 über die Festnahme der österreichischen Staatsbürger [Name 1, Vorname] und [Name 2, Vorname]
[ohne Datum]	Einzelinformation Nr. 585/64 über einen schweren Bahnbetriebsunfall mit dem Personenzug 481 am 19. Juli 1964, gegen 0.05 Uhr, in der Nähe des Bahnhofes Waßmannsdorf, [Bezirk] Potsdam
22. Juli 1964	Einzelinformation Nr. 587/64 über einen durch das amerikanische Militärfahrzeug BC 57 schuldhaft verursachten Verkehrsunfall in Berlin-Karlshorst, Köpenicker Allee, am 21. Juli 1964

17. September 1964	Einzelinformation Nr. 765/64 über Brände in der Landwirtschaft in den Bezirken Erfurt und Halle, die durch Kinderhand verursacht wurden
17. September 1964	Einzelinformation Nr. 781/64 über das illegale Verlassen des Hoheitsgebietes der DDR in Richtung Westdeutschland mittels eines Flugzeuges vom Typ AN 2 der Interflug
18. September 1964	Einzelinformation Nr. 784/64 über einen Brand am Kessel 2 des Kraftwerkes im Erdölverarbeitungswerk Schwedt, [Kreis] Angermünde, Bezirk Frankfurt/O., am 15. September 1964
18. September 1964	Einzelinformation Nr. 787/64 über Einschätzung der Bonner Forderungen in der Passierscheinfrage und der Besuchsmöglichkeiten für Rentner in Westdeutschland und Westberlin durch führende Westberliner CDU-Kreise
18. September 1964	Einzelinformation Nr. 788/64 über die Vorbereitungen der westdeutschen Sportführung und anderer Institutionen für Tokio und für die Abwerbung von DDR-Sportlern
18. September 1964	Einzelinformation Nr. 791/64 über die Einschleusung von Hetzflugschriften mittels Ballons in den Bezirk Suhl
22. September 1964	Einzelinformation Nr. 799/64 über die Festnahme von zwei Deserteuren der Volksarmee der ČSSR in Raum Crostau, [Kreis] Bautzen, am 18. September 1964
22. September 1964	Einzelinformation Nr. 800/64 über versuchte Abwerbung des wissenschaftlichen Mitarbeiters im Staatssekretariat für Forschung und Technik, Diplom-Ingenieur [Name], während der Weltkraftkonferenz in der Schweiz
22. September 1964	Einzelinformation Nr. 801/64 über die Festlegung weiterer Maßnahmen im Zusammenhang mit dem Republikverrat des Professor Barwich
23. September 1964	Einzelinformation Nr. 803/64 über das Entfernen von roten Fahnen mit Trauerflor auf S-Bahnhöfen und anderen Dienststellen der Deutschen Reichsbahn in Westberlin durch Angehörige der Westberliner Polizei
24. September 1964	Einzelinformation Nr. 805/64 über die Einschätzung der politischen Situation in der IG Metall durch einen führenden Funktionär
25. September 1964	Einzelinformation Nr. 809/64 über eine Produktionsstörung im Kaliwerk »Heinrich Rau« in Roßleben, [Kreis] Artern, [Bezirk] Halle, am 23. September 1964
26. September 1964	Einzelinformation Nr. 813/64 über eine Zusammenkunft Lord Russells aus Liverpool mit Havemann
26. September 1964	Einzelinformation Nr. 814/64 über die Fahnenflucht des Leutnants [Name 1, Vorname] vom Ausbildungsbataillon des Grenzregiments Wittenburg am 18. September 1964 nach Westdeutschland
28. September 1964	Einzelinformation Nr. 821/64 über vier Bahnbetriebsunfälle am 26. September 1964
30. September 1964	Einzelinformation Nr. 829/64 über einen schweren Unfall im VEB Maxhütte Unterwellenborn, [Kreis] Saalfeld, Bezirk Gera, am 29. September 1964

Oktober 1964

2. Oktober 1964	1. Bericht Nr. 834/64 über den Verlauf des 2. Passierscheinabkommens

Dezember 1964

1. Dezember 1964	Einzelinformation Nr. 1062/64 über Vorstellungen des Generalsuperintendenten Jacob und Maßnahmen der Evangelischen Kirche Berlin-Brandenburg zu Entwicklung des »kirchlichen Dienstes« unter den veränderten gesellschaftlichen Bedingungen in der DDR
2. Dezember 1964	Einzelinformation Nr. 1071/64 über Verlauf und Ergebnisse der beiden Regionalsynoden der Evangelischen »Landeskirche Berlin-Brandenburg«
2. Dezember 1964	Einzelinformation Nr. 1072/64 über den Zerknall eines Dampferzeugers in der GPG Syrau, [Kreis] Plauen, [Bezirk] Karl-Marx-Stadt
3. Dezember 1964	Einzelinformation Nr. 1078/64 über den Großbrand im VEB Lack- und Kunstharzfabrik Schönebeck, [Bezirk] Magdeburg, am 26. November 1964
3. Dezember 1964	Einzelinformation Nr. 1079/64 über die Gefährdung der Sicherheit der Beschäftigten des RAW Delitzsch infolge des baulichen Zustandes der Hauptrichthalle
3. Dezember 1964	Einzelinformation Nr. 1081/64 über einen verhinderten Grenzdurchbruch nach Westberlin im Raum Bergfelde am 3. Dezember 1964 mit tödlichem Ausgang für einen der Grenzverletzer
8. Dezember 1964	Einzelinformation Nr. 1090/64 über einen Angriff auf zwei Angehörige der Transportpolizei durch jugendliche Rowdys in Plauen, [Bezirk] Karl-Marx-Stadt, am 7. Dezember 1964
8. Dezember 1964	Einzelinformation Nr. 1091/64 über die Festnahme von zwei italienischen Staatsangehörigen wegen versuchter Schleusung von Bürgern der DDR am KPP Bahnhof Friedrichstraße am 1. Dezember 1964
8. Dezember 1964	Einzelinformation Nr. 1092/64 über einen schweren Grenzdurchbruch im Raum Hermannsfeld, [Kreis] Hildburghausen, [Bezirk] Suhl, in der Nacht vom 5. zum 6. Dezember 1964
8. Dezember 1964	Einzelinformation Nr. 1093/64 über eine Besprechung der Bischöfe und Mitglieder der Kirchenleitungen der evangelischen Kirche in der DDR
9. Dezember 1964	Einzelinformation Nr. 1096/64 über eine versuchte Einschleusung von Schriften der religiösen Sekten »Anthroposophen« und »Christengemeinschaft« durch einen holländischen Staatsbürger am KPP Berlin – Friedrich-/Zimmerstraße am 6. Dezember 1964
10. Dezember 1964	Einzelinformation Nr. 1098/64 über ein besonderes Vorkommnis auf dem Weihnachtsmarkt in Magdeburg am 9. Dezember 1964
10. Dezember 1964	Einzelinformation Nr. 1100/64 über ein besonderes Vorkommnis im Konsum-Jugendclubhaus Riesa, [Bezirk] Dresden, am 10. Dezember 1964
10. Dezember 1964	Einzelinformation Nr. 1102/64 über eine verhinderte Fahnenflucht im Bereich der Kompanie Andenhausen, Grenzregiment Dermbach am 9. Dezember 1964
11. Dezember 1964	Einzelinformation Nr. 1103/64 über negative Auswirkungen des Auftretens von Prof. Dr. Horn, Forschungsleiter der Farbwerke Hoechst, vor Chemikern und Studenten der Humboldt-Universität
14. Dezember 1964	Einzelinformation Nr. 1107/64 über illegales Verlassen der DDR mittels Bus der Interflug am KPP Berlin Invalidenstraße am 11. Dezember 1964

17. Dezember 1964	Einzelinformation Nr. 1123/64 über den Ausfall der Rohöldestillation im EVW Schwedt, [Bezirk] Frankfurt/O.
17. Dezember 1964	Einzelinformation Nr. 1124/64 über falsch geleitete Waggons mit Munition der Sowjetarmee
21. Dezember 1964	Einzelinformation Nr. 1127/64 über eine Stellungnahme des Westberliner Ausschusses für »Gesamtberliner Fragen« zu den Reisen von Rentnern aus der DDR nach Westberlin
21. Dezember 1964	1. Bericht Nr. 1130/64 über den Verlauf der 2. Besuchsperiode des Passierscheinabkommens
22. Dezember 1964	Einzelinformation Nr. 1137/64 über die Haltung der Bundesregierung zum gesamtdeutschen Sportverkehr und zur Förderung des Sports in der Bundesrepublik
23. Dezember 1964	Bericht Nr. 1138/64 über Ansichten von Teilnehmern der DDR-Olympiamannschaft
23. Dezember 1964	Einzelinformation Nr. 1139/64 über die Reaktion auf das Auftreten des Lyrikers Wolf Biermann in Westdeutschland
23. Dezember 1964	Einzelinformation Nr. 1142/64 über Fehlleitung eines Waggons aus einem Munitionstransport der Sowjetarmee am 19. Dezember 1964
24. Dezember 1964	2. Bericht Nr. 1144/64 über den Verlauf der 2. Besuchsperiode des Passierscheinabkommens
28. Dezember 1964	3. Bericht Nr. 1146/64 über den Verlauf der 2. Besuchsperiode des Passierscheinabkommens
30. Dezember 1964	Einzelinformation Nr. 1151/64 über die Festnahme eines holländischen Staatsbürgers am KPP Marienborn wegen versuchter Schleusung von zwei Bürgern der DDR nach Westdeutschland
31. Dezember 1964	Einzelinformation Nr. 1157/64 über Flugblatt-Provokation am KPP Friedrich-/Zimmerstraße
31. Dezember 1964	4. Bericht Nr. 1160/64 über den Verlauf der 2. Besuchsperiode des Passierscheinabkommens